普通高等学校公共课教材

大学生心理健康

于成文 主编
秦涛 王艳 副主编

清华大学出版社
北京

本书封面贴有清华大学出版社防伪标签,无标签者不得销售。
版权所有,侵权必究。举报:010-62782989,beiqinquan@tup.tsinghua.edu.cn。

图书在版编目(CIP)数据

大学生心理健康/于成文主编. —北京:清华大学出版社,2015(2022.8重印)
(普通高等学校公共课教材)
ISBN 978-7-302-39862-2

Ⅰ.①大… Ⅱ.①于… Ⅲ.①大学生-心理健康-健康教育-高等学校-教材 Ⅳ.①B844.2

中国版本图书馆 CIP 数据核字(2015)第 077510 号

责任编辑:刘美玉　王如月
封面设计:傅瑞学
责任校对:宋玉莲
责任印制:曹婉颖

出版发行:清华大学出版社
网　　址:http://www.tup.com.cn,http://www.wqbook.com
地　　址:北京清华大学学研大厦 A 座　　邮　编:100084
社 总 机:010-83470000　　邮　购:010-62786544
投稿与读者服务:010-62776969,c-service@tup.tsinghua.edu.cn
质量反馈:010-62772015,zhiliang@tup.tsinghua.edu.cn
印 装 者:艺通印刷(天津)有限公司
经　　销:全国新华书店
开　　本:185mm×235mm　　印　张:20.75　　字　数:424 千字
版　　次:2015 年 5 月第 1 版　　印　次:2022 年 8 月第 13 次印刷
定　　价:52.00 元

产品编号:061968-03

编委会名单

主　编　于成文
副主编　秦　涛　王　艳
参　编（以姓氏笔画为序）
　　　　　于成文　牛　珩　王金蕊　王晓晓　王　艳
　　　　　杜学敏　肖丁宜　张咏梅　顾耘宇　秦　涛
　　　　　温　雅　潘佳奇　臧伟伟

推荐序

大学生是十分宝贵的人才资源,是民族的希望,是祖国的未来。加强和改进大学生心理健康教育,提高大学生整体心理健康素质,不仅关系到个体的学习、生活与成长,也关系到人才培养的质量,关系到社会发展的总体进程。让每个学生身心健康、人格健全,学会做人做事,具备愉快工作、幸福生活的能力,不仅是素质教育追求的目标,也是全社会和每个家庭希望实现的目标,是"以人为本"教育工作方针的具体体现,也是学生工作、思想政治教育的应有之义。

党中央、国务院高度重视大学生心理健康教育工作。《中共中央国务院关于进一步加强和改进大学生思想政治教育的意见》(中发〔2004〕16号)规定,要重视心理健康教育,根据大学生的身心发展特点和教育规律,注重培养大学生良好的心理品质和自尊、自爱、自律、自强的优良品格,增强大学生克服困难、经受考验、承受挫折的能力。党的十八大明确提出,要把立德树人作为教育的根本任务,培养德智体美全面发展的社会主义建设者和接班人,强调加强和改进思想政治工作,注重人文关怀和心理疏导,培育自尊自信、理性平和、积极向上的社会心态。党的十八届三中全会进一步强调,要坚持立德树人,增强学生社会责任感、创新能力、实践能力,促进青少年身心健康。这为新形势下加强和改进大学生心理健康教育提供了根本遵循。

2014年5月4日,习近平总书记在北京大学师生座谈会上讲话指出,"面对世界的深刻复杂变化,面对信息时代各种思潮的相互激荡,面对纷繁多变、鱼龙混杂、泥沙俱下的社会现象,面对学业、情感、职业选择等多方面的考量,一时有些疑惑、彷徨、失落,是正常的人生经历"。习近平总书记要求当代大学生,"要树立正确的世界观、人生观、价值观,掌握了这把总钥匙,再来看看社会万象、人生历程,一切是非、正误、主次,一切真假、善恶、美丑,自然就洞若观火、清晰明了,自然就能做出正确判断、做出正确选择"。习近平总书记的讲话为大学生培养健康的心理素质和健全人格指明了努力方向。

大学生心理健康教育贯彻落实党的十八大和十八届三中全会精神，落实习近平总书记重要讲话精神，必须准确认识心理健康教育在落实立德树人根本任务中的定位，坚持育人为本、德育为先，紧紧围绕促进学生全面发展和健康成长这个中心使命谋划工作，引导促进大学生形成良好的思想政治素质，在此基础上提高大学生的心理素质，塑造大学生的健全人格。

近年来，教育部实施大学生心理健康素质提升计划。各地各高校共同努力，大学生心理健康教育工作围绕主动建设，立足提升质量、内涵发展，工作体制机制不断健全，工作载体不断丰富，队伍建设进一步加强，科学化水平进一步提升，初步构建起具有中国特色、中国风格、中国气派的心理健康教育工作体系。大学生心理健康教育质量有了很大提升。据统计，目前基本上所有高校都配备了心理健康教育机构和心理健康教师，心理健康教育工作人员达1.6万人。但是，与大学生全面发展相比，与党和国家人才建设需求相比，大学生心理健康教育还不能完全满足需要，质量还需要进一步提高。

在大学阶段，大学生正面临生理和心理方面的巨大变化，处于人生发展的第二次心理"断乳期"，在学习压力下迷茫、在自我认识中彷徨、在人际关系中无助、在恋爱纠结中困惑等问题不时发生。同时，大学生面临的环境日益纷繁复杂，对社会矛盾的理解越来越多元，对经济、就业等社会压力的感受越来越直接，对网络新媒体的依赖越来越强烈，健康心理素质的养成受到更多的影响和干扰。价值取向迷茫、道德认知困惑、人际交往困难、团队意识薄弱、承受挫折能力和心理调适能力较差等，成为大学生群体较为普遍的心理特征，并引发各种各样、不同程度的心理问题，严重的甚至伤害自己和他人。据反映，"人艰不拆""累觉不爱""十动然拒"等晦涩生僻的词语成为"2013十大网络新成语"，并在大学生群体中广泛流行。心理学专家表示，每一种流行语都代表了一种情绪、反映着一种心理。比如"人艰不拆"，源于歌手林宥嘉《说谎》里的"人生已经如此的艰难，有些事情就不要拆穿"。"累觉不爱"则是"很累，感觉自己不会再爱了"。这些看似调侃的词语从侧面折射出大学生群体的情绪特征和心理状态。如何引导大学生形成良好的心理素质和健全的人格，提高明辨是非、承受挫折的能力，已经成为广大高校教育工作者面临的一个工作重点和难点。

课堂教学是大学生心理健康教育的主渠道和主阵地。目前，国内大学生心理健康教育研究方兴未艾，相关课程也蓬勃发展。2011年，教育部颁发了《普通高等学校学生心理健康教育课程教学基本要求》，对课程教学的目标、内容、模式、方法等进行了系统规定，对完善课程体系、提升大学生心理健康教育工作化水平提供了基本依据。2013年，教育部思政司组织专家学者编写了精品示范教材《大学生心理健康》，为心理健康教育课程提供了优质教材资源。然而，怎样才能用好这本教材、上好这门课，一直都是教育主管部门和心理健康教育工作者们思考和探讨的问题。高校学生心理健康教育课程既有心理知识的传授、心理活动的体验，也有心理调适技能的训练等，是集知识、体验和训练为一体的综合课程。因此,如何做到理论联系实际,切实帮助学生提高实际应用能力,解决心理发展的现实问题,是当前大学生心理健康教育课程共同的努力方向。

北京科技大学采用理论讲授与实践体验相结合的教学方法为全校本科新生开设了必修课,并编写了《大学生心理健康》教材。该书以教育部《普通高等学校学生心理健康教育课程教学基本要求》为标准,立足本校大学生心理健康教育教学工作的实践,结合大学生的心理特征、发展需求和认知规律,分为心理健康、认识自我、学会学习、人际交往、情绪管理、学会恋爱、理解家庭、压力应对、生命教育、工作途径十部分,既有通行理论、前沿理论的介绍与运用,又有教学方法、调适技能的总结和分享,旨在帮助大学生掌握并应用心理健康知识,培养自我认知能力、人际沟通能力、自我调节能力,提高心理素质,促进全面发展。由衷地希望本书能够成为大学生良好心理素质养成和健全人格培养的良师益友,能够帮助他们应对大学学习生活乃至未来人生发展的各种挑战,收获美满幸福的人生。

冯　刚
2015 年 4 月

第一章　心理健康 ·········· 001

一、健康从"心"开始 ·········· 001
- （一）现代健康的新概念 ·········· 002
- （二）心理健康的标准 ·········· 003
- （三）心理健康与幸福人生 ·········· 007

二、大学生与心理健康 ·········· 011
- （一）大学生活的新变化 ·········· 012
- （二）大学生心理发展阶段 ·········· 015
- （三）大学生常见的心理问题 ·········· 017

三、获得心理健康的途径 ·········· 023
- （一）学习心理健康知识 ·········· 023
- （二）在实践中成长 ·········· 025
- （三）努力经营自己 ·········· 027

本章小结 ·········· 031

思考题 ·········· 031

第二章　认识自我 ·········· 033

一、追问"我"是谁 ·········· 034
- （一）自我意识的内容及形成 ·········· 034
- （二）大学生自我意识的特点 ·········· 041
- （三）良好的自我意识及其重要性 ·········· 044

二、关于"我"的困惑 ·········· 047
- （一）他人评价和自我评价的冲突 ·········· 047
- （二）理想自我与现实自我的冲突 ·········· 052
- （三）"成功"与"成长"的冲突 ·········· 055

三、做真实的自我 ·········· 059
- （一）接纳独特的自我 ·········· 059
- （二）开放封闭的自我 ·········· 062
- （三）提升内在的自我 ·········· 064

本章小结 ·········· 067

思考题 ·········· 067

第三章 学会学习 … 069

- 一、透视大学学习 … 069
  - （一）学习是什么 … 070
  - （二）大学学习的特点 … 071
  - （三）影响学习的心理因素 … 074
- 二、大学生常见的学习困扰 … 081
  - （一）学习目标迷茫 … 081
  - （二）考试焦虑与挫折 … 083
  - （三）网络成瘾 … 086
- 三、提高学习效率的途径 … 090
  - （一）建立恰当的学习目标 … 090
  - （二）培养积极的心理调适 … 092
  - （三）进行有效的时间管理 … 095
  - （四）养成科学的用脑习惯 … 099
  - （五）促进问题的合理解决 … 104
- 本章小结 … 106
- 思考题 … 106

第四章 人际交往 … 108

- 一、解密人际交往 … 109
  - （一）人际交往与人际交往的意义 … 109
  - （二）人际交往中的心理学效应 … 113
  - （三）影响人际交往的心理因素 … 117
  - （四）人际沟通的五种模式 … 120
- 二、大学生人际交往中的困扰 … 123
  - （一）以自我为中心难以交往 … 123
  - （二）自我封闭不愿交往 … 125
  - （三）缺乏技巧不会交往 … 126
- 三、良好人际关系的建立与维护 … 126
  - （一）真诚与信任——人际交往的前提 … 126
  - （二）分享与助人——人际交往的方法 … 128
  - （三）冲突应对——维护人际交往的能力 … 129
- 本章小结 … 131

思考题 …………………………………………………………………………… 131

第五章　情绪管理 …………………………………………………………… 133

　　一、认识我们的情绪 …………………………………………………………… 134
　　　　（一）什么是情绪 ………………………………………………………… 134
　　　　（二）情绪的类型 ………………………………………………………… 136
　　　　（三）情绪的作用 ………………………………………………………… 143
　　二、情绪与大学生活 …………………………………………………………… 144
　　　　（一）大学生健康情绪的标准 …………………………………………… 146
　　　　（二）情绪对大学生学习的影响 ………………………………………… 147
　　　　（三）情绪对大学生身心健康的影响 …………………………………… 157
　　三、情绪的有效管理 …………………………………………………………… 161
　　　　（一）真实接纳情绪 ……………………………………………………… 162
　　　　（二）正确表达情绪 ……………………………………………………… 163
　　　　（三）有效调整情绪 ……………………………………………………… 165
　　本章小结 ………………………………………………………………………… 169
　　思考题 …………………………………………………………………………… 169

第六章　学会恋爱 …………………………………………………………… 171

　　一、什么是爱情 ………………………………………………………………… 171
　　　　（一）爱情的定义 ………………………………………………………… 172
　　　　（二）爱情的形式 ………………………………………………………… 172
　　　　（三）爱情的基础 ………………………………………………………… 172
　　二、大学生恋爱中常见的困惑 ………………………………………………… 176
　　　　（一）谁吸引我 …………………………………………………………… 176
　　　　（二）恋人为何不理解我 ………………………………………………… 180
　　　　（三）如何维持一段恋情 ………………………………………………… 184
　　　　（四）恋爱中的冲突 ……………………………………………………… 186
　　　　（五）感情破裂与失恋心理 ……………………………………………… 188
　　三、恋爱能力的培养 …………………………………………………………… 189
　　　　（一）自我完善 …………………………………………………………… 189
　　　　（二）表达与接受，爱的自信与主动 …………………………………… 190
　　　　（三）学会拒绝，尊重自我与他人 ……………………………………… 191
　　　　（四）如何处理冲突 ……………………………………………………… 192

（五）如何应对失恋 ………………………………………………… 193
　本章小结 ………………………………………………………………… 196
　思考题 …………………………………………………………………… 196

第七章　理解家庭 …………………………………………………… 198
　一、家庭如何塑造了你 ………………………………………………… 198
　　（一）你从家中走来 …………………………………………………… 199
　　（二）家庭的分类 ……………………………………………………… 201
　二、家庭与心理健康 …………………………………………………… 207
　　（一）家庭结构对子女心理健康的影响 ……………………………… 208
　　（二）家庭环境对子女心理健康的影响 ……………………………… 210
　　（三）家庭功能对子女心理健康的影响 ……………………………… 212
　三、家庭问题上的心理困扰 …………………………………………… 214
　　（一）家人期待带来的心理压力 ……………………………………… 214
　　（二）父母关系造成的心理困扰 ……………………………………… 216
　　（三）亲子关系引发的心理冲突 ……………………………………… 218
　四、在家庭中成长 ……………………………………………………… 220
　　（一）理解父母，接纳家庭 …………………………………………… 220
　　（二）自主独立，自我负责 …………………………………………… 222
　　（三）关爱父母，承担责任 …………………………………………… 224
　本章小结 ………………………………………………………………… 225
　思考题 …………………………………………………………………… 225

第八章　压力应对 …………………………………………………… 227
　一、压力知多少 ………………………………………………………… 228
　　（一）什么是压力 ……………………………………………………… 228
　　（二）压力与身心健康 ………………………………………………… 233
　二、大学生压力面面观 ………………………………………………… 236
　　（一）你是否"压力山大" ……………………………………………… 237
　　（二）象牙塔中的压力源 ……………………………………………… 239
　　（三）预测大学毕业后的挑战 ………………………………………… 243
　三、顺利度过大学生活的压力考验 …………………………………… 244
　　（一）修炼身心 ………………………………………………………… 245
　　（二）正确归因压力 …………………………………………………… 246

（三）合理寻求社会支持 ……………………………………………… 247
　　（四）掌握适当的心理技巧 ……………………………………………… 248
　　（五）不做完美主义者 …………………………………………………… 249
　　（六）学会时间管理 ……………………………………………………… 251
　　（七）战胜拖延症 ………………………………………………………… 252
　本章小结 …………………………………………………………………… 254
　思考题 ……………………………………………………………………… 254

第九章　生命教育 …………………………………………………………… 256

　一、认识生命 ……………………………………………………………… 257
　　（一）了解生命的历程 …………………………………………………… 257
　　（二）发现生命的可贵 …………………………………………………… 261
　二、当今大学生对生命的困惑 …………………………………………… 262
　　（一）目标的迷失 ………………………………………………………… 263
　　（二）价值感的失落 ……………………………………………………… 265
　　（三）动力的缺乏 ………………………………………………………… 266
　　（四）消极的人生观 ……………………………………………………… 267
　三、热爱生活，珍惜生命 …………………………………………………… 269
　　（一）尊重生命，热爱生活 ……………………………………………… 269
　　（二）珍惜生命，预防自杀 ……………………………………………… 275
　本章小结 …………………………………………………………………… 280
　思考题 ……………………………………………………………………… 280

第十章　工作途径 …………………………………………………………… 282

　一、课程教学 ……………………………………………………………… 283
　　（一）我国高校心理健康教育课程的发展与现状 …………………… 283
　　（二）高校心理健康教育课程建设的问题 ……………………………… 283
　　（三）高校心理健康教育课程建设的方向 ……………………………… 284
　二、心理咨询 ……………………………………………………………… 287
　　（一）心理咨询的概念 …………………………………………………… 288
　　（二）心理咨询的对象、分类与形式 …………………………………… 292
　　（三）心理咨询的过程与效果 …………………………………………… 293
　　（四）心理咨询的相关守则 ……………………………………………… 294
　　（五）何时需要主动寻求心理帮助 ……………………………………… 296

三、班级心理辅导 …………………………………………………………… 299
　　（一）班级心理辅导的内涵与特点 ………………………………………… 300
　　（二）班级心理辅导的价值 ………………………………………………… 301
　　（三）班级心理辅导的活动形式 …………………………………………… 302
　　（四）班级心理辅导的主要原理 …………………………………………… 304
　　（五）班级心理辅导的设计与实施 ………………………………………… 308

后记 …………………………………………………………………………… 312

参考文献 ……………………………………………………………………… 313

第一章 心理健康

名人名言

世界上最浩瀚的是海洋，比海洋更浩瀚的是天空，比天空还要浩瀚的是人的心灵。

——雨果

本章要点

心理健康的含义与标准；

心理健康对大学生的意义；

获得心理健康的途径。

【案例】

最近，某高校大二学生晓敏很苦恼。同宿舍的一位女同学，与其他宿舍同学关系很好，唯独与自己宿舍的同学处不好。该同学从来不主动打扫宿舍卫生，经常不打水却把室友的水用个精光，大家说好宿舍用电轮流买，她却总是故意拖着不买。晚上熄灯后经常与男友打电话到12点多，害得大家都没法睡。她还时不时熬夜看电影，有时半夜3点钟还爬起来洗袜子。室友们多次与她沟通，该同学仍然没有任何改变。晓敏只能安慰自己，大学时间已经过了大半，忍忍也就毕业了，但有时也会担心自己哪天会崩溃！

提问：

1. 如果你是晓敏，你会如何处理与这名女同学的问题？
2. 你是否有过极度愤怒、绝望、悲伤等无法控制的情绪？你是如何处理的？
3. 你有人际关系方面的苦恼吗？经过分析，大概有哪方面的心理原因？

一、健康从"心"开始

自古至今，健康成为古今中外、各朝各代人们谈论的永恒话题，并被视为人生的第一需要。然而，什么是健康？是否身体无病就表示健康呢？那么又该如何正确理解和把握健康的准确内涵呢？

（一）现代健康的新概念

世界卫生组织（WHO）早在1978年国际初级卫生保健大会上发表的《阿拉木图宣言》（以下简称《宣言》）中明确提出：健康不仅是没有疾病或不虚弱，且是身体的、精神的健康和社会适应良好的总称。该《宣言》同时指出：健康是基本人权，达到尽可能的健康水平，是世界范围内一项重要的社会性目标。

事隔多年后，1989年世界卫生组织又一次深化了健康的概念，认为健康包括躯体健康（physical health）、心理健康（psychological health）、社会适应良好（good social adaptation）和道德健康（ethical health）。这个现代健康概念中的心理健康和社会性健康是对生物医学模式下的健康的有力补充和发展，使医学模式从单一的生物医学模式演变为"生物—心理—社会医学模式"，它既考虑到人的自然属性，又考虑到人的社会属性，从而摆脱了人们对健康的片面认识。健康应包括如下具体含义：

（1）躯体健康（生理健康）。躯体健康是指身体结构和功能正常，具有生活的自理能力。

（2）心理健康。心理健康是指个体能够正确认识自己，及时调适自己的心态，使心理处于良好状态以适应外界的变化。值得指出的是，心理健康有广义和狭义之分：狭义的心理健康主要是指无心理障碍等心理问题的状态；广义的心理健康还包括心理调节能力及发展心理效能能力。

（3）社会适应良好。较强的适应能力是心理健康的重要特征。心理健康的人能与社会保持良好的接触，对于社会现状有清晰、准确的把握与认知，既有远大的理想和抱负，又不会沉湎于不切实际的幻想与奢望，注重现实与理想的统一。对于现实生活中所遇到的各种困难和挑战，不怨天尤人，而是采用积极的态度、切实有效的办法去解决。当发觉自己的理想愿望与社会发展背道而驰时，能够迅速进行自我调节，以求与社会发展一致，而不是逃避现实，更不妄自尊大和一意孤行。

（4）道德健康。道德健康是指能够按照社会规范的细则和要求来支配自己的行为，能为人们的幸福做贡献，表现为思想高尚，有理想、有道德、守纪律。

新的健康观认为，没有生病只是健康的一个基本方面，主要是机体的正常状态，同时还应包括心理健康和对社会、自然环境适应上的和谐。也就是说人的机体、心理与社会、环境的适应能力均处于协调和平衡的状态。这就是新的健康完整而全面的观念。它更突出了以往忽视的心理健康，将其提高到一个和身体健康接近的高度，并且强调了身体健康和心理健康的关系。心理健康是身体健康的精神支柱，身体健康又是心理健康的物质基础。良好的情绪状态可以使生理功能处于最佳状态；反之，则会降低或破坏某种功能而引起疾病。身体状况的改变可能带来相应的心理问题，生理上的缺陷、疾病，特别是痼疾，往往会使人产生烦恼、焦躁、忧虑、抑郁等不良情绪,导致各种不正常的心理状态。作为身心统一体的人,身体和心理是紧密依存的两个方面。

随着现代生活的节奏越来越快,高度的信息化让每个人将和更多的人、更遥远的人以及越来越多的陌生人产生联系。如何在纷繁复杂的人际关系中保持良好愉快的精神状态将是越来越重要的命题。当代大学生都是"90后",他们对信息的接受、传播更为敏感,也更容易受到网络上大量的良莠不齐的信息耳濡目染,逐渐形成自己的人生观。是乐观还是悲观,对待人际关系是充分信任还是处处提防,都将客观地影响着每个大学生每天的精神状态。

(二)心理健康的标准

我们究竟应该以什么样的标准来衡量自己的心理是否处于健康的状态呢?心理健康的标准不是绝对的,而是一个可供参考的系统。下面我们来看看国内外机构、专家学者对于心理健康所提出的较为权威、已被普遍接受的一些标准。

1. 世界卫生组织(WHO)提出的标准

心理健康的概念是指一种健康状态,在这种状态中,每个人能够实现自己的能力,能够应付正常的生活压力,能够有效地从事工作,并能够对其社区做出贡献。从积极意义上来说,心理健康是个人保持健康和社区有效运作的基础。

(1)智能良好。智能是人对客观事物的认识能力和运用知识、经验、技能解决问题能力的综合。智能良好体现在两个精神和四种能力上,即科学精神、人文精神和发现问题的能力、认识问题的能力、分析问题的能力以及解决问题的能力。

(2)善于协调与控制自己的情感。情感是人对客观事物认识的内心体验的外在反映。人的情感活动具有倾向性,喜怒哀乐都要表现出来。人的情感一定要与外界环境协调,心情要开朗,要乐观。

(3)具备良好的意志品质。意志就是为达到既定目标,主动克服困难的能力。良好的意志具备四个特点:一是目的性,目的要合理;二是要学会调整自己的期望值和一些心态;三是要培养自己的坚强性和自觉性;四是要培养自己的果断性和自制力。

(4)人际关系和谐。要有一个相对稳定的、相对广泛的人际交流圈;在人际交往中要独立思考,要保持一个独立完整的人格,不要人云亦云,不要盲从;在人际交往中要注意宽以待人,要积极主动,要坦诚。

(5)适应、改造现实环境。适应社会是绝对的,改造社会是相对的,重点是适应,只有在适应的基础上才能局部地改造。

(6)要保证人格的完整和健康。人格体现在三个方面:一是构成要素要完整,不能有缺陷;二是人格的同一性,不能混乱,生理上的"我"和心理上的"我"必须是一个人,不能分离;三是要有一个积极进取的人生观。

（7）心理年龄和生理年龄要适应。一个心理健康的人，其心理特点与所属年龄阶段的共同心理特征是大致相符的。如果生理发育超前，心理发育滞后或心理发育超前，生理发育滞后，那么应对社会生活变化的能力就会受影响，就需要调整自己。

【知识链接】

美国心理学家马斯洛(Abraham Harold Maslow)和密特尔曼(Mittelman)提出的心理健康的十条标准被公认为是"最经典的标准"：

- 充分的安全感；
- 充分了解自己，并对自己的能力作适当的评估；
- 生活的目标切合实际；
- 与现实的环境保持接触；
- 能保持人格的完整与和谐；
- 具有从经验中学习的能力；
- 能保持良好的人际关系；
- 适度的情绪表达与控制；
- 在不违背社会规范的条件下，对个人的基本需要作恰当的满足；
- 在集体要求的前提下，较好地发挥自己的个性。

2. 中国人心理健康标准

2011年8月，中国心理卫生协会首度公开中国人心理健康标准。中国心理卫生协会理事长蔡焯基教授在题为《维护心理健康构建和谐社会——心理健康概念与标准》的学术报告中，首次公开介绍中国人心理健康标准和制定确立的过程。中国的心理卫生专家们开展研究主要基于两个背景：一是心理健康对人生的幸福以及对构建和谐社会所产生的影响日渐明显；二是党和国家十分重视我国心理健康的维护工作。心理健康的意义已经得到国家高度重视和社会充分认可，通过反复调查与研究，确立了中国人心理健康6条标准与评价要素：

- 情绪稳定，有安全感。
  评价要素：情绪稳定、情绪控制、情绪积极、安全感。
- 认识自我，接纳自我。
  评价要素：自我认识、自我接纳。
- 自我学习，独立生活。
  评价要素：生活能力、学习能力、解决问题能力。
- 人际关系和谐。
  评价要素：良好人际交往能力、人际关系和谐、接纳他人。

- 角色功能协调统一。
  评价要素：角色功能、行为符合年龄、行为符合环境、实现个人满足。
- 适应环境，应对挫折。
  评价要素：接触现实、接受现实、挫折应对。

3. 我国学者阐述的大学生心理健康标准

大学生的年龄一般为18~25岁，从心理学的观点来看，正处于青年中期。根据我国大学生的实际情况，评判大学生的心理健康水平应从以下几个方面予以考虑：

（1）智力正常。这是大学生学习、生活与工作的基本心理条件，也是适应周围环境变化所必需的心理保证，因此衡量时，关键在于是否正常地、充分地发挥了效能，即有强烈的求知欲，乐于学习，能够积极参与学习活动。

（2）情绪健康。其标志是情绪稳定和心情愉快。包括的内容有：愉快情绪多于负性情绪，乐观开朗，富有朝气，对生活充满希望；情绪较稳定，善于控制与调节自己的情绪，既能克制又能合理宣泄；情绪反应与环境相适应。

（3）意志健全。意志是人在完成一种有目的的活动时，所进行的选择、决定与执行的心理过程。意志健全者在行动的自觉性、果断性、顽强性和自制力等方面都表现出较高的水平。意志健全的大学生在各种活动中都有自觉的目的性，能适时地做出决定并运用切实有准备的方式解决所遇到的问题，在困难和挫折面前，能采取合理的反应方式，能在行动中控制情绪和言而有信，而不是行动盲目、畏惧困难、顽固执拗。

（4）人格完整。人格指的是个体比较稳定的心理特征的总和。人格完整就是指有健全统一的人格，即个人的所想、所说、所做都是协调一致的。一是人格结构的各要素完整统一；二是具有正确的自我意识，不产生自我同一性混乱，以积极进取的人生观作为人格的核心，并以此为中心把自己的需要、目标和行动统一起来。

（5）自我评价正确。正确的自我评价乃是大学生心理健康的重要条件。大学生通过自我观察、自我认定、自我判断和自我评价，做到自知，恰如其分地认识自己，摆正自己的位置，既不以自己在某些方面高于别人而自傲，也不以自己在某些方面低于别人而自惭，能够自我悦纳，喜欢自己，接受自己，自尊、自强、自制、自爱适度，正视现实，积极进取。

（6）人际关系和谐。良好而深厚的人际关系，是事业成功与生活幸福的前提。其表现为：乐于与人交往，既有广泛而深厚的人际关系，又有知心朋友；在交往中保持独立而完整的人格，有自知之明，不卑不亢；能客观评价别人和自己，善取人之长补己之短，宽以待人，乐于助人，积极的交往态度多于消极态度，交往动机端正。

（7）社会适应正常。个体与客观现实环境保持良好秩序，作客观观察以取得正确认识，以有效的办法应对环境中的各种困难，不退缩，还要根据环境的特点和自我意识的情况努力进行协调，或改变环境以适应个体需要，改造自我以适应环境。

（8）心理行为符合大学生的年龄特征。大学生是处于特定年龄阶段的特殊群体。大学生应具有与年龄及角色相应的心理行为特征。

综合来看,心理健康标准大致包括了对自己的认识接纳和情绪管理、与他人的关系处理、面对人生百态的态度等要素。大学生可以尝试以上面的标准来对照自己,看看自己最近一段时间是否过得"健康"。

【自我测试】

大学生心理健康测试[①]

以下40道题,如果感到"常常是",画"√"号;"偶尔是",画"△"号;"完全没有",画"×"号。

1. 平时不知道为什么总觉得心慌意乱,坐立不安。(　　)
2. 上床后,怎么也睡不着,即使睡着也容易惊醒。(　　)
3. 经常做噩梦,惊恐不安,早晨醒来就感到倦怠无力、焦虑烦躁。(　　)
4. 经常早醒1~2个小时,醒后很难再入睡。(　　)
5. 学习的压力常使自己感到非常烦躁,讨厌学习。(　　)
6. 读书看报甚至在课堂上也不能专心致志,往往自己也搞不清在想什么。(　　)
7. 遇到不称心的事情便较长时间地沉默少言。(　　)
8. 感到很多事情不称心,无端发火。(　　)
9. 哪怕是一件小事情,也总是很放不开,整日思索。(　　)
10. 感到现实生活中没有什么事情能引起自己的兴趣,郁郁寡欢。(　　)
11. 老师讲概念,常常听不懂,有时懂得快忘得也快。(　　)
12. 遇到问题常常举棋不定,迟疑再三。(　　)
13. 经常与人争吵发火,过后又后悔不已。(　　)
14. 经常追悔自己做过的事,有负疚感。(　　)
15. 一遇到考试,即使有准备也紧张焦虑。(　　)
16. 一遇挫折,便心灰意冷,丧失信心。(　　)
17. 非常害怕失败,行动前总是提心吊胆,畏首畏尾。(　　)
18. 感情脆弱,稍不顺心,就暗自流泪。(　　)
19. 自己瞧不起自己,觉得别人总在嘲笑自己。(　　)
20. 喜欢跟自己年幼或能力不如自己的人一起玩或比赛。(　　)
21. 感到没有人理解自己,烦闷时别人很难使自己高兴。(　　)
22. 发现别人在窃窃私语,便怀疑是在背后议论自己。(　　)

---

① 资料来源:大学生心理健康测试. http://wenku.baidu.com/link?url=VOH-8K8YoMs1n3KIR-PeokvbRWNZjd1-_en0rkE2Nr0YnUvua-6s4YigbP3kc0cKVdPrWdRh31tIKcy0b7cmePXIBFrNfPAkpC_8UTHiyFSC.

23. 对别人取得的成绩和荣誉常常表示怀疑,甚至嫉妒。(　　)
24. 缺乏安全感,总觉得别人要加害自己。(　　)
25. 参加春游等集体活动时,总有孤独感。(　　)
26. 害怕见陌生人,人多时说话就脸红。(　　)
27. 在黑夜行走或独自在家时有恐惧感。(　　)
28. 一旦离开父母,心里就不踏实。(　　)
29. 经常怀疑自己接触的东西不干净,反复洗手或换衣服,对清洁极端注意。(　　)
30. 担心是否锁门和可能着火,反复检查,经常躺在床上又起来确认,或刚一出门又返回检查。(　　)
31. 站在经常有人自杀的场所、悬崖边、大厦顶、阳台上,有摇摇晃晃要跳下去的感觉。(　　)
32. 对他人的疾病非常敏感,经常打听,生怕自己也身患同病。(　　)
33. 对特定的事物、交通工具(电车、公共汽车等)、尖状物及白色墙壁等稍微奇怪的东西有恐怖倾向。(　　)
34. 经常怀疑自己发育不良。(　　)
35. 一旦与异性交往就脸红心慌或想入非非。(　　)
36. 对某个异性行为的每一个细微行为都很注意。(　　)
37. 怀疑自己患了癌症等严重不治之症,反复看医书或去医院检查。(　　)
38. 经常无端头痛,并依赖止痛或镇静药。(　　)
39. 经常有离家出走或脱离集体的想法。(　　)
40. 感到内心痛苦无法解脱,只能自伤或自杀。(　　)

测评方法:

√得2分;△得1分;×得0分。

评价参考:

(1) 0～8分。心理非常健康,请你放心。

(2) 9～16分。大致还属于健康的范围,但应有所注意,也可以找老师或同学聊聊。

(3) 17～30分。你在心理方面有了一些障碍,应采取适当的方法进行调适,或找心理老师帮助你。

(4) 31～40分。是黄牌警告,有可能患了某些心理疾病,应找专门的心理医生进行检查治疗。

(5) 41分以上。有较严重的心理障碍,应及时找专门的心理医生治疗。

(三)心理健康与幸福人生

幸福是什么?正如中央电视台2012年国庆播放的"你幸福吗"新闻,简单的问题收获的答案却千差万别。幸福在词典中查到的解释是：一种持续时间较长的对生活的满足和感到生活有巨大乐趣并自然而然地希望持续久远的愉快心情。每个人都有对幸福的定义，都有属于自己的幸福，但是必须要肯定的一点就是，幸福是一个人内心的一种愉悦的感觉，归根结底是内心的一种状态。心理越健康的人，越能很好地面对人生起伏，取得人生态度的主动权，更容易获得幸福的人生。

1. 心理健康与身体健康

现代"健康"的含义包括了心理健康与身体健康两部分。然而，心理健康与身体健康并不是相互独立的，而是相互影响着。身体健康是心理健康的基础和载体，心理健康又是身体健康的条件和保证。俗话说："笑一笑，十年少；愁一愁，白了头。"心理与身体具有高度的统一性。

人的心理状态表现为兴趣和性格。人的情绪影响着身体的健康状况。我国古代医学家认为人的情绪与健康有着重要的关系，他们认为七情"喜、怒、忧、思、悲、恐、惊"是致病因素，总结出"七情过度百病生"的说法，认为人的情绪发生过度变化，会引起阴阳失调、气血不和、经脉阻塞、气机紊乱。古代医书《内经》上也说"怒则气上、喜则气缓、思则气结、悲则气消、恐则气下、惊则气乱"，也就是"喜伤心、怒伤肝、忧伤肺、思伤脾、恐伤肾"，《内经》还特别强调"心者，五脏六腑之主也，故悲哀忧愁则心动，心动则五脏六腑皆摇"。就是说大脑是人的中枢神经机构，一旦受到过度的精神刺激，就会产生强烈而持久的情绪波动，就会通过神经和内分泌系统，对全身各个系统和器官产生明显的影响。比如，人们常有这样的体验：大喜临门，人们就会因兴奋而睡不着；忧虑悲伤，就会食不甘味；受到惊吓，晚上睡觉就会做噩梦。这些体验就是因为人的大脑受到情绪的影响，通过神经系统和内分泌系统对人的机体产生影响，使人的心跳加快、血压升高、汗腺分泌增多或肠胃功能发生紊乱。因此，情绪对人的身心具有直接的作用，主宰着人的健康。

人的性格也会影响身体健康。不良性格对健康的危害是多方面的。美国心理学家弗里德曼(Friedman)在对100余名企业人员进行的长期观察中发现，约有75%的人在紧张工作期间，血脂明显升高，证明紧张与血胆固醇浓度有直接关系。其他的临床心理学家研究也发现，消化性溃疡病人的性格大多是被动、顺从、依赖、缺乏创造性、不愿与人交往、常有某种矛盾心理。支气管哮喘病人也表现为胆小、内向、依赖、缺乏自信心、不愿表达自己的情感。尽管这些性格与疾病间的确切关系尚需进一步研究，但是性格与疾病紧密相关是确信无疑的。塑造良好性格，也是保持健康的又一途径。

人的心理与身体健康有着极其重要的联系，因此在日常生活中要注意运用理智控制情绪：不狂喜，不暴怒，使情绪保持稳定、心态保持平衡、心情保持平静。同时要注意性格的培养锻炼，努力优化性格、乐观开朗、宽容豁达、积极向上，减少患病机会，加快疾病的康复。

【知识链接】

情绪有毒——致命杀手"生气水"

美国生理学家艾尔玛(Almer)的实验研究,将人在不同情绪状态下呼出气体收集在玻璃试管中,冷却后变成水而发现:

- 人在心平气和状态下呼出的气体冷却后,水是澄清透明的;
- 人在悲伤状态下呼出的气体冷却成水后,水中有白色沉淀;
- 人在愤怒、生气状态下呼出的气体冷却成水后有紫色沉淀,将其注射到大白鼠身上,几分钟后大白鼠死亡。

与此同时,身体状态也会影响人们的心理状态。健康的身体使人精力充沛,充满活力,朝气蓬勃,奋发向上;使人行动迅速,思维敏捷,思路清晰,观察敏锐;使人心胸宽广,兴趣广泛,情绪良好。而健康的心理又反过来使人认识到身体健康的可贵价值,正确认识和指导身体锻炼和训练,正确自觉地调节睡眠、休息与活动的比例关系,使身体各系统的状态始终处于良好的运转之中。同时在健身过程中遇到的一些训练困难或问题,也可以通过心理的调节、调整或心理放松加以克服,从而大大提高健身的效果和训练的效益。

总而言之,人的身心健康是相互影响的。健康、愉悦的心理状态有利于身体机能保持良好的运转,反过来正常的机体也是会让人保持头脑清醒、情绪良好的状态。

2. 心理健康与学习工作

【案例】

晓凤从小就是一名乖巧懂事、成绩优秀的好学生。她带着一系列的光环考入了某所全国重点大学。自进入大学第一天起,晓凤便确立了读研的学习目标。她每天早出晚归,学习非常刻苦,每当同学周末结伴外出时,晓凤也总是以学习为由婉拒了同学。在同学心中,晓凤是"学霸",对于此种称呼,她也感觉非常满意。但是大学与中学的学习内容、学习方法有很大的差异,晓凤的期末考试成绩非常不理想,高等数学甚至不及格。晓凤无法面对学习路上的第一次失败,想到辛劳的父母,想到平时不如自己努力但成绩优秀的同学,想到下学期还有那么多课程需要学习,这一切都让她无法接受,精神恍惚,恨不能找个地缝钻进去。晓凤默默地回到了家,整个假期都把自己关在房间中,整天暗自流泪,父母一提及学校就大哭,无法正常上课,于是办理了休学手续。

学习是大学生的首要任务,不少同学为了锻炼提升自身能力,还担任了一些党团、班级、社团职务,承担了一些学生工作,这就要求自身要有良好的身体素质和心理素质才能协调好这些关系。有的同学抱怨说每天时间很紧,学习任务很重,社团一周还有两个晚上要开会;宿舍同学还很晚才睡觉,玩游戏的声音很吵,影响了休息……各种事情堆积起来让人心烦意乱。其实,大学作为由学生向社会人转变的过渡阶段,学校里的事情相对简单。工作以后,各种各样的事务性工作、上级领导和同级同事关系、生活琐事堆积起来更让不少人感到喘不过气。长时间这样的心态,将严重损害一个人的心理健康。注重心理调节,增强自己对学习、工作的自信心就显得尤为重要,将更好地提高工作效率。学会心理暗示,比如每天起床告诉自己:今天又是美好的一天,将遇到更多顺心的事儿!当学习和工作烦躁时,暗示自己:没什么大不了,车到山前必有路,船到桥头自然直!一定强度的心理暗示都将舒缓自己心理,让自己再次拥有饱满的精神,以新的思路去投入工作中。

【知识链接】

心 理 暗 示

心理暗示是指人接受外界或他人的愿望、观念、情绪、判断、态度影响的心理特点,是人们日常生活中最常见的心理现象(如图 1-1 所示)。它是人或环境以非常自然的方式向个体发出信息,个体无意中接受这种信息,从而做出相应的反应的一种心理现象。心理学家巴甫洛夫认为:暗示是人类最简单、最典型的条件反射。从心理机制上讲,它是一种被主观意愿肯定的假设,不一定有根据,但由于主观上已肯定了它的存在,心理上便竭力趋向于这项内容。我们在生活中无时不在接收着外界的暗示。人们为了追求成功和逃避痛苦,会不自觉地使用各种自我暗示,比如困难临头时,人们会安慰自己:"快过去了,快过去了。"从而减少忍耐的痛苦。人们在追求成功时,会设想目标实现时非常美好、激动人心的情景。这个美景就对人构成自我暗示,它为人们提供动力,提高挫折耐受能力,保持积极向上的精神状态。

图 1-1 心理暗示

3. 心理健康与人生

2009 年,美国罗切斯特大学(University of Rochester)公布了此前进行的一次著名实验,巧妙颠覆了有关幸福如何运作的一个最常见假设。研究人员连续两年追踪了 150 名毕业生,检测他们的目标和幸福水平。根据他们报告的幸福和生活满意程度,研究人员比较了毕业生实现外在和内在奖励的比率,得出了明确的结论:"实现外在目标或'美国梦',如金钱、名望和在他人眼中的吸引力等,对幸福完全没有帮助。"实现外在奖励远远不能创造幸福,事实上,"还创造了一些不幸"。如果让得到越来越多外在奖励的欲望占据我们的时间和精力，就会妨碍我们从事真正有助于提升幸福的自成目的的活动（自我激励、自我奖励的活动，科学术语为"自成目的"）。同时还发现，关注内在奖励活动的人，会努力工作、发挥个人优势并建立社会联系。在这两年内，不管薪资或社会地位等外在生活环境如何，他们都明显表现得更为幸福。

幸福感的存在建立在身心健康的基础上，如果没有健康的身心，就感觉不到幸福的存在，也不会有幸福的人生。身心不健康的人就像没有感觉的人，不能感知世界的幸福与温暖。

幸福是一种感觉，它不取决于人们的生活状态，而取决于人们的心态，幸福的特征就是心灵的平静，所谓"知足者常乐"就是这个道理。幸福就是人们的渴求，人们的满足或部分得到满足的感觉，是一种精神的愉悦。人们获得幸福感都是暂时的，就像不幸一样，随着时间的流逝，幸福感以及不幸感都会逐渐淡化。虽然它会淡化，但它仍会在我们心中留有痕迹，会是我们的美好记忆。但是这样的幸福感是不够的，所以，我们如果想继续拥有幸福，想过幸福的生活，就必须去不断地满足更多的渴求。

心理健康和幸福人生有着必然的联系。正常的心理，会让人们拥有幸福的人生。因为无论痛苦的人生还是快乐的人生都是属于我们人生生涯的一部分，就像阴影和光明是共存的，就像一个地方不会永远只有光明或者黑暗，像太阳的东升西落，它的光明和阴影面也在不断转化，而幸福是我们人生的总体概括，我们不能因为一时的痛苦而否决幸福感的存在。而幸福的人生也会促进心理健康的发展，因为稳定平静而幸福的环境会使心理的问题有疏解和发泄的途径。你可以在与别人的倾诉中疏解你心中的不满和愤愤不平，因为适当的发泄更有助于心理健康的发展。如果没有幸福的人生，即生活在动乱、人情冷漠的地方，找不到倾诉对象，也感觉不到被人关心，内心没有幸福感的存在，则会加剧心理问题的产出，导致心理疾病的出现。因此，心理健康和幸福人生互为表里，共同存在，它们有着千丝万缕的联系，是密不可分的。

渴求心理健康和追寻幸福人生的过程，则是人们发现自身不足的过程，只有克服身心方面的问题，我们才可以真正拥有幸福人生和健康的心理，所以发现自我不足和调整自我是至关重要的。拥有了解自我的能力也就拥有了追寻心理健康和幸福人生的权利，让我们赶快了解自己，寻求属于自己的幸福人生！

二、大学生与心理健康

【案例】

刘星是一个被鲜花和掌声簇拥着长大的男孩。他开朗活泼，学习优秀，多次在比赛中获奖，在学习中连任九年班长，做过学生会的体育部部长，团委会的宣传委员，喜欢运动，篮球场上帅气表现总是引来围观女生的一片喝彩。这一切使刘星形成了自傲的性格，但初入大学，刘星顿感人才济济，身边牛人无数，自己只是这个环境里的小角色。努力过，但并没有获得更大的成功。为此,他感到内心失落和压抑,苦闷感压迫得他难以入睡,逐渐对自己失去了信心,开始自我放纵,成了享乐主义者。刘星选择逃避,开始封闭自我,转而向网络游戏寻求自我认同,只有在游戏中才能发挥自己的才华。刘星逃课的次数越来越多,成绩一次次亮起红灯,最终导致了恶性循环,他的自卑心理日益严重。这种自卑像一块挥之不去的阴云一直笼罩着他,更加影响了他的生活。

大学生是思想活跃、追求发展、渴望成功的社会群体,心理健康对于大学生的成长具有极其重要的意义。如果从生理学角度来看,大学生的年龄一般在十七八岁到二十二三岁,正处于青年期和成年早期,身体各器官系统的发育已基本达到成熟水平。但是,大量的案例、研究及统计表明,大学生中相当一部分人心理存在一系列不良反应和适应障碍,有的还很严重。从大学生个人角度来说,大学是个人步入社会准备和过渡的关键阶段,面对较为复杂的大学生活,大学生如果能够调整自我心理、保持良好健康的心理状态,无论是形成"不管风吹浪打,胜似闲庭信步"的积极豁达心态,还是形成"命中有时终会有,命中无时莫强求"的随遇而安态度,抑或是其他的人生态度,都将对以后的人生产生深远的影响。

【知识链接】

埃里克森将人一生的发展划分为 8 个阶段,认为每一个阶段都需要克服一个主要矛盾和危机,只有在本人与外界环境的作用下合理解决好每阶段的矛盾和危机,个体才能得到良好的发展。这些矛盾和危机也被称为心理—社会任务。处在青年中期的大学生应该完成的心理—社会任务是什么呢?从埃里克森的发展阶段来看,大学生正处在亲密与孤独阶段(18~25 岁),发展任务是获得亲密感,克服孤独感,体验爱情的实现。这一时期的个体已经具备了与别人亲密相处的能力,即具备了归属于社会群体和建立伙伴关系所必须承担义务的能力,具备了为遵守这些义务而发展道德力量的能力。处在该阶段的人在家庭之外寻求情感归宿,包括与同性朋友建立友谊,与异性朋友恋爱。若情感找不到归宿,就会处在痛苦的孤独之中。

(一)大学生活的新变化

一些大学生在校园论坛上总结自己眼中的大学生活:

高中学习是主业,大学学习是副业;

高中恋爱是禁止,大学恋爱是提倡;

高中睡觉很少,大学学习很少;

高中上网很少,大学网游很多;

高中理论很多,大学实战不少;

高中老师很严,大学老师不管。

根据知名社会机构麦可思研究院的《2013 中国大学新生心态表》显示,被调查的"95

后"新生们最担心遇到的问题是人际关系(占 45%);之后依次是学习(占 39%)、生活(占 30%)。从中学时代到大学时代,大学新生所面临的是一个全新的世界。大学是每个学子心目中的"象牙塔"。不少同学在读高中期间,都曾对大学有过幻想与憧憬,想象着自己将要进入的大学是怎样的,想象着大学中会发生的事。大学成为了每一个人心中的一片圣地。无论是社会上常见的琐事俗事,还是学校独有的趣闻逸事,都会时常呈现在你面前,关键就要看你怎样去感悟与理解。于是,有些人步入大学后成了"神雕侠侣",有些人却"笑傲江湖",而另一些人只能"侠客行"了。在中学时代,我们大多习惯于问老师该怎么做;但在大学,老师不会给你明确的答案,需要你自己去思考,去选择。比如,同一天晚上有自习、社团例会、志愿工作、班会、讲座,时间发生冲突了,该如何取舍呢?不同的人有不同的看问题角度,不同的问题又有不同的处理方法。其实,学会如何去思考问题,如何在两难中取舍也应被视作大学课程之一,更是对自我的一种锻炼。

总的来说,大学带给新生最大的改变就是:每一个学生都将有更多的自由时间和空间,会有更多的选择,自制力也将面临前所未有的考验。这样的自由有利有弊,对于有目标、善于规划的同学来说将更大的挖掘自身潜能;而对抱着"当一天和尚撞一天钟"观念的同学来说,将很快陷入散漫甚至是青春的挥霍中。每一个新生都要完成从基础知识学习向专业知识学习的转变,完成从"包办式"生活向"自主式"生活的转变。

1. 学习的转变

学习作为大学生活的一项重要内容,是众多学生关注的焦点。但面对不同于大学以前十多年的应试教育,大学注重的是培养学生的自学能力和学习兴趣,注重独立思考和研究性学习,老师讲课不拘泥于一本教材,授课时间少、讲课速度快、课堂内容多等特点使得很多学生无法适应,学习上存在困难。没有了中学老师的督促,没有了父母的唠叨,很多同学一下子放松了学习,直到快要考试了,才想起还有学习的任务,于是草草复习、随便应付,结果是很多科目亮起了从未有过的红灯!有的同学甚至信奉"Deadline 才是第一生产力",以此为自己拖延学习及各种任务的借口,这样恶性循环下去,使得学习上的压力感、挫折感越来越强烈。当然了,大学里面也有不少同学摸索出适合自己的学习方法,保持成绩名列前茅,最后每学年都取得了奖学金。付出总有回报,我们一定要适应大学里面学习方式的转变。

【深度阅读】

清华学霸谈成功路:无特殊方法,比要求多做一点①

他,两篇论文已发表于全球计算机视觉顶级会议(CVPR),并被邀请为论文审稿人,

---

① 资料来源:清华学霸谈成功路:无特殊方法,比要求多做一点. http://news.163.com/14/0218/09/9LBVCAIE00014AED.html.

与麻省理工学院、普林斯顿大学、微软亚洲研究院等多名世界级教授合作,"清华大学特等奖学金""国家奖学金""微软亚研院优秀成果奖"等重量级奖项数不胜数,以近满分的成绩连续三年第一;利用经济学双学位开展与计算机交叉的激励机制在肾脏交换网络中的运用,热爱社会实践和公益,从甘肃农村到瑞士、日本、中国香港都有他的足迹……

从计算机到交叉学科,从科学研究到社会工作,这位清华大学交叉信息院计算机科学实验班的大四本科生,简历在网上曝光后,关于他神一样存在的"神话"风起云涌。

"其实我真的很普通,就和校园里的很多同学一样。"初见吴佳俊,这位面庞清秀、鼻梁高挺,生于1992年的小伙子迫不及待地告诉记者,这也是和他接触中听到最多的一句。当被问及网上的各种"传说"时,并不过多关注社交网站的他只是羞涩一笑。

2014年1月初,刚从美国交流归来的吴佳俊仍然像往常一样,骑着略微陈旧的自行车穿梭于清华园,听讲座,做实验,改论文。

其实吴佳俊的大学生活从一开始并不顺利,大一上学期的几门考试成绩都不理想,一些如"计算机入门"等比较复杂的课程,学起来有点吃力。他又重拾起高中的学习方法,经常找班里的同学一起琢磨课业上的难题。那时他经常忙到很晚,除了学习,还要花几个小时处理社团的事,有时候室友都睡了,他才回到宿舍,第二天室友起床时,他已经离开了,几乎是"晚二朝七"的节奏。

"其实,我也没有异于常人的学习方法,可能就是比要求的多做一点点,可选的作业和项目,就尽量都去完成;提供的参考书目,尽量都去读。如果有可能的话,就再多读几本。"在吴佳俊看来,课业学习的重要性不仅在于具体的知识点,更在于培养思维能力以及在科研工作中的运用。

大学生处在人生第二次"断乳期",在生理和心理层面都会发生很大的变化。一旦处理欠妥,就会引起不可忽视的社会危机。大学生不能总是"坐、等、要",期待社会、学校来"解放自己",而是应该积极发挥自身的主观能动性,正确地对待问题,然后寻求科学的办法来加以解决。如何能平衡好繁忙的学习和个人生活,大学生应该学会管理自己的目标和时间,高效地完成学习任务,并且在学习工作中体会大学的乐趣。

2. 生活的转变

【案例】

大学新生小李,性格内向,沉默寡言,很少参加宿舍的集体活动,跟大家在一起的时候,也不太能接受别人的想法,对于同学的邀请,总是表现出不屑。宿舍其他同学慢慢变成三个一群,两个一伙,他感觉自己被孤立,晚上连续失眠。终于有一天,小李彻夜辗转反侧,情绪失控,在清晨5点钟拨通了辅导员的电话。在电话中小李痛哭流涕,一直要求学校让他走读。辅导员与家长取得了联系,父母还是希望他能在校独立生活。辅导员反复安抚小李,与他协商,再尝试一个月,帮助他适应学校生活。

现在的大学生绝大多数是独生子女,从小备受父母和老师的呵护,他们只需要搞好学习,其他的一切事务均由他人代劳。父母的疼爱和家庭物质条件的优越,使得学生的独立性明显不足。可到了大学,一切都要靠自己来解决,学习和生活上全然由自己"随心所欲"地支配,部分同学体现出"力不从心"的状态。大学生活环境较为宽松,缺少了老师和家长的监督,导致部分同学生活秩序混乱,有些同学生活作息严重不规律,严重影响学习和生活状态。同时,乱丢东西、生活费开支无度等都反映出了学生对自己的生活缺乏合理的规划和安排。此外,很多学生是带着良好的人际交往期望走进大学,虽然做好了谦让、忍耐等心理准备,但大学生来自全国各地,语言、个性、生活环境存在较大差异,实际的人际交往远比想象中复杂,很多学生逐渐失去了耐心和宽容。

下面是一些大学生的真切感悟,希望能对大家有些启示:

(1) 经过了几年的大学生活,总的感觉大学生活还是比较美好的。大学只是一个场所,供我们生活和学习,无所谓好坏。大学仿佛是一把"双刃剑",有的人经过大学生活之后,无论是个人修养还是自身能力都有了很大的提高;而有的人经过大学生活之后却变得非常麻木,没有理想和信念,成为了社会中的堕落一族。不同的人进入大学之后不会变成同一种人,因为大学毕竟不是一个熔炉,否则的话大学生活也不会有那么多精彩。大学就如同是我们手中的一个工具,本身并无好坏之分,只不过看的是如何使用它。大学生不应当只是抱怨大学不好,学校名气不够,而应当抱有既来之则安之的心态,多思考一下如何过好大学生活!

(2) 大学生活不同于高中生活,在大学里我们有很多属于自己的时间,学习和生活更多的需要是一种规律性,即自制力。自制力就是知道自己在什么时间该做什么事情,生活和学习有一定的规律性!一个大学生如果没有很强的自我控制能力,走向堕落是很容易的一件事情,也是迟早的事情。自制力有时需要一个强有力的计划来维持,自制力发挥作用的时候便是计划被有效执行的过程。无论做任何事情,都应当有一个度,把握住一个量,否则后果很严重。

(3) 无论是生活还是工作都免不了与人打交道,处理好人际关系是非常重要的。在大学里很重要的一课便是学会如何处理和周围人的关系,只有提高了这个能力,我们的生活和事业才会更加顺利!

(二) 大学生心理发展阶段

根据影响大学生心理发展的诸多因素和心理发展的主要矛盾,一般把大学生的心理发展过程分为三个阶段(以四年制的大学生为研究对象),即心理适应阶段、全面发展阶段、职业定向阶段。

1. 心理适应阶段

这个阶段集中在大学一年级,其主要特征是对环境的不适应和思想的不稳定。对于大多数学生而言,可能是第一次一个人离开家,第一次住集体宿舍,第一次来到陌生城市,第一次接触新的学习方式,第一次上课没有固定的教室,第一次发现班主任很久才露一次面,第一次接触以前没有听过和见过的生活方式等。来自五湖四海的同学,面临着适应全新的校园环境、饮食习惯、生活习惯、作息时间、语言等方面的挑战。不仅如此,不管以前你的住宿条件、生活环境是多么的优越,但到了大学,你会发现这里的学习任务、内容和方法发生了很大的变化。高考作为我国选拔人才的制度,就如同龙门一样,只让那些成绩优异的"鲤鱼"通过。而要想考上好的大学,非得埋头苦读,两耳不闻窗外事,一心只读圣贤书不可,因此许多考进大学的学生依旧停留在一种高强度、纯书本、纯习题的状态下。然而大学的学习方式与以前的中学截然不同,在高手云集的班级里,高中时学习优秀的自豪感与自尊心却变成了无奈和自卑。这些变化都迫使学生必须面对。如果没有准备好,就可能遭遇成长中的心理"断乳期",即在新的环境中找不到自己的位置,过去的许多自我评价现在都要重新审视甚至推翻。找不到自我是一个痛苦的过程,然而,只要勇敢面对,去努力寻找自我,最终必将真正地获得心理上的成长,这也是成长过程中所付出的必要代价。

2. 全面发展阶段

这一阶段是从大学二年级到三年级,学生逐步适应大学学习生活,熟悉大学的节奏规律,开始不断丰富自身经历,多方位地锻炼提升自身能力。这一阶段的大学生思想活跃,兴趣广泛,积极参加各种社团活动,参与各种学科竞赛,尝试兼职打工接触社会,渴望从各个方面来充实和发展自己。通过一年的学习实践,学生加深了对专业的理解,掌握本专业的知识和技能,在学好专业知识的同时,注重学以致用,积极参加社会调查、科学研究活动。通过不断深入和拓展自身的学习生活半径,逐渐明晰大学毕业后的目标。但是,也有少数同学胸无大志,太多的自由让他不知所措,或沉迷网络游戏,或沉醉谈情说爱,虚度了大学光阴。这一阶段的大学生会经历很多磨炼,有克服困难取得成功的欣喜,也会有多次努力无果的困惑、失落的痛苦。随着大学生的全面发展,大多数的学生能够建立新的心理平衡,对于学习生活有了更多的掌控力。

3. 职业定向阶段

这一阶段集中在大学四年级,大学生为职业选择和去向做出最后准备,是由校园人向职业人转变过渡的关键阶段。经过几年的大学生活,大学生已具备一定的专业知识,初步接触社会,学会按照职业生活模式来要求自己,面对环境变化和角色转变,既充满自信又心存怀疑,就业的过程又需要新一轮的心理适应。当投递了几十份简历未能接到一个面试通知,怀疑自身所学是否符合企业用人需求;当看到有的同学得到高薪的入职通知书,暗自与同学进行比较,逐步提高自己对工作的期望值;当手中握有几份入职通知书时,举棋不定,产生选择焦虑症……大学生的心理就如同坐上了过山车,起伏不定,波澜壮阔。与此同时,大学生完成毕业设计过程中,逐步发现自身的不足,开始冷静分析自己,希望通过努力不断丰富完善自己,但是也有少数大学生,得过且过,不思进取。这个阶段是对大学生各方面素质进行综合考验的阶段,同时又是大学生不断走向成熟的阶段。

综上所述,大学生心理发展是有阶段性的,每个阶段均有不同的主要矛盾和心理特征。但发展阶段的划分是相对的,各个阶段之间互相渗透,互相影响。阶段性和连续性共同构成了大学生心理发展的过程,因此既要注意到不同阶段的主要矛盾,又要注意各阶段之间的衔接和过渡。

(三)大学生常见的心理问题

【案例】

小新来自农村,他性格腼腆内向,比较胆小自卑。由于家中弟弟妹妹都在上学,家庭经济状况贫困。进入大学以后,面对大城市的繁华,同学们的才华横溢,特别是自己浓重的地方口音,小新总是担心身边的同学会笑话他、瞧不起他。挫败感和失落感让小新更加不适应,一个人独来独往,不愿与同学沟通交流。小新入学之初明确表示希望通过好好学习,争取早日减轻家里的经济负担。但是他未能掌握大学的学习方法,几次考试成绩均不理想。在期末考试周,小新略显焦躁,饮食不规律,学业压力过大导致在宿舍晕倒,舍友将其送到医院进行治疗,辅导员第一时间与家长取得了联系,父亲在第二天下午赶到了医院。小新表示:"家中经济本来就很困难,他这一病又给父母增加了负担。"脸上充满了自责和歉意。经过假期的调养以及家人和辅导员的不断开导,小新开学后性格上变得开朗自信很多,参加学校补考也取得了不错的成绩。

通过这个事例,我们能够看到,小新同学自卑内向,内心渴望通过自身努力,早日减轻家庭经济负担,但过大的压力使他喘不过气,身体出现状况,经过家人和辅导员的开导,心境有了很大的变化,精神面貌也改变了很多。

2010年11月30日至2011年2月28日,《大学生》杂志社、中国大学生网围绕涉及大学生心理困扰产生原因、现状及对策等10个方面的问题,对大学生的心理健康状况进行了网络调查[①],近万名大学生进行网上投票。调查显示:九成多的大学生有过心理方面的困扰。其中,27%的大学生认为自己经常有心理方面的困扰;66%的大学生认为自己偶尔有心理方面的困扰;仅有2%的大学生表示自己没有心理困扰;另有3%的大学生选择没有想过这个问题。

引起大学生心理问题的原因依次是人际交往带来的压力问题(67%)、就业压力(55%)、自我管理能力不强(51%)、情感问题(48%)、人生发展与职业选择上有困难(48%)、对周围

---

① 资料来源:http://wenku.baidu.com/link?url=kkGN-zgKFCI-PS5cGF0_Avtcab5ntH7ch7wsaM_qgU6UtMNXIVE4z-dIEMQJLigvC6cc9wEQdzTh0-CcnCzVKbeB3fOj6p5bB5B_W8SBPfO。

环境的不适应(45%)、学习压力(44%)、经济困难(26%)、不适应大学生活(16%)。

大学生心理问题产生的原因是多方面的。一些学生自卑、孤僻、害羞等无法和别人较好地沟通或者不同性格、气质的同学处理问题的方式也会引起人际交往的不融洽。有的大学生常常忽视平等、互助这样的基本交往原则,常以自我为中心,自私自利,从不考虑对方的感受,这样的交往必定以失败而告终。就业压力则是随着大学的扩招和教育产业化政策的推行,大学生人数大幅增长,高校教育与企业的需要脱节,越来越多的大学生面临严峻的就业难问题。大学生情感问题主要是友情、爱情方面的问题。大学生情感困扰主要集中在恋爱困扰。爱情是校园里一个敏感的话题,部分学生通过爱情排解心理压力,有的学生过于腼腆,和异性在一起会觉得不自在,甚至是害怕。所以,正确处理爱情与学业的关系是大学生的一门必修课。

1. 当代大学生的成长环境

"90后"大学生的出生环境错综复杂,全球化趋势不断加强,西方价值观不断冲击中国传统思想,国内经济发展不断深化,网络的普及成为获取信息的主要渠道,高等教育由精英化转向大众化。由于种种的出生和成长环境原因,"90后"一代有着鲜明的特点。有人称"90后"的一代是"充满朝气,思想积极"的一代;也有人认为"90后"的一代明显承受力低下,是"弱不禁风,毫无勇气"的一代;还有人干脆断言"90后"的一代是"垮掉"的一代。

(1) 独生子女占据主力

1990年后出生的一代,大多数都是独生子女,自小就在父母、祖父母的宠爱下长大,形成了独具特色的"4+2+1"的生活模式。"90后"大学生是一个更年轻、更自我、更自信、更张扬的青年群体,是一座座独立的个人雕塑。他们的社交圈狭窄,个性强烈。家庭的优越感和学校的团体生活产生强烈反差,家庭中是以他为中心,在宿舍则讲求平等,很多人际关系冲突都是这样产生的。他们普遍具有较强的自我意识,乐于表现自己、证明自己,行动能力极强,对生活中大小事宜都有自己的理解和看法,表现在言所想、做所盼,喜好自由,排斥别人的干扰或干涉。面对大学校园里精彩纷呈的学习工作活动平台,他们会毫不吝惜自己的才艺发挥,表现欲强,在团队工作中不能很好地配合。

(2) 资讯时代与网络世界

"90后"是伴随互联网长大的群体,有70%的"90后"在小学或初中便开始接触网络,每天都接触网络的"90后"大学生达到61.7%,互联网在"90后"中的普及率为100%。世界到处充满诱惑,他们无时无处不在接收外界大量的信息,碎片时间基本都会使用在移动设备上。如果缺乏良好的引导,他们会模仿电视人物,接触叛逆资讯等。他们倾向于在网络世界里聊天、玩游戏,认为在虚拟世界里可以做一个真实自己,很多人可以活在网络上,但在现实生活中,情感不轻易向人吐露,自尊心强,在交往中常因要求过高、条件苛刻而较难找到志趣相投的朋友。

(3) 物质攀比风气

改革开放以后,国家经济飞速发展,物质高度发展的时代让现代人越来越看重物质享受,物质攀比。加上贫富差距的拉大以及社会的不公平,造就了物质攀比风气。在中小学,一些孩子开始攀比谁能穿上名牌,谁的牌子更响,谁的穿着打扮更漂亮、更吸引他人的眼球。也曾有新闻报道指出,现在大学生每月消费要1000多元;有些大学生也坦言,在日常生活中有些花费确实不是非常必要。有的大学生看到别人都买了苹果手机,自己不买就会感到很丢脸,于是他就向父母要钱买数千元的手机,而此时他的父母却正拿着下岗工资,靠四处打些杂工以贴补家庭收入。

(4) 大部分人没有吃过苦

"90后"只经历过中国经济的迅速发展、旺盛的消费以及迅猛的全球化,他们认为一切都是上升和富足的。饭来张口,衣来伸手,娇生惯养,除了完成学习任务,在家基本不干家务活,很难理解父辈的艰辛与不易,更不知道贫穷、饥饿的滋味。而在农村的成长起来的学生虽然相对体验多一些生活的酸甜苦辣,但依然是家中的小皇帝,父母会尽其所能给予更多的照顾。

(5) 缺乏良好的社交环境

很多"90后"大学生的父母都是双职工,他们平时都是一个人在家里。20世纪五六十年代邻居小伙伴们光着屁股一起长大,七八十年代吃百家饭,这些老辈们的记忆中的童年,"90后"是无法理解的,城市的楼盖得越来越高,但邻里间的关系却越来越淡,对门的邻居姓甚名谁都不知道,更不可能相互走往了。"90后"只能伴着电视、网络、游戏长大,在逐步成为资讯网络达人的同时,他们也饱尝孤独和无奈,自我意识凸显,缺乏有效的沟通技巧与人际相处的基本技能。

(6) 社会诚信影响

诚信是中华民族几千年来的传统美德。随着经济社会的发展,社会处于转型期,社会诚信在逐渐下降。当前社会上的骗子、小偷、乞丐在一定程度上对一些人的爱心与诚信也造成了负面影响。"90后"难以相信别人,总是很小心地保护自己。"90后"喜欢与千里之外的人联系交流,也不愿与身边的同学交流,对于诚信不看重,谁都无法完成承诺,所以做不做出承诺也都没有关系。

2. 当前大学生常见的心理问题

当今,在大学校园里,休学、退学、自杀、犯罪等现象屡见不鲜,有心理障碍的人数也在逐年增多。大学生的心理发展尚未完全成熟,加上难以适应环境的变化,自我调控能力还不强,因此在面对大学的学习、人际交往等方面容易出现心理困扰,突出表现在以下几个方面:

(1) 适应问题

为了走过高考的独木桥,当代大学生十余年寒窗苦读,几乎将全部身心投入紧张的学习中。进入大学后,环境发生了改变,面对新的集体,新的生活方式,新的学习特点,一些学生就出现了独立与依赖的矛盾。长期以来父母的疼爱和家庭条件的优越,使得他们的自理能力不强。有的学生来到这个新环境后,会发现象牙塔梦破碎,质疑老师家长提出的"高中苦一苦,大学松一松"的观念。原先的预期与现实的大学存在较大的差距:他们有的不适应大学的学习方式,有的对专业满意度不高,有的在完成上大学的目标后变得"无目的、无兴趣、无追求",有的因为人际关系苦恼不堪,有的面对丰富的大学生活不知所措。总之,由于个体适应能力的差异,一些大学新生会出现因环境变化而造成的适应困难,进而情绪低落,出现心理问题。

(2) 学习问题

经过高考拼杀的学生带着良好的自我感觉进入大学校园之后,往日充满光环的自豪感荡然无存。在高手如云的集体内,到处都是才华横溢的同学,心理上感到巨大的压力与自卑。有些大学生在进入大学后未能掌握大学的学习方法,面对老师讲课快、内容多、难度大等特点无法适应,进而产生厌学、自卑、自信心下降等问题,使得学习上的压力感、挫折感越来越强,导致一些学生无法适应大学生活,有的甚至退学。

(3) 人际交往问题

"踏着铃声进出课堂,宿舍里面不声不响,互联网上述说衷肠",这句顺口溜实际上反映了当前一部分大学生的交际现状。目前大学生多为独生子女,缺乏集体合作意识和独立生活能力。有些同学害羞自卑,不知道如何与人沟通,不懂交往的技巧与原则。有的同学存在一定程度的自闭倾向,害怕人际交往,不愿与人交往。有的同学为交际而交际,不惜牺牲原则随波逐流。在遇到矛盾时不懂退让,换位思考,表达想法简单直接,造成与他人无法很好相处,导致人际关系紧张,陷入孤独境地。

【自我测试】

大学生人际关系综合诊断量表[①]

这是一份人际关系行为困扰的诊断量表,共28个问题,每个问题做"是"(打√)或"非"(打×)两种回答。请你根据自己的实际情况如实回答,答案没有对错之分。

1. 关于自己的烦恼有口难言。( )
2. 和生人见面感觉不自然。( )
3. 过分地羡慕和妒忌别人。( )
4. 与异性交往太少。( )
5. 对连续不断的会谈感到困难。( )

---

① 资料来源:大学生人际关系综合诊断量表. http://wenku.baidu.com/link?url=R7z2EWFVsEfHOLjXQtT0k_XFBiKnl5ZWYAOHd4b5ylSSD9Zp-AUm8qldLYPrnhSNcLCXFQSdPYGme3Og8d_wl7d0MYRf9G99d2cD-65lgPG.

6. 在社交场合,感到紧张。( )

7. 时常伤害别人。( )

8. 与异性来往感觉不自然。( )

9. 与一大群朋友在一起,常感到孤寂或失落。( )

10. 极易受窘。( )

11. 与别人不能和睦相处。( )

12. 不知道与异性相处如何适可而止。( )

13. 当不熟悉的人对自己倾诉他的生平遭遇以求同情时,自己常感到不自在。( )

14. 担心别人对自己有什么坏印象。( )

15. 总是尽力使别人赏识自己。( )

16. 暗自思慕异性。( )

17. 时常避免表达自己的感受。( )

18. 对自己的仪表(容貌)缺乏信心。( )

19. 讨厌某人或被某人所讨厌。( )

20. 瞧不起异性。( )

21. 不能专注地倾听。( )

22. 自己的烦恼无人可倾诉。( )

23. 受别人排斥与冷漠。( )

24. 被异性瞧不起。( )

25. 不能广泛地听取各种各样的意见和看法。( )

26. 自己常因受伤害而暗自伤心。( )

27. 常被别人谈论、愚弄。( )

28. 与异性交往不知如何更好相处。( )

评分标准:打"√"的给1分,打"×"的给0分。

量表解释:

如果你得到的总分在0~8分之间,那么说明你在与朋友相处上的困扰较少。你善于交谈,性格比较开朗,主动,关心别人,你对周围的朋友都比较友善,愿意和他们在一起,他们也都喜欢你,你们相处得不错。而且,你能够从与朋友相处中,得到乐趣。你的生活是比较充实而且丰富多彩,你与异性朋友也相处得比较好。一句话,你不存在或较少存在交友方面的困扰,你善于与朋友相处,人缘很好,获得许多的好感与赞同。

如果你得到的总分在9~14分之间,那么,你与朋友相处存在一定程度的困扰。你的人缘很一般,换句话说,你和朋友的关系并不牢固,时好时坏,经常处在一种起伏波动之中。

如果你得到的总分在15~28分之间,那就表明你在同朋友相处上的行为困扰较严重;分数超过 20 分,则表明你的人际关系困扰程度很严重,而且在心理上出现较为明显的障碍。你可能不善于交谈,也可能是一个性格孤僻的人,不开朗,或者有明显自高自大、讨人嫌的行为。

(4)情感问题

时下的大学校园,恋爱已经是常见的状态。很多同学都抱着"在大学不谈恋爱很奇怪""别人都有男女朋友了,我也要找一个"的想法,没有积极正确的恋爱观,往往凭借青春期的冲动,为了恋爱而去恋爱。他们中有的因为单相思茶饭不思,有的因为求爱陷入自责与自卑,有的面对第三者而焦虑与愤怒,有的因为失恋而产生轻生报复念头,严重影响自己的学习和生活,甚至造成心理和身体上的伤害。如某高校曾经发生过一起让人唏嘘不已的失恋自伤事件。某男生苦恋一女生而不得,反而因为多次纠缠而使得女生对他好感尽失。有一天女生突然接到了他的电话,"你到底爱不爱我,我最后问你一次",女孩子心里一惊,连忙问他在哪儿。得知他说在自己楼下之后,女孩子认为不会再有自杀跳楼的可能性了,于是诚实地说——"不爱"。话音刚落,就听到楼下有人大声疾呼,原来该男生一听到否定的答案,就马上拿刀划了自己的左手手腕的大动脉。虽然男生被及时送到医院抢救,可是他的左手仍然落下了终身残疾。

(5)经济问题

大多数大学生过着衣食无忧甚至非常舒适、潇洒的日子,但却有一部分学生常常紧锁眉头,家庭贫困在他们心中留下了深深的烙印。有关学者对四川省四所高校的在校贫困大学生心理状况进行的调查显示,有 51.4% 的家庭经济困难学生存在抑郁状态或抑郁倾向。"我怎么没出生在豪门""勤奋学习不如别人有个好爸爸"……面对缺乏高档物质享受的无奈,他们中有的人发出这样的感慨。一些大学生过早地承担了生活的压力,这使得他们更加容易忧心忡忡,产生严重的自卑心理,对现实表现出逃避的态度。一方面他们背负着祖辈们光宗耀祖的重任,有问题不愿与家人交流;另一方面他们人际交往能力不足、心理闭锁、缺乏主动性和自信心等,郁闷不满等负面情绪得不到合理宣泄,长期下去容易引发心理问题。

(6)职业发展和择业问题

随着高等教育不断加大扩招步伐,每年毕业生人数不断攀升,2014 年高校毕业生已达到 727 万人,被称为"史上最难就业年"。高等教育从"精英化"走向"大众化",一方面使得更多的人接受了高等教育;另一方面就业压力近年来不断凸显。经过四年的苦读,总希望能找到一份自己满意的工作,加上家人"望子成龙""望女成凤"的期望,他们会考虑个人理想、收入多少、社会声望、工作地域、工作环境、发展前途等诸多因素,而如今社会竞争激烈,用人单位的要求也越来越高,找到一份满意工作绝非易事。对于少数大学生而言,甚至毕业就意味着失业。一些学生的专业、兴趣、就业目的、性格特点间的冲突,也让他们产生了矛盾心理。许多学生表现出社会经验不足、依赖性强、心理承受能力差的特点,稍遇挫折就容易走上极端之路。

(7) 其他方面的心理问题

除了上述较为普遍的心理问题外,少数学生也会出现家庭关系、出国留学、业余生活、个性发展、人生态度等方面的困扰和苦恼。

以上心理问题所诱发的不良心理反应也具有共同性,如孤独、自我拒绝和他人取向等。如果不良心理反应得不到及时调适,长期累积就可能导致心理疾病。具体而言,心理疾病是指一个人由于精神上的紧张干扰,而使自己在思维上、情感上和行为上,发生偏离社会生活规范轨道的现象。心理和行为上偏离社会生活规范程度越厉害,心理疾病也就愈严重。大学生常见的心理疾病具体包括考试综合征、严格管束引发的反抗性焦虑症、恐惧症、学习逃避症、癔病、强迫性神经症、恋爱挫折综合征、网络综合征等。

三、获得心理健康的途径

在大学生活中遇到各种各样的心理问题是常见的现象,没有必要一味全盘否定自我,更没有必要感觉"天塌下来"的绝望而痛苦不堪,正如古代寓言"塞翁失马,焉知非福"的故事所言,困境中同时蕴含着积极的含义,为自我成熟和心灵成长提供了契机。在遇到心理压力和困扰的时候,我们要勇于直面问题,积极寻找解决问题的办法,尽快使自己脱离困境。

(一)学习心理健康知识

生活中,人生病了要看医生,要吃药,同时注意多喝水、多休息。与此同时,民间也有种说法:"总不得小病的人更易得大病",平日有些小毛病可以刺激免疫系统,使体内产生对应的抗体,而从来不得病的人容易被突来的疾病击倒。但国人一向忌讳谈论心理疾病,那里像是一个不能触碰的"雷区"。人们可以对别人说身体的病,可以交谈身体疾病的症状和问题,可以向别人讨教身体疾病的医治方法,但不愿意谈论心理问题,更是避讳和反感谈论心理疾病。曾有国际研究报告表明:97%以上的人一生中都曾有过需要治疗的心理疾病,最典型的是抑郁症。心理疾病如同感冒一样普通和平常,只有认识和了解它,才更有益于获得健康。可喜的是,近年来随着心理健康宣传的不断普及,人们对于身心健康的理解也在不断深化,增强对心理健康的认识,重视对心理问题的调适,不断提升人生的幸福质量也逐步深入人心。

【知识链接】

亚健康状态

亚健康即指非病非健康状态,是介乎健康与疾病之间的状态,故又有"第三状态"的称谓。"第三状态"最早是苏联科学家N. 布赫曼(N. Berkman)提出的,从医学上来说,处于"第三状态"的人,虽然各项体检指标均为正常,也无法证明有某种器质性疾病,但与健康人相比,行为表现则明显有差别,表现为生活质量差、工作效率低、极易疲劳,许多人常有食欲缺乏、睡眠不佳、腰酸腿痛、疲乏无力等不适。从心理健康的角度来说,处于"第三状态"的人,虽然没有明显的精神疾病与心理障碍,也是一种心理的非健康状态,外在表现为学习工作效率不高、注意力分散、情绪烦躁焦虑、缺乏生活目标与动力,提不起精神,人际关系不好,经常有矛盾冲突等。

据《2010—2011年度大学生心理健康调查报告》显示,95%的大学生表示会认真对待心理问题,仅有1%的大学生认为无所谓。68%的大学生认为最需要辅导的项目是在面临人生重大选择时提供参考意见。调查结果显示,大学生认为最需要辅导的项目依次是在面临人生重大选择时提供参考意见(68%)、解答一些思想问题(56%)、介绍一些为人处世的经验(50%)、介绍和开放校内外资源(30%)、在难以自我控制时给予警醒(39%)。大学生处在人生的特殊时期,在不同的年级、性别需要辅导的内容不同,当遇到自身无法解决的心理问题时,渴求专业心理辅导员能对自己提供一些帮助。这些都说明了当前大学生越来越主动关注自己的心理健康,不会拒绝有利于自身的心理辅导。大学生也需要主动去学习一些心理知识,理性面对心理健康问题。

1. 把握课堂资源

近年来,各高校陆续开设了心理健康教育课程,授课教师由专职教师、兼职咨询师、辅导员、有丰富学生工作经验的机关工作人员组成,课程以"促进学生的心理成长、发展与自我实现"为最终目标,尊重学生的主体地位,内容涵盖新生心理适应、认识自我、情绪管理、恋爱管理、珍爱生命等内容,同时该课程更加突出积极体验性,通过实地走访和团体辅导等形式,使大家既学习心理健康的基础知识,培养心理调适的基本技能,有效消除心理困惑,树立心理健康意识。

2. 善用活动资源

大学生活丰富多彩,各高校都会积极组织心理健康方面的活动,促进大学生学习心理健康知识,促进心理健康发展。活动内容形式多样,具体包括:"心理健康快车"是通过朋辈教育的形式,由轻松的游戏、心理剧、情景剧、小组讨论、简单的心理测查等形式组成,在人际交往、入学适应、情感调节、学习与社团等方面帮助同学们树立自信、完善自我、确立目标;"心理健康月"是在一段较长的时间内,以一个主题为中心,各种精彩丰富的小型活动穿插其中,包括心理健康系列讲座、心理电影赏析、现场心理测查与心理咨询、心理剧大赛、辩论赛和心理知识竞赛等活动,从而在活动中得到心理的成长与发展;"心理健康文化节"则是宣传一些有关心理健康方面的知识给大学生,并教会大家加强自我保护意识和能力。

【知识链接】

全国大学生心理健康日

2000年,由北京师范大学心理系团总支、学生会倡议,随后十多所高校响应,并经有关部门批准,确定5月25日为"北京大学生心理健康日"。"5·25"是"我爱我"的谐音,对此,发起人的解释是:爱自己才能更好地爱他人。2004年团中央学校部、全国学联共同决定将5月25日定为全国大、中学生心理健康节。提醒大学生"珍惜生命,关爱自己"。核心内容是:关爱自我,了解自我,接纳自己,关注自己的心理健康和心灵成长,提高自身心理素质,进而爱别人,爱社会。

3. 利用图书馆网络资源

美国医学专家高尔特说:"图书馆是一座心智的药房,存储着为各类情绪失常病人治疗的药物。"近年来高校为了更好地进行心理素质教育,都充实了一些心理学、美学等人文方面的书籍,大学生可以通过导读找到自己有兴趣阅读的书籍。高校的数字化信息资源库也日益丰富,大学生不受时间、地域的限制,随时上网查询和浏览。此外,由于网络技术的飞速发展,互联网也成为了解和学习心理健康知识的一种方式,但是网络除了快捷、方便的优点外,同时也存在各网站内容良莠不齐,大学生在学习浏览时一定要擦亮眼睛并进行有效甄别,尽量选择正规专业的心理健康教育网站。

(二) 在实践中成长

"实践是检验真理的唯一标准",对于锻炼良好的心理素质也是非常适用的。古语有云:"纸上得来终觉浅,绝知此事要躬行",只有自己亲身去实践,在生活里每日三省,才知道什么样的方法适合自己,才能更好地鼓励和引导自己。

1. 积极心理自助

心理自助是指人们有意识地调节自身情绪、改善心理问题的行为和活动。目前的大学新生个性张扬,独立自主,独立解决问题的能力日益提高,在遇到心理困扰与压力时,可以选择心理自助的方式解决问题。一是要掌握负性情绪的正向价值,焦虑是为了提醒我们,付出更多的努力把事情做得更好;恐惧是为了让我们警醒,应对危险;罪咎感可以使我们自省,不做不可为的事情;自卑感可以提醒我们与人比较还有差距,从而不断超越自我,变得强大起来;痛苦可以把我们唤醒,让我们看到生活中需要改变的地方和存在的危险。二是可以采取有效方法进行心理调适。当你生气时,可以通过听音乐、运动、哭泣、做深呼吸进行情绪外导;也可以通过学习、读书、找朋友聊天把注意力进行转移,从而缓解自身心理困扰。曾有一名女生由于失恋痛苦不堪,一段6年的感情说散就散了。每当想起他们在一起的美好时光,她就会背记一页GRE单词,通过学习让自己从失恋的阴影中走出来,大学毕业后顺利出国留学。三是多看有关心理健康方面的书籍,积极参与心理健康活动,学会控制和调整自己的情绪,学会心理暗示、自我劝慰方面的能力,以积极乐观的心态看待和解决遇到的各种问题。

【知识链接】

自 我 安 慰

当一个人无法达到其预定的目标或遭遇挫折时,为了减少自身内心的痛苦和不安,常为自己的失败寻找一个自认为是合理而且能够接受的理由或借口来安慰自己。"酸葡萄效应"与"甜柠檬效应"在日常生活中都是较为常见的心理现象。"酸葡萄效应"是指把个体在追求某一目标失败时,为了冲淡自己内心的不安常将目标贬低说"不值得"追求,聊以自慰。"甜柠檬效应"则指不说自己达不到的目标或得不到的东西不好,却百般强调,凡是自己认定的较低的目标或自己有的东西都是好的,借此减轻内心的失落和痛苦。

2. 建立社会支持系统

据心理学家研究,一个人能否从重创中恢复,40%取决于他是否有良好的社会支持系统。大学生在遇到较为严重的心理困扰时,如果无法通过自身的心理自助进行解决,可以积极向社会支持系统寻求帮助。何为社会支持系统呢?社会支持系统通常是指来自社会各方面包括父母、亲戚、朋友等给予个体的精神或物质上的帮助和支持的系统。大学生的社会支持系统基本包括以下几个方面:

(1) 朋辈求助

"在家靠父母,出门靠朋友。"大学生在校期间,如果遇到了学业压力、环境不适应、人际关系不当、就业目标迷茫等心理问题时,可以积极向同学、朋友和学长进行求助。由于大家有着共同的价值观念、生活背景、学习生活经历,从而容易打开心扉,互相交流,引起共鸣,从朋辈处获得鼓励和支持。

(2) 家人求助

"家是爱的港湾,心理的归宿。"很多人都将父母兄弟姐妹视为他们的靠山。血浓于水的亲情使大学生与家人间更是亲密无间。父母家是最温暖舒服的窝,如果遇到心理困扰,最能在情感上和物质上帮助自己的永远是自己的家人。家人愿意倾听你的不良情绪宣泄,也会积极为你出谋划策。

(3) 老师求助

"师者,所以传道授业解惑也。"老师不只是简单的教书匠,还承担着教授学生为人处世的道理。辅导员、班主任是大学中学生接触最多的人,作为过来人,在学习生活方面有着相似的经历,有些大学生担心在老师面前暴露自己的心理困扰,会影响在老师心中的良好形象,但实际上绝非如此。如果你向老师寻求帮助,老师们一定会不遗余力地帮助你。

（4）心理咨询求助

近年来，各高校普遍建立了心理咨询中心，大学生可以寻求专业心理咨询的帮助。心理咨询是指专业的心理咨询人员运用心理学的知识、理论和技术，通过与个体持续的、直接的接触，向其提供心理援助并力图促使其行为、态度发生变化的过程。心理咨询坚持保密、尊重和价值观中立原则。通过心理咨询，能够有效解决大学生在学习、生活、情感、交往等方面出现的心理问题，同时避免和消除大学生的不良情绪影响，使来访者在专业人士的指导下逐步走出困境。常见的心理咨询方式包括个别咨询、团体咨询、电话咨询和网络咨询等。

（三）努力经营自己

【案例】

晓雪是个乖巧、细腻的江南女孩，为了考上一所好大学，中学时期她每天除了学习还是学习，没有任何爱好和社会经历。面对全新的大学生活，晓雪内心充满了期待并暗下决心：大学一定要突破自己，一定要让自己蜕变。在竞选宿舍长时，她选择了第一个上台；在竞选班干部时，她当上了生活委员；在学生会招新时，她也去面试并获得了成功……虽然在别人眼里，她的这些根本不值得一提，但在晓雪看来，她尝试了很多个第一次，迈出了很多个第一步。她也一直在鼓励自己：万事开头难。她不怕苦，也不怕累，她只是担心自己天天在浪费生命。所以，任何事只要决定要做，晓雪都要去尝试、去努力，让自己的青春无悔。走过大一，很多同学都遗憾虚度了大一时光，但晓雪自信而坦然地说："我的大一成绩虽然不辉煌，但是我过得非常充实，最主要的是对得起自己。我的人生，我自己负责；我的选择，我自己承担；我的汗水，我自己挥洒。我坚持到无能为力，拼搏到感动自己。"

"理想很丰满，现实很骨感"，许多大一新生带着对大学的美好憧憬走入了大学校园，多年以来的"高中苦一苦，大学松一松"的信念在现实面前变得不堪一击，恍然发现大学只是转入了竞争激烈的另一个战场。那么，大学生如何才能赢在起跑线上，为自己精彩完美的大学创造一个好的序幕呢？

1. 拥有乐观心态

卡耐基曾经坦言：一个人的成功，15%取决于专业知识，而85%取决于心理素质。我们的身边总有很多正能量在不断激励着我们奋勇向前。新东方的创始人俞敏洪参加了3次高考才考上大学，后因结核病休学一年、英语发音无人能懂、到处贴小广告宣传自办的英语培训班……终于从彻头彻尾的"土鳖"成长为美国上市公司董事长。《士兵突击》中的许三多是一个土生土长的农村孩子，当兵后他凭借着"不抛弃，不放弃"的信念，开始了一个"孬兵"在绝境中成长，在失去中不断成熟的故事。

心胸宽广的人是真正的强者,乐观则是他们的情绪体验。"乐观"在《新华字典》中的解释为:精神愉快,对事物的发展充满信心。拥有乐观心态的人,在面对困境时能够保持清醒的头脑,正确地认识自己,从而能够快捷地找到脱离困境的方法。

　　作为大学生,应该保持乐观的心态,积极应对困难问题。在生活中严于律己,宽以待人,记住别人的好,忘记那些不好,努力建立更为和谐的人际关系;在学习上结合自己特点设定短期易于实现的目标,步步为营,在增强自信心的同时再设立新目标;要学会释怀和适当放弃,不斤斤计较,使自己变得更加宽容;要降低自己的欲望,不盲目攀比,以知足常乐的心态面对生活;要学会体会感受别人的关怀和帮助,拥有一颗感恩的心,提高生活的幸福指数。此外,在保持乐观心态的同时,不断增强自己生命的韧性和质量。

【自我测试】

测试你的心理素质[①]

　　请做以下8道心理素质测试题,每题只能有一个选择,然后根据括号内的分数累加起来,看看总分是多少,就能大致了解你的心理素质和应付能力。

　　1. 你骑车闯红灯,被警察叫住;后者知道你急着要赶路,却故意拖延时间,这时你会(　　)。

　　　a. 急得满头大汗,不知怎么办才好

　　　b. 十分友好地、平静地向警察道歉

　　　c. 听之任之,不作任何解释

　　2. 在朋友的婚礼上,你未料到会被邀请发言,在毫无准备的情况下,你会(　　)。

　　　a. 双手发抖,结结巴巴说不出话来

　　　b. 感到很荣幸,简短地讲几句

　　　c. 很平淡地谢绝了

　　3. 你在餐馆刚用过餐,服务员来结账,你忽然发现身上带的钱不够,此刻,你会(　　)。

　　　a. 感到很窘迫,脸发红

　　　b. 自嘲一下,马上对服务员实话实说

　　　c. 在身上东摸西摸,拖延时间

　　4. 假如你乘坐公共汽车时忘了买票,被人查到,你的反应是(　　)。

　　　a. 尴尬,出冷汗

　　　b. 冷静,不慌不忙,接受处理

　　　c. 强作微笑

[①] 资料来源:http://wenku.baidu.com/link?url=4amEMw6avqjR2BMbUSXMgYB722o9Y3OQj7AUBtOYYVp8Nfg8oCKytPOcx11PaN5FeJwIrf-BZ_xd66QDfJB2zrB2iJMG4xx6kq_a7YfseW.

5. 你独自一人被关在电梯内出不来,你会( )。

a. 脸色发白,恐慌不安

b. 想方设法自己出去

c. 耐心地等待救援

6. 有人像老朋友似的向你打招呼,但你一点也记不起他(她)是谁,此时你( )。

a. 装作没听见似的不搭理

b. 直率地承认自己记不起来了

c. 朝他(她)瞪瞪眼,一言不发

7. 你从超市里走出来,忽然意识到你拿着忘记付款的商品,此时一个很像保安人员的人朝你走过来,你会( )。

a. 心怦怦跳,惊慌失措

b. 诚实、友好地主动向他解释

c. 迅速回转身去补付款

8. 假设你从国外回来,行李中携带了超过规定的烟酒数量,海关官员要求你打开提箱检查,这时你会( )。

a. 感到害怕,两手发抖

b. 泰然自若,听凭检查

c. 与海关官员争辩,拒绝检查

心理素质测试题参考答案:

选 a 得 0 分;选 b 得 5 分;选 c 得 2 分

1. (0~25 分)你承受压力的心理素质比较差,很容易失去心理平衡,变得窘促不安,甚至惊慌失措。

2. (25~32 分)你的心理素质比较强,性情还算比较稳定,遇事一般不会十分惊慌,但有时往往采取消极应付的态度。

3. (32~40 分)你的心理素质很好,几乎没有令你感到尴尬的事,尽管偶尔会失去控制,但总体来说,你的应变能力很强,是一个能经常保持镇静,从容不迫的人。

2. 学会心理调适

"你站在桥上看风景,看风景的人在楼上看你。明月装饰了你的窗子,你装饰了别人的梦。"正如诗歌所言,人们总是感觉别人的生活比自己更好,却不知道自己不经意中也是别人眼里的风景。其实,生命的快乐钥匙不是掌握在他人手中,而是真实掌握在自己手中,应该换个角度看待生活,把握生命中的点滴美好。心理调适就是在对自身心理状况理性判断的基础上,找到问题所在,并积极努力改变,从根本上解决心理困扰。

【互动体验】

提问:

如图1-2所示,你第一眼看到的图像是什么呢?

解释:

当你心情好的时候,能看到少女的脸;心情坏的时候,能看到巫婆的脸。

大学里高手如云,每个人在四年中都在不断找寻自己的定位,或是成为同学眼中的学霸、学神,或是成为富有创意的"创业之星",或是成为奉献爱心的"十佳志愿者",或是成为体育场上的运动达人……每个人都需要进行心理调适,让自己心理放松,消除压力,从而快速准确地找准属于自己的独特"标签"。进入大学后,你需要做好以下心理调适:一是要正确认识角色改变。能考上大学的都是中学期间学习上的佼佼者,大家都有着辉煌的过去,只是进入大学

图1-2 心理学两歧图

是优中选优,以往的中心地位应让渡于普通位置,自我评估也应学会适当的改变和调整。二是要调整学习方法。高中时候的勤奋难以获得能力的全面提高。要充分利用大学中的各种资源,多向学长老师请教学习方法,尽快做好学习方法上的过渡,减少心理压力,促进学习成绩的提高。三是有效进行自我评价。"金无足赤,人无完人",要学会对自己做出客观全面的评价,不要总是将自己的短处与他人的长处相比,要善于挖掘和发展自己的优势,拥有独立自由的个性。四是建立良好的人际关系。要学会尊重和理解他人的生活习惯和价值体系,切忌以自我为中心,要宽以待人,严于律己,换位思考体会对方的立场和态度,在集体工作中主动奉献和服务,成为同学们"喜欢的人"。此外,你还可以学习掌握一些常用的自我心理调适方法,如冥想放松法、自主训练法,有助于自我心理放松、消除心理压力。

3. 丰富课余生活

大学是人生的关键阶段,你可以放下高考的重担,开始追逐个人梦想;可以不再死记硬背书本知识,开始注重理论与实践相结合;可以脱离父母和老师的监管,自由支配所有属于自己的时间。丰富多彩的大学课余生活令人眼花缭乱。在合理安排好学习时间的同时,你可以制定切实可行的时间表。一是可以留出足够的时间用于体育锻炼。身体是革命的本钱,也是心理健康的前提条件。二是可以培养广泛的兴趣爱好,如唱歌、舞蹈、下棋、瑜伽等,既能陶冶情操、缓解心理压力,也利于建立自信,增强人际交往能力。三是可以多读书,读好书。平时有时间多去图书馆看书,既可以排遣烦忧、娱悦性情,又可以获取知识,增长智慧。四是多参加社团活动。可以选择1~2个感兴趣的社团,和一群志同道合

的同学共同奋斗,锻炼组织协调、沟通交流和动手能力,也可以通过参加比赛发现自己的兴趣爱好,在实践中不断学习成长。五是利用假期参与社会兼职和社会实践。在广泛接触社会的过程中,找寻自己的专业兴趣和学习目标所在,为毕业后走上社会奠定坚实的基础。

本章小结

心理健康是一个人健康成长的前提,面对新生活的挑战,大学生都会产生适应和发展的种种困惑,因此大学生要努力提升心理健康意识,学习心理健康知识,在实践历练中培养良好的心理素质。

思考题

1. 结合大学生心理健康的标准,评估一下你自己的心理健康状况。
2. 评估你对大学的适应情况,谈谈你打算如何更好地适应大学生活。

【延伸阅读】

《心理学与生活》

作者:(美)格里格,津巴多

译者:王垒,王甦等

出版社:人民邮电出版社

《心理学与生活》一书写作流畅,通俗易懂,深入生活,用心理学理论与知识联系人们的日常生活与工作。正如作者所言,"心理学是一门与人类幸福密切相关的科学",它贴近生活,深入实践的独特风格同样也是一般大众了解心理学,更好地理解人性和提高自身素质的好读物。书中所有元素,比如由600余条词汇及解释组成的"专业术语表",极具价值的2000余条"参考文献",以及近1000条的"人名和主题索引"等,对于教学、研究和学习都是十分宝贵的,因此,在该书中译版本中都被完整地翻译和保留了下来。另外,与本书教学配套使用的还有一系列丰富、独特的教学辅助资料和工具。

《打开积极心理学之门》

作者:(美)彼得森

出版社:机械工业出版社

积极心理学是一门研究如何正确把握人生的科学,关注一个人从出生到死亡的所有人生阶段。积极心理学是心理学研究体系里一门新开辟的领域,重点关注我们每个普通人的正常生活,认为生活的核心并不只是避免麻烦、防止困扰,应该更加关注人生中美好的一面,探索如何使我们的生活更有意义。

中国改革开放30多年来取得了令世人瞩目的进步与成就,中国已经成为在世界上有影响力的大国。大国该有什么样的心态呢?积极心理学也许能给我们提供指导。处在社会经济转型时期的中国,各种社会问题也会不断地显现,我们需要学会调整好自己的心态,用一种积极的态度去看待生活。通俗一点说就是只要我们的心态阳光一点,我们就会更幸福。

《北大心理课》

作者:冯哲

出版社:人民邮电出版社

一句洞明世事的忠告或建议,可以在关键时刻改变一个人的心态,甚至改变他此后的人生。倾听北大学者的处世之道,可以让我们变得更加平和与执着。冯哲编著的《北大心理课》精心编选了近百年来北大知名学者有关人生抉择与心态修炼的精辟观点,辅之以生动的故事和通俗的解读,从心智的成熟、生活节奏的把控以及内心力量的修炼等多个方面,介绍了如何应对现代生活带给人们的焦虑、茫然、不安和忐忑。通过阅读本书,可以让自己的内心更强大。

【视频推荐】

《中国合伙人》

我们只有在失败中寻找胜利,在绝望中寻求希望。

我们这代人最重要的是什么?是死缠烂打。

其实我们追求的不是成功,而是尊严。

梦想是什么,梦想就是一种让你感到坚持就是幸福的东西。

爱情就像录像机,有时候要按快进,有时候要按暂停,生活也一样。

We are too young too naive.

《肖申克的救赎》

Red read a note left by Andy: Remember, Red, hope is a good thing, maybe the best of things. And no good thing ever dies.

瑞德读安迪留下的条子:记住,瑞德,希望是件美丽的东西,也许是最好的东西。美好的东西是永远不会死的。

Fear can hold you prisoner. Hope can set you free.

恐惧让你沦为囚犯,希望让你重获自由。

第二章 认识自我

名人名言

把认识自己作为自己的任务,这是世界上最困难的课程。

——塞万提斯

本章要点

自我意识的定义与特点;

大学生自我意识的特点;

大学生自我意识的困惑及调整;

大学生自我成长。

【案例】

写给自己的一封信

亲爱的自己:

你好吗?现在我正在写信给你,虽然每天都陪伴着你,但是我最不能了解的人却也是你。不知不觉中你已经快20岁了,时间过得好快,你已经陪伴我走过青春的岁月,因为有你的激励,让我感觉我不是一个人在奋斗。

过去的我,你好。很高兴我还能在这里与你畅谈过去的得失功过。走过了这么多路,看过了这么多风景,经历了这么多的人事分合,现在的我也不知道是比你成熟了,还是更加幼稚,不知道对这个社会是看得更透彻了还是比之前更加迷茫。但我还是可以自豪地跟你说,我没有丢失自己的初心,我秉承了当初给自己的要求和誓言。过去的我,我在这里谢谢你,感谢你给了我一个如此辉煌的过去,让我有东西可以去怀念。

现在的我,你好。此时此刻我坐在教室里给你写信,已经很久没有那么坦诚地和自我对话了。总想着去逃避和掩盖。此时的你已经不是小孩,不能像孩子那样无忧无虑地打闹。既然选择了现在的生活,就要承担起自己应尽的责任。我知道,你也曾经想过这些事是否有意义,是否值得,但你都坚持下来了,这一点,我非常佩服你。现在的我,我在这里陪伴你,不管有多大的挑战与磨难在你面前,我都会和你一起面对。

未来的我,你好。我在这里一直盼望着你的到来,请允许我以一个"过来人"的身份和你交代几句。不要变成了别人的翻版,无论怎样,坚持做好自己。请你不要随便放弃什么,因为以后不知道你会为此付出哪些代价。未来的我,我在这里祝福你,不管怎样,只要努力,你都可以变成自己心中最想成为的自己。

北京某大学生写给自己的一封信

提问:
1. 你认为认识自己是否重要?
2. 你对自己的认识是什么?

一、追问"我"是谁

从小学到大学,我们学习了很多知识,认识了很多事物,能够解决很多问题。而有一个人,一直伴随着我们,我们却对之关注甚少。有时,我们觉得对于他的了解很多;有时,我们又觉得他对于我们而言像是一个素未谋面的陌生人。而是否真正了解他,还关乎我们的心理健康、人生幸福,这个人就是我们自己。"认识你自己",是铭刻在希腊阿波罗神殿石柱上的著名箴言之一,一般认为出自苏格拉底,也有人认为出自比苏格拉底早一百多年的另一位古希腊哲学家泰勒斯。据记载,有人问泰勒斯:"世上何事最难?"泰勒斯回答说:"认识你自己。"那么,让我们先从自我意识的理论开始,踏上自我认识之旅。

(一)自我意识的内容及形成

假设你和朋友一起出去旅游,照了很多照片,当看到集体照的瞬间,你首先会做什么?毫无疑问,每个人都是先找自己在哪儿,照得怎么样,是否好看;接下来,我们可能才会去看除了自己之外的其他人。很显然,在我们的心目中,自己是比其他任何人都重要的,这就是我们自我意识的一种体现。

1. 自我意识的定义

现代心理学将主动了解自己、感受自己、调控自己称为自我意识。人与动物最重要的区别之一是人具有自我意识,这是人们能够了解自己、感受自己的基础,更是人们能够改变自己和发展自己的前提。

自我意识包含自我认知、自我体验和自我控制[1]。自我认知包括自我感觉、自我观

---

[1] 林崇德,杨治良,黄希庭. 心理学大辞典. 上海:上海教育出版社,2003:1763.

察、自我概念、自我印象、自我分析和自我评价等,主要涉及"我是谁"或"我是什么人""我为什么是这样的人"等问题。如"我受伤了""我是诚实的"。自我体验指个体对自己情绪的觉知,包括自我感受、自爱、自尊、自恃、自卑、自傲、责任感、优越感等。自我体验以情绪体验的形式表现为个体是否悦纳自己,主要涉及"我是否满意自己或悦纳自己"等问题,如"我觉得很难过""我感到很骄傲"。自我控制指监督和调节自己的行为,达到自我的目标,为自我实现服务,包括自立、自主、自制、自强、自律等,如"我要振奋自己""我要节制自己"等。

【延伸阅读】

有意识的自我控制[①]

斯坦福大学的心理学家艾伯特·班杜拉(Albert Bandura)在他的研究中发现了积极思维的力量,并提出了自我效能的理论。自我效能是你在多大程度上感觉自己有能力去做一些事。对自己能力与效率的乐观信念可以获得很大的回报。在日常生活中,自我效能指引我们制定有挑战性的目标,并在面对困难的时候具有较强的韧性。自我效能感较高的人,较少焦虑和抑郁,他们生活更健康一些,并且有更高的学业成就。

心理学对有意识的自我控制的研究是相对较新的,但是对掌控生活和实现潜能的强调却是一贯的。自我控制的研究让我们更加坚信传统美德,比如坚毅和乐观,但是,班杜拉强调自我说服("我认为我能,我认为我能")或有意地吹捧("你太令人惊讶了"),不能从根本上增强个体的自我效能感。自我效能感的主要来源是对成功的体验。如果你在减肥、戒烟或提高学习成绩方面通过努力获得了成功,你的自我效能感就会增强。

如果你常常认为自己是受害者,将糟糕的学习成绩归因为自己无法控制的因素,比如觉得自己很笨,或老师教不好、课本编得太烂、考试出题不合理,那么你的控制感就会降低。如果你具有自我控制感,认为"我可以抗拒诱惑""我可以控制自己",那么你会得到更好的成绩,拥有更好的关系,并且心理会更健康。

2. 自我意识的结构

100年前,美国心理学的创始人威廉·詹姆斯(William James)声称:"自我是个人心理宇宙的中心",也就是说,心理活动的方方面面都与人的自我意识有关,如果没有对自我的透彻把握,我们是不可能对人类行为有全面而深刻的理解的。

詹姆斯把自我分为主我(I)和宾我(Me)两个方面[②]。主我指自我中积极地知觉、思考的那部分;宾我指自我中被注意、思考或知觉的客体。当我说,"我今天认识了一个新朋友"时,这里只涉及了主我,当我说:"我今天认识到我原来也可以有点儿幽默感",这里就

[①] 戴维·迈尔斯. 我们都是自己的陌生人. 沈德灿,译. 北京:人民邮电出版社,2012:66-81.
[②] 乔纳森·布朗. 自我. 北京:人民邮电出版社,2011:2.

涉及了主我和宾我。尽管主我和宾我是自我的两个重要方面,但心理学家更关注宾我的性质,即人们如何思考和感觉自己,以及这些思考和感觉如何塑造和影响心理的其他方面。

詹姆斯继续将宾我(也被称为经验自我)分为三类:物质自我、社会自我以及精神自我[①]。

(1) 物质自我指的是真实的物体、人或地点。物质自我还可以分为躯体自我和躯体外(超越躯体的)自我,即延伸的自我。一个人谈及我的手臂或者我的体重,很明显,这些是自我身体的组成部分。但我们对于自我的感知却并不仅限于我们的身体。它还包括其他人(我们的亲人)、宠物(我们的狗)、财产(我们的钱)、地方(我们的家乡),以及我们的劳动成果(我的绘画作品)。

(2) 社会自我指的是我们如何被他人看待和承认,包括我们所拥有的各种社会地位和我们所扮演的各种社会角色。例如你是一个学生,一个儿子,这些都是我们的社会角色。

(3) 精神自我是我们的内部自我或心理自我。它由除真实物体、人或地方,或社会角色外的被我们称为"我"的任何东西构成。我们所感知到的能力、态度、情绪、兴趣、动机、意见、特质,以及愿望都是精神自我的组成部分。简言之,精神自我指的是我们所感知到的内部的心理品质,它代表了我们对自己的主观体验,即我们对自己有什么样的感受。

【互动体验】

20个我是谁

假设你想让某个人了解你真实的情况。你可以告诉此人关于自己的20件事,这些事情可以包括你的个性、背景、生理特征、爱好以及你亲近的人等。简而言之,就是任何能帮助这个人了解你真实情况的东西,你会告诉他什么?可以从物质自我、社会自我、精神自我三个方面进行思考。

_____   _____
_____   _____
_____   _____
_____   _____

3. 自我意识的来源

谈及如何认识自己,有些人认为自己认真踏实、非常善良,有些人认为自己充满活力、社交能力强,也有些人认为自己很自卑。那么,我们对自己的这些认识是从哪里来的呢?

---

① 乔纳森·布朗. 自我. 北京:人民邮电出版社,2011:18-22.

一般而言，人有三种信息来源：物理世界、社会世界和思维与情感的内部（心理）世界[①]。

（1）物理世界为我们了解自身提供了手段。你想知道自己有多高，你可以对你的身高进行测量；如果你想知道你能举起多重的东西，你可以在健身俱乐部获得此信息。尽管物质世界是自我认识的一个重要来源，但它也有两方面的局限性。首先，许多特性在物理现实中并不存在。假设你想知道你是多好的人，但你却不能简单地拿出一根标尺来测量。其次，物理世界的信息能告诉我们的是有限的。知道你的身高并不能告诉你是高还是矮，你需要知道别人有多高，以及你和他们比起来是高还是矮。这时候，我们就需要依赖于社会世界，进行社会比较。

（2）社会世界是把自己的特征与他人进行比较，或者是观察其他人对我们的反应，并由此得出关于自己特点的线索。比如，虽然你的英语考了一个在你看来很不错的分数，90分，可是当你知道班里大多数人的分数都在95分以上时，你会在社会比较中对自己的成绩有一个重新的认识。他人对我们行为的反应也是我们自我认识的来源，例如，想象一下你讲了个笑话，并观察到周围的人都笑了，你就有理由推断自己是个有幽默感的人，这个过程是一种反射性评价。

（3）内部世界对我们自身的认识是更加个性化的，它包括内省、自我知觉过程以及因果归因。内省指我们向内部寻求答案，直接考虑我们是怎样的人，古语说"吾日三省吾身"，表达的就是这个意思。比如，你可能会思考，我是一个热爱学习的人么？自我知觉过程是指我们怎么解释自己的行为。比如，你觉得自己是一个学霸，那么你为什么这么热爱学习呢？是因为对学习有强烈的兴趣，还是希望体验获得高分的价值感和成就感，还是什么别的原因呢？因果归因也是我们对自己行为的一种解释。例如，邀请别人去打篮球而别人不愿意，你可以归因为自己的号召力不强，也可以归因为别人学习太忙，不同的归因带给我们不一样的自我认识。前者会让我们产生消极的自我认知；而后者的归因方式并不会带来消极的影响。

【互动体验】

你如何形成对自己的认识？

假如你认为自己是一个内向的人，那么，这个对自己性格的认识是从哪里来的呢？根据自我认识的三个来源，我们有如下的一些猜想和假设。

首先，我们需要明确一下，内向更多是心理世界的内容，所以此处并未涉及物理世界。那么，在社会世界里，我们也许发现，在同学聚会中，和他人相比而言，你是话比较少的。也许有同学或老师说你比较容易害羞，你获得了别人眼里关于自己的看法。在心理世界

[①] 乔纳森·布朗. 自我. 北京：人民邮电出版社，2011：47-54.

里,你通过内省也发现,人多的时候自己会焦虑和不舒服,总是逃避公众演讲、辩论比赛以及课堂发言。班级聚会时,你总是远离人群,上课时,总是在一个角落里,你通过对自己行为的解释,也会最后得出"我是内向的人"的结论。所以,我们了解自我的方式是很多的,很多自我认识是多种来源综合的结果。

挑选一个你所认为的自己的特质(可以从前面的"20个我"里面挑选),用自我认识的来源的三个方面进行分析。同时思考下面三个问题:

(1) 我的这个认识是从哪里来的?
(2) 这些不同来源的信息是否一致?
(3) 对于这一点,是否还有重新再认识自我的可能性?

【延伸阅读】

利用归因理论提升自信心

心理学家维纳(Wiener)经过研究发现,人们倾向于把活动成败的原因即行为责任归结到以下六个因素:能力高低、努力程度、任务难易、运气好坏、身心状态、外界环境。同时,他把这六个因素归到控制点、稳定性、可控性三个维度。

维纳通过一系列的研究,得出一些归因的最基本的结论:个人将成功归因于能力和努力等内部因素时,他会感到骄傲、满意、信心十足,而将成功归因于任务容易和运气好坏等外部原因时,产生的满意感则减少。相反,如果一个人将失败归因于任务太难或运气不好时,产生的羞愧则较少。归因于努力比归因于能力,无论对成功或失败均会产生更强烈的情绪体验。努力而成功,体会到愉快;不努力而失败,体验到羞愧;努力而失败也应受到鼓励。

维纳认为,高焦虑的学生会对失败的反馈信息非常敏感,他们"恐惧失败"的倾向抑制了"希望成功"的倾向,因此,他们在困难任务面前降低了行为动机,妨碍了任务的完成;对于低焦虑的学生来说,他们"希望成功"的倾向超过了"恐惧失败"的倾向,因此在困难任务面前更能激起他们追求成功的动机,导致他们付出更多的努力来应付挑战。

男生和女生有完全不同的归因模式。一般来说,女生有把成功归因于运气好,而把失败归因于能力低的倾向;女生存在一定程度的自我贬低倾向,把失败归因于能力水平低的情况远远多于把失败归因于能力水平高的情况;女生比男生更倾向于把失败归因于能力水平,这种结果说明了女生的期望和自信心都比男生低,同时也说明了女生有一种回避成功的倾向;女生的归因有一种普遍的外在化倾向,即女生对行为结果更倾向于归因于外部因素,这样就可以对行为结果不负责任。研究证实,女生的确存在一些不恰当的归因方式和较低的成功期望。女生应对错误的归因方式进行矫正,更多地把学业的失败归因于自己的努力不够,而非自己的能力不够,增强学习自信心,坚持努力学习,不断挖掘自己的潜力,才能逐渐消除自卑心理。

4. 自我意识的发展阶段

我们并不是一出生就有自我意识,产生对自我的认识的。我们关于自身的看法有一个不断发展的过程。

儿童关注自己特别具体的、可观察的方面,如他们的身体特征和典型活动。当儿童逐渐长大时,开始越来越多地用更为一般的特质和品质来描述自己,也开始用具有社会意味的词语来描述自己。到了青春期,自我描述变得更加普通和抽象,更多地强调潜在的心理特征,而不是可观察到的物理特征。总体而言,自我意识的发展大体经历了三个阶段,即物质自我、社会自我和精神自我。自我描述的发展性变化见表 2-1。

表 2-1 自我描述的发展性变化[①]

发展阶段	占支配地位的自我描述	例子	与詹姆斯经验自我的比较
儿童早期(2~6 岁)	可观察到的、可验证的特征 特定的兴趣和行为	我是个女孩 我有一头黑发 我有一个弟弟 我喜欢踢足球	物质自我
儿童中期(7~11 岁)	一般兴趣 运用社会比较 人际特征	我喜欢运动 我比丽丽聪明 我很好看	社会自我
青春期(12~18 岁)	隐藏的,抽象的"心理"特征	我很抑郁 我很自觉 我很自信	精神自我

(1)物质自我。在生命降生初期,婴儿是没有自我意识的。他们甚至不能意识到自己和外界事物的区别。他们会吸吮自己的手指头,就像吸吮母亲的乳头一样津津有味,因为他们把母亲当作了自己的一部分。8 个月左右,物质自我开始萌生,这是自我意识的最初形态。到 1 岁左右,儿童开始能把自己的动作和动作的对象区别开,如当他手里抓着玩具的时候,他不再把玩具当作自己身体的一部分了。到 2 岁左右,儿童逐渐学会用代词"我"来代表自己,这在自我意识的形成中是一大飞跃。到 2 岁时,多数儿童能分辨他们是男孩还是女孩,尽管他们还没有意识到性别特征是稳定不变的。

3 岁左右的儿童,开始出现羞耻感和疑虑感,出现了占有欲和嫉妒感,第一人称"我"的使用频率提高,很多事情都要求"我自己来"。应该说,3 岁儿童的自我意识有了一定发展,但其行为仍然是以自我为中心的,即以自己的想法解释外部世界,并把自己的想法和情感投射到外界事物上去。

(2)社会自我。自我描述的许多变化出现在儿童中期。首先,自我描述变得更为概

[①] 乔纳森·布朗. 自我. 北京:人民邮电出版社,2011:85.

括,例如,他们不再用特定的行为(我喜欢足球,我喜欢轮滑)来看待自己,而是开始运用含义更为广泛的标签来标定自己(我喜欢运动)。另外,这个阶段是个体接受社会文化影响最深的时期,也是学习角色的时期。个体在家庭、学校中游戏、学习、劳动,通过模仿、练习等方式,逐渐形成各种角色观念,如性别角色、家庭角色、学生角色等。这一时期是获得社会自我的时期,青少年开始意识到自己在人际关系、社会关系中的作用和地位,意识到自己承担的社会义务和享有的社会权利等。

(3) 精神自我。自我意识经过分化、矛盾、统一趋于成熟。个体开始清晰地意识到自己的内心世界,开始有明确的价值探索和追求,强烈要求独立,产生了自我塑造、自我教育的紧迫感和实现自我目标的驱动力。这一阶段青少年着重用他们所知觉到的内部情绪和心理特点的抽象特征来定义自己。例如,一个青少年很可能会说他们抑郁或很靠谱。这样的评价反映了自我定义时更为复杂和更具分析性的倾向,也体现了个体更不为人知的一面。

虽然自我意识在婴儿期和儿童早期的发展速度最快,但我们对自身的看法却始终都在发展变化。

【知识链接】

心中只有自己,不是自私,是幼稚[1]
——自我透明感错觉

有"眼力见儿"是一种美德,总是在不经意间感动人,特别是女人。一张及时塞到手里的面巾纸;一个开车门的细节都有意想不到的加分效果。这种美德如此被高估就是因为它越来越罕见了。

刚出生的婴儿只是一个和这个世界没有任何联系的生命体,他分不清什么是自己,什么是外界,心中还不存在"我"这样一个概念。当我们渐渐感受到他人和自己的不同时,才意识到原来自己和其他人一样,不是世界的中心,只是占有这一两米的空间而已。

社会学家乔治·赫伯特·米德(George Herbert Mead)曾说:"当我们能够想象自己在他人心中的形象时,自我就出现了。"当我们进而能够修正自己的行为,使之符合我们所知觉到的他人的期望时,就成了社会人。成熟就是这样一个从自我中心不断社会化的过程。

年龄越小越不会从他人的角度考虑问题,不是因为人生来自私,而是因为幼儿的大脑还不具备这个能力。如果给一个3岁小孩儿讲故事:梅梅和雷雷一起玩球。雷雷回家吃饭,先把球放在了门后面。在雷雷走的时候,梅梅把球装进了沙发旁的绿盒子里。那么,雷雷回来后要到哪儿找球呢?作为一个6岁以上的孩子,你很容易就能回答出"到门后面

---

[1] 资料来源:心中只有自己,不是自私,是幼稚. http://songshuhui.net/archives/59117.

找",因为雷雷不知道球被转移了。但是3岁孩子会回答"到绿盒子里找",因为他们体会不到人与人视角的不同,认为自己知道的别人也都知道。

不要以为自己比3岁小孩强多少,成年人也常常陷入一种错觉,以为自己是透明的,别人应该知道自己的所思所想,这在心理学上被称为"自我透明感错觉"。你几乎意识不到自己什么时候犯过这种错误,但你很可能经常抱怨:"我已经说得很清楚了!你怎么这么笨,就是不明白呢!"这时你很可能产生了"自我透明感错觉"。还有些人高估了自己在人群中的醒目程度,当你打电话问他在哪儿时,他从来不借助任何地标,而是把自己当作地标,认为所有人都应该看见他:"我就在这儿啊!"

小孩子在与外界不停的互动中渐渐意识到了他人的存在,而这才只是个起点。真正的成熟不是能够"横看成岭侧成峰",而是懂得"远近高低各不同"。

（二）大学生自我意识的特点

【案例】

小宁是一名工科的大一学生,自己原本最擅长文科类的科目,例如英语等,演讲也非常不错,一提到这些科目,他就能眉飞色舞,信心满满。但是当初报考大学的时候,因为父母认为文科将来不好找工作,便听从了父母的建议选择了工科。一直以来,父母都为小宁的发展做好了各种安排,为他的人生道路进行了最优选择,而小宁也习惯了按照父母的意愿行事,毕竟父母是为自己好,人生阅历和人生经验也是更丰富的。

可是,大一第一学期考试后,小宁的工科类科目竟然出现了挂科,这对于以前考试总是90多分,成绩一直名列前茅的小宁来说,简直是一个巨大的打击。对他而言如此难的科目对其他同学却是小菜一碟,同宿舍同学的成绩不但都没有出现挂科,而且还能考90分以上。看着宿舍同学高兴的样子,小宁开始想,他们是怎么看我的?他们是不是觉得我特别笨?如果这样下去,四年大学生活该怎么过?那些科目都那么难学,自己如何提高成绩?第一次,小宁开始思考,自己一直按照父母的想法生活,是否是合适的,这个专业是否是适合自己的。他开始质疑自己的能力,也开始重新考虑自己的未来。

1. 自我意识的矛盾性

根据埃里克森的心理社会性发展阶段理论,个体在每个阶段都会面临一个与之有关的重要冲突,这个冲突的顺利解决有利于个体顺利进入下一个发展阶段。在这八个发展阶段中,大学生的年龄段跨越了青春期以及成人早期两个阶段,面临两个发展的矛盾和冲突。

（1）同一性和角色混乱的矛盾

大学生要面临的一个关键问题就是"我是谁"。伴随着青春期而来的许多变化都是突然性和暂时性的,并不会一直存在,这会造成自我概念的混乱和不稳定。随着大学生自我意识的发展,同一性承诺会呈现表 2-2 所示的四种水平①。

表 2-2 大学生同一性承诺的四种水平

水　　平	描　　述
同一性获得	个体通过做出同一性承诺而解决了同一性危机
同一性延缓	个体正面临同一性危机并正积极解决这一问题
同一性迷失	个体陷入同一性危机
过早闭合	个体在没有同一性危机的情况下做出同一性承诺

成功地经受住同一性危机,做出职业上的、意识形态上的以及性取向上承诺的个体被认为处于同一性获得阶段。也就是说,这些个体在经过一段时间的寻找后终于"找到了他们自己"。那些正积极解决他们的危机但还没有成功地解决的个体被认为处于同一性延缓阶段。陷入同一性危机中而且没有获得任何进步的个体被认为处于同一性迷失阶段。最后,在没有同一性危机的情况下做出同一性承诺的个体被认为处于过早闭合阶段。

对于案例中的小宁,他在经历了考试挂科后,开始考虑自己真正适合的专业,开始考虑自己的未来选择,他已经陷入了同一性危机的阶段,如果他最后能对自己的能力、兴趣爱好有更加清晰的认识,并最终做出符合自己实际的选择,就能顺利度过这个危机。

另外,在表现形式上,同一性的危机通常表现为理想自我和现实自我之间的矛盾,以及自我评价和他人评价之间的矛盾。就像案例中的小宁,本来对自己感觉还比较良好,出现了一次考试失利之后,开始担心宿舍同学如何看待自己,开始担心将来的大学生活。

(2) 亲密和孤独的矛盾

在成年早期(18~25 岁),个体要面临的关键问题是建立一种亲密关系。一方面,大学生有建立人际关系的需要,十分渴望建立亲密关系,希望被人理解和接纳,获得归属感。而大学生人际关系的网络化也大大拓展了人际交往的空间,为交往和互动提供了丰富的条件。另一方面,由于自我意识的增强,大学生普遍自我中心意识较强,自我表现欲望较强,情绪起伏不定,可以"给点儿阳光就灿烂",也可以"给点儿挫折就郁闷",内心容易觉得空虚。如果不能很好地处理二者的矛盾,将会陷入孤独之中。

(3) 自我、本我和超我的矛盾

弗洛伊德把人格的结构分为三个部分,本我、自我和超我。本我指最原始的、与生俱来的结构,具有强大的非理性心理能量,遵循快乐原则。自我,是指人格中的意识结构部分,是来自本我和超我之间,按照现实原则,充当仲裁者,具有防御和中介两种职能。超我指人格中最文明最道德的部分,代表良心、自我理想,处于人格的最高层,按照至善,指导自我,限制本我,达到自我典范。如果三者之间保持平衡,就会实现人格的正常发展②。

---

① 乔纳森·布朗著. 自我. 北京:人民邮电出版社,2011:87.
② 车文博主编. 心理治疗指南. 吉林:吉林人民出版社,1990:85.

对于大学生而言,容易出现两种情况。一种情况是本我过强,进入大学后过度追求享乐,放松自我,以至于延误学业;另一种情况是超我过强,用太多的道德价值约束自己,一味追求学习,无法实现全面发展。只有三者和谐发展,满足本我的需要,同时用超我约束本我的过度要求,才能实现自我的良好功能。

2. 自我评价呈上升趋势

有人形象地描述:"'70后'是做得很好却说一般,觉得还没有做好;'80后'是做得一般,自己却觉得很好;'90后'是还没有去做就觉得自己最好。"大学生乐于表现自己,"90后"大学生更是如此,更愿意证明自己,展示自己的才华和才能。

根据大量研究显示,自我评价和年龄之间的关系曲线如图2-1所示[①]。从图中我们可以看出:幼年儿童(3～8岁)对自己的评价最高,9～10岁儿童对自我的评价就不那么高了,这种下降趋势一直持续到青春前期,但到了15岁这种状况开始发生逆转,从那时起一直到成年早期,他们的自我评价都呈上升趋势。

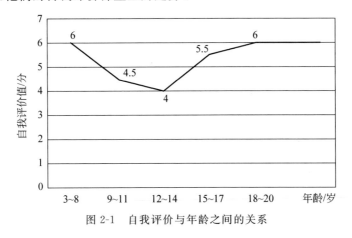

图2-1　自我评价与年龄之间的关系

如图2-1所示,自我评价分数范围是1～7,7表示自我评价最高。大学生的自我评价不断上升,一方面是因为大学生的自我评价更加辩证和深刻,对自己有更加全面的认识;另一方面是因为大学生自我意识的发展逐渐成熟,能够理性而客观地看待他人的评价。

3. 自我体验日益丰富

随着大学生经历的不断丰富,他们的自我体验也逐渐丰富多彩起来。一方面,大多数大学生喜欢自己,对自己满意,对未来也充满了信心和期待;另一方面,由于大学生自尊心比较强,他们也容易受到挫折的影响,变得敏感、多疑、孤僻,产生负性情绪。大学生情绪的波动性比较大,但整体是积极、乐观、健康向上的。

---

① 乔纳森·布朗. 自我. 北京:人民邮电出版社,2011:86.

4. 自我控制能力提高

大学生的控制能力随着年龄增长不断提高。低年级大学生意志力还比较薄弱,他们的冲动性还比较明显。到了高年级,随着知识积累、生活阅历的增加,他们的自我认识和自我评价水平逐渐提高,行为的自觉性和自我控制能力明显增强。

大学生自我控制能力的最基本要素之一是独立意识日益强烈。大学生在生理发育上已完全具备了成人的特点,心理成熟和社会成熟也已达到较高的水平,能够对自我进行更加深刻的认识和体验,进而更加适当地控制和调节自我。

(三) 良好的自我意识及其重要性

1. 良好自我意识的标准

什么是良好的自我意识呢?衡量自我意识是否健全不是件容易的事,但我们可以认为,具有良好的自我意识的人应该是一个自我肯定、自我统合的人;是一个自我认识、自我体验、自我调控协调一致的人;是一个独立的,同时又与外界保持协调的人;是一个主动发展自我且具有灵活性的人;是一个不仅自己能健康发展,而且能促进社会文明和进步的人。

对于大学生来说,良好的自我意识应当包括以下指标[①]:

(1) 接受自己的生理状况,不自怨自艾;
(2) 对自己的心理素质有较清晰的认识,知道自己的长处和短处;
(3) 对自己所处的环境有较清晰的认识,包括家庭和学校环境;
(4) 对自己的经历有正确的评价;
(5) 对未来自我发展有较明确的目标;
(6) 对自己的需求有清楚的认识;
(7) 知道生活中什么是应该珍惜的,什么是应该抛弃的;
(8) 对妨碍自己达到目标的因素有较清楚的认识;
(9) 对自己能够做到的事情有较清楚的认识;
(10) 对自己的希望和能力的差距比较清楚;
(11) 能正确估计自己的社会角色;
(12) 对自己的情绪有较清楚的认识;
(13) 明白自己能力的极限。

有人提出大学生健全自我意识的合格证包括以下四个 A:

Acceptance:接纳,接纳自我与自我所在的现实环境。
Action:行动,对自己决定的事,付诸行动,并全力以赴。
Affection:情感,工作学习时情感投入,获得乐趣,乐在其中。
Achievement:成就,以上三者完成后的自然结果,是努力奋斗的产物。

---

① 蔺桂瑞,杨芷英. 大学生心理健康与人生发展. 北京:高等教育出版社,2010:43-44.

希望大学生们在领取毕业证的同时,也可以领到一张自我意识健全的合格证。

【互动体验】

20个我是谁(续)

① 写出20句"我是怎样的人",并给每一句编号,要求尽量选择一些能反映个人风格的语句,避免出现类似"我是一个男生"这样的句子。

② 将陈述的20项内容作下列归类:

A. 身体状况(你的体貌特征,如年龄、身高、体形、是否健康等)。

编号:

B. 心理状况(你常持有的情绪情感,你对自己能力的看法,如乐观开朗、振奋人心、烦恼沮丧、聪明能干等)。

编号:

C. 社会关系状况(与他人的关系、如何和别人应对进退、对他人常持有的态度、原则,如乐于助人、爱交朋友、坦诚、孤独等)。

编号:

D. 其他

编号:

分类是为了了解自己对自身各方面的关注和了解程度,某一类项目多,说明你对这方面关注和了解多;某一类项目少或没有,说明你对这方面关注和了解少或根本就没关注、不了解,健全的自我意识应能较为全面地关注和了解自己。

③ 评估你对自己的陈述是积极的还是消极的。在你列出的每句话的后面加上正号(+)或负号(一)。正号表示"这句话表达了你对自己肯定满意的态度",负号的意义则相反,表示"这句话表达了你对自己不满意、否定的态度"。看看你的正号与负号的数量各是多少。

如果你正号的数量大于负号,说明你的自我接纳状况良好,拥有良好的自我意识。相反,你的负号将近一半甚至超过一半,这显示你不能很好地接纳自己,你的自尊程度较低,这时你需要内省一番,寻找问题的根源,比如是否过低地评价了自己?是什么原因使你成为这样?有没有改善的可能?

④ 分享交流。和你的同学或者小组成员进行交流,谈谈你对自己的认识,以及对活动的感受。交流之后你对自己、对他人是否有新的认识?

2. 良好自我意识的重要性

(1) 良好的自我意识是心理健康的重要标志

著名人本主义心理学家马斯洛曾指出,健康的个体能接受自己和自己的本性,也能接受与理想自我不符之处。自我意识通过不断调节和控制自我认知、自我体验,使个体的人格不断得到完善和优化,更加接纳自己,也更能适应环境和社会。

大学生的自我意识处于迅速发展阶段,并趋于成熟。大学生自我意识各个结构之间是否协调一致会直接影响大学生的心理健康水平。如果大学生对自己的前景持有乐观的态度,达到自我同一性,则有利于保持良好的心理健康水平,其情感也会更加坚忍,较少有焦虑和抑郁等负性情绪。而消极的自我意识则容易诱发抑郁、人际关系敏感等问题。因此,在心理健康的标准中,良好的自我意识是不可或缺的重要指标。

(2) 良好的自我意识对学业具有推动作用

有研究发现,学习不良的学生之所以成绩落后,是由于他们自己"期待"的结果,即和一般学生相比,他们在学业方面对自我的认识偏低,认为自己能力差、不聪明,努力也没用,不良的自我意识导致了他们对成绩差的"期待"[1]。

自我意识中包含两个重要成分,即自尊心和自信心。有自尊心的人,总是会不断进步,不甘落后,有较高的自我要求,会自觉而主动地遵守纪律,不断上进。另外,大学生如果一直对自己抱有强烈的自信,相信"天生我材必有用",就会不断努力来实现这种积极的自我预期,最终收获学业上的成功。

(3) 自我反省和自我完善促进大学生成长

自我意识的其中一个重要功能是促进个体不断自我反省、自我反思。大学阶段是自我意识突飞猛进、不断发展和完善的关键阶段,各种矛盾和冲突在大学生脑海里激荡。如果能通过不断反省,取长补短,通过不断探索,学以致用,大学生就能在这个过程中不断自我调节、自我完善,促进自我意识在新的水平上达到统一,为以后人生的发展指明方向、奠定基础。

【延伸阅读】

你的自我感觉是否良好

人们大都认为,我们中的大多数人都深受低自尊之苦。几十年前,人本主义心理学家罗杰斯断言,他所见过的多数人都"看不起自己,觉得自己既没用又惹人烦","我们所有人都有自卑情结"。而事实上,我们多数人都对自己感觉不错。在对自尊的研究中,即使得分最低的人,给自己的打分也基本在中等范围,这就是我们的自我服务偏见(self-serving bias)[2]。

当我们加工和自我有关的信息时,会出现一种潜在的偏见。我们一边轻易地为自己的失败开脱,一边欣然接受成功的荣耀。在很多情况下,我们把自己看得比别人要好。这种自我美化的感觉使多数人陶醉于高自尊光明的一面,而只是偶尔会遭遇到其阴暗的一面。

在那些既靠能力又凭运气的情境(游戏、考试、应聘)里,这种现象尤其明显。成功者往往认为成功源于自己的能力,而把失败归因于坏运气。学生也显示出自我服务偏见,得知考试成绩后,那些成绩好的人倾向于接受个人型归因,把考试看成对他们能力的一种有效检验,那些成绩差的学生则更容易去批评考试本身。这种有偏见的知觉是一种知觉错

---

[1] 蔺桂瑞,杨芷英. 大学生心理健康与人生发展. 北京:高等教育出版社,2010:35.
[2] 戴维·迈尔斯. 我们都是自己的陌生人. 北京:人民邮电出版社,2013:100-132.

误,一种关于我们如何处理信息的非情感性倾向。从研究中我们发现,我们寻求自我认识,渴望评定自己的能力。我们寻求自我证实,渴望验证自我概念。我们寻求自我肯定,尤其希望能提升自我形象,自尊的动机也促进了自我服务偏见的出现。

总而言之,与"多数人可能都是低自尊和自卑的"这一假设相反,在实验和日常生活中都可以发现,人们总是在失败的时候怨天尤人,而在成功时居功自傲。我们在一些主观性的社会认可的特质和能力方面,往往认为自己比一般人要好。过分相信自己,使我们表现出对未来的盲目乐观。我们还容易高估自己观点和弱点的普遍性(虚假普遍性),同时低估自己能力和品德的普遍性(虚假独特性)。这样的感觉在一定程度上来自我们"维持和增强自尊"的动机,这一动机有利于我们抵制抑郁,但却会引起错误评价或群体冲突。

二、关于"我"的困惑

美国著名作家富兰克林曾这样说:"有三样东西是无比坚硬的,钢铁、钻石以及认识自己。"我国古代著名哲学家老子也说:"知人者智也,自知者明也。"人们常常认为自己是最了解自己的人,可是殊不知,我们对于自己的感受和预测经常是错误的,我们无意之间成了自己最熟悉的陌生人。

人们最渴望认识的是自我,而最难认识的往往也是自我。只有首先正确认识自己,才能真正靠自己、做自己。大学阶段,除了学业,除了恋爱,还有大量的时间我们都在思索这些问题:"我到底是个什么样的人?""我将来要成为什么样的人?""我的人生将会是怎样的?""我每天做这些都是为了什么? 这是我想要的大学生活吗?"等,这些都是我们对自己的探索,有时候我们可能会觉得很迷茫,有时候觉得迷失了自我,有时候我们也经常会怀疑,我优秀么? 我是自卑的,还是自信的? 这些都是关于"我"的困惑。

(一)他人评价和自我评价的冲突

【案例】

一名大学生的自我剖析

我常常会问自己:"我优秀吗?"也许在很多人眼里,我是优秀的。但我却时常觉得自己什么都不会。当别人在舞台上翩翩起舞时,抑或对着麦克风侃侃而谈时,又或是在各种活动中运筹帷幄时,我都会自卑地低下头。

我总是一个不自信的人,起码面对外界时是这样的,纵使十分信任自己,还是经不住习惯性地贬低自己。可能是过于忧虑让别人失望,太在意别人的评价,但是,说不定在意的东西虚浮得可笑。我常常想过去的朋友们看到我现在这样会不会惊异,现在的朋友也一定想不出过去的我是有多谨慎细致,有时候会因为别人的看不惯感到委屈,会因为别人的眼神而迷惘。

很多大学生都有这样的困惑,非常在意别人对自己的看法,但是他们同时又反感自己这一点,却又难以摆脱,希望自己可以活得更自由、自在。对于"别人对自己的看法",我们应该是"虚心学习,照单全收"还是"走自己的路,让别人说去",或是置之不理、悉听尊便呢?我们需要理性而恰当地看待他人评价和自我评价之间的冲突。

大学阶段,我们的自我意识在不断增长,这种提升的自我意识表现为两种形式[①]:一方面表现为对自我的关注;另一方面表现为过度关注个体在他人心中的形象。我们认为有人在仔细地观察我们、谈论我们,并且评价我们,这些感觉在大学阶段是非常敏感的。

1. 他评和自评的冲突是我们的盲区

心理学上有一个"乔韩窗口理论"(Theory of Johani window),是由美国心理学家乔恩(Jone)和哈里(Hary)提出的关于自我认识的窗口理论[②]。"乔韩窗口理论"把自我划分为四个领域:公开的领域、盲目的领域、隐秘的领域和未知的领域。即每个人的内心都有公开的自我、盲目的自我、秘密的自我和未知的自我。

(1) 不断拓宽我们的公开区域。如果一个人自我"公开的领域"越大,那么他就生活得越真实,在与人交往时往往也会更自然愉快。因此我们要勇于表现自我,不害怕犯错,犯错也是我们的一部分,而且是真实的一部分。不轻易给自己贴标签,例如,我就是一个胆小的人,我就是一个没有艺术细胞的人。不放弃探索自我可能性的机会,我们的"秘密区域"越小,对自己的认识和探索就会越多,对自我的认识也会越丰富,我们的自我也就越"开放"。

(2) 不断探索我们的盲目区域。为了了解别人知道而你自己不知道的"盲目的领域",你应该多听听别人的评价,以便结合自己主观的自我评价,获得对自己的客观认识,以提高自我认识水平。因此我们每个人都要积极地接收来自各方面的信息反馈,不断调整对自己的认识,以积极的心态促使客观全面的自我意识的形成。通过与他人分享自我,了解他人的反馈,像照镜子一样,可以达到对自己的认识,逐渐达到自我的"协调"。"乔韩窗口理论"相关解说如图 2-2～图 2-4 所示。

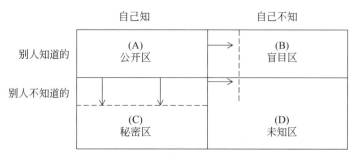

图 2-2 "乔韩窗口理论"

---

① 乔纳森.布朗. 自我. 北京:人民邮电出版社,2011:87-88.
② 中共北京市委教育工作委员会. 大学生心理健康与自我成长. 北京:北京出版集团公司,2011:41.

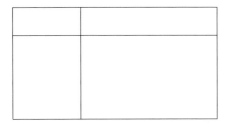

图 2-3　防卫的、孤立的自我　　　　图 2-4　开放的、协调的自我

2. 合理的自评是平衡矛盾的核心

"人贵有自知之明",合理的自我评价,对个人的心理生活及其行为表现,对协调社会生活中的他人评价有较大的影响。

在我们的心理生活中,自尊或自卑的自我评价有很大作用,自尊水平比较高的人,有更高的自我评价。人们经常希望把自己看作是有价值的、令人喜欢的、优越的、能干的人。如果一个人看不到自己的价值,只看到自己的不足,什么都不如别人,处处低人一等,就会丧失信心,产生厌恶自己并否定自己的自卑感,缺乏朝气,缺乏积极性。别人的积极评价在他看来也变成了一文不值,别人的批评在他看来就更是火上浇油、雪上加霜了,进一步印证了自己对自己的看法,从而更加自卑。

如果一个人只看到自己比别人好,别人都比不上自己,这样就会产生盲目的乐观情绪、自我欣赏、自以为是,因此也不能处理好人际关系,调动主客观双方的积极性,而且还会遇到社会挫折,产生苦闷。

所以,只有合理的自我评价才能促进自己有合理的定位和恰当的着力点,只有自己知道了自己的方向,才能知道哪些风是顺风,那些风是逆风,才能知道该怎么应对以及消化外界的评价,平衡二者的关系。

【自我测试】

测测你的自尊水平

指导语:这个量表是用来了解你是怎样看待自己的。请仔细阅读下面的句子,选择最符合你情况的选项。请注意,这里要回答的是你实际上认为你自己怎样,而不是回答你认为你应该怎样。答案无正确与错误之分,请按照你的真实情况来描述你自己。

"0"表示完全不同意;"1"表示不同意;"2"表示同意;"3"表示完全同意。

(1) 有时我认为自己一无是处。

(2) 我认为自己很不错。

(3) 总的来说,我倾向于认为自己是个失败者。

(4) 我希望对自己能有更多尊敬。

(5) 有时,我确实感到自己很无用。

(6) 我认为自己是个有价值的人,至少不比别人差。

(7) 总体上,我对自己很满意。

(8) 我感觉自己没有多少值得骄傲的地方。

(9) 我觉得自己有很多优秀的品质。

(10) 我可以做得和大多数人一样好。

评分规则:计算分数,首先把5个负向题(1,3,4,5,8)的得分翻转过来:0=3;1=2;2=1;3=0;然后把10个项目的得分相加。你的总分应该在0~30分之间。分数越高,自尊水平越高。

3. 以他人为镜加深自我了解

我国古代思想家墨子就曾说过:"君子不镜于水,而镜于人。镜于水,见面之容;镜于人,则知吉与凶。"意思是说用水做镜子,只能看见自己的长相;而用他人的评价作镜子,则可以发现自己各方面的长处和短处,优点和缺点。培根也说:"一个人从另一个人的诤言中所得来的光明更干净、纯粹。"别人对自己的态度和评价是认识自己的重要依据之一,犹如一面镜子,可以帮助我们纠正自我认识的偏差,形成较为客观的自我概念。

对待别人的评价及对自己的态度要注意以下几点[①]:

一是要重视熟悉自己或与自己打交道较多的人的评价,如父母、老师、交往和接触多的同学等,他们对自己较为了解,评价较有根据;

二是要特别重视高度一致、众口一词的评价;

三是既重视与自己观点一致的意见,也重视与自己观点不一致的意见;

四是多和别人交往,用开放的心态多了解别人,同时也多了解自己。

当然,别人的态度和评价有时也难免偏颇,这就需要多用几面镜子,学会观察和分析大多数人对自己的态度,获得足够的经验,从而客观地认识和评价自己。

一名同学用"水滴"描述自己,指出了如何合理对待他人评价,他说:"水滴需要大海的呵护,就像我需要老师、同学的关怀。水滴能回报大海以滋润,就像我能回报大家以欢笑。水滴无形,却有它的方向,就像我的梦想无边,却有它的朝向。水滴把它遇到的一切作为美丽的事物,就像我把人生路中遇到的人、事当作我生命中不可或缺的篇章。我似水滴,更愿像水滴一样,将自身的美丽保留,将自我的价值实现。"我们保留自身的美丽,同时我们也会参考别人给我们的意见,实现自我的价值。

[①] 中共北京市委教育工作委员会. 大学生心理健康与自我成长. 北京:北京出版集团公司,2011:43.

【知识链接】

镜 中 我[①]

美国社会学家库利(Charles Horton Cooley)提出镜中我(looking-glass self)概念,认为他人对自己的态度是自我评价的"一面镜子",为自我评价提供基础。一个人处在一定的社会关系中,是通过与他人相处,从他们对自己的评价中看到自己的形象的。他人评价是面镜子,并不是指某个人的某一次的评价,而主要是指对自己有影响的、关系较为密切的人,从一系列的评价中概括出来的某些经常的稳固的评价,这才是自我评价的基础。

人与人之间相互可以作镜子,都能照出他面前人的形象。就像我们可以在镜子中看到自己的面孔、体态和服装一样,人们之所以引起我们的兴趣,是因为他们与我们自己有关……我们在自己的映象中,努力设想自己的外貌、风度、目的、行为、性格、友谊等在他们的思想中是怎样反映的,从而会以一定的程度影响着我们。

自我形象伴随着自我情绪体验。个体把自己的容貌、姿态、服装等作为自己所拥有的东西,在镜子中细细观察,总以一定标准来衡量其美丑,如果符合标准就感到喜悦,否则就表现出不高兴的心情。同样,个体在想象他人心目中关于自己的姿态、行为方式、性格等,也会时而高兴,时而悲伤。例如,一个大学生在想象中以为辅导员对他的印象很好或不好,从而会产生某种情绪体验,对自己满意或不满意。

为维护自我意识的美好形象,人们往往会通过提高自己擅长的事情的重要性,引起他人的注意与重视,给自己以高度评价,从而获得美好的自我形象。例如,一些擅长计算机课程学习的大学生,认为计算机知识是很重要的知识,而那些在该课程学得差的大学生,则可能持有计算机无用论的观点。

4. 用开放的心态对待评价

大学生正处于自我意识不断发展、不断变化、不断形成的时期,一次演讲的成功可能会让我们觉得信心满满、春风得意,而一次没有达到期望的考试失利也可能会让我们瞬间跌入谷底。别人的一句无心之谈可能会让我们对自己思考半天,老师一句鼓励的话也可能让我们充满了前进的动力。面对时时刻刻不断涌向我们的各种看法和评价,面对经常浮现在脑海中的关于自我的字眼,我们要保持一种开放的心态。

所谓开放的心态,就是"兼听则明",我们不排斥来自外界在我们看来积极的或者消极的评价,我们也不逃避自己内心可能会有一些自己不接纳的地方,而把这些都看作一次了解自己的特殊经历。毕竟,我们还年轻,我们还处于不断发展变化中。总而言之,我们要看别人的路,欣赏别人的看法,这样才能有更开阔的视角,更全面的认知,但最终我们还是要坚持自己的信念,坚定地走出一条属于我们自己的人生之路。

---

① 时蓉华. 社会心理学. 浙江:浙江教育出版社,2006:144-145.

（二）理想自我与现实自我的冲突

【案例】

小艾来自革命老区，离开家乡的那天，乡亲们敲锣打鼓地把他送到村口。看着这样的场景，小艾暗下决心，发誓要在大学继续拿第一，将来找份好工作，混出个人样来。

开学后，小艾发现自己英语的听、说能力与东部沿海城市的学生有着较大的差距，每当老师点名演讲时，同学们都会笑话他的发音，小艾第一次在学习上感到了自卑，那种被同学羡慕的感觉彻彻底底过去了。他还发现，自己的计算机水平也不好，由于身在偏远的农村，从未接触过电脑，很多老师、同学认为是常识的东西，他都没有概念。因此，上操作课时他就不停地举手问老师，连老师都觉得不耐烦了，还误会他上课不认真听讲。为此，小艾觉得特别委屈，自尊心受到极大伤害。

期中考试成绩出来后，小艾的英语和计算机成绩都亮起了红灯，他觉得特别对不起父母和高中时代的老师。现实是如此冷酷，该如何继续坚持自己的理想，小艾陷入了矛盾中。

现实自我亦称"现实我"，是个体从自己的立场出发对现实中自我的认识。理想自我指个体心目中追求的我或理想化的我，一般高于现实自我。

正如同学们经常所说的那样，当理想照进现实，我们会觉得理想很丰满，而现实很骨感。理想和现实之间总是存在着各种各样的冲突和落差，如案例中提到的小艾一样。为什么会有这样的心理落差呢？因为现实和理想、想象不一样；和你期望的不一样；和你以前所拥有的不一样。有环境方面的落差，如学校的教育教学环境、居住环境、食堂的伙食等。在许多学生的心目中，大学是绿荫覆盖的校园，宽敞明亮的教室，现代化的教学设备，学识渊博的教授……而进入大学之后看到的现实并非自己想象的那样完美，于是备感失望。有理想方面的落差，从原来小池塘的大鱼来到了一个更大的海洋，我们发现以前所拥有的不复存在，对新的人与人之间的关系感到陌生和疏离，对自己感到失望和迷茫，因为几乎每个年轻人都有自己远大的理想，都对未来充满着希望与幻想。

是要顺从于现实，做个实际的人，还是要勇敢坚持理想，做个追梦的人？这是经常萦绕在我们脑海中的问题。另外，在大学生实践过程中，经常会出现"眼高手低"的情况，如何正确处理理想自我和现实自我的冲突是大学生面临的一个重要问题。

1. 现实自我为成长奠定基础

对现实生活中的"我"的认识，它是大学生发展的基础和起点。现实自我涉及的根本问题是"我实际是个什么样的人"。现实自我使我们脚踏实地，实事求是，提醒我们哪些是我们能做的，哪些是现在还不具备的，哪些是通过努力可能达到的。

现实自我还包括我们对现实环境的认知，对我们所生活的社会有一些基本的认识，而不是完全生活在自己的幻想中。如果你不知道自己现在的位置,再精确的地图也不能引导你到达任何地方;假如你并不"自知"适合干什么,再美好的职业生涯设计终会成为南柯一梦。比如学业成绩好、踌躇满志的文科大学生在学校处于高水平的自尊和自信状态,而在文科专业就业状况整体上不如理工科专业的大背景下,他们在人才市场职业竞争中却会受到很大的挫折,在与理工科普通学生就业状况的比较中,理想自我与现实自我之间出现了很大的落差和冲突。只有对现实自我有了良好的认识,我们才能正视环境和客观现实,有更加准确的自我定位,更加清晰的角色观念以及更加现实的未来规划。

对于案例中的小艾,他的现实自我中,英语和计算机和其他同学存在较大的差距,这是客观存在、不可逃避的现实。只有首先面对这个现实,接受这个现实,才会积极采取各种应对措施,才有可能最终改变这个现实。

2. 理想自我为成长指引方向

理想自我是个体想要达到的完善的自我形象,它为大学生的发展确定目标、指引方向。理想自我涉及的问题是"我想要成为一个什么样的人",理想自我使我们有目标、有追求,提醒我们哪些东西是我们所在意和认为有意义的。

实际生活中,大学生可能缺乏理想和信念,不知道自己想要追求什么,由此造成生活空虚,缺乏学习动力。高考前不顾一切的拼搏,一旦进了大学,出现了动机真空,失去了生活中继续前进的目标,感到大学生活"没意思极了",整天无所事事,不知道"如何消磨时光"。有的学生甚至奉行"分不在高,六十就行,学不在深,一抄就灵"的消极信条,过着"当一天和尚撞一天钟"的生活。所以经常有大学生在一个学期结束时感慨地说,觉得这学期好忙啊,可是还觉得好空虚啊,没有目标的忙最终带来的就是缺乏充实感、成就感和价值感。

对于案例中的小艾,他对自己目前大学生活不满意,那么他想要的生活是什么样的? 父母乡亲对他的期望是否是自己对自己的期望呢? 如果抛开别人的想法,自己对自己的未来又是怎样的规划,这都是需要小艾深入思考和探索的。只有拥有了符合自己未来定位的理想,才能真正成为指引我们前进的灯塔和方向标。

3. 既要仰望星空,也要脚踏实地

【故事】

泰勒斯陷阱

秋日的夜晚,古希腊哲学家泰勒斯在草地上观察星星。他仰望星空,不料前面有一个深坑,一脚踏空,掉了下去。水虽然仅没及胸部,离地面却有两三米,上不去,只好高呼救命。一个路人将他救出。他对那人说:"明天会下雨!"那人笑着摇头走了,并将泰勒斯的预言当作笑话讲给别人听。第二天,果真下了雨,人们才对泰勒斯在气象方面的知识如此丰富赞叹不已。有人却不以为然,说泰勒斯知道天上的事情,却看不见脚下的东西。两千年后,德国大哲学家黑格尔听到这个故事后,说了一句话:"只有那些永远躺在坑里从不仰望高空的人,才不会掉进坑里。"

俄国著名作家克雷洛夫曾说过:"现实是此岸,理想是彼岸,中间隔着湍急的河流,行动则是架在川上的桥梁。"理想自我是一个未来理想的图式,给我们带来希望,但也不能过于执着于理想,也要结合现实进行变化和调整。毕竟,理想自我存在的价值并不是一定要实现,而是为我们提供指引,让我们不断反思、思考和接近。并不是所有的理想都是用来实现的。

随着竞争越来越激烈,大学生群体越来越庞大,现实也变得越来越残酷,躲在象牙塔中无忧无虑地生活,未来有美好工作保障的时代已经一去不复返了。所以,大学生一定要立足现实,认清形势,从自己和环境的现实出发,一步一步,戒骄戒躁,认准目标,不断努力。既仰望星空,又脚踏实地,才能不断地将理想自我成就为现实自我,实现我们的理想和梦想。

【深度阅读】

网络中的自我[①]

当人们坐下来准备上网时,大多数人都会问自己一个迫切的问题:今天我要是谁?互联网生活丰富多彩,其中之一就是能为自己创造一个新身份。当人们进入聊天室,他/她可以决定自己是一个男人,而不是女人;是一个黑人,而不是一个白人;是一个成功的管理人员,而不是一个大学二年级的学生。互联网把各种可能自我生动地代入日常生活。接下来讨论的是这些网络自我给我们生活带来的好的一面。

现实中,人们被限制在非常狭窄的范围来表现自我,使他们感到很沉重:在和家庭成员、朋友、老板、同事的不断交往中必须保持一致,这样的限制也许并不是他们所希望的,而要突破日常生活中的这些限制,获得更大范围的经验又有很大的困难,互联网做到了这一点,放松了社会关系的限制。他们可以用匿名的方式在网上表达新的兴趣或探索新的观念,而不必要担心在现实中会发生的后果,也不需要自己作出根本的变化(如男人可以在网上假装自己是女人),人们可以在网上扮演各种可能自我,这些自我跟他们的理想自我更为接近。

此外,匿名登录使人们更多地表现自我,不仅仅是他们愿意表现的,当人们进行情绪宣泄时,对身体健康有着正性的影响。互联网就提供了一个充分的机会宣泄,他们可以到特别的聊天室或网络新闻组,获得这种宣泄的服务并得到支持。

以上我们主要讨论互联网带来影响的积极的一面:人们能扩展自我经验;能通过表明自己的身份来获得健康和自我接受,当然,这样做也会有一定的危险,匿名可能使他们的生活以某种方式分裂,从而导致不适应行为。同时,一些研究认为人们日益增加的害羞倾向是因为使用了互联网,但仍然希望大多数人可以从互联网带来的自我探索机会中获

---

① 理查德·格里格,菲利普·津巴多. 心理学与生活. 王垒,王甦,等,译. 北京:人民邮电出版社,2007:410.

得确实的好处。

【互动体验】

<h3 style="text-align:center">三 个 "我"</h3>

① 请先预备三张纸,首先在第一张纸上描述"理想的我",时间约为10分钟。然后将已写好的第一张纸搁置一旁,暂时不看。接着照此类推,在第二张纸和第三张纸上分别具体描述"别人眼中的我"和"现实的我",每一张大约需要10分钟时间。

② 完成后,将所有三张纸放置在桌上,对三张纸上的三个"我"做出检核,主要是看看三个"我"是否协调和谐。若否,则差异何在,并尝试找出原因何在。请你留意另外一个重点:"理想的我"和"现实的我"是否协调一致?透过此重点,你往往可以发现两者之间的差异,甚至矛盾之点。同时,往往会发觉自己一些对人生所产生的深层感受和渴求。

③ 为了达到更积极的效果,你应当努力探索,看看如何可以使三个"我"更加协调一致,制定促进三个"我"协调统一的方案。有了具体的计划,你会较易在生活中落实并做出改进。一个心理健康的人,三个"我"是协调和谐的。当一个人自己和他人眼中的"我"没有太大的差距,个人理想也没有脱离现实,就是一个自我形象明确而健康的人。但当三个"我"不协调时,我们就该问自己:别人为何不了解我?我是否不能表里一致?不过,我们不必期望自己的三个"我"百分之百协调一致,因为那是不实际的期望,只会导致负面的影响。

④ 进行上述思考后,请填写以下汇总表(表 2-3)。

表 2-3　三个"我"协调一致汇总表

三个"我"	开始时	调整后
现实的我		
别人眼中的我		
理想的我		

⑤ 分享与交流。你可以和你的朋友、同学或者小组成员一起分享自己的三个"我",看看是否有一些新的发现和思考。

(三)"成功"与"成长"的冲突

【案例】

<h3 style="text-align:center">张泉灵在北大毕业典礼上的演讲(有缩减)</h3>

其实15年前,和大家一样,拿着毕业证书的时候,我挺茫然的。我在北大学的是德国语言文学,那个专业不是我自己选择的,所以我一点都不喜欢。然后毕业分配的时候我去了神华集团,一个卖煤的公司,虽然说我是那个公司的元老,但我不知道我的人生要怎样

发展,我一点都不想去卖煤。

虽然当时我并不知道我的前面是什么,但我很清楚我要什么。在那个时候,1996年7月份,我内心已经清楚我要什么了,这源自我在北大的一个经验。我在大三的时候,参加了北大和中央电视台联合拍摄的一个专题片,叫《中华文明之光》,在做嘉宾主持的时候,有一天,我坐在中央电视台的演播室里,那个灯光突然在我的面前闪亮。在那一刻,我对自己说,嘿,这是我想要的。

如果在15年后,要我总结我的成功从哪里来的,我觉得这点是最根本的。因为我清楚地知道我是谁和我要什么。其实在这么多年里我和青年学生交流的时候有的人会跟我说这样的话:其实这个世界上有多少人能真正做到自己喜欢的职业呢?有多少人会把自己喜欢的事情变成自己终身的事业呢?你是很幸运的。

我通常的反驳是这样的:如果,你考大学时选的专业不是你喜欢的,而是你父母喜欢的;你的选修课不是你喜欢的,而是拿证多、学分好得的;你求职不是挑你喜欢的,而是待遇好的,请问,你选择时从未拿喜欢当事,凭什么你会从事喜欢的职业呢,并且成为终生的事业呢?凭什么呢?所以其实工作15年的经历,我想告诉大家的只有一句话,成功不等于名和利的相加,成功是你内心的一个目标,在实现的过程中你会无怨无悔,并且无比快乐。

1. 大学生渴望成功和成长

大学生正处于朝气蓬勃,追求发展的阶段,对未来有很多的想法,不断探索自我,寻找未来的发展道路,对于成功和成长有自己的追求和渴望。正如一名同学在自我描述中,用毛毛虫形容自己,他说:"因为我毫不起眼,虽然我很孤独,就像一只树上独行的毛毛虫那样寂寞,但我从不孤傲。虽然我是一只毛毛虫,但我也有美丽的梦想——破茧成蝶。"也有同学把自己比喻成蘑菇:"在雨后成长,默默地成长在角落里,自己为自己撑伞,活得简单,连阳光也不要,我不起眼,没有斑斓的色彩,也不会伤人,但如果有人注意到了我,把我采摘带回去煲汤,他一定会赞美我的美味。"这些都反映了大学生渴望成长,渴望实现自我价值。

有研究发现,大学生的自我成就动机普遍高于同龄人,成人、成才和成功的意识更为强烈,主要表现为三个特点:一是从动力上看,由个人发展为主要动力,变为满足社会需要为主要动力;二是从途径上看,由注重考试成绩,变为注重校园文化活动、社会实践等多种形式提升综合素质和能力;三是从目标上看,由拿到毕业证为目标,变为能够更好地就业创业。

【延伸阅读】

所谓的成功,究竟是什么①

可以这么说,我们生活在一个极度迷恋"成功"的社会。

我们争取成功,我们梦想成功,我们在书中阅读获得成功的黄金定律。我们赞美、美

---

① 彼得·巴菲特. 做你自己. 北京:新世界出版社,2011:156-157.

慕,甚至奉承别人的成功。有时我们也会明里暗里地嫉妒他人的成功,我们似乎认为,成功必然意味着幸福和满足,而成功的缺失只能滋生失望和沮丧。

但有一个问题,既然所有人都对"成功"如此迷恋,那么我们在谈到"成功"二字时又明白其中多少含义呢?在我看来,"成功"应以个人成就的本质进行定义。那个人究竟完成了些什么?他对别人有帮助吗?他是否发挥了自己独特的潜质?他在工作和生活中是否充满激情和创意?他正在追求的东西有无内在的价值?但可惜的是,如今人们对于成功的定义,与本质似乎没有多大联系。我们不再关注企业或事业的本质,而只关注它所带来的回报,这种回报一般都以金钱来衡量。

换言之,我们的关注点似乎是收益,而不是过程。这种重心错位的情况贬损了"成功"的真谛。事实上,人们常说的"成功"二字已成为"高薪"的一个代名词了。然而,我绝不是说赚钱有什么错,那不是我的观点。我要说的是,我们应该把钱看作是成功的副产品和附加价值,而不是衡量成功的标准。

真正的成功是由内而外的,并由我们的特质和行为所决定。它来自我们的能力、热情、拼搏以及坚持所产生的神秘化学反应。真正的成功靠我们亲自赢得,它的价值也只有我们自己可以断定。界定成功的一些更加内在、更加关键的东西是自尊、信心和内心的宁静。

2. 成功不一定代表成长

达成我们希望的目标,获得某种社会的认可,功成名就都是成功。追求这些东西本身并没有错,但如果一味追求自己想要的东西,一味希望通过外显的成功来证明和彰显自己,把成功功利化,把成功金钱化。如此一来,成功可能恰恰反映了内心的脆弱,自尊的低下,所以我们才需要不断用外在的名利来武装和打扮自己。就像有些人觉得自己太矮,便总是踮着脚尖走路使自己显得更高大一点儿。这种力图努力用成就来包裹和武装自己的行为,是强迫自己用优越感战胜内心的恐惧,并不是真正意义上的成长。

相反,成长则是一种自我的丰满,内心的平和,自我内心的强大具有根本意义上的价值,也会给我们战胜困难带来无穷的力量。成长有十大契机,如下所示:

(1) 讲述你自己的故事:告诉别人你是谁更能影响你对自己的认识。

(2) 面对生活中的挫折:许多人害怕失败,从而力图避免失败。事实上,你要回避的失败包含着心理成长不可或缺的养分。

(3) 阅读:阅读的过程是你发现自己的过程,阅读大师们的作品更是如此。

(4) 独处:在独处中享受孤独,真诚面对自己的人,是具有自省能力的人。

(5) 冒险:冒险是一个人生命活力的体现。

(6) 自我接纳:接纳自己,意味着自我价值的真正确立。

(7) 承担责任:生活中,许多人想方设法推卸责任,害怕承担责任,甚至对自己的幸福和快乐也不负责,这种人常常会说:"是他惹我生气的。"

(8) 树立理想：生命的意义始于确立自己的理想。理想的价值在于引导生命向有意义的方向发展。

(9) 助人：助人行为使人体会到自身的价值。

(10) 持久的兴趣爱好：它们不仅丰富生活，更能锤炼意志。

【知识链接】

你在有意阻碍你的成功么

有证据表明，大多数人都会尽力维护自尊，以及保持自我概念的完整性。人们会采用多种形式的自我提高，例如，当你担心自己没有能力完成某项任务时，你也许会采取自我妨碍(self-handicapping)[①]行为。你在故意破坏你的任务完成！这种策略是为失败准备托词：这并不意味着我没有能力。因此，如果你害怕发现你是否具备成为医科大学预科生所需要的资格，你可能会与朋友聚会而不是努力准备某一重要考试。这样，如果你没有取得成功，你可以将失败归咎于不够努力，以避免你认识到是否真正具备取得成功的能力。

大学生也有自我妨碍的表现。两位研究者询问大学生是否同意如下叙述，以此测量自我妨碍。"如果更努力的话我可以做得更好""我比大多数人更多的时候感到不舒服""我总是把事情拖到最后一刻"。在第一次考试前，询问学生们什么分数能让他们满意。考完试后，他们得到假的反馈信息，即告诉他们的分数比"满意"分数低1/3级（例如，如果他们想得到B，则告诉他们得了B—）。此时，研究者评定这些学生的自尊水平。如果自我妨碍保护了自尊，我们可以预期高自我妨碍者在得到不满意的级别时其自尊受到较轻的伤害。这正是研究者男性表现出来的模式：高自我妨碍与高自尊相关。然而，女学生并没有表现出自我妨碍与自尊有任何相关。研究者推论，男性有更强的保护自我免受威胁的倾向。

假如你没有为明天的考试而用功，却在图书馆睡着了。为此，当你在考试中没有取得好成绩时，你可以说："唉，我真的没有努力。"你是否在采取自我妨碍呢？

3. 成长是长成自己希望的样子

从某种角度来讲，成功是短暂的，而成长是永恒的主题。成功不过是你的需要在某种场合和某个时期达到了一种平衡，而这种平衡是短暂的，可能转瞬即逝并不断被打破。比如高中时，你认为的成功可能是考上大学，考上大学后，下一个成功又是什么呢？大学时，你认为成功是有房有车，那么当你有房有车之后，成功对你而言又意味着什么呢？在不断追逐成功的背后，是否是我们永远无法平静和感知幸福的内心呢？

成长则是自我的不断强大，我们变得更加自信，更加懂得自己想要什么，更加懂得感恩，更能感受到幸福。成长需要不断的自我探索和反思，不断整合、丰富和完善的自我是

---

① 理查德·格里格，菲利普·津巴多.心理学与生活.北京：人民邮电出版社,2007:406.

我们追求的永恒目标。我们不断成长的过程,也是不断长成自己希望样子的过程,是达成内心潜意识需要的过程。就像北大校友张泉灵一样,只有首先知道了自己希望的样子是什么,知道自己想要什么,才有可能不断成长,朝着那个目标前进。

三、做真实的自我

你或许没有听说过彼得·巴菲特,但一定听说过他的父亲——沃伦·巴菲特(Warren E. Buffett),他是名列《时代》杂志全球 100 名最具影响力人物榜、富可敌国的"股神"。然而,身为股神之子,彼得·巴菲特却没有继承衣钵成为华尔街金童,而是选择用音乐谱出人生最美妙的乐章。彼得从父亲那里获益最大的是一套人生哲学:人一生最大的财富,就是能做自己!在父亲的鼓励下,彼得的哥哥成为了摄影师,姐姐成为家庭主妇和两个孩子的母亲。彼得永远记得,当他 20 岁出头,决心以音乐作为终生职业追求时,他的父亲对他说过的一番话:"儿子,咱们俩其实做的是同一件事。音乐是你的画布,伯克希尔(沃伦·巴菲特的投资公司)是我的画布,我很高兴每天都在画布上添几笔。"

能做自己,意味着首先对自己有良好的自我认知,知道自己想要什么;其次,做自己意味着能接纳自己对自己的看法,接纳自己的情绪体验,无论积极的或是消极的;最后,做自己意味着能勇敢地按照自己的想法思想、表达和行动。只有从知、情、行三个方面都能做自己,才说明拥有了良好的自我意识。

(一)接纳独特的自我

1. 接纳自己的缺点和不同

每个人都是独特的,就像世界上没有两片完全相同的树叶一样,世界上也没有完全相同的两个人。每个人都有自己的闪光点和价值,我们无须用自己的短处和别人的长处比,这样做只是徒增无谓的烦恼。我们关键是要知道自己想要什么,而不是生活在和别人的比较中。

把自己所认为的不足当成特点而不是缺点,这样接纳自己就会容易得多。有一位男大学生总觉得自己的声音太嘶哑,不好听而不太敢说话和表达自己,更不敢唱歌。当他听了阿杜的歌后,才觉得沙哑也是一种特点,这种接纳不仅让他敢于开口说话,还在歌手比赛中获了奖。

在人本主义心理学家看来,人性规定了价值,我们天生就有自我实现的趋向,不管是一株草、一棵树,还是一头狮子、一个人,只要被赋予了生命,就会表现出一个明显的生长、发展、活动的趋势。这个趋势大概而言就是一种求生存、求强大、求茂盛、求完满的趋势。正如马斯洛所说:是画家就要画画,是诗人就想作诗,是音乐家就要演奏音乐。所以,无论是在满意、成功面前,还是在失落、失败面前,我们都是有价值、有潜力的。

你是独特的,但并不意味着你是完美的。一个拥有智慧的人不仅能够接纳自己的优点,同时也有能力去接纳自己的不足。对于可以改进的缺点,如不良的生活习惯,应学会勇敢地承认并积极去改正;而对于不可改进的缺点,则要坦然承认和接受,并尝试通过其他方面的优秀来弥补,承认和接纳自己的不足本身也是自信的。

【互动体验】

独 特 的 我

目的:帮助个人具体界定自己的长处和限制,学习接纳自己和欣赏自己,同时肯定自己是一个独特的人。

① 认真地自行填写下表。

我 的 长 处	我 的 限 制

② 假如你所填的长处太少,说明你是一个自我评价比较低、自我形象贫弱的人,同时你肯定也是一个不能接纳自己的人。因此,接下来所要做的就是设法具体地发掘、界定你的长处,对自己做出肯定。

下面要做的是:邀请你的家人或者熟悉你的同学、朋友(起码要有两位)参与进来,让他们根据对你的了解,分别说出他们认为你拥有的长处。然后,你把包括你自己在内的三(或更多)种回答比对一下,看看其中有多少项是你没有发现,而别人却一致的看法。遇到这些项目时,你还可以和参评人做些讨论,了解自己在他人眼中是一个什么样的人。在经过别人的帮助和诱发后,你的表格中往往是长处多过限制。请再填写下表。

当我再一次看清楚自己的长处和限制之后,我感到:

③ 还可以进一步深入地进行一些探讨:在限制方面,按"不能改变"的限制和"可以改变"的限制进行分类。分好类后,对于后者,还可定出改进的计划和方法。

④ 你可以和你的同学、朋友或者小组成员进行分享和交流。

2. 接纳意味着接受不完美

完美主义作为一种人格特质,指的是一个人个性中有凡事追求尽善尽美的倾向,对自己有着高标准、严要求。最早对完美主义倾向进行研究的人是心理学家阿德勒,他认为追求完美是人类最本质的动机,是无可厚非的,但是追求完美有着不同的取向,一般来说,如果不是以社会兴趣为目的取向的话,容易产生各种心理问题和心理障碍。

有研究发现[1],大学生完美主义水平比较高,其中,典型完美主义者占43.1%,有完美主义倾向的占43.5%。但并非只要是完美主义就会产生不良后果。大学生的完美主义可以分为三种类型[2]:适应完美主义者、适应不良完美主义者以及非完美主义者。适应完美主义者表现为具有高标准,尽力将事情做得尽善尽美,自己有很高的期望。但在追求高标准的同时,能及时根据自己的实际水平调整好目标的期望,在追求完美的同时不伴随过度的自我批评,能在工作中体验到满意感和快乐感。因此,适应完美主义者在追求高标准的同时,也能带来积极的感受,拥有较高的自尊水平和较多的正性情绪体验,适应完美主义者是这三类群体中心理健康水平最高的。

大学生应对自己有更高的要求,但也不能过度或极端,陷入适应不良完美主义。这是对我们自身能力以及现状的接纳,也是适应良好的表现。

【知识链接】

完美的人是否更受欢迎

心理学家研究发现,最为人所欣赏的,并非完美或全能的人。在一项实验中,将不同的四卷访问录像带,分别播放给四组被试者观看,让他们凭主观的感觉评分,以表示他们对受访者的喜欢程度。录像带的内容,都是访问者与受访者面谈,受访者的身份是大学生。四卷录像带中的人物都是一样的,只是访问者事先介绍以及访问过程有所不同。

第一卷录像中,访问者将他描述成一个能力杰出的大学生,他是荣誉学生、校刊编辑、运动健将等;在访问中,受访者尤其表现杰出,对访问者提出的所有问题,能毫不费力地答对92%。如此受访者给人的印象是完美无缺的人。第二卷录像带的内容与第一卷大同小异。访问者的介绍相同,受访者回答问题的方式及表现也相同,唯一不同的是,在访问过程中加了一段小插曲:受访者表现有点紧张,不小心将面前的咖啡打翻,弄脏了一身新衣服,场面相当尴尬。第三卷录像带中,访问者将受访者说成是一个普通的大学生,在访问过程中,受访者也只有普通的表现。第四卷录像带的内容,与第三卷大同小异,小异之点与第二卷中的插曲相同。

结果,经分析被试者的评定,发现大家最喜欢的是第二卷中的受访者;其次是第一卷;再次是第三卷;最不喜欢的是第四卷中的受访者。这一研究发现说明,才能平庸者固然不会让人倾慕,但全然无缺点的人,也未必讨人喜欢;最讨人喜欢的是精明而带有小缺点

---

[1] 秦芳. 大学生完美主义及其与自尊、情感的关系研究. 中国电力教育,2013(23):119-120.
[2] 张斌,谢静涛,蔡太生. 不同完美主义类型大学生的心理特征. 中国心理卫生杂志,2013,27(11):868-872.

的人。

3. 接纳自己处于不断成长中

大学生正处于人生急剧变幻的时期,如狄更斯所说:"它是人生最好的时期,也是最坏的时期;它是智慧的时期,也是愚蠢的时期;它是信仰的时期,也是怀疑的时期;它是光明的时期,也是黑暗的时期;它是充满希望的春天,也是令人失望的冬天;我们前途有着一切,我们前途什么也没有;我们正在直升天堂,我们也正在直坠地狱。"所以,我们要接纳自己还处于不断成长过程中,我们拥有很大的弹性、可塑性和广阔的成长空间。

当然,我们有时也会自我评价很低,也会低落,这都是正常的。在我们自己感觉自尊比较低,自我形象比较差时,我们要经常自我鼓励、自我肯定。

【互动体验】

自我肯定活动①

说明:做下列一个或多个活动。当自我形象得分低时,重新阅读那个活动和你的答案。

列出五个优点。

列出你钦佩自己的五件事情。

到目前为止,你生命中最大的五个成就是什么?

描述五种你奖励自己成功的方式。

说明五种你可以使自己笑的方式。

你能够为别人做,并且使他们感觉良好的五件事情是什么?

列出你善待自己的五件事情。

你最近参加过的带给你快乐的五个活动是什么?

(二)开放封闭的自我

【案例】

一位大学生的自我描述

我是被鲜花和掌声簇拥着长大的女孩。我的学习成绩优异,多次在比赛中获奖,我连任九年班长,做过学生会的文艺部长,团委会的宣传委员,在无数的光环照耀下我就像一个骄傲的公主。这使我形成了自傲的性格,或者说我从来没有时间想自己,但这里人才济济,我只是这个环境里的小角色,我努力过,但并没有获得更大的收获。我感到内心的失落和压抑,这种苦闷比其他人更加强烈。我对自己失望了,开始自我放纵,成了享乐主义

---

① 卡伦·达菲,伊斯特伍德·阿特沃特. 心理学改变生活. 北京:世界图书出版公司,2007:121.

者,但这却与我的性格发生着强烈的冲突。我选择逃避,隐藏了自己的才华,成了一个封闭的人,我再也找不到曾经的光彩,在一个狭隘孤独的空间里我不断发现自身的缺点,与这个环境格格不入,最终产生了恶性循环,使我产生了自卑心理。这种自卑像一块阴云一直笼罩着我,更加影响了我的生活……

大学和高中是两个截然不同的人生阶段。大学时期特殊的发展阶段,以及特殊的成长任务,都让大学生活充满了跌宕起伏,充满了青春气息。但是,正如前文所言,大学生面临的是自我同一性的危机,如果自我没有达到好的整合,就容易逃避到自己的小世界,封闭自我。在前面的案例中我们就看到,这个大学生因为失落和压抑,逐渐隐藏到自己的世界里,找不到昔日的风采,逐渐变得孤独和自卑。

1. 独处带来沉淀和反思

有些时候,我们很想逃避,逃到属于自己的空间里,不愿意再和外界有任何交流。动物受伤后,也会给自己一段时间,躲在自己的洞穴里,舔舐自己的伤口,靠自己的免疫力逐渐让身体恢复强壮和健康。一时的逃避,偶尔的独处让我们有时间静下心来看看自己走过的路,有利于自我反思,不断沉淀,"学而不思则罔,思而不学则殆",我们也需要在"吾日三省吾身"中思考,这个过程对我们的成长是很重要的,我们不仅要埋头赶路,也要偶尔总结一下自己,回头看看自己,反观自己。

独处不同于孤独,孤独是一种人际的疏离感,是自我的脆弱和无力,独处则是自我主动给现实生活放假,促使我们进入另一个模式以汲取力量。

2. 过度封闭容易导致自卑

长时间的逃避,封闭自我,不和他人进行交流,有可能会加剧我们本已脆弱的自我。封闭意味着隐藏自己,怜悯自己。可能会不断发现自己的缺点和短处,这些缺点还会不断发酵,产生自卑感。而且,这种自卑感会不断发酵,产生一种恶性循环,从而使得我们更加封闭。

残疾演说大师尼克·胡哲,从一生下来就没有四肢,他也曾经封闭过自我,也曾经自卑过,想过放弃自己。但最终他选择了勇敢面对自己的不足,并努力适应社会,就像他说的那样,"在生命中,我们不能选择什么,却可以改变什么。"他获得了两个学士学位,创办了国际公益组织,拥有幸福的家庭生活,并激励了无数人。

【知识链接】

你所不知道的自卑

关于自卑,心理学家阿尔弗雷德·阿德勒讲过这样一个小故事。

有三个小朋友,都是第一次到动物园去,他们站在狮子面前,被狮子的威严吓坏了。一个小朋友躲在妈妈的背后说:"我要回家。"另外一个小朋友脸色苍白全身发抖,但他站在原地仰着头说："我一点都不害怕。"第三位小朋友恶狠狠地瞪着狮子,问妈妈说："我能向它吐口唾沫吗?"

听完这个故事,大家觉得在这三位小朋友当中,谁在凶猛的狮子面前表现出自卑了呢?大家都对第一个小朋友表现出了自卑没有疑义。对第二个、第三个小朋友的表现,就有些众说纷纭了。有人说,这也是自卑,更多的人说这不是自卑。阿德勒认为,这三个孩子实际上都怕,都自卑,但每个人都根据自己的生活方式,以自己的方式表达了这种感觉。自卑感本身并不是什么异常的事情,它是人类处境得以改善的原因所在。因为你认识到了自己的无知和不足,意识到了自己需要为将来有所准备,你才可能更加努力和进步。自卑本身并不是耻辱,但如果久久地挣扎在自卑当中不能自拔,成了压力,这就成了一个需要克服的问题。

3. 拆掉思维里的墙

我们不能长期地封闭自我,就像植物需要阳光和水分一样,自我也需要他人的肯定和鼓励,需要他人的警醒和指点,自我评价也需要和他人评价结合,才能更加全面和完善。当我们把内心的感受和他人交流时,会发现自己的痛苦并不是唯一的,自己也不是一个人在战斗,从他人那里,我们也能收获意见和建议,这些对于我们完善自我都是有益的。

很多人认为,我之所以封闭和逃避,是因为我对自己没有信心,我太自卑了。这句话的潜台词是如果我变得更加自信,我就能有勇气走出去了。这是一种认为我们的认知改变了,行为才能改变的思维模式。我们需要拆掉思维里阻碍我们前进的这堵墙,因为有的时候,并不是你的认识改变了,你的行动才会改变,而恰恰相反,你的行为改变了,你的认知才会随之改变。例如,一个矮个子的男生认为只有自己自信了,才能找到女朋友,这个想法并没有什么不妥。但也可以换个视角,你可以尝试走出去,结交更多的异性朋友,当你最终找到一个女朋友时,也是你对自己拥有自信的时候。与其在等待中枯萎,不如在行动中绽放。

(三) 提升内在的自我

【故事】

两 只 蜗 牛

蜗牛甲愤愤不平地说道:"为什么我们从生下来,就要背负这个又硬又重的壳?害我每天都得活在巨大的负担和压力之下!"蜗牛乙淡然地回答:"因为我们的身体没有骨骼的支撑,只能爬,又爬不快。所以要这个壳的保护!"蜗牛甲听了,心里更加不平衡:"毛虫没有骨头,也爬不快,为什么它却不用背负这个壳呢?"蜗牛乙答道:"因为毛虫能变成蝴蝶,终有一天,天空会保护它!"蜗牛甲还是充满愤慨:"可是蚯蚓也没骨头,也爬不快,也不会变成蝴蝶,它为什么也不需要背这个壳呢?"蜗牛乙微笑说道:"因为蚯蚓会钻土,大地会保护它!"蜗牛甲哭了起来,充满哀怨地做出结论:"我们好可怜,天空不保护,大地也不保护!"蜗牛乙反过来安慰它:"所以我们有壳啊!我们不靠天,也不靠地,我们靠自己,不一样活得好好的吗?"

我们每个人的生活里,都充满了各种各样的逆境、挫折和打击。有人像蜗牛甲般,因为这些打击,使自己变得愤怒、恐惧、悲伤,甚至让自己持续活在懊悔和愤恨的日子当中。然而有些人却像蜗牛乙那样,能够在挫折中屹立不倒,不断在逆境中调适自己,自我坚持,找出新的出路!

就像蜗牛乙所说,自我已经具备了达成梦想的所有资源,我们生来就是有实现自我的能力的,我们就是自己最好的工具。大学生需要不断发现自我,激励自我,挖掘自己的潜力,才能靠自我达成自我实现。

1. 想象出你想成为的那个人

提升自我的一种有效方法是想象出一个你想成为的人——苗条的我、自信的我或富有的我。想象你的"可能的自我"(包括想要的和害怕的自我)不仅会帮助你实现目标,也会帮助你更有效地应对现在的状况,还可能帮助你处理目前生活中的难题。其中主要的暗示是我们可以创造新的自我形象,反过来,这个能力又可以帮助我们更有效地应对现在的生活。

你内在的潜能好像你的咨询顾问,如果一开始你信任他,他就会越来越努力,为你做越来越多的事情。但是如果你一开始就不信任他,而去依赖其他的东西,他就会慢慢远离你,在你需要用到他的时候,他再也不会再来。用我们的暗示来激发我们的潜能,让我们最终能朝着自己内心的期望不断前进。

【互动体验】

想象自己想成为的那个人[①]

选择一个你可以放松并独处几分钟的安静地方。闭上眼睛,尽可能清晰地想象出你想成为什么样的人。

你的长相将会如何?

你的穿戴将会如何?

你的感觉将会如何?

你将是快乐、严肃还是放松的?

你将会做什么?

你将会在哪里?

---

① 卡伦·达菲,伊斯特伍德·阿特沃特. 心理学改变生活. 北京:世界图书出版公司,2007:115.

你可以在每晚睡觉前重复这个练习,例如,重复一个星期。你注意到自己有什么变化吗?

2. 咨询:了解自我的一种方式

关注自己的身体、心理、社会和精神的健康是非常重要的。当你发现自己不能给予自己想要的帮助,或者也不能从朋友和家人那里得到想要的帮助时,那么你可以尝试寻求专业咨询师的帮助。当人们身体出问题的时候,会上医院。可是当他们心理出问题时,却怯于寻求心理咨询师的帮助。

咨询师是帮助你利用内在潜能的引导者[①]。优秀的咨询师不会尝试帮你解决问题。相反,他们会帮助你学会自己更有效地解决问题。从很多方面说,咨询师是心灵的导师,让你学会如何从生活中获益最多,如何让生活更加有趣,如何运用你自己的力量以及如何成为理想中的自己。

咨询师的作用是教导你最终成为自己的治疗师。咨询师不会通过洗脑的方式改变你的信念,相反,他们会帮助你思考你的思想怎样影响了你的情感和行为,会帮你找到那些阻碍你正常生活的特定的信念。选择适合自己的咨询师是最重要的事情。正如你愿意接受信得过的医生看病一样,你也必须找信任的心理咨询师。面对和解决自身的问题是需要勇气的,只是简单地去做咨询,你就走出了通往痊愈的第一步,意识到自己需要帮助本身就是一种成长的进步。

最后,咨询是帮助自己强大的自我探索过程。咨询本身并不是目的,最终你会停止会见你的咨询师,但是,你的成长过程并没有结束。

【延伸阅读】

世界是自己的,与他人毫无关系
——杨绛的一百岁感言

我今年一百岁,已经走到了人生的边缘,我无法确知自己还能走多远,寿命是不由自主的,但我清楚我快"回家"了。

我得洗净这一百年沾染的污秽回家。我没有"登泰山而小天下"之感,只在自己的小天地里过平静的生活。细想至此,我心静如水,我该平和地迎接每一天,准备回家。在这物欲横流的人世间,人生一世实在是够苦。你存心做一个与世无争的老实人吧,人家就利用你欺侮你。你稍有才德品貌,人家就嫉妒你排挤你。你大度退让,人家就侵犯你损害你。你要不与人争,就得与世无求,同时还要维持实力准备斗争。你要和别人和平共处,就先得和他们周旋,还得随时准备吃亏。

少年贪玩,青年迷恋爱情,壮年汲汲于成名成家,暮年自安于自欺欺人。人寿几何,顽

---

① Gerald Corey, Marianne Schneider Corey. 心理学与个人成长. 北京:中国轻工业出版社,2007:323-324.

铁能炼成的精金,能有多少?但不同程度的锻炼,必有不同程度的成绩;不同程度的纵欲放肆,必积下不同程度的顽劣。

上苍不会让所有幸福集中到某个人身上,得到爱情未必拥有金钱;拥有金钱未必得到快乐;得到快乐未必拥有健康;拥有健康未必一切都会如愿以偿。

保持知足常乐的心态才是淬炼心智,净化心灵的最佳选择。一切快乐的享受都属于精神,这种快乐把忍受变为享受,是精神对于物质的胜利,这便是人生哲学。

一个人经过不同程度的锻炼,就获得不同程度的修养,不同程度的效益。好比香料,捣得愈碎,磨得愈细,香得愈浓烈。我们曾如此渴望命运的波澜,到最后才发现:人生最美的风景,竟是内心的淡定与从容……我们曾如此期盼外界的认可,到最后才知道:世界是自己的,与他人毫无关系。

本章小结

自我是一个人如何对待自己、他人和世界的独特方式,是每个人心理活动的核心。大学阶段最重要的人生课题就是开始探索自己,真正认识自己,接纳自己,然后才能不断超越自己,实现自我的发展与成长。

思考题

1. 你如何看待自己?有哪些优势与不足?
2. 大学期间,你打算怎样完善自我?
3. 如果让你给未来的自己写封信,你会怎么写?

【延伸阅读】

《我们都是自己的陌生人》

作者:戴维·迈尔斯

译者:沈德灿

出版社:人民邮电出版社

人们常常认为自己是最了解自己的人,可是殊不知,我们对于自己的感觉和预测经常是错误的,我们无意之间成了自己最熟悉的陌生人。人们最渴望认识的是自我,而最难认识的往往也是自我。

《我们都是自己的陌生人》改编自戴维·迈尔斯的超级畅销书《社会心理学》。为了更贴近读者,让更多的人接触到优秀的心理学成果,本书剔除了原著中过于学术性的内容和元素,撷取了读者感兴趣的有意思的主题,分别从"自我概念""有意识的自我控制""自尊"

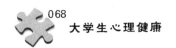

"自我服务偏见""自我表现"五个方面，图文并茂地向读者展示了当今心理学家对于自我的科学认识。

【视频推荐】

《舞动人生》

英国知名度最高并最具影响力的电影之一，比利的家人是英国的一个底层矿工。他们参加罢工，挣扎在贫困的生活中，并认为比利应该学些男人的拳术。比利本来每周都去一回拳击班，偶然的机会却让他走上了不一样的路途。

因为一个小意外，比利发现了潜意识中对芭蕾的热爱，而挑剔世故的芭蕾老师威尔金森无意中发现了比利极具芭蕾天赋。二人一拍即合，威尔金森甚至放弃她的一班女学生，把全部心思放在培养小比利上。可是比利的家庭全然不理解儿子为何爱上女生的玩意儿。在家庭的反对下，比利面临痛苦的抉择。最后，这名少年毅然在家庭的责任和实现自己理想的矛盾中选择了后者，实现了理想自我。

第三章　学会学习

名人名言

　　君子不隐其短,不知,则问;不能,则学。

——《春秋繁露》

本章要点

　　大学学习的特点与规律;

　　大学生常见的学习困扰;

　　学会有效学习。

【案例】

　　小赵一直很怀念高中生活,大一第一次期中考试成绩非常不理想,很多科目均未通过。老师多次找其谈话,但是效果不明显。小赵来自云南,父母在外做生意,家庭经济情况较好。他缺乏学习的目标,考试只求过,学习状态不理想,学习的努力程度也不够,他不喜欢理论性课程,特别不喜欢英语。除此之外,他上课还喜欢睡觉,偶尔会有翘课现象,但是能按时参加班级活动,上课效率不高,对学习没有兴趣,曾经想出国,但是并未为此付出努力。他不喜欢向老师、同学请教,最终第一学期就收到了学业警示。

　　提问:

　　1. 小赵在学习中遇到了哪些困难?

　　2. 大学生应当怎样完成自己的学习?

一、透视大学学习

　　学校学习是我们人生中重要的组成部分,但是我们真的足够了解熟悉这个生命中的"朋友"吗?学习背后蕴藏着哪些主要的心理活动呢?你能用学到的知识做些什么呢?如果你还没有确切的答案,甚至还从来没有思考过,本章将带你踏上学习的心理学之旅。

（一）学习是什么

1. 学习的意义

一些大学生曾经对"为什么学习"有如下的对话：读书是为了什么？考大学，毕业了能够找到一份好工作。找到好工作以后呢？找到一个好老婆。然后呢？生孩子，让他也读书，考大学，找工作，娶媳妇……

这段对话看似平淡，却折射出大学中不少学生的心声：我这样辛苦学习是为了什么？努力不一定就有好分数，高分不一定就有好工作。在大学学习中"专业空泛，感觉学不到什么""学习没压力，只为了一场考试""不知道读大学究竟在读什么"……这样的疑惑也经常会被学生谈起，甚至成为了流行于学生之中"郁闷"的主要原因。不是我们不想学习，实在是不知道学习是为了什么。

那学习到底对于你而言意味着什么？如果没有学习，你又会变成怎么样？当你问自己这个问题时，你的脑海中到底会出现什么样的声音和画面呢？也许是儿时对于天空中"展翅翱翔"的飞机的无限好奇，也许是对回答完老师提问时的洋洋得意。仔细体味学习这个伴随着我们生活的朋友，一定是酸甜苦辣，五味俱全。

每个人对学习的意义都可以有独到的见解，学习可以让生命有更多的真实意义，接触新事物带给我们更多的可能性，学习可以认识和改造世界，等等。

除此之外，从心理学的角度来说，学习还可以更好地认识自己，了解我是如何学习，我是怎样的一个人，掌握使自己快乐的学问，通过我与他人、我与环境的关系发现独特的自己，学会快乐地享受生活。所以，学习不仅仅是为了找到一份好工作，为了养家糊口，为了生存，更是对自己人生的超越，是一种升华，是对自我的更深层次的探索。

2. 学习的定义

人类对学习和体验新事物具有天生的欲望，我们能够区分并且记住人、事、物之间的不同，随着成长，我们学习的范围也越来越大，直到学习变成一项专门的活动——学校学习之后，上学、读书成为了学习的代名词。其实人的一生都在学习，从婴幼儿时学习说话、行走，儿童学习写字、算术，成年人学习求职，做父母，直到老年人学习休闲生活，安度晚年，就如俗语所说的"活到老，学到老"。

学习发生在人的整个生命中，也发生于生活的方方面面。广义的学习是个体在特别情境下，由于练习或反复经验而产生的行为、能力或倾向上的比较持久的变化及其过程；而狭义的学习，指的即是学生的学习，即在各类学校环境中，在教师的指导下，有目的、有计划、有组织地进行的，在较短的时间内系统地接受前人积累的文化经验，以发展个人的知识技能，形成符合社会期望的道德品质的过程。所以，你会发现，在课堂上老师教授的专业知识是学习，在课下你参加有趣的第二课堂也是学习；在校内你上自习、复习功课是学习，在校外社会实践中你与人交流、解决问题更是学习。

所以，现在你可能需要更新自己对学习的定义，当再谈及大学学习学什么的问题时，你是不是可以跳出教室、图书馆、自习室的束缚，给出更多元的答案？雅克·德洛尔代表国际21世纪教育委员会，在向联合国教科文组织提交的报告《教育——财富蕴藏其中》对于学什么提出了更加概括的阐述：

- 学会求知；
- 学会做事；
- 学会共处；
- 学会做人。

这被认为是终身教育的四个支柱，也是人生发展的基石。这些是支持现代人在信息社会有效工作、学习和生活，并且从容应付各种危机的四种最基本的内容。其中学会求知，并不是记住尽可能多的知识，而是掌握学习知识的手段，即学会学习。这正是本章的核心目标。

（二）大学学习的特点

【案例】

法学系大一新生潇潇来自北方的一所重点高中，原来学校对学习要求很严格，每天早上七点到晚上十点都必须学习，每堂课都有老师在场，而且每周一次小考，每月一次大考，潇潇总是名列前茅。在大学里她继续着朝七晚十的作息时间。不久她就开始困惑了，在自习室该看什么？大部分的科目只有期末一次考试，我这样学习会有效率吗？在大学里该如何学习呢？

对于潇潇来说，大学里的学习方式与她一直擅长的高中模式有很大的区别。高中的学习更多的是被动接受，而大学学习则更靠近主动发展，需要更多主动地认知参与，和中学教育相比，大学的学习特点表现在以下几个方面：

1. 学习的专业性

中学教学是多科性、全面性、不定向性的基础知识，而大学是培养高级专门人才，是有目的地进行系统的专业理论知识学习和专业技术训练，为以后专业工作打下坚实的基础。大学的学习实际上是专业学习，从入学开始就有了职业定向。在四年的学习中，你的知识结构、智能结构和各种素质结构，都深深地打上了专业的烙印。俄国的季米里亚捷卡曾说过，"一切学科你都要知道一些，但有些学科你要知道其中的一切"。这就很恰当地说明了大学学习不仅要"博"更要"专"。

2. 学习的自主性

中小学生的学习是在教师指导下进行的，有固定的教室和指定的老师，这种学习具有强制性。在大学阶段，学习虽然也有一定的强制性，但较中小学要少得多。大学生求知欲、观察力和记忆力都很强,学习自由度相对增大。大学生可根据自己的特点、兴趣、爱好,合理地安排学习计划,需要更强的学习主动性和自我组织性,较强的自我识别、自我选择、自我培养、自我控制和自我设计的能力。

在过去的12年学习经历中,你养成的学习习惯是一切跟着老师走,老师让你做啥就做啥——被动的学习。到了大学后你会发现一切事都需要自己做主自己去做。当你坐在课堂里,老师在讲台上只是自顾自地讲,给你的是信息量。下课铃声响过后,老师拿起教案就走。你若有问题到答疑时间再解决。一般来说,根据专业特点和教学计划,安排上课的时间是20~24学时/周,平均4~5学时/天,剩余时间用作学生自习,消化老师所讲内容,查参考书,扩展知识等。这个特点就决定了你必须主动学习,等他人安排学习是不可能的。有人说,上大学就轻松了,实质上就是可供自己支配的时间增多了,学习的心理压力减轻了。但是,若想学得好并不轻松。关键在于你是否能够把握自己,如何定位。

3. 学习方法的多重性

在学习方法上,中学时期,老师教学生是"手拉手"领着教,老师安排得详细周到,不少同学养成了依赖老师,只会记忆和背诵的习惯。而大学老师则是"老师在前,学生在后引着走"教,提倡学生自主学习,课外时间要自己安排,逐渐地从"要我学"向"我要学"转变,不采用题海战术和死记硬背的方法,提倡生动活泼地学习,提倡勤于思考。在大学里多媒体教学已经成为普遍的教学方式,在课堂上老师采用PPT、模拟演示等动态教学的方式讲授,我们更要适应这种教学方式,跟得上课程,利用好课上课下的时间进行学习。

4. 教师讲课的差异性

大学教师讲课有以下特点:一是介绍思路多,详细讲解少。主要讲授重点、难点内容,而且许多教师都使用投影机、多媒体授课,实现了授课手段多样化,授课进度比较快,一节课可能要讲授一章或几章的内容。二是抽象理论多,直观内容少。三是课堂讨论多,课外答疑少。四是参考书目多,课外习题少。此外,大学学习的教学环境也发生了变化。中学时期,我们有固定的教室、固定的座位,而且是小班授课,但是在大学里,每个班没有固定的属于自己独享的教室,有时1、2节课可能在这一栋楼的某个教室学习,但3、4节课又会到另一栋楼去,与自己一起上课的可能还会有不同专业的同学。

5. 学习的探索性

和中学生相比,大学生的学习具有明显的探索和研究的性质。大学的教学内容由确定结论的论述逐步转向介绍各派理论观点和最新学术发展动向方面的知识。人文学科的内容变化更大,知识更新更快。这就要求大学生的学习观念从正确再现教学内容向汇集百家之长、形成个人见解的方向转变。大学生从在教师指导下完成作业,到独立完成毕业论文(或毕业设计),都带有明显的探索的性质。

6. 学习的实践性

在学习方式上，中学学习的主要方式是课堂讲授，教学过程中有频繁的作业和课堂提问，是大量而紧凑的课堂教学。而在大学里，课堂讲授相对减少，自学时间大量增加，大学的实践性教学活动占有很大的比重。有研究表明，我们可以记住阅读信息的10%，视觉和听觉信息的50%，谈话内容的70%，亲身经历的90%。大学为学生学习提供了非常好的环境，有藏书丰富的图书馆，有设备先进的实验室，有丰富多彩的课外科研活动。学生可以通过自学、讨论、听学术讲座、参加第二课堂等活动来获取知识，参与实验、实习、社会实践和科研等实践性的环节来加强技能培养。

7. 评价的多样性

大学的学业成绩已经不是评价的唯一标准，因此，考试成绩的高低并不完全决定一个人是否成功。学业成绩主要考察的是逻辑思维能力和语言能力，而如人际沟通能力、领导管理能力、艺术创作能力、动手能力等却在考试中难以体现出来，这些能力对一个人的成功非常重要。

【延伸阅读】

美国大学生是怎么学习的

——一个中国留学生眼中真实的美国学生生活①

首先，课堂考勤制度严格得超乎我的预料。美国大学不像传说中的那么自由，尤其在考勤方面，有些时候近乎苛刻。教授考勤的方法有很多，包括直接点名、随机点名提问、课堂讨论、课堂测试等，而且每次都占一定分数。请假要在前一天，必须要有纸质证明。这些规矩在开学第一次课上会由教授以纸质文件形式下发说明。

其次，课业负担之重远超乎我的想象。美国教育遵循课业负担与年龄相适应原则，幼教纯玩，小学半玩，中学开始紧张，大学全面紧张，再深造下去，就是成倍的紧张。这一点刚好与国内相反，国内是年龄越小越紧张，五岁要懂琴棋书画，进入大学以后反而就像美国小学一样生活了。美国大学课业重，学生需要大量阅读、检索资料、实地调研、走访问卷、反复思考甚至假设模拟。美国的这种作业，学生必须在读完书后再走进图书馆、走到街头、走进企业、召开小组会，没有三五天是不可能完成的。美国大学生的学习场景如图3-1所示。

再次，残酷的淘汰制度给学生极大的压力。美国高等教育与中国的严进宽出相反，是宽进严出，只要你符合录取条件，又掏得起学费，就可以进来选课学习，但能否拿到毕业证书就是另一回事了。有数据显示，美国大学生淘汰率占入学人数的40%，近半数

---

① 资料来源：美国大学生是怎么学习的. http://blog.sina.com.cn/s/blog_7533297f0100qm4a.html.

图 3-1　美国大学生的学习场景

学生中途就被淘汰了。学生遭到淘汰的原因主要是分数问题,而与此同时,极端务实的用人单位招工时也特别看重分数,所以,美国大学生对分数的重视超乎想象,比中国重视得多。而大学学费呢？一般大学一年在 1 万美元以上,美国户均收入大约不足 4 万美元/每年,拿出 1/3 供大学生(还有住宿生活等),拿不到毕业证,钱就打水漂了,其经济压力可见一斑。所以,学生必须忍受这种压力,靠自己的努力一点一点给自己的人生加分。

最后,还需要说明,美国大学生绝不是一天 16 个小时都在学习的机器,他们有着非常丰富的文化体育生活,而且,往往把这些看得和业务学习一样重要。文化体育艺术类的专长被认为是学生素质的重要方面,被纳入学校正常评价考核范围,球赛(尤其棒球)、健美操、舞蹈、美术或雕塑展览、乐器或声乐演出等,经常进行。美国学生从小讲究自立、自理,在时间管理上比较有分寸,做这些事情而耽误课程学习的很少见。

（三）影响学习的心理因素

【案例】

今年刚上大二的小东最近一直陷于困惑之中。大一的时候他还像高中一样用功,坚持自习,但学习成绩依然不是全班第一名,而那些不怎么努力的同学,最后考试的成绩也不差。于是他很苦恼,产生了学习没有意思的消极心理。

大学生是一个特殊的群体,在学习方面其心理健康的特点可以概括为:对学习保持浓厚的兴趣和强烈的求知欲望,智力正常——学习目标明确,好学上进,孜孜不倦,学习效率较高,能体会到学习的快乐。

1. 学习动机

学生的学习是否有效,主要取决于两大因素:一是会不会学;二是愿不愿学。前者属于学习方法与策略,后者便是学习动机问题。

根据动机的意义,我们把学习动机解释为:"激发个体进行学习活动、维持已引起的学习活动,并导致行为朝向一定的学习目标的一种内在过程或内部心理状态。"[①]

学习动机驱动学习,而学习的效果又能产生或增强后续学习的动机。动机有强弱之分,那是不是动机越强,做事情就越容易成功?

耶克斯-多德森定律给出了答案。如图3-2所示,这个定律最早由美国心理学家耶克斯和多德森提出,即中等程度的动机激起水平最有利于学习效果的提高。同时,他们还发现最佳的动机激起水平与作业难度密切相关:任务较容易,最佳激起水平较高;任务难度中等,最佳动机激起水平也适中;任务越困难,最佳激起水平越低。简称倒"U"曲线。这就好比平时学习中写作业这件简单的事情,很多同学都会一拖了之,用较低的动机来应付,不能及时完成学习任务,而对于准备考大学或是应聘工作而言,暗示自己一定要成功,结果却焦虑不堪,效果不佳。有的时候你会听说,陪同面试的同学获得了这份工作,而志在必得的同学却失之交臂,这就是耶克斯-多德森定律在起作用。

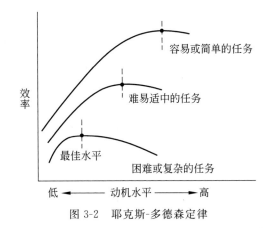

图 3-2 耶克斯-多德森定律

那么应该如何利用好这个定律呢?有的同学会过度关注调整自己的动机,一直思考自己的动机是过强还是不足,结果产生更大的焦虑。其实最佳的水平是因人而异的,不是一个点而是一段距离,所以你只需掌握好自己的节奏,稍作调整即可。

【延伸阅读】

成 就 动 机

成就动机是一个人希望从事对他有重要意义的、有一定难度和挑战性的活动,并获得成功的倾向。成就动机在不同学习者身上会表现出结构、倾向和水平的差异,从而使他们

---

① 李伯黍,燕国材.教育心理学.上海:华东师范大学出版社,1993:235.

的学习行为表现出不同的动力色彩,构成学习风格的一个重要方面。

从动机结构上来看,成就动机可分为三个部分:认知内驱力、自我提高内驱力和附属内驱力。这三部分在成就动机结构中所占的比重,受年龄、性别、人格特征以及成长环境和经历等因素的影响。

从动机倾向上来看,成就动机可分解为两种相反的倾向:力求成功的倾向和避免失败的倾向。这两种倾向不同水平的组合,反映出学习者此方面的学习风格。

从动机水平上来看,动机水平也叫抱负水平,指学习者在学习之前为自己确立的学习目标和对自己可能达到水平的估计。个人的成功经验一般能提高以后的抱负水平,成功感越强,抱负水平越高;相反,失败的体验往往会降低以后的抱负水平,挫折感越强,抱负水平降得越低。因此,学习者在确立抱负水平时,既不能过高,也不能过低。过高容易失败,从而降低抱负水平;过低学习者能轻易地达到,则失去了动机的意义;只有适度高于学习者现有能力的抱负水平,才能激发其意志的努力,体验艰苦努力过后的成功,从而增加学习者的信心。

2. 学习兴趣

让我们再回头看看小东的例子,他对待学习的动机明显没有那么强,因为在性质上就有差别,小东关注的是学习带来的外部结果,即外部动机。而真正能够激发持久行为的则是由活动本身的意义、个体内在的需要和价值引起的内部动机,例如,处于提高自身文化素质需求,满足求知欲、兴趣与爱好乃至自尊自信而努力学习。具有内部动机的人能够独立、自主和积极参与,具有好奇心,喜欢挑战,能够坚持不懈地努力,忍受挫折和失败。具有外部动机的人仅仅是为了达到外在目的,一旦达到目标,动机就会下降,一旦失败则会一蹶不振,没有后劲。发现学习的外部动机并不是难事:获得父母赞赏的微笑或是喜爱的老师的表扬,某次考试的奖学金等,这些都是外部动机;而推动我们持续投入的恰恰是珍贵的内部动机。在学习中的你,是内部动机多一些,还是外部动机更多呢?

毫无疑问,学习兴趣是一个人学习的内部动机,而且是可以伴随一生的学习驱动力。只有真正地学会爱自己的学业,才有可能在自己的领域中有所建树,并从中获得快乐。而当你爱错了对象,对那些荣誉、奖学金、结果"谈恋爱"的时候,挫败感、对自己的怀疑、无助、抱怨等一系列的负面情绪就会不断地产生。要真正地学会爱学业,享受学习的过程。爱学习,爱我们正在做的事情,这本身就是一种能力。

【延伸阅读】

自古以来,人们把求学成才的经历划分为三个过程,来激励自己或他人。其中最有影响的当推清代王国维引用三句古词来形容成大学问人的三种境界。

第一种境界是"昨夜西风凋碧树,独上高楼,望尽天涯路";

第二种境界是"衣带渐宽终不悔,为伊消得人憔悴";

第三种境界是"众里寻他千百度,蓦然回首,那人却在灯火阑珊处"。

王国维归纳的三境界,第一境界为求学与立志之境,此为"知"之大境界。第二境界为"行"之境界,为实现远大理想而坚忍不拔。第三境界为"得"之境界,功到自然成。后来,有人研究孔子关于学习的论述,发现了学习的三境界:第一境界是"知之";第二境界是"好之";第三境界是"乐之"。

3. 归因

归因是个体对自己或他人行动结果的原因知觉或推断,人是理性动物,具有强烈的理解环境和自身的需要。寻求理解是行为的基本动因。根据上述同学们的讨论,我们可以看到大家都有一种内部的需求来理解自己为什么会得到这个分数,并给出了不同的理由,即归因。

控制点是 Julian Bernard Rotter 提出的一种个体归因倾向的理论观点。认为个体对自己生活中发生的事情及其结果的控制源有不同的解释。对某些人来说,个人生活中多数事情的结果取决于个体在做这些事情时的努力程度,所以他相信自己能够对事情发展与结果进行控制,此类人的控制点在个人的内部,称为内控者。

而外控者认为个体生活中的多数事情的结果是个人不能控制的各种外部力量作用的结果,他们相信社会的安排,相信命运和机遇等因素决定了自己的状况,而个人努力无济于事。这类人倾向于放弃自己生活的责任,控制点在个人的外部。

由于内控者与外控者理解的控制点来源不同,因而他们对待事物的态度与行为方式也不相同。内控者相信自己能发挥作用,面对可能的失败也不怀疑未来可能会有所改善,面对困难情境,能付出更大努力,加大工作投入;而外控者看不到个人努力与行为结果的积极关系,面对失败与困难,往往推卸责任于外部原因,不去寻找解决问题的办法,而是企图寻求救援或是赌博式的碰运气。他们倾向于以无助、被动的方式面对生活。

一般认为,我们对成功和失败的解释会对以后的行为产生重大的影响。如果把考试失败归因为缺乏能力,那么以后的考试还会期望失败;如果把考试失败归因为运气不佳,那么以后的考试就不大可能期望失败。这两种不同的归因会对生活产生重大的影响。

4. 意志力

意志力是心理学中的一个概念,是指一个人自觉地确定目的,并根据目的来支配、调节自己的行动,克服各种困难,从而实现目的的品质。意志是学生学习和将来事业成功的重要心理因素。

【知识链接】

20世纪70年代,美国斯坦福大学附属幼儿园基地进行了著名的"延迟满足"实验。实验人员给每个4岁的孩子一颗好吃的软糖,并告诉孩子可以吃糖。但是如果马上吃掉的话,那么只能吃一颗软糖;如果等20分钟后再吃的话,就能吃到两颗。然后,实验人员离开,留下孩子和极具诱惑力的软糖。实验人员通过单面镜对实验室中的幼儿进行观察,发现:有些孩子只等了一会儿就不耐烦了,迫不及待地吃掉了软糖,是"不等者";有些孩子却很有耐心,还想出各种办法拖延时间,比如闭上眼睛不看糖或头枕双臂或自言自语或唱歌、讲故事……成功地转移了自己的注意力,顺利等待了20分钟后再吃软糖,是"延迟者"。后来,研究人员在参加实验的孩子到了青少年时期,对他们的家长及教师进行了调查,发现"不等者"在个性方面,更多地显示出孤僻、易固执、易受挫、优柔寡断的倾向;"延迟者"较多地成为适应性强、具有冒险精神、受人欢迎、自信、独立的少年。两者学业能力的测试结果也显示,"延迟者"比"不等者"在数学和语文成绩上平均高出20分。

延迟满足(Delay of Gratification)是个体有效地自我调节和成功适应社会行为发展的重要特征,是指一种为了更有价值的长远结果而主动放弃即时满足的抉择取向,属于人格中自我控制的一个部分,是心理成熟的表现。实验说明,那些能够延迟满足的孩子自我控制能力更强,他们能够在没有外界监督的情况下适当地控制、调节自己的行为,抑制冲动,抵制诱惑,坚持不懈地保证目标的实现。因此,延迟满足是一个人走向成功的重要心理素质之一。

在生活中,一些人常要在周末或晚上放弃休闲活动,专心工作,难道他们不知道怎么消遣吗?这其实就是延迟满足的表现。为了保障退休后的生活,现在就将部分收入储蓄起来或者用于再投资,这也是延迟满足的表现。为了有健康的身体,不抽烟、不酗酒、不暴食,这也需要延迟满足的能力。

人有各种不同的目标,有些目标比较遥远。要完成遥远的目标,需要刻苦辛勤地工作。当完成目标时,所得的回报也很大。但要完成目标,便要付出代价,譬如要放弃即时的享乐,以及约束自己的行为。有时为了达到目标,先要完成一些比较单调的工作。为了成为一位律师,就得先强记法律条文。人在从事这些单调的工作时容易疲倦,甚至面对着沉闷的工作而感到厌恶。这时候,一些可以令人获得即时快感的活动便成了一种很大的诱惑。如果在沉闷的工作中找一点消遣,也是无可厚非的。可是,如果缺乏意志力,每遇上外界的诱惑,便放下学习或工作,追求即时享乐,便很难完成自己的目标。

所以从某种意义上来说,意志力通常是指我们全部的精神生活,而正是这种精神生活引导着我们行为的方方面面。当我们善于运用这一有益的力量时,就会产生决心,人有决心就说明意志力在起作用。人的心理功能或身体器官对决心的服从,克服自己的现实欲望,正说明意志力存在的巨大力量。

5. 学习策略

学习策略是指学习者为了完成一定的学习任务与目标,提高学习效果和效率,有目的、有意识地制订有关学习过程的复杂方案。这个定义充分说明了策略的功能和作用。

根据学习策略覆盖的成分,迈克卡等人将学习策略概括为三种,分别是认知策略,关于如何加工记忆的方法;元认知策略,关于自我计划、自我监察和自我调控的策略;资源管理策略,如何利用资源的策略。

例如,老老实实遵循预习、听课、复习、练习的同学最后的成绩并不比考前临时抱佛脚的同学高多少。如果你只会临阵磨枪这一招,只是有可能当个考试英雄,但是和同学交流和解决问题时,就会深刻体验到知识的匮乏。对于大多数学生而言,分散复习更有益于长期保持。平时利用遗忘曲线规律,进行及时复习是重要的学习策略。

精细加工与组织策略也属于认知策略,目的是尽可能多地与原有的知识产生联系。另外,提问题、列提纲、做笔记、画流程图等形式都是不错的策略。特别重要的是,应用知识,如将所学的知识用于试验证明,写分析报告,做总结,与人讨论以及向别人讲解,要比单调重复更有利于理解和记忆。某一领域的专家之所以能记得住许多专业知识,是因为他们在反复地应用这些知识。只有善于在不同的情境下反复应用所学的知识,才能加深对知识的理解和保持。

【互动体验】

你能说出圆周率小数点后几位呢?试试看!
用这样的方法来记忆怎么样呢?
"山巅一寺一壶酒,尔乐苦煞吾,把酒吃,酒杀尔,杀不死,乐而乐"……
3.14159265358979932384626……

元认知策略。当别人都在准备明天的考试,你在和朋友逛街,在逛街的时候你会一直不自觉地看表,或者当时很开心,但是结束之后,或者看到考试成绩时,悔恨就会涌上心头。这就是元认知的作用,它是对认知的认知,负责监视和指导认知活动的进行,评估学习中的问题,确定用什么样的学习策略来解决问题,评价所选策略的效果,并且改变策略以提高学习效果。

这种现象你是不是似曾相识?听说周五交作业,有些同学会到周四晚上才开始动手。每次完成任务都像是在救火,这反映了人类心理的某种拖拉倾向的作用。人们在从事一些活动时,总觉得准备不足,或是不想立刻行动,感到能拖就拖,但在不能拖的情况下,例如,当不允许准备的时候,或者已经到了规定的时间,人们基本上也能够完成任务。拖沓是一种自我折磨,可人们为什么要自我折磨呢?"人们拖沓的主要原因是恐惧",宁愿被别人认为是没有下足够的力气,也不愿意被人认为是没有足够的能力。拖沓者往往也是完美主义者。

时间管理是一项重要的资源管理策略,但是我们用作学习的时间通常是基于习惯,而不是计划。近年,人人网上题为"清华双胞胎学霸"的帖子引发上万网友转发,超过10万网友关注。帖子发布了双胞胎姐姐马冬晗的一张学习计划表和一段姐妹俩申请清华大学本科生特等奖学金的答辩视频。学习计划表是一页 A4 打印纸,清秀的手写字密密匝匝,记录着马冬晗一周内每天的课程安排、学习情况、生活情况、一天总结等数十项量化内容。网上热传的一张计划表显示,早上 6 点"起床锻炼"、中午 11 点 25 分到 13 点 30 分"吃午饭,打印课件"、晚上 10 点到 11 点"听英语",晚上 11 点到凌晨 1 点"读《飘》,背单词",凌晨一点之后"SLEEP"。每天只睡五六个小时。

6. 智力水平

智商(Intelligence Quctient,IQ),即智力商数,具体是指数字、空间、逻辑、词汇、记忆等能力,也称智慧、智能。是人们认识客观事物并运用知识解决实际问题的能力。智力的高低通常用智力商数来表示,用以标示智力发展水平。根据比奈测验的结果,将一般人的平均智商定为 100,而正常人的智商,根据这套测验,大多在 85~115,如图 3-3 所示。

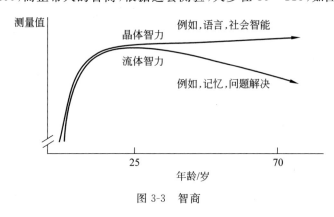

图 3-3 智商

美国心理学家雷蒙德·卡特尔把智力的构成区分为流体智力和晶体智力两大类。流体智力是一个人生来就能进行智力活动的能力,即学习和解决问题的能力,依赖于先天的禀赋,随神经系统的成熟而提高,如知觉速度,机械记忆,识别图形关系等不受教育与文化影响。

流体智力属于人类的基本能力,受先天遗传因素影响较大,受教育文化影响较少。流体智力的发展与年龄有密切的关系:一般人在 20 岁以后,流体智力的发展达到顶峰。30 岁以后随着年龄的增长而降低。

晶体智力则是指通过掌握社会文化经验而获得的智力,如词汇概念,言语理解,常识等记忆储存信息能力,一直保持相对稳定。

【知识链接】

学习的"高原现象"

"高原现象"一词源于教育心理学中动作技能的学习曲线。

技能学习的练习曲线显示:练习者开始进步快,曲线学习高原现象中间有一个明显的或长或短的进步停顿期,后期进步慢。中间的停顿期叫高原期或高原现象。相当多的考生在高考复习过程中出现一段时间学习和复习效率停滞不前,甚至学过的知识感觉模糊。其实这是学习过程中出现的一种学习成绩与学习效率停滞不前的时间。心理学称为"高原现象",如图3-4所示。

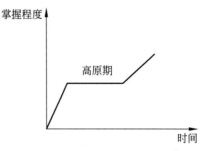

图 3-4　学习"高原现象"

学习是一个过程,经历开始阶段、迅速提高阶段、高原期以及再次迅速提高阶段的循环往复。在学习的初始阶段,你的成绩会突飞猛进,例如,学习英语从30分提高到60分很容易。可是到了80分,再想提高到90分,难度会大大增加。这就是学习的"高原现象"。"高原现象"并非是极限,并不是不能进步的代名词;相反,它就像是黎明前的黑暗,只要突破这一关,我们获得的将是一笔巨大的财富,而且创造性的成果也往往发生在高原期之后。

二、大学生常见的学习困扰

(一)学习目标迷茫

一项针对江西部分高校本科生进行的关于"学习目标"的调查结果显示,有70%的同学学习目的较为明确,这部分同学读书是为了提高自己,学到真正的本领,为将来的工作做准备,这种态度是积极的。有53%的人认为学习是一种兴趣;有33%的人认为是一种责任;还有14%的人认为学习是一种包袱,是苦差事。这表明大多数人学习目的比较明确,学习的态度比较端正,心态也较为积极向上。少数人对待学习的态度如临大敌,没有摆正心态。有45%的同学设立自己的学习目标是为了就业;有32%的同学是为了兴趣;有14%的同学是为了考研,还有的人是受周围同学影响。

1. 大学生学习目标缺失的现状

从心理学的角度说,目标是人的一种主观期望,是人们各项活动所企求的预期结果在主观上的反映,它能唤起人们必要的心理状态、情感、动机并激发他们的行动。绝大部分大学生并不是缺少学习目标,而是在学习目标上有一些缺陷。这些缺陷体现在很多方面,总的来说有以下四种不同的类型:

(1)埋头书本,是只求高分的"好学生"。这类学生通常被我们称作"中国式"的好学生。他们往往学习认真,态度端正,成绩优良,深得家长特别是老师们的喜欢。可实际上这些学生除了知道上课要认真听讲,认真复习,考个好成绩外,居然说不出学习专业知识用来干什么,只是机械地学习,缺少思考。这类学生是有学习目标,然而他们的学习目标太过简单,简单到只要考试好就行,显然不能满足社会需要。在他们面临就业时,也往往会出现虽然成绩好,却找不到好工作的局面。

(2) 忽略基础,是忙碌专注的"考证族"。就业压力让许多学生成为"考证族"。目前,大学毕业生拥有证书的数量,少则三四个,多则十几个,从普通话证到驾照,各种职业资格认证证书,一应俱全。很多大学生认为多考一张证,毕业时就多一张就业通行证。在考证的同时,大家却觉得专业基础知识的学习是浪费时间,可有可无。殊不知,专业基础知识好比是大厦的基石,专业证书却似那大厦的装饰品,缺乏坚实基础的装饰品,对大厦来说又有什么意义呢?这类学生也是有学习目标的,然而他们的目标却过于功利,过于急切,使他们如无根的浮萍,经不起风浪。

(3) 不挖掘专业能力,是热衷社会工作的"校园达人"。大学是一个微缩版的小社会,一些大学生通过参加社团工作、兼职打工等方式在这个小社会里如鱼得水,体现出了较强的社会工作能力,也为毕业之时从学生身份顺利过渡到社会人提供了实践经验。然而由于时间有限,在花大力气注重社会能力培养的同时,却忽视了自身专业实践能力的养成。这类大学生的学习目标中少了学习专业知识这一最基本的部分。他们的学习目标偏离了一个正确的方向。

(4) 信奉"60分万岁",是"多一分浪费"的求"过"者。这类学生是没有学习目标的,他们浪费着自己宝贵的大学生涯,与游戏、玩乐、爱情等为伍,完全忘记自己身为学生的重要责任,也忘记毕业后所要面临的生存压力。当真的要面对学习不合格的后果时,才发现为时已晚,后悔不已。

2. 学习目标迷茫的原因

(1) 学习适应不良

进入大学后,部分大学生无法适应大学的教学方式,会有一种从过于繁忙劳累的高中学习中获得解脱的感觉,缺少了高中学习的自主性,使他们产生懈怠、惰性的心理。"UNIVERSITY"变成了"由你玩四年"。有的同学觉得学习没有用处,未来没有前途,抱负水平减低;有的同学学习热情不足,厌学情绪突出;有的同学不满意自己的所学专业,对学习无热情、无兴趣;有的同学抱怨师生、同学关系的冷漠和冲突;有的同学厌倦刻板的教学方式,往往产生一种"混"的学习心态,难以取得良好的学习效果。

(2) 目标计划不明确

部分大学生学习目标不够明确合理,日常学习缺乏具体可行的学习计划。有的学生学习目标定位太低,只求考试过关,如期毕业;有的定位过高,导致个体所追求的"理想"成为"空想"而逐渐丧失斗志;有的学生反映,"大学生活自由得让人不知所措",往往觉得毕业遥遥无期,缺乏长远目标,缺乏对未来的规划,导致终日无所事事,懒懒散散;有的学生学习目标被动模糊,易受他人影响和同化。

(3) 学习动机不强

很多学生进入大学后,由于远离师长的管束,缺少外部学习压力,缺乏引发他们学习的强化物的刺激,而且他们自身似乎已经"自我实现",难以产生继续学习的需要。因此,他们往往安于现状,不思进取,导致学习动机水平较低,难以取得学习上的突破和发展。有的学生在考取普通学校后非常自卑,连基本的自信心都要丧失了,觉得前途渺茫。

(4) 学习策略不多

有的学生尚未探索出科学的学习策略体系,依然习惯于中学阶段的学习策略和方法,产生学习的定式心理。他们对不同学科、不同任务所采用的学习方法趋同,满足于机械识记、题海战术。他们的学习策略多表现为重复地诵读和机械地练习等较低水平的复述策略,而很少对学习内容进行高水平的思维操作,难以将所学知识整合为一个知识体系。他们缺少高效率的预习、复习、听课、笔记、阅读、应试、时间和环境管理等学习策略。

(5) 学习毅力不强

愉快学习只是一种理想状态,对于学习本身而言,是一个艰苦与快乐并存的过程。我们往往有"痛并快乐着"的感受,实际上应该持有这种状态,将学习进行到底。但有的学生缺乏坚持性,缺乏学习的决心和恒心,在学习过程中难以保持充沛的精力和毅力,总是无法坚持下去,遇到困难就退缩,遇到挫折就放弃。

(6) 缺少学习反思

学习反思有助于对学习合理归因,从而有效调节学习过程,不断提高学习的有效性。学生们从一年级起,每周至少需要一次机会来反思自己在这一周的学习情况。但是事实上,大学生的学习反思可能很难达到这个标准。他们通常只对学习结果进行简单反思,难以对学习目标、方法、策略和过程等进行深层反思,难以提出有效的改进措施。

(7) 专业认同困惑

认同是一种情感、态度乃至认识的移入过程,大学生从进入大学开始第一次有了明确的专业划分,面对的是自我管理式的专业性学习,大学阶段是专业发展的重要阶段。在这样的背景下,大学生对自己所学的专业不满意,选择调剂专业或者重新参加高考再次选择专业的例子屡见不鲜。还有部分大学生因未能考入自己理想的专业,或者发现所学专业与自己想象相差甚远,从而产生失落感或挫折感,导致其丧失了专业学习的积极性和动力,直接影响了大学生对所学专业的认同。这一方面使得学生的专业理想模糊化,不利于个体的成长和发展;另一方面也造成了高等教育资源的浪费。大学生对自身专业的认同程度直接影响到了大学生的学习情况,进而影响以后的就业。

(二) 考试焦虑与挫折

焦虑(anxiety)是一种复杂的综合性、负性的情绪,是人们在社会生活中对于可能造成心理冲突或挫折的某种事物或情境进行反应时的一种不愉快的情绪体验。考试焦虑(test anxiety)指个体面对考试情境产生的以担心、紧张和忧虑为基本特征的复杂的情绪反应，可产生头晕、心慌、失眠、尿频等躯体症状，以至影响个体正常能力的发挥。考试焦虑是困扰很多大学生的学习问题。研究表明，大学生的考试焦虑现状十分严重，有焦虑感的学生达到总人数的 55.2%，而高度焦虑的学生达到总人数的 20% 左右。

轻度的考试焦虑对学生实际学习能力的发挥有重要影响，适度的考试焦虑对学习有促进作用。过度的考试焦虑一般会分散学生的注意力，减缓思维过程，使其能力难以正常发挥，对学习成绩产生消极影响，同时还会对身体健康产生危害。

1. 大学生考试焦虑的特点

（1）威胁因素简单。大学生考试焦虑与一般性质的焦虑相比，其威胁成分要简单许多，主要是受到了考试情境的刺激。大学生考试焦虑也被称为状态焦虑（也称情境焦虑，指因特定情境引起的暂时不安状态），而非特质焦虑（指一般性的人格特点，持续的担心和不安）。

（2）持续时间较短。多发生在考试之前和应试之中的数天之内。大学生考试焦虑主要受考试情境的影响，发生在考试的数天之内。伴随着考试的结束，这种焦虑也就逐渐消除了。

（3）存在年级差异。我们认为，一般性质的焦虑主要是新生适应与毕业生就业方面的焦虑，多发生在新生与毕业生之中。而大学生考试焦虑多为轻度焦虑，大多发生在新生与二年级学生之中。通过对大学考试的适应，大学生的考试焦虑水平会表现出逐渐下降的趋势。

国外有不少学者针对"焦虑与考试成绩的关系"进行了大量的研究。研究表明：能力与考试焦虑成负相关，能力较高的人，考试焦虑一般较低，而对自己没有把握的人，考试焦虑较高；抱负水平与焦虑成正相关，抱负水平过高的人，考试焦虑一般也高，缺乏自信、情绪不稳的人容易产生考试焦虑；经常接受考试的人焦虑较低，而对测验程序不熟悉的人焦虑较高；当考试成绩对被试者关系重大时，被试者容易产生焦虑，被试者不了解考试的目的，指导语不清等会增加被试者的焦虑。

2. 考试焦虑的原因

（1）不能正确对待考试

担心考试不及格：产生这种想法的学生主要是学习基础比较差，学习比较吃力，对大学的学习方法不适应，或者是把考试看得太重，经常担心考试不通过会挂科、降级甚至退学怎么办，英语不能通过四级考试影响自己就业等。这些都会产生巨大的思想压力，当这种压力超过心理负荷时就会造成过度紧张，容易产生心理适应不良，遇到学习中暂时的困难就失意苦闷，陷入自卑，从而导致考试前十分焦虑。

担心考试失败：有些大学生为了保持自己高中时代原有的学习优势，与周围云集的

"尖子生"一起竞争,一起比赛,结果负于强手,在心理上出现了自责、自卑和难以服气的精神压力,于是背着沉重紧张的思想包袱,每当考试时就会自然产生种种想法,诸如担心再次失败的焦虑情绪。

(2) 外部压力大

现代社会人才竞争十分激烈。在家庭中家长的期望全部指向子女的学习成绩和考试结果。家长的巨大压力使学生的考试焦虑不可避免地产生。在学校中检验学生的学习效果,尤其是检验学生专业文化知识的学习效果,必须通过考试进行。因此学校是举行考试最频繁的地方,也是学生产生考试焦虑最直接的原因。学校在现有制度下把严格考试后的结果与评优、入党、评奖学金等紧密挂钩,这样做的直接负面效应是学生产生持续的甚至严重的考试心理焦虑。

(3) 大脑休息不足

有些学生为了应付考试而拼命复习功课,以至于睡眠不足,若再不注意营养,身心需要的能量得不到及时的补充和缓冲,也会使自己陷入考试焦虑之中。

3. 学习挫折

有这样的一份简历:

1809 年 2 月 12 日,出生。

1818 年(9 岁),母亲去世。

1831 年(22 岁),经商失败。

1832 年(23 岁),竞选州议员落选。

同年(23 岁),处于失业状态。想就读法学院,但未获入学资格。

1833 年(24 岁),向朋友借钱经商。

同年年底(24 岁),再次破产。接下来,他花了 16 年时间才把债还清。

1834 年(25 岁),再次竞选州议员成功。

1835 年(26 岁),订婚后即将结婚时,未婚妻去世。

1836 年(27 岁),精神完全崩溃,卧病在床六个月。

1838 年(29 岁),争取成为州议员的发言人——没有成功。

1840 年(31 岁),争取成为选举人——落选了。

1843 年(34 岁),参加国会大选——又落选了。

1846 年(37 岁),再次参加国会大选——这次终于当选了。前往华盛顿特区,表现可圈可点。

1848 年(39 岁),寻求国会议员连任失败。

1849 年(40 岁),想在自己所在的州担任土地局长的工作,遭到拒绝。

1854 年(45 岁),竞选美国参议员,落选。

1856年(47岁),在共和党的全国代表大会上争取副总统提名,得票不到100张。

1858年(49岁),再度竞选美国参议员失败。

1860年(51岁),当选美国总统,成为美国历史上最伟大的总统之一。

你相信吗?这是美国前总统林肯的简历!生下来就一无所有的林肯,终其一生都在面对挫折。曾经也绝望至极,但他从来都没有放弃过人生这场跳高比赛。

大家常常将考试没有考好、事事不顺利叫作挫折,其实挫折是一种消极的心理状态,起源于我们的内心。在心理学上,挫折是一种心理感受、情绪体验,具体指人们为实现目标而采取的行为遭遇无法逾越的困难阻碍时,所产生的一种紧张的情绪反应或体验,是一种消极的心理状态。学习方面的挫折是刚进入大学的新生在学习方面遇到的主要挫折。与中学阶段的学习方式不同,大学实行的是流动教室,教师的指导是粗线条的,教学管理也比较宽松,主要靠学生的自觉和自学能力的培养。这种学习方式使一些大学新生无所适从,学习上的挫折感主要来源于学习不适应和考试失败。

(三)网络成瘾

【案例】

据《中国青年报》的报道,在2005—2006学年,浙江某大学有90名学生退学,其中60多人是因为网络成瘾,几乎占到退学人数的80%;而在该大学某一高分考生云集的学院,有8%的学生由于网络成瘾拿不到毕业证书或学位证书。

四川省高考奇才张非2003年考入北京大学,因为沉迷于网络被劝退学,2005年考入清华大学,又再次因沉迷于网络游戏而退学。合肥工业大学组织的一项摸排调查显示,该校退学学生中有90%是因为沉溺于网络导致学分修不满而被勒令退学。同时,还有百余名在读学生因为网瘾出现成绩下降、学分不达标的情况,其中一些学生被降级、试读,濒临退学边缘。

1. 网络成瘾的表现

成瘾包括物质成瘾(药物依赖)和行为成瘾(过程成瘾),指个体不可自制地反复渴求滥用某种药物或从事某种活动,以取得快感或者避免痛苦为目的的一种特殊的病态状况。成瘾者虽知道其行为会给自身带来不利后果,但仍旧无法控制,越陷越深,影响大学生学习的网络游戏成瘾就是一种典型的行为成瘾。

"网络成瘾"(Internet Addiction Disorder,IAD)的概念是1994年纽约市的精神医师戈德堡首先提出。网络成瘾是指由重复的对于网络的使用所导致的一种慢性或周期性的着迷状态,并带来难以抗拒的再度使用之欲望;同时还会产生想要增加使用时间的张力与耐受性、克制、退瘾等现象,对于上网所带来的快感会一直有心理与生理上的依赖。

【自我测试】

你是网络成瘾者(IAD)吗

请根据自己的实际情况如实填写:

1. 你觉得上网的时间比你预期的要长吗?
几乎没有1　　偶尔2　　有时3　　经常4　　总是5

2. 你会因为上网忽略自己要做的事情吗?
几乎没有1　　偶尔2　　有时3　　经常4　　总是5

3. 你更愿意上网而不是和亲密的朋友待在一起吗?
几乎没有1　　偶尔2　　有时3　　经常4　　总是5

4. 你经常在网上结交新朋友吗?
几乎没有1　　偶尔2　　有时3　　经常4　　总是5

5. 生活中朋友、家人会抱怨你上网时间太长吗?
几乎没有1　　偶尔2　　有时3　　经常4　　总是5

6. 你因为上网影响学习了吗?
几乎没有1　　偶尔2　　有时3　　经常4　　总是5

7. 你是否会不顾身边需要解决的一些问题而上网查 E-mail 或看留言?
几乎没有1　　偶尔2　　有时3　　经常4　　总是5

8. 你因为上网影响到你的日常生活了吗?
几乎没有1　　偶尔2　　有时3　　经常4　　总是5

9. 你是否担心网上的隐私被人知道?
几乎没有1　　偶尔2　　有时3　　经常4　　总是5

10. 你会因为心情不好去上网吗?
几乎没有1　　偶尔2　　有时3　　经常4　　总是5

11. 你在一次上网后会渴望下一次上网吗?
几乎没有1　　偶尔2　　有时3　　经常4　　总是5

12. 如果无法上网你会觉得生活空虚无聊吗?
几乎没有1　　偶尔2　　有时3　　经常4　　总是5

13. 你会因为别人打搅你上网而发脾气吗?
几乎没有1　　偶尔2　　有时3　　经常4　　总是5

14. 你会上网到深夜不去睡觉吗?
几乎没有1　　偶尔2　　有时3　　经常4　　总是5

15. 你在离开网络后会想着网上的事情吗?
几乎没有1　　偶尔2　　有时3　　经常4　　总是5

16. 你在上网时会对自己说:"就再玩一会儿吗?"
　　几乎没有 1　　偶尔 2　　有时 3　　经常 4　　总是 5
17. 你会想方法减少上网时间而最终失败吗?
　　几乎没有 1　　偶尔 2　　有时 3　　经常 4　　总是 5
18. 你会对人隐瞒你上网多长时间吗?
　　几乎没有 1　　偶尔 2　　有时 3　　经常 4　　总是 5
19. 你宁愿上网而不愿意和朋友们出去玩吗?
　　几乎没有 1　　偶尔 2　　有时 3　　经常 4　　总是 5
20. 你会因为不能上网变得烦躁不安,喜怒无常,而一旦能上网就不会这样吗?
　　几乎没有 1　　偶尔 2　　有时 3　　经常 4　　总是 5

测试结果:

得分 40～60 分的为轻度;60～80 分的为中度;80～100 分的为重度。

2. 网络成瘾的原因

【案例】

游戏成瘾者的心声

在高中的时候,我成绩好,所以各方面都很顺利。老师时常夸我,同学们也捧着我。那个时候的我,真的很骄傲,成绩好就代表了一切。进入大学之后才发现只有成绩好是没有用的,而且比自己优秀的人真是太多了,自己太普通了,相貌平平,成绩平平,也没有特长,还是穷乡僻壤出来的学生。这种落差让我一下子觉得自己一无是处。我不敢和别人去竞争,只能装作自己不在乎,每天打打游戏消磨时间。

(1) 网络自身的特点。网络具有的匿名性、方便性和逃避现实性导致了网络成瘾。也有研究者认为,网络本身的"去抑制性"具有致瘾倾向。网络的"去抑制性"使得个体潜意识中的不为现实社会意识所容许的各种需要和愿望得以满足,并使得个体探索和体验不同社会和人格角色的潜在欲望不断增强。通过上网可以使人获得一种从现实生活的规范和约束中"解脱"出来的快感、刺激和满足。

(2) 生理因素。现有研究认为,网络成瘾的形成与多巴胺分泌有着密切的关系。多巴胺神经递质的增加,能够消除焦虑情绪,重新体验快感。而长时间上网会使大脑中的多巴胺水平升高,导致短时间的高度兴奋,但其后则令人更加颓废、消沉。

(3) 人格特征。很多研究发现,网络成瘾者往往具有某些特殊的人格特征,如要求高、孤独、抑郁、焦虑、低自尊等。有网瘾倾向的大学生在面对问题或挫折时,多采用逃避、自责等不成熟的应对方式。而社交焦虑越严重、社会支持较低者更有可能表现出成瘾倾向。

(4) 其他因素。在家庭中,缺失情感温暖、理解、交流,过多拒绝、否认和惩罚严厉是导致大学生网络成瘾的重要原因。家庭不和或家庭破裂的学生更容易沉迷在网络中寻求归属感和满足感。大学新生出于对大学生活的不适应,也可能导致网络成瘾。同一班级或宿舍中有多人沉迷网络,也容易对其他学生产生影响。同时,校园周边的网吧及学校对网络使用政策的宽松也是导致大学生网瘾的外在因素。

【知识链接】

网络成瘾与网络依赖的区别见表3-1。

表3-1 网络成瘾与网络依赖的区别

表 现	网络成瘾	网络依赖
对现实生活的影响	严重地影响生活,除了维持生命需要的吃睡,时间精力都花在网上	一旦有空闲时间就想上网,但仍旧能保持正常的社会生活
人际交往	实际生活中没有人际交往,自我封闭	和周围人正常交往
情感表现	情感冷漠,和家人朋友没有语言交流	情感表现正常,有固定的社交圈
思维意识	依赖虚拟世界,厌恶现实	能分清虚拟和现实的区别
心理病症	程度不同地存在着抑郁症、自闭症、强迫症、偏执症等心理症状	没有心理上的病症
大脑控制元素	脑中控制情绪、心境的元素5HT不平衡	5HT平衡

网络成瘾专家认为,网络游戏成瘾分为两种:一种是被游戏的刺激性所激发。游戏者之所以进行游戏是为了得到回报,或是为了通过游戏检验他们的技术和水平,所以增加游戏时间和游戏投入。另一种是为了用游戏来替代别的活动,或是为了通过游戏来减少来自于某个领域的压力,从而将游戏当成某种寄托。一般认为,后者相较于前者是更严重的成瘾,因为从心理上看,后者倾向于逃避现实生活。

【延伸阅读】

你有手机成瘾倾向吗

无论是在喧闹的走廊、食堂,安静的图书馆、教室,还是在校园的其他角落,我们都会很容易地看到手机不离手的现象,以及一些正在手指弹动,埋头于"短信"的学生的身影。他们已经是校园中司空见惯的风景,常被戏称为"拇指一族"或"手机一族"。

在大学生中调查,98.9%的大学生有手机。手机使用导致的负面行为引起了国内外的关注,出现了问题性手机使用,手机依赖,手机成瘾等概念。大学生突然忘记带手机时,40%的人觉得很不舒服;37%的人觉得无法忍受,一定要取回。

手机上瘾曾经一度表现为"偷菜",现在则表现为随时手机上网、玩游戏、聊天、刷微博、刷微信。由于手机使用方便,"手机上瘾"与传统的网瘾相比,更具有广泛性和隐蔽性,危害更大。

【互动体验】

你是否已经患上手机依赖症

1. 你是否总是把手机放在身边?如果没有带就会感到心烦意乱,甚至害怕却不知道害怕什么?
2. 总是有"我的手机铃声响了"这样的错觉,总是产生一种幻觉,铃声响了或来短信了。
3. 经常下意识地找手机,不时拿出手机来看看,有时候甚至手机要拿在手里才觉得踏实。
4. 吃饭的时候总是要把手机放在手边以便防止漏接电话。
5. 你晚上睡觉的时候即便什么事情也没有,手机总是开着机。
6. 你对别人看自己手机的举动,无论是有意或者无意都感到非常恼火、非常反感。

如果你有以上多种症状,那么证明你已患上手机依赖综合征。

三、提高学习效率的途径

毫无疑问,每一个大学生都经历了多年的学习生活,对于学习是再熟悉不过的。但是,大学阶段的学习与大学之前的学习存在着本质的差别,如果在大学时期仍然采用高中的学习方法,那么往往会造成事倍功半的效果。有的大学生将主要精力用于学习上(英语和所学专业),结果学习成绩仍然无法名列前茅,或者平时学习成绩非常优秀,却在考研方面不能如意;有的学生平时看起来无所事事,但在重要关头总能镇定自如,把握机会,取得理想的结果。在大学学习生活中,有几件事是我们应当关注并且做到的。

(一)建立恰当的学习目标

对照学习目标迷茫的情况,我们在实际的学习中可以从提高学习兴趣入手,建立起适合自己职业生涯发展的恰当的学习目标。

兴趣在人的实践活动中具有重要的意义。兴趣可以使人集中注意,产生愉快紧张的心理状态,这对人的认识和活动会产生积极的影响,有利于提高工作的质量和效果。它是人认识需要的情绪表现,反映了人对客观事物的选择性态度。兴趣是知识的入门。瑞士著名心理学家、教育学家皮亚杰说过:"所有智力方面的工作都要依赖于兴趣。"当一个人对某种事物发生兴趣时,他就会入迷地去追求,去探索。学生一旦对学习产生兴趣,必将成为他学习的内在动力。但现实情况却是,很多大学生对自己的专业并不感兴趣,找不到自己的兴趣点。心理学研究表明,兴趣不但可以培养,而且兴趣的发展也是逐步深化的,通过创造一定的客观条件和自身努力,专业兴趣就得以培养和激发。对于在读的大学生来说,客观条件已经具备,所以培养专业兴趣的关键在于自身的努力。为了提高专业兴趣,我们可以从以下几个方面来做:

1. 了解学科发展史和前沿科学知识,激发学习兴趣

很多学生对于自身专业并不熟悉,在最初接触时,往往对本专业缺乏强烈的兴趣,可以通过职业生涯规划的课程学习或是优秀校友的先进事迹,了解专业就业前景和发展机会,或通过实践逐步提高间接兴趣。

2. 明确学习目的,将专业学习和社会发展需要联系起来

心理学认为,兴趣分为直接兴趣和间接兴趣。直接兴趣是指对活动过程的兴趣。间接兴趣主要指对活动过程所产生的结果的兴趣。直接兴趣和间接兴趣是相互联系、相互促进的,如果没有直接兴趣,在进行活动的过程中就会感觉很乏味、枯燥;而没有间接兴趣的支持,也就没有目标,过程就很难持久下去。一些学生所说的"没有兴趣",实际上是对活动本身没有兴趣,如果我们明确了学习目的,想到学习对自己将来、对社会的作用,建立起专业学习的间接兴趣,并且投入进去,就能将间接兴趣逐渐转化为直接兴趣。

3. 学以致用,对学习结果进行正确的总结和评价

"纸上得来终觉浅,绝知此事要躬行。"社会实践是理论与实践的最佳结合点。在实践中激发学习兴趣,让自己所学的知识得以发挥,把知识融入社会生产活动中,用自己的知识解决实际问题。这样就能使自己体验到专业学习的价值和趣味,增强自己对于专业的热爱。

4. 培养良好的兴趣品质,巩固专业兴趣

一个人会有多个兴趣,但在众多的兴趣中,应该确定一个中心兴趣,一旦确定就要坚持下去。有的人虽然兴趣广泛,但同时又是"三分钟热度",不能持之以恒。这种短期的兴趣,往往会使我们对于一个问题无法进行深入全面的了解,也就不容易取得成就。另外,有的人对某种事物存在强烈的兴趣,但是却总停留在想象中,从不付诸行动。这种兴趣算不上真正的兴趣。要在实际生活学习中把兴趣变成推动自己行动的理论和实际行动的步骤。

因此,我们应积极面对专业学习上遇到的问题,提升自我调适能力。大学生应当多阅读与专业相关的书籍,多参加与专业有关的实践活动以培养自己的专业学习兴趣;另外专业也并不是一成不变的,可以通过申请第二学位等方式学习自己感兴趣的专业。我们要充分调动多方面资源,学好专业知识、提高专业素养。

（二）培养积极的心理调适

心理调适是指心理调适的主体，运用其心理调适的策略与方法，对自己身边发生的引起自身心理冲突的人和事，进行正确的分析和认识，排除心理上的困扰和不适，寻求新的心理平衡，保持身心健康的过程。在学习过程中，经常会遇到两个极端：过于紧张和过于放松。而学习之道，却在于一张一弛。只有做好自己的心理调适，才能更加有效地进行学习。

1. 提高自控力

自律与他律最初是由康德提出的一对哲学伦理范畴。康德和卢梭等思想家把自律当作道德主体的一个基本条件，用来指不从外在的某种要求（如神、世俗权威、传统或自然本能）来获得道德力量，而是通过自己的理性，根据自己的良心，为追求道德本身的目的而制定的伦理原则。不同的学科对自律的定义不尽相同，但普遍认为自律的共性在于，要求人们更多地将理性、信念等作为行为选择的约束力和驱动力，尊重人的主体性，强调自主、自治和自我教育，具有自觉性、自主性、内控性、自教性等特征。在学习上具有自律意识和自律能力，就是指个体在学习过程中，依靠理性、信念等内在因素和内在力量，对学习进行自我规划、自我控制、自我调节，以达到最优学习目标的自觉的思想认识和能力。

控制点是美国心理学家罗特（J. Rotter）于20世纪五六十年代提出的一种个体归因倾向的理论。心理学家格洛佛（Glover）在其20世纪70年代出版的《教育心理学》一书中提出：控制点指的是一个人感到自己的成功与失败的位置在哪里——包括内部的或外部的，这一观点对控制点的解释最有代表性。

具体来说，对控制点的不同看法能够影响学生对学习的兴趣和求知欲望，能够决定学生对学习任务是持接受的还是持拒绝的态度，在完成学习任务的过程中注意力是否集中，在学习中能否克服困难等。

一般认为，内控者由于倾向于把学习上的成功认知为自己的能力和勤奋，而把学习上的失败归结为自己的努力不够，因而在事后分析原因时，把失败作为需要付出更大努力的标志。这样，无论是学习上的成功还是失败，都能够促进我们更加勤奋，更加努力。因而学生的成就动机就比较强，其学习成功的可能性也就比较大。而外控者一般倾向于从外部找原因，把学习上的成功认为是运气较好，而学习失败则认为是运气不好、教师教得不好、学习任务太难等。这种学生的成就动机比较弱，他们对学习无兴趣，逃避有关学习活动。在被迫选择时，不是怀着侥幸的心理选择太难的任务，就是从保险的角度选择太容易的任务。在失败的情境中，他们显得无能为力，往往会中止自己的学习。与外控者相反，内控者对自己的学习充满自信，相信自己能够控制自己的成功和失败，因而他们能积极地适应中等的、适度的课堂挑战，选择现实的学习任务。当然，这并不是说，内控水平越高越好，科学的观点是应该培养发展平衡的控制结构。

2. 学会放松

从紧张的学习状态中脱离出来,有时候需要掌握一些放松训练的技巧。放松训练属于现代词,指的是使有机体从紧张状态松弛下来的一种练习过程。放松训练是一种自我调整方法,是通过机体主动放松来增强对自我控制的有效手段。一般是在安静的环境中按一定要求完成特定的动作程序,通过反复的练习,使人学会有意识地控制自身的心理生理活动,以达到降低机体唤醒水平,增强适应能力,调整因过度紧张而造成的生理心理功能失调,起到预防及治疗作用。

放松训练方式有如下几种:

(1) 自我放松训练

自我放松训练是用于克服紧张、焦虑的方法,其目的是使身心放松,使生理与心理活动趋于平衡,使人从烦恼、愤恨、紧张、忧愁等不良情绪中解脱出来,达到内心的平静与安宁。放松的具体方法有多种,如深度呼吸训练、静心反思、生物反馈、意象训练等。深度呼吸训练这种训练方法简单易行,不受场所、时间等条件的限制,行、站、坐、卧都可以进行,其目的是通过深度呼吸,使身体各组织器官与呼吸节律发生共振,从而达到身心放松的效果。

【互动体验】

现在请你放下手中正在做的事情。如果你身边有椅子,请你全身放松坐在椅子上,调整你的坐姿,直到感觉最好、最舒服为止;如果你在寝室,请你全身放松仰卧在床上;如果你身边什么也没有,就请你全身放松站在你认为最方便的地方。准备好之后,我们就开始做放松训练。

请用鼻子深吸一口气,再慢慢地、均匀地呼出,呼气时平和而舒畅。继续呼吸,慢慢地、均匀地、深长地、平和而舒畅地呼吸。现在让我们数一下呼吸的次数,1、2、3…10;再重新开始,从1数到10。你可以重复数10遍、20遍。注意一下你身体各部位的感觉,各部位感觉在渐渐地、渐渐地与呼吸节律趋向一致。全身的毛孔在随着肺部的一张一合有规律地开合、开合……现在你不仅仅是用肺呼吸,而且还在用身体呼吸;吸气的时候,似乎空气从身体的毛孔中吸入,呼气的时候,气体又从毛孔中呼出。吸进新鲜的空气,呼出污浊的气体,一次、二次、三次……渐渐地你会感觉到身体各个部位都很放松,很通畅,仿佛整个身体融入了大自然之中。好了,我们的放松训练要结束了,请慢慢闭上你的眼睛,静静地,不去想任何事情。过一两分钟就可以做你该做的事情了。

(2) 音乐与情绪调节

在国外音乐调节已应用到外科手术和精神病、抑郁症、焦虑症等的治疗上。如忧郁烦恼时,可以听《蓝色多瑙河》《卡门》《渔舟唱晚》等意境广阔、充满活力、轻松愉快的音乐;失眠时可以听莫扎特的优雅宁静的《摇篮曲》、门德尔松的《仲夏夜之梦》等乐曲;情绪浮躁时可以听《小夜曲》等宁静清爽的乐曲。每个人都可以根据自己的情绪状况,选择曲调适合的音乐乐曲来调节自己的情绪情感状态。

（3）静坐与冥思

有时候你可能觉得自己的思维很混乱，一会儿想到家里，一会儿又想到吃饭，再一会儿想到刚才发生的事情。每个念头之间似乎没什么联系，从一个想法一下子跳跃到另一个毫无联系的想法，心情因此而烦躁，不能专心地做自己想做的事情。这表明大脑在提醒你，该平心静气地休息一下了。此时你应该收心摄念、闭上眼睛，做下面的训练。先静下心来，反视一下自己现在在想什么，注意出现在你脑海中的每一个想法。一个想法出现了，不要去理它，看它往哪里去。这时你会发现，你不理它时，它自己就悄悄地溜掉了。一瞬间你会感到头脑中很空、很静，这些也不要去管它。忽然又一个念头出现了，你还是似注意似没注意地对待它，自然而然地它也会像前一个念头一样，一闪即逝。你就这样去对待每一个念头，不要有意去捕捉它们。慢慢地你会发现，这些念头像行云流水一样，从面前一闪而过，不知飘到哪里去了。这样随想几十分钟，慢慢地睁开眼睛，你会感觉到眼睛比先前明亮多了，思路也清晰了，思维也更敏捷了。这时，你就可以再去做你还没做完的事情了。

（4）自我暗示

自我暗示是运用内心语言或书面语言的形式来自我调节情绪的方法。这种方法既可用来松弛过分紧张的情绪，使心里平静，也可用来调节身体局部或全身各部位的紧张状态。不仅如此，它对其他情绪问题也同样起作用，而且对生理上的疾病有一定疗效。此外，这个方法还可用来激励自己的斗志。

采用自我暗示的方法应注意以下几个问题：暗示的语言要简洁，不多于5个字；暗示的语言要积极、肯定，千万不要采用消极、否定的暗示语言；暗示时，意识的运用要温和，不要带强制性；暗示后就不要再去想暗示语了，过一段时间后，可重新自我暗示；每次自我暗示时，重复默念暗示语3~5次为最佳；在一段时间内，最好只用一种暗示语或某一特定暗示语。自我暗示调节情绪的具体方法是：首先要发现自己紧张或不舒服的身体部位，确定紧张或不舒服的症状反应。然后针对症状反应发出良好的信息，如"放松""清静""别发火""我能行"等，每次重复3~5遍。如果经过一段时间还感觉到紧张或不舒服，就再重复第二步的过程。

（5）意象训练

意象训练的基本原理就是通过想象轻松、愉快的情境（如大海、山水、瀑布、蓝天、白云等），达到身心放松，情绪舒畅的目的。意象训练的效果取决于想象的生动性和逼真性，意象越清晰生动，放松的效果就越明显。意象训练法不仅能消除疲劳，恢复精力，长时间坚持训练还可以达到开发智力的效果。下面我们通过语言引导来试做一次意象训练。

【延伸阅读】

指导语：现在请你全身放松，闭上眼睛，静静地观察你头脑中闪现的每一个念头，不要去理它，任它来去。你可以想象秋天的天空，你站在高山云巅，仰望湛蓝的天空，它显得那么高远,那么幽深。天空中,行云如流水,又仿佛是一片片棉絮从天际涌出,悠悠然从天空飘过,又消逝在无尽的远处……你可以重复想象上面描述的情境,渐渐地,一闭上眼睛,头脑中便会显现出秋天的景色,一幅动态的、有序的画面。你也可以想象自己所喜欢的静态画面,或是蓝天白云,或是绿水青山等。如果你的想象力很好,你可以做进一步的训练,把想象从外界转向体内,想象自己站在或坐在一朵金色的莲花上,周身金光四射,就像刚刚初升的太阳,照耀万物。这种训练方法你可以做几分钟至几十分钟,坚持不懈地进行训练,经过一段时间你会发现自己的身体素质、学习效率都会发生很大的变化。

(6) 肌肉放松训练

肌肉放松训练是通过从头到脚的一步一步放松并结合自我暗示来达到消除紧张、调节精神状态的目的。这个过程你可以重复做几次,十几次甚至更多,要看自己是否方便。

(三) 进行有效的时间管理

时间是人们终生相随的忠实伴侣。它既比土壤、水、空气、阳光还普遍,又比金银、钻石还贵重。时间这种稀有的、珍贵的资源是世界上独一无二的,它毫无弹性,也无法取代。一天24小时对每个人都相同,但时间管理却因人而异。个人如何合理地利用时间,挖掘时间潜力,提高时间效率,对时间的使用如何从被动的自然经历与随意打发,转到系统地有计划有目的地主动分配,这些都属于"时间管理"的内涵。从更深层次来看,时间管理的核心是人的自我管理。一个人能否有效地管理时间,不单单是方法和技巧的掌握,还与其对时间价值的认识、自身素质及对工作和休闲这些相互联系的事情的看法有关。"时间管理"所探索的是如何减少时间浪费,提高时间效率,对时间进行合理的计划和控制、有效安排与运用的管理过程。

对于大学生而言,如何在大学的学习和生活中去充分、合理地有效利用时间,为自身的成长和发展提供有力保证,是衡量大学生自我管理能力的一个重要方面,是构成大学生自我管理能力的一个重要维度。

充分把握时间、合理利用时间,学做时间的主人,是大学生必须要学会的本领。大学期间,学生除了上课、休息和集体活动之外,其余时间都是自己支配,科学地安排好学业,充实自己的知识是非常有必要的。"90后"大学生普遍存在着时间安排分配不合理的现象,不知道如何利用时间更好地学习和生活,上网和谈恋爱几乎占据了他们绝大部分课余时间,甚至没有时间锻炼身体。这样不仅浪费了大学四年的美好时光,也没有打下扎实的理论基础。

时间管理四步走

(1) 了解时间模块

我们每个人的生活都是由不同的模块组成的,对于大学生来说,我们的生活也不仅仅就是学习。那我们还需要哪些时间模块呢？特别是在我们制订学习计划的时候,为了保证具体学习安排的执行和学习任务的完成,应当对学习和生活做出全面的考虑和安排。表 3-2 列出了我们生活中一些基本的时间模块和建议进行的时间段,你可以根据自己的实际情况再进行补充和完善。

表 3-2　时间分配表

活 动 类 型	活 动 说 明	发 生 时 间 段
生理需要时间	人必须要通过饮食、睡眠等补充能量,满足正常的生理需求	晚上 11 点至凌晨 6 点,三餐时间
工作与学习时间	工作是人谋生的手段,学习是谋生前的准备或是工作过程中的进修	全天 8 小时工作或学习时间
休闲与娱乐时间	从事个人喜好的活动,如进行体育锻炼、阅读、听音乐或看电影等	8 小时之外的时间
人际与社交时间	生活在社会环境中,用于和亲朋好友共度、分享的时间	8 小时之外的时间
个人独处时间	在独处的时间里,完全脱离了社会角色的束缚,对个人和未来进行一些思考,或是冥想,任由思绪天马行空	8 小时之外的时间

如表 3-2 所示,除了学习之外,大学生还要安排好社会工作的时间、锻炼身体的时间、充分睡眠的时间、休闲娱乐的时间等,只有这样才能保证全面发展,才能保持旺盛的精力,才能使学习生活丰富多彩,生动有趣。

(2) 设定恰当的目标

人们常说,方向比努力更重要。这就强调了目标的重要性,有了目标可以使我们的生活更有方向感,可以使我们做事情更加专注。同时目标也会让我们区分出事务的轻重缓急,让我们把时间花在更重要更紧迫的事情上,在设定目标时要注意目标的完整性、清楚性和合理性。一个好的目标应该包含长期目标、中期目标和短期目标三种类别,每一个阶段性目标都应该有明确的完成期限。为了保证目标的实现,我们在设定目标时既不应该过于简单,也不应该不切实际。目标的设定也是一个动态变化的过程,不是一成不变的。如果在目标实行过程中发现原有目标已经偏离我们的现实生活,就要及时地对目标进行修订。

(3) 明确时间规划

一天的 24 个小时实在是相当有限,还有约 1/3 的时间用来睡觉,因此如果我们给自己设定太多目标,就会导致精力分散,一事无成。面对众多目标,要学会分清主次和迫切程度,安排优先级。时间管理策略的理论告诉我们,可以将事情按照重要程度和紧迫性分类,如图 3-5 所示,把事情在图表中排好之后,很明显我们就能看到,应该先做 A,后做 B,少做 C,不做 D。始终抓住重要的事情,才是最有效的时间管理,才是最好的节约时间的方法。

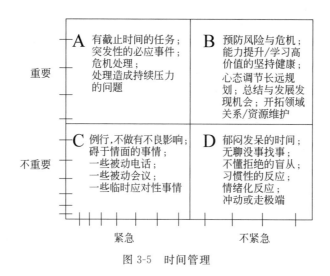

图 3-5 时间管理

（4）严密执行计划

时间管理的最后一个步骤就是执行已经制订的计划，在计划付诸实施时，通常会遇到以下的情况：

① 遇到阻力。这些阻力有的是来自自身，有的则来自环境。比如有的同学计划毕业后出国留学，在实现自己目标的过程中发现自己的学科水平达到了，但是外语水平还不足以让自己拿到全额奖学金，这样在申请时就会带来经济上的压力。那么执行出国目标的计划阻力归根结底来源于自身，这就需要我们更加努力地学习，来实现自己的理想和目标。

【小贴士】

完成工作或学习计划的过程就像是一场马拉松。你在开始时因为种种原因落后别人不少，于是你就开始纠结自己到底有没有跑下去的必要，却不努力去跑，于是被落得更远。这时，你望着遥远的终点，感觉很绝望，都不想跑下去了。但是，如果你不去看不去想终点，也不去想别人，只看着自己的脚下跑——"管它呢，我先跑过这个小土丘再说"。就这样一个小目标一个小目标地跑，最终你一定会跑到终点，那时你也许会发现，你并不是最慢的，甚至是很不错的。所以，专注于你努力的过程而非最后的结果，为你认真学习了一个下午或认真做了一个实验而不是最后考试的那个 A 或一个漂亮的实验结果而表扬自己。你会发现完成工作其实不怎么难。

② 拖延现象。不论是因为做事追求完美，永远停留在力求"完美"的准备当中，而迟迟无法开始执行；还是学习和工作任务的价值通常比较抽象，没有多大兴趣，对完成目标的情绪不高；抑或生活中最为普遍的在做事过程中遇到困难而导致拖延，都会对目标计划

的执行产生不良后果。因此在执行计划时,我们也要注意改变拖延的习惯,做到今日事今日毕,不能永远停留在计划阶段,让时间白白地流逝,结果只能看到别人的成功,自己却懊恼不已。

【知识链接】

战胜拖延,追根究底,还是要改变自己的思维方式。这并不容易,但不是不可能。改变思维方式,尤其是改变潜意识,最重要的是要改变自我对话的方式。下面是一些自我对话的 tips(括号里是要丢弃的自我对话方式):

1. 我选择/我想要……(vs. 我必须/我一定得……)
2. 这个任务我可以每次做一小步(vs. 这个任务太大了)
3. 我今天要开始做……(vs. 我今天必须完成……)
4. 我也可以是平凡人(vs. 我必须完美/出类拔萃)
5. 我一定要休息娱乐/休息娱乐是正常生活的一部分(vs. 我没空休息娱乐/休息娱乐就是偷懒)

③ 不够专注。在执行计划的时候,往往容易被周遭的情况打扰,而偏离原来的计划内容,所以要专注于当下。专注于当下,不是指专注于你现在脑子里的想法和情绪,而是专注于你现在在做的或选择要做的事情。从心理学的角度来说,如果过于关注自己一时的情绪是不懂得推迟满足感的一种表现,就像小孩子想要一个玩具就非要马上得到一样。这样的做法会大大削弱一个人的自制力。而且,心理学实验表明,满足自己一时的情绪需求并非最佳策略,从长期角度上来讲,它会降低一个人的自我满足感和幸福感而非增加。想想因为玩乐休闲而拖延了工作后自己的负罪感和焦虑感就知道了。养成全神贯注做事情的习惯,投入地去做一件事情,必然会事半功倍。这在无形中节省了很多时间,大大提高了效率。

④ 方法不当。在计划执行的过程中,还会遇到自己很努力、很专心地想完成一项任务,可是结果却不尽如人意的情形,方法在此时就显得尤为重要。

【知识链接】

碎片式学习——高效能人士的学习方法

现代社会的忙碌节奏,让人总是处于马不停蹄的状态,可自由支配的完整时间越来越少,而与此相对应的,零星的时间却多了起来。现代社会人们每天朝九晚五,奔波于公交地铁的现代人,很容易发出这样的感慨:"空有一颗想学习的心,却偏偏生了一条奔波的命"。要想在忙碌的工作、紧张的生活之外不放弃学习,就得学会利用这些边边角角的碎片时间。于是,"碎片式学习"的概念悄然流行起来。

(1) 利用零碎时间

无论是工作还是生活,做个有心人,就一定能获得可观的一笔"零碎时间"。等朋友赴约的时间,坐公交地铁的途中,或者等电梯的时候,一不留神,时间就会从指缝中流失。如果有意识地去留意并积累零碎时间,比如将中午休息的时间缩短五分钟,或者在等人的时候带上一本书,甚至在排队的时候背几个单词,都能帮助人们轻松实现学习梦想。

(2)利用现代科技

利用现代科技,变手机为学习利器。智能手机的巨大平台,为大众提供了多元化的学习资源,可以实现随时随地学习,把知识库装在自己的口袋里。每天利用早晚等公交的时间,对着手机练习英语,内容自然也烂熟于心了。

3G、4G手机时代的到来,为碎片式学习提供了良好的平台。每一个渴望学习的人都会拥有无处不在、无时不有的"碎片式"学习工具和手段,利用自己天天都会有的"碎片时间"来加强学习,激活自己容易僵化的大脑,让工作和生活更加有质量,以拥有更多的快乐时光。"碎片式"学习,日积月累,"碎片"显然就不是碎片了!

(四)养成科学的用脑习惯

人的大脑皮层由大约150亿个神经元——神经系统的基本功能单位组成。在一个瞬间,信息在大脑中可以进行多次不同线路的散布和循环往复,这是大脑分析、综合、联想、想象、判断的物质基础之一。大脑的这种结构与工作原理,具有有效地完成信息的收集、类化、解释、调控的功能。研究发现,一个人"聪明"与否与大脑的容量没有必然联系,而与大脑中神经系统联结的"突触"数量有关。特别值得一提的是,这种大脑突触数量的增多与功能的完善还与大脑的使用程度有关,在一定限度内,大脑越用越灵。因为大脑在使用过程中可以使新的神经联系形成,从而增加突触的数量,同时会使大脑的血管经常处于舒展的状态,使脑细胞得到很好的保养。突触的增多与功能的完善,也依赖于人的精神状态、情绪状况。特别是有效学习、适度使用大脑,是促进聪明的关键。大学生把握好这些因素,就能更充分地发挥出自己的聪明才智。

1. 记忆与遗忘

记忆是过去的经验在头脑中的反映。所谓过去的经验是指,过去对事物的感知,对问题的思考,对某个时间引起的情绪体验,以及进行过的动作操作。这些经验都可以以映像的形式存储在大脑中。在一定条件下,这种映象又可以从大脑中提取出来。这个过程就是记忆。记忆不像知觉那样反映当前作用于感觉器官的事物,而是对过去经验的反映。记忆是脑的重要功能。人脑平均存储100万亿比特(bit)的信息,容量巨大。我们在日常的学习、与人交流、运动等时刻都需要记忆的参与,但是在忘记时才会开始关注它。

20世纪60年代发展起来的认知心理学,把记忆看作是人脑对输入的信息进行编码、储存和提取的过程,并且按照上述不同,以及信息储存时间长短的不同,将记忆分为感觉记忆、短时记忆和长时记忆三个系统。

【知识链接】

很多人在工作与学习中,都会感觉到自己的记忆能力有些吃力。其实这并不是因为自己的记忆力下降,而是因为没有掌握到记忆方法。一个好的记忆方法,会让我们在工作与学习中,做到事半功倍。如果没有一个好的记忆方法,就是再好的记忆力,我们也会感觉到吃力与疲劳。

记忆方法小贴士:

1. 最佳时间:一般来说,上午9~11时,下午3~4时,晚上7~10时,为最佳记忆时间。利用上述时间记忆难记的学习材料,效果较好。

2. 注意力集中:记忆时只要聚精会神、专心致志,排除杂念和外界干扰,大脑皮层就会留下深刻的记忆痕迹而不容易遗忘。如果精神涣散,一心二用,就会大大降低记忆效率。

3. 视听结合:可以同时利用语言功能和视、听觉器官的功能,来强化记忆,提高记忆效率,这样比单一默读效果好得多。

4. 兴趣浓厚:如果对学习材料、知识对象索然无味,即使花再多时间,也难以记住。

5. 理解记忆:理解是记忆的基础。只有理解的东西才能记得长久,仅靠死记硬背,则不容易记住。对于重要的学习内容,如果能做到理解和背诵相结合,记忆效果会更好。

6. 多种手段:根据情况,灵活运用分类记忆、图表记忆、缩短记忆及编提纲、做笔记、卡片等记忆方法,均能增强记忆力。

7. 熟记牢记:即对学习材料在记住的基础上,多记几遍,达到熟记、牢记的程度。

8. 科学用脑:在保证营养、充分休息、进行体育锻炼等保养大脑的基础上,科学用脑,防止过度疲劳,保持积极乐观的情绪,能大大提高大脑的工作效率。这是提高记忆力的关键。

9. 及时复习:遗忘的速度是先快后慢。对刚学过的知识,趁热打铁,及时温习巩固,是强化记忆痕迹、防止遗忘的有效手段。

10. 经常回忆:学习时,不断进行尝试回忆,可使记忆的错误得到纠正,遗漏得到弥补,使学习内容的难点记得更牢,闲暇时经常回忆过去识记的对象,也能避免遗忘。

另外,研究者还发现上午8点钟大脑具有严谨周密的思考能力,下午2点钟思考能力最敏捷,但推理能力则在白天12小时内递减。根据这些测试,我们在早晨最好安排些严谨周密的工作,下午做一些需要快速完成的工作,晚上则做些需要加深记忆的工作。

我们在学习中应该顺应大脑的这些"脾气"和"禀性",扬长避短,合理安排工作学习,让大脑更好、更愉快地为我们工作。

德国心理学家艾宾浩斯(Ebbinghaus)是发现记忆遗忘规律的第一人。如图3-6所示,观察这条遗忘曲线,你会发现,学得的知识在一天后,如不抓紧复习,就只剩下原来的25%。随着时间的推移遗忘的速度减慢,遗忘的数量减少。有人做过一个实验,两组学生学习一段课文,甲组在学习后不久进行一次复习,乙组不予复习,一天后甲组保持98％,乙组保持56％;一周后甲组保持83％,乙组保持33％,乙组的遗忘平均值比甲组高。

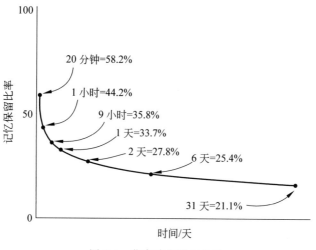

图3-6 艾宾浩斯遗忘曲线

另外,遗忘的进程不仅受时间因素的制约,也受其他因素制约。我们最先遗忘的是没有重要意义的、不感兴趣、不需要的材料,不熟悉的比熟悉的遗忘得要早。人们对无意义的音节的遗忘速度快于对散文的遗忘,而对散文的遗忘速度又快于韵律诗。在学习过程中,对一种材料达到一次完全正确地背诵后仍然继续学习,叫作过度学习。过度学习可以使学习的材料保持得更好。要让记忆效果事半功倍,更牢、更深刻、更持久,就要真正把及时复习、理解记忆、联想记忆、过度学习运用到学习中。

2. 如何克服学习疲劳

人的生命过程是复杂的,又是奇妙的,它无时无刻不在演奏着迷人的"生物节律交响乐"。这就是通常人们所说的生物钟。生物钟也叫生物节律、生物韵律,指的是生物体随时间作周期变化的包括生理、行为及形态结构等现象。因此在一个月当中,人的智力、体力、情感都会经历一个周期波动。在一个人的身体上,存在着一个以23天为周期的体力盛衰和以28天为周期的情绪波动和以33天为周期的智力波动。于是科学家们将体力、情绪与智力盛衰起伏的周期性节奏,绘制出了三条波浪形的人体生物节律曲线图,被形象地喻为一曲优美的生命重奏。

不仅科学家们找出了人体每个月的生物周期变化,还有心理学家测试得出,在一天24小时内,人的大脑也会有周期的波动,平均来说大脑每天有四次"黄金时刻",即早上4点到6点大脑清醒,是记忆的最好时刻;上午9点到11点,大脑由抑而扬,注意力强,记忆力好,联想力佳,是第二个黄金时刻;下午5点到7点,人的嗅觉灵敏度达到最好状态,脑

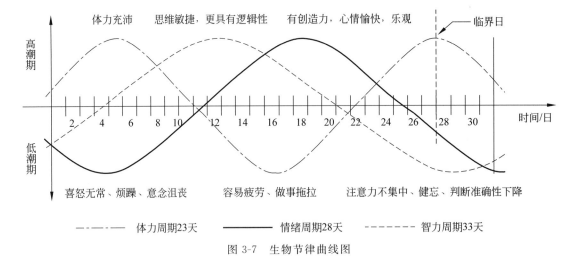

图 3-7 生物节律曲线图

力、耐力、体力又进入第三个高峰时期;晚上 8 点至 9 点,脑力再度处于活跃时期,是一天中第四个黄金时刻,可以从事各种创造活动。

人体生物钟三节律周期理论是指一个人在自身"水平线"上的波动,当人体三节律处于临界期或低潮期,人确实会感到智力下降、情绪欠安和体力易疲劳,但人是有理智的,有责任感的。我们了解了自己的临界期、低潮期,没有必要感到恐惧,更不要以生物钟低潮期或临界期为借口。

【延伸阅读】

如何根据生物钟原理安排醒睡节律及工作学习

最近,位于美国芝加哥医疗中心的生物节奏研究室的研究人员指出:周末睡懒觉对绝大多数人来说并非好事。因为这会使人体时钟紊乱,睡眠时间顺延,使星期天晚上难以入睡,星期一早上昏昏沉沉,而这种紊乱状态甚至需要数天时间才能恢复正常。

由于人体生物钟的变化,大脑皮层不同区域的功能也在时时发生着变化。研究结果表明:

上午 8~11 时,是组织、计划、写作和进行一些创造性思维活动的最佳时间。最好把一天中最艰巨的任务放在此时完成。同时,这段时间疼痛最不敏感,此时看牙医最合适。

上午 11~12 时,是开会的最佳时间,人们此时最为清醒。这段时间易用于解决问题和进行一些复杂的决策。

中午 12~下午 2 时,在此期间人一天中快乐的情绪达到了高潮,适宜进行商业社会活动。

下午 2~4 时,会出现所谓的"下午低沉期"。此时易出现困乏现象,最好午睡片刻,或是打一些必要的电话,做些有趣的阅读,尽量避免乏味的活动。

下午4~6时,人体从"低沉期"解脱出来,思维又开始活跃。可把一天中较重要的工作放在此时做,并且这是进行长期记忆的好时光。

下午5~7时,人体的体温最高,此时做些锻炼,将有助于你在晚上顺利入睡并提高睡眠质量。

晚上7~10时,可就一些较严肃的家庭话题进行讨论,也是学习的最好时间。

晚上11~12时,人体准备休息,各脏器活动极慢,进入梦乡。

在了解了生物钟之后,就不难理解"学习疲劳期"的概念了。

学习疲劳期是任何人都会有的。我们都是人,不是机器人,不是电脑,不可能一直情绪高涨地保持学习。每个人在学习过程中都会有厌烦的时候。总会有那么几天,就是静不下心来,无论是看书、做题还是学习,都无法集中精力,大脑处于非常疲惫的状态。你不知道自己该干些什么,干什么都感觉没劲。是不是大家都有过这种经历?这就是我们所谓的"学习疲劳期"。学习疲劳是由一定的主客观条件引起的学习心理障碍,并非完全是一种自然现象。

【自我测试】

我进入学习疲劳期了吗

如何了解自己学习是否疲劳以及疲劳的程度?下面提供一个简单的测试方法:

1. 早上起来就感到难受;
2. 如果你骑车上学,感到骑车没力气;
3. 上楼梯容易绊倒;
4. 不愿与老师或同学见面、交谈;
5. 写作文不顺利;
6. 说话断断续续,连不成句;
7. 对别人的谈话不关心;
8. 不知不觉地两手托着下巴靠在桌子上;
9. 总想大量喝茶等提神的饮料;
10. 不想吃油腻的东西;
11. 饭菜中非常喜欢加上香料调料;
12. 总觉得手发僵;
13. 眼睛总像睁不开似的;
14. 哈欠打个不停;
15. 连朋友的电话号码也说不出来;
16. 想把脚搁在桌椅上放松;
17. 体重不知不觉地降下来;

18. 容易拉肚子或便秘;

19. 难以入睡。

测试说明:

如果有 1~2 道题回答"是",说明有极轻微的学习疲劳;

如果有 3~4 道题回答"是",说明有中等程度的学习疲劳;

如果有 5 道以上的题回答"是",说明有严重的学习疲劳,应该引起注意。

那么如何才能缩短学习的疲劳期,从低谷走出来呢?

(1) 拥有好的心情。学习效率与心情是有关系的。当心情好的时候,你会很喜欢学习,学习的效率也很高。当你不想学习的时候,可以听听音乐,外出散散步,缓解一下,让自己的心情变得好起来。不要强迫自己在"学习疲劳期"学习,因为要知道那时候学习是效率很低的,只有在自己有心情看书的时候效率才是最高的。

(2) 交替学习。通常采取交替学习的方法来缩短"学习疲劳期"。一门课程的学习时间要控制在两个小时之内。如果你对一本书毫无兴趣,那么改换另一本你感兴趣的,这样可以在单位时间里延长你学习时间,而且能够帮助你平衡各门课程。另外,注意文理交叉学习,比如通常先开始做数学题,30 分钟后,背 10 分钟英语单词,再开始做数学题。这样在两个小时的时间实际上学习了一个半小时数学,背了半个小时英语单词。若是单独一直做一个半小时数学题,可能会感到厌烦,效率会降低;若是一直背 30 分钟单词,可能在 29 分钟时把背的第一个单词都忘记了——这就是交替学习的技巧,可以帮助你在处理每一件事的时候,大脑都会保持高度集中,效率达到最高点,而且不会产生厌烦情绪。

(3) 学会利用零散时间。爱因斯坦说过"人与人的差距在于业余时间"。这句话也可以这么理解:人与人的差距在于利用零散时间的能力高低。人们从一种行为转换到另一种行为,通常会有一段空白时间,这段时间就是零散时间。大多数人都把它浪费掉了,如等车的时候,饭前饭后,等人的时候等。对于这些时间,通常嵌入一些学习内容,可以是记忆单词,看看小说,听听有声读物等。另一方面,在某些松散的活动期间,可以并列地进行一些活动,如散步的时候,想想新的文章构思;洗澡的时候,进行一些思考性的活动(这个时候人是最放松的,会有很多灵感)等。这些本来需要你抽出大块时间进行的工作,在分解之后嵌入零星时间里,很容易地完成了,而且有效利用了空白时间。

(五)促进问题的合理解决

解决问题的核心,是在各个过程中尽可能多地搜集资料,进行分析,调用头脑中原有的知识、概念、原型(核心概念)、图示(各种命题相互联系组成的图景),找到最有效的方法来解决问题,并进行评估和总结。执行只是很小的一部分,只有分析清楚问题,找到解决问题的办法才能保证问题得以顺利解决。

1. 学习迁移

迁移是已有的经验对解决新问题的影响。例如,学会了骑摩托车再学开汽车就要容易些;学会了骑自行车反而影响学骑三轮车……这些现象都是迁移的表现。迁移有正迁移和负迁移之分。正迁移是指已获得的知识经验对解决新问题有促进作用。例如,毛笔字写得好的学生,钢笔字往往也会写得不错。负迁移是指已获得的知识经验对解决新问题有阻碍或干扰的影响。例如,学过汉语拼音的学生在初学英文时往往有一些困难。一般来说,知识经验越丰富、概括水平越高,新旧情境间共同因素越多,越易于将知识经验迁移到解决新问题的情境中去,促使问题解决,产生正迁移;相反,知识经验片面、概括水平低或使用不当,会妨碍问题的解决或把问题解决的思路引向歧途,导致负迁移产生。

迁移的发生特别需要学习者的主动参与。有的大学生因为专业不是自己所喜欢的,往往容易产生特别大的情绪反应和动力问题。如果你把兴趣和专业当作完全不沾边的两个内容,那么产生的压力就不足为奇了;但是如果你留心发现两者之间的联系,则别有洞天。

所以我们特别需要注意可迁移知识的学习,比如具有相似性和共通性的问题的解决能力、分析能力、沟通能力,把冷冰冰的知识变得与自己有关,就会发生活生生的迁移。这种联系,会让学习变得举一反三,事半功倍。

2. 原型启发

原型启发是指在其他事物或现象中获得的信息对解决当前问题的启发。其中具有启发作用的事物或现象叫原型。作为原型的事物或现象多种多样,存在于自然界、人类社会和日常生活之中。例如,人类受到飞鸟和鱼的启发发明了飞机和轮船,由蒲公英随风飞行的启发制成降落伞,模拟蝙蝠定向作用而设计出了雷达,模拟狗鼻而设计"电子鼻"……科学家们从动物的形态、动作和某些机体结构中获得启发,解决了大量的生产、生活和军事上的问题,并形成仿生科学。

3. 定式

定式是指由先前的活动所形成的并影响后继活动趋势的一种心理准备状态。它在思维活动中表现为一种以最熟悉的方式做出反应的倾向。比如一个理科的学生去食堂打饭,会对大师傅说:"给我一个锐角扇形饼。"一个学计算机的学生觉得冷了,会让宿舍的同学关闭窗口(关上窗户)等。定式在问题解决中有积极作用,也有消极影响。当问题情境不变时,定式对问题的解决有积极的作用,有利于问题的解决;当问题情境发生了变化,定式对问题的解决有消极影响,不利于问题的解决。

破除定式消极影响的办法要具体情况具体分析,一旦发现自己以习惯的方式解决问题发生困难时,不要执意固守,应换一种思路,寻求新方法。

4. 动机与情绪状态

动机是促使人解决问题的动力因素，对解决问题的思维活动有重要影响。动机的性质和动机的强度会影响问题解决的进程。就动机的性质来说，如果一个人的动机越积极，越有社会价值，它对人活动的推动力就越大，人们就会为问题解决积极、主动地进行探索，这样，活动效率也就会越高。就动机的强度来说，它对解决问题思维活动的影响比较复杂。一般情况下，当人具有某种解决问题的强烈动机时，人的思维才活跃，才能以积极的态度去寻求解决问题的途径、方法；相反，动机强度太弱，对解决问题漠不关心，自然不能调动个体解决问题的积极性，就不会主动、积极地寻求解决问题的途径、方法，不利于充分活跃个体的思维活动和人的能力的发挥，这时易产生畏难、退缩行为。

适中的动机强度最有利于问题的解决。动机超过适宜强度，反而不利于问题的解决。因为动机过强会造成很大的心理压力，易出现情绪紧张，思维紊乱，反而抑制思维活动，降低解题成效。动机强度的适中点会随解决的问题的难度而变化。一般来说，越是解决复杂的问题，其动机强度的适中点越偏低。

个体在解决问题活动中的情绪状态对活动的效果有直接的影响。一般来说，高度紧张和焦虑的情绪状态会抑制思维活动，阻碍问题的解决；而愉快、兴奋的情绪状态则会使思维活跃，思路开阔，有利于问题的解决。但情绪过于兴奋和激动，也会抑制人的思维活动，使人的思路狭窄，妨碍问题的解决。

本章小结

学习是大学生的重要任务，本章通过介绍大学学习的特点与规律，分析大学阶段可能出现的学习困惑与相应的解决办法，以帮助个体有效提高与管理自己的学习。

思考题

1. 你是否已经适应大学阶段的学习？有哪些好的学习方法？还有哪些方面需要改进？
2. 你是如何根据大学学习的特点来调整自己的学习状态和效率的？

【延伸阅读】

《意志力：关于专注、自控与效率的心理学》

作者：罗伊·鲍迈斯特，约翰·蒂尔尼

译者：丁丹

出版社：中信出版社

意志力不是魔法,不是励志口号,是让人生更美好的科学途径。本书系当年最受欢迎的心理学图书,绝对颠覆你对"意志力"的惯有思维！让所有渴望被拯救的人们,掌握人类意志力运行的规律,实现自我拯救、自我治疗。

《哈佛凌晨四点半》

作者:方向东

出版社:中华工商联合出版社

凌晨四点半的哈佛大学图书馆,依旧灯火通明,座无虚席……在勤奋这一点上,哈佛不是神话,哈佛只是一个证明,关于人的意志、精神、抱负、理想的证明。再杰出的哈佛人,都曾经在勤奋和忙碌中为自己的人生打下坚实的基础。这才是哈佛人取得如此成功的真正原因。品味哈佛精英的成功心得,感悟一流学府的人生智慧。阅读这本书,你总能为进取找到理由！

【视频推荐】

《三傻大闹宝莱坞》

大学从来都是一个囊括万象的地方,包含各种各样的人,各种各样的事,既可以在其中反映出社会问题,也能够通过学生看出人性走向。这是一代具有教育,诙谐搞笑,发人深思的励志成才故事,直面当下教育失败之痛的深层思想引起了很多学生以及教育工作者的共鸣,同时也将人物形象刻画得惟妙惟肖,是对成长中友情、爱情、亲情的完美诠释。

第四章 人际交往

名人名言

交朋友不是让我们用眼睛去挑选那些十全十美的,而是让我们用心去吸引那些志同道合的。

——罗兰

本章要点

人际交往的过程;

人际交往的影响因素和常见类型;

大学生常见的人际交往困扰与解决办法。

【案例】

小张性格内向,上大学之前从来没有住过校。进入大学后他与5名同学同住,在条件优越的环境中成长的他,看不惯室友"不良"的卫生习惯,更不喜欢他们"随便"的作息制度,尤其不喜欢他们的高谈阔论。总之,他看谁都不顺眼。由于内向的他本来就不擅长与人沟通,再加之看不起那些同学,于是,就独来独往,很少与同学们交往。时间一长,他发现寝室同学说说笑笑,进进出出都结伴而行,似乎视他不存在。他开始感到失落,孤独感油然而生,曾经多次萌发主动与室友交往的念头,可都事与愿违。他回寝室时总觉得室友在议论他,对他评头品足,还窃窃私语,一副嘲笑、鄙视的模样。为此他想换寝室,但没有得到学校的批准。为了不和他们交往,他很少回寝室,只有睡觉时才回去。即使这样,似乎还是没有减少他们对自己的议论与不满。为此,小张开始失眠,食欲下降,精神状态也越来越差,身体急剧消瘦;在寝室,话越来越少,甚至连笑声都很少听见。他感觉到听课的效率也越来越差,最后终于病倒了。住院期间,室友轮流守护在他病床旁,看到那些平时让自己反感透顶的室友都忙着照顾自己,送水喂饭,就像亲人一样。他的心被震撼了。他把内心的苦闷与孤独告诉了他们,才知道原来一切都是自己"想"出来的。室友只是觉得他不愿与他们交往,并不知道由此引发了他内心如此大的震荡。

提问：
1. 你遇到过类似的情况吗？
2. 人际交往在大学生活中有哪些作用？

一、解密人际交往

你是否觉得在大学里，难以找到知心朋友？在宿舍里，为了和谐，你是否觉得自己很委屈？你是否担心别人超过自己？你是否感觉内心孤独？你是否害怕与陌生人打交道？你是否曾经感叹：人际关系怎么这样难处？

早在公元 328 年，亚里士多德就指出，人在本质上是社会性的动物。每个人都处于一定的人际关系网中，无时无刻不在和各种各样的人打交道。对于大学生来说，主要的人际关系包括亲属关系、同学关系、朋友关系、师生关系等。

（一）人际交往与人际交往的意义

人际交往就是在社会生活过程中，人与人之间的意见沟通，信息情报交流与相互作用的过程。美国著名的人际关系学大师卡耐基（Dale Carnegie）曾说："一个人事业的成功，只有 15% 是由于他的专业技术，另外 85% 要靠人际关系和处事的技巧。"因此，对于正在成长和发展中的大学生来说，积极开展人际交往，处理好人际关系，更有着十分重要的现实意义。

1. 人际交往是人身心健康的需要

我国著名的心理学家丁瓒教授曾指出："人类的心理适应，最主要的就是对人际关系的适应，所以人类的心理病态大多是由于人际关系失调所致。"心理学家从全国 29 个省、市、自治区回收的 1433 份有效问卷的统计结果显示，人们的人际关系与身体健康和心理健康是密切关联、相互影响的，人际关系高度影响身体健康和心理健康，但其对于心理健康的影响作用，比之对身体健康的影响更大。

心理学研究表明，如果一个人长期缺乏与别人的积极交往，缺乏稳定而良好的人际关系，这个人往往就有明显的性格缺陷。人际交往促使个体心理健康主要是通过满足个体的需要，使人的情绪愉悦。社会心理学研究表明，当个体的需要得到基本满足时人就会感到心情舒畅，而且他的行为动机就容易得到激发。相反，如果个体的需要得不到满足，人的心理就容易失衡，情绪易于沮丧，行为动机也就会受到抑制。

因此，能否与人建立起长期稳定、良好的人际关系是一个人心理健康与否的重要衡量标准。大学生人际交往欲望强烈，希望被人接纳和认可的心理尤为迫切。良好的人际关系能促进大学生之间相互的理解和关怀。通过交往可以缓解大学生内心的冲突和紧张，减少内心的空虚、孤独,激发其对生活的热爱,最大限度地避免不良情绪的产生。

在大学生心理咨询中发现,绝大多数大学生的心理危机都与缺乏正常的人际交往和良好的人际关系相联系。同时心理学家也从各个不同角度做过大量的研究发现,健康的个性总是与健康的人际交往相伴随的。心理健康水平越高,与别人交往越积极,越符合社会的期望,与别人的关系也就越深刻。心理学家专门研究了身体、智力和心理健康水平都很优秀的宇航员、研究生和大中学生,得出了一个共同的结论,即心理健康水平高的人同别人的交往以及人际关系都很好。他们有着一系列有利于积极交往和建立良好人际关系的个性特点,如友好、可靠、替别人着想、温厚、诚挚、信任别人等。这些研究还发现那些心理健康水平高者,往往来自于人际关系状况良好的幸福家庭,这从一个侧面提供了人际关系状况影响个性发展和健康的佐证。

与人发生冲突会使人的心灵蒙上阴影,导致精神紧张、抑郁,不但会导致心理障碍,而且还会刺激下丘脑,使内分泌功能紊乱,进一步引起一系列复杂的生理变化。许多疾病,如冠心病、消化性溃疡、甲状腺机能亢进、偏头痛、月经失调和癌症,都与长期不良情绪和心理遭受强烈的刺激有关。

2. 人际交往是人获得安全感的需要

社会心理学家所做的大量研究表明,与人交往是获得安全感的最有效途径。当人们面临危险的情境而感到恐惧时,与别人在一起可以直接而有效地减少人们的恐惧感,使人们感到安宁与舒适。有人研究过战场上与部队失散的士兵的心理,发现最令士兵恐惧的不是战场的炮火硝烟,而是失去同战友联系的孤独。一旦一个失散的士兵遇到自己的战友,哪怕其完全失去了战斗力,也会感到莫大的安慰,其独自一人时的高度恐惧感也会大大减轻甚至消失。

人不光有生物性的安全感需要,而且还有社会性的安全感需要。当人置身于自己不能把握或控制的社会情境时,也同样会缺乏安全感。如大一新生来到学校,脱离了原来的人际关系支持,新的人际关系尚未建立,因而在自我稳定感和社会安全感方面就可能出现危机。在新的人际关系建立起来之前,会一直处于高度的自我防卫状态。心理学的研究发现,同生物安全感的建立相似,获得社会安全感的最有效途径同样是与人交往,并由此建立稳定的人际关系。不过与生物安全感不同,一个人要获得充分的社会安全感,仅有别人的陪伴或表面交往还很不够。社会安全感的本质是人与人之间的情感联系。只有通过交往,同别人建立了可靠的人际关系之后,人们的社会安全感才能得到确立。

3. 人际交往有助于自我认知的发展

人的自我意识的确立是通过社会比较过程来实现的。一个人只有将自身置于社会背景之中,通过将自己与别人进行比较才能确立自己的价值。所以,人需要了解别人,也需要通过别人来了解自己。因此,需要同别人进行交往,需要同别人建立并保持一定的人际关系。一个人必须不断地通过社会比较获得充分信息,使自己相信自己是有价值的,才能保持其稳定的自我价值评判。如果社会比较的机会被长期剥夺,则会使人因缺乏自我状况的社会反馈信息而导致个人价值感的危机,并使人产生高度的自我不稳定感。人是不能忍受自己的价值得不到肯定的。因此,自我不稳定感会引起人的高度焦虑,并促使人去同他人进行交流,进行有意无意的社会比较,以便获得有关自我状况的社会反馈,了解自我,使自己的行为具有明确的方向,并使自我价值感重新得到确立。

能正确地认识自我、认识他人是大学生自身全面发展的重要体现,要做到此必须发挥人际关系的重要作用。因为在社会生活中,人只有通过各种交往活动才能体会自我的交往方式、自我的同伴偏好,并根据自我的行为与态度对他人的影响以及他人对自我的评价逐步认识自我。良好的人际关系不仅能令大学生看到自己的优势,而且能让他们意识到自己的劣势,并能够得到较多的社会支持来改善、发展自我;而不良的人际关系,很容易误导大学生的自我认识,或盲目自卑,或盲目自大。另外,良好的人际关系是大学生知识体系不断完善的保证,是促进大学生有效学习与智力发展的必要条件。大学生可以通过与他人交流来获取信息,获得知识,丰富经验,提高认识,实现自我认知的发展。

4. 人际交往是人生幸福的需要

在日常生活中,有些人认为,人的幸福是建立在金钱、成功、名誉和地位的基础之上的。实际上,对于人生的幸福来说,所有这些方面远不如健康的交往和良好的人际关系重要。交往和人际关系在人们生活中的地位无法为金钱、成功、名誉和地位所取代。心理学家通过研究发现了一个奇特的现象:自20世纪30年代以来,人们的金钱收入一直呈上升趋势,但是对生活感到幸福的人的比例并没有增加,而是稳定在原来的水平。这说明金钱并不能简单地决定人的幸福。

心理学家克林格做了一个广泛的调查,结果发现良好的人际关系对于生活的幸福具有首要意义。当人们被问到"什么使你的生活富有意义"的时候,几乎所有的人都回答是"亲密的人际关系是首要的"。自己的生活是否幸福取决于自己同生活中其他人的关系是否良好。如果同配偶、恋人、孩子、父母亲、朋友及同事关系良好,有深刻的情感联系,那就会感到生活幸福且富有意义;反之,则会感到生活缺乏目标、没有动力和不幸。在这些被调查者的回答中,人际关系的重要性远远超过成功、名誉和地位,甚至超过了西方人最为尊重的宗教信仰。有一项调查表明,在我国,压抑、人际关系和谐度与人际关系压力是导致青年人自杀的三大因素。法国社会学家指出,社会关系的丧失是自杀的主要原因之一。

【自我测试】

人际交往能力的自我测评

以下各题,你可按照自己的符合程度进行打分。完全符合者打5分,基本符合者打4分,难于判断者打3分,基本不符合者打2分,完全不符合者打1分,最后统计总得分。

1. 我去朋友家做客,首先要问有没有不熟悉的人出席,如有,我的热情度就明显下降。(   )
2. 我看见陌生人常常觉得无话可说。(   )
3. 在陌生的异性面前,我常感到手足无措。(   )
4. 我不喜欢在大庭广众之下讲话。(   )
5. 我的文字表达能力比口头表达能力强。(   )
6. 在公共场合讲话,我不敢看听众的眼睛。(   )
7. 我不喜欢广交朋友。(   )
8. 我的要好朋友很少。(   )
9. 我只喜欢与我谈得来的人接近。(   )
10. 到一个新环境,我可以接连好几天不讲话。(   )
11. 如果没有熟人在场,我感到很难找到彼此交谈的话题。(   )
12. 如果在"主持会议"与"做会议记录"这两项工作中挑选一样,我肯定挑选后者。(   )
13. 参加一次新的集会,我不会结识多少人。(   )
14. 别人请求我帮助而我无法满足对方要求时,我常常感到很难对人开口。(   )
15. 不是不得已,我决不求助于人,这倒不是我个性好强,而是感到很难对人开口。(   )
16. 我很少主动到同学、朋友家串门。(   )
17. 我不习惯和别人聊天。(   )
18. 领导、老师在场时,我讲话特别紧张。(   )
19. 我不善于说服人,尽管有时我觉得很有道理。(   )
20. 有人对我不友好时,我常常找不到适当的对策。(   )
21. 我不知道怎样和妒忌我的人相处。(   )
22. 我同别人的友谊发展,多数是别人采取主动态度。(   )
23. 我最怕在社交场合中碰到令人尴尬的事。(   )
24. 我不善于赞美别人,感到很难把话说得亲切自然。(   )
25. 别人话中带刺揶揄我,除了生气外,我别无他法。(   )
26. 我最怕做接待工作,同陌生人打交道。(   )
27. 参加聚会,我总是坐在熟人旁边。(   )
28. 我的朋友都是同我年龄相仿的。(   )
29. 我几乎没有异性朋友。(   )
30. 我不喜欢与地位比我高的人交往,因为我感到这种交往比较拘束,很不自由。(   )

计分方法与解释:

请相加每道题得出总分。

如果你的总分大于120分,那么你的社交能力存在很大的问题。你不太善于交往或不喜欢社交,社交对于你来说是件痛苦或令人害怕的事。你在社交场合习惯于退却、逃避;你对自己的社交能力没有信心;你还没学会如何与别人尤其是陌生人打交道。为此,你要走出自我封闭的圈子,尝试与人交往,不怕失败和尴尬。你会发现人际交往将带给你许多乐趣和益处。

如果你的总分在91～120分之间,你的社交能力还有待进一步提高。你对人际交往还有些拘谨,但你是可以交往的。如果你更大胆些,更多地注意培养自己的社交能力,那么你将会从社交活动中获得更大的快乐和成功。

如果你的总分在70～90分之间,你的社交能力尚可。请继续保持。

如果你的总分低于70分,那么,你是一个善于社交的人,喜欢交往,能从社交中获得快乐和收获。你能与不同的人相处,能较快地适应环境。

（二）人际交往中的心理学效应

社会心理学研究表明,在人际交往中有一些非常有趣的心理现象,科学地用好人际交往中的心理效应对大学生很有意义。

1. 首因效应

【案例】

一个新闻系的毕业生正急于找工作。一天,他来到某报社对总编说:"你们需要一个编辑吗?""不需要!""记者呢?""不需要!""排字工人、校对呢?""不,我们现在什么空缺也没有了。""那么,你们一定需要这个东西。"说着他从公文包中拿出一块精致的小牌子,上面写着"额满,暂不雇用"。总编看了看牌子,微笑着点了点头,说:"如果你愿意,可以到我们广告部工作。"这个大学生通过自己制作的牌子表达了自己的机智和乐观,给总编留下了美好的"第一印象",引起其极大的兴趣,从而为自己赢得了一份满意的工作。这种"第一印象"的微妙作用,在心理学上称为"首因效应"。

首因效应,是人与人第一次交往中给人留下的印象,在对方的头脑中形成并占据着主导地位的效应。首因效应也叫首次效应、优先效应或第一印象效应。首因效应启迪我们一方面要给他人留下良好的第一印象;另一方面又要在以后的交往中纠正对他人第一印象的不全面的认识。

【延伸阅读】

美国社会心理学家洛钦斯(A S Lochins)1957年以实验证明了首因效应的存在。他用两段杜撰的故事做实验材料,描写的是一个叫詹姆的学生生活片段。这两段故事描述的是两种完全相反的性格。一段故事中把詹姆描写成一个热情并且外向的人,另一段故事则把他写成一个冷淡而内向的人。两段故事分别列于下方:

"詹姆走出家门去买文具。他和他的两个朋友一起走在充满阳光的马路上。他们一边走一边晒太阳。詹姆走进一家文具店,店里挤满了人。他一边等待着店员对他的注意,一边和一个熟人聊天。他买好文具在向外走的途中遇到了熟人,就停下来和朋友打招呼,告别朋友后就回学校。在路上他又遇到了一个前天晚上刚认识的女孩子,他们说了几句话后就分手告别了。

放学后,詹姆独自离开教室走出了校门。他走在回家的路上,路上阳光非常耀眼。詹姆走在马路阴凉的一边。他看见路上迎面而来的是前天晚上遇到过的那个漂亮的女孩。詹姆穿过马路进了一家饮食店,店里挤满了学生。他注意到那儿有几张熟悉的面孔。詹姆安静地等待着,直到引起柜台服务员地注意之后才买了饮料。他坐在一张靠墙边的椅子上喝着饮料,喝完之后他就回家去了。"

洛钦斯把这两段故事进行了排列组合:一种是将描述詹姆性格热情外向的材料放在前面,描写他性格内向的材料放在后面;一种是将描述詹姆性格冷淡内向的材料放在前面,描写他性格外向的材料放在后面;一种是只出示那段描写热情外向的詹姆的故事;一种是只出示那段描写冷淡内向的詹姆的故事。

洛钦斯将组合不同的材料,分别让水平相当的中学生阅读,并让他们对詹姆的性格进行评价。结果表明,第一组被试中有78%的人认为詹姆是个比较热情而外向的人;第二组被试只有18%的人认为詹姆是个外向的人;第三组被试中有95%的人认为詹姆是外向的人;第四组只有3%的人认为詹姆是外向的人。

洛钦斯的研究证明了第一印象对认知的影响。在首因效应中,对情感因素的认知常常起着十分重要的作用。人们一般都喜欢那些流露出友好、大方、随和情感的人,因为在生活中,我们都需要他人尊重和注意。这个特点在儿童身上表现得最为明显。小孩子一般都喜欢第一次见了他就笑的人,如果再给予相应的赞美,那么他会更加高兴。

2. 近因效应

【案例】

面试过程中,主考官告诉考生可以走了,可当考生要离开考场时,主考官又叫住他,对他说,你已回答了我们所提出的问题,评委觉得不怎么样,你对此怎么看?其实,考官做出这么一种设置,是对毕业生的最后一考,想借此考察一下应聘者的心理素质和临场应变能力。如果这一道题回答得精彩,大可弥补此前面试中的缺憾;如果回答得不好,可能会由于这最后的关键性试题而使应聘者前功尽弃。

近因效应,是指最近一次交往的印象对我们的认识所产生的影响。最近一次交往留下的印象,往往是最深刻的印象。一般而言,熟人之间的交往近因效应会发挥较大的作用,因此我们平时应该注意给人留下良好的印象。

心理学者洛钦斯做了这样的实验。分别向两组被试者介绍一个人的性格特点。对甲组先介绍这个人的外倾特点,然后介绍内倾特点;对乙组则相反,先介绍内倾特点,后介绍外倾特点。最后考察这两组被试者留下的印象。结果与首因效应相同。洛钦斯把上述实验方式加以改变,在向两组被试者介绍完第一部分后,插入其他作业,如做一些数字演算、听历史故事之类不相干的事情,之后再介绍第二部分。实验结果表明,两个组的被试者,都是第二部分的材料留下的印象深刻,近因效应明显。

多年不见的朋友,在自己的脑海中的印象最深的,其实就是临别时的情景;一个朋友总是让你生气,可是谈起生气的原因,大概只能说上两三条,这也是一种近因效应的表现。在学习和人际交往中,这两种现象很常见。心理学家认为,在学习系列材料后进行回忆时,对该系列中的最后几个项目的回忆与对它们的识记相距时间最短,因而是从短时记忆中提取的。这种观点用改变识记与回忆之间间隔时间的方法进行实验可以得到证明。延缓回忆对首因效应没有影响,但却消除了近因效应。这说明短时记忆的提取促成了近因效应。

3. 光环效应

【案例】

心理学家戴恩做过一个这样的实验。他让被试者看一些照片,照片上的人有的很有魅力,有的毫无魅力,有的中等。然后让被试者在与魅力无关的特点方面评定这些人。结果表明,被试者对有魅力的人比对无魅力的赋予更多理想的人格特征,如和蔼、沉着、热情等。

光环效应又称晕轮效应,是指在交往的过程中,我们往往会从对方的某个优点而泛化到其他有关的方面,由不全面的信息而形成完整的印象。光环效应往往对恋爱的双方起更明显的作用,正所谓"情人眼里出西施"。

晕轮效应最早是由美国著名心理学家爱德华·桑戴克于20世纪20年代提出的。他认为,人们对人的认知和判断往往只从局部出发,扩散而得出整体印象,也即常常以偏概全。一个人如果被标明是好的,他就会被一种积极肯定的光环笼罩,并被赋予一切都好的品质;如果一个人被标明是坏的,他就被一种消极否定的光环所笼罩,并被认为具有各种坏的品质。这就好像刮风天气前夜月亮周围出现的圆环(月晕),其实呢,圆环不过是月亮光的扩大化而已。据此,桑戴克为这一心理现象起了一个恰如其分的名称"晕轮效应",也称作"光环作用"。

晕轮效应不但常表现在以貌取人上,而且还常表现在以服装定地位、性格,以初次言谈定人才能与品德等方面。在对不太熟悉的人进行评价时,这种效应体现得尤其明显。例如,当我们看到某个明星在媒体上曝出一些丑闻时总是很惊讶。这是因为在我们心中这个明星的形象就是其在银幕或媒体上展现给我们的那圈"月晕"。其真实的人格我们是不得而知的,仅仅是推断得出的。

4. 投射效应

【案例】

在一家出版社的选题讨论中,出现了这样一种有趣的现象。编辑们列出他们认为最重要的一个选题:

编辑A正在参加成年人教育以攻读第二学位,他选的是"怎样写毕业论文";

编辑B的女儿正在上幼儿园,他的选题是"学龄前儿童教育丛书";

编辑C是围棋迷,他的选题是"聂卫平棋路"。

……

投射效应是指在交往的过程中,我们总是假使他人和自己拥有相同的倾向,即把自己的特性投射到他人身上,从而形成对他人的印象。有时候,我们对他人的猜测,无形中透露的正是自己。所以,我们不要瞎猜别人的坏处,那只能证明自己小心眼儿。

心理学家罗斯做过这样的实验来研究投射效应,在80名参加实验的大学生中征求意见,问他们是否愿意背着一块大牌子在校园里走动。结果,48名大学生同意背牌子在校园内走动,并且认为大部分学生都会乐意背;而拒绝背牌子的学生则普遍认为,只有少数学生愿意背。可见,这些学生将自己的态度投射到其他学生身上。

当别人的行为与我们不同时,我们习惯用自己的标准去衡量别人的行为,认为别人的行为违反常规;喜欢嫉妒的人常常将别人行为的动机归纳为嫉妒,如果别人对他稍不恭敬,他便觉得别人在嫉妒自己。"以小人之心度君子之腹"就是一种典型的投射效应。

5. 刻板效应

【案例】

有一天一个医院的急诊室送来了一个急需动手术的病人。护士立刻找来一个医生。那个医生一看到这个人就说:"我不能动手术,因为他是我儿子。"请问这个人是病人的什么人?如果你之前见过这个问题,你可能很容易就说出正确答案。但如果你是第一次见到这个问题,你的答案很有可能是"爸爸"。

刻板效应是社会上对于某一类事物或人物的一种比较固定、概括而笼统的看法。在人际交往中,我们有时会把对某一类人物的整体看法强加到该类人的每一个个体上而忽视了个体特征。刻板效应有利于总体评价,但对个体评价会产生偏差。比如,农村出身的同学认为来自城市的同学见识广,而来自城市的同学则认为农村出身的同学见识狭隘。在20世纪70年代的电影中,当一个留着长发、蓄着胡子、戴着墨镜的人物一出现,你就会感觉这个人不是好人;在日常生活中,当一个仪表堂堂、潇洒的人盗窃和杀人时,你会感到吃惊,或一个你认为十分老实的人突然干了坏事,进了班房,你往往难以接受;吃水果的朋友,也许会有这样的一种感觉,他们偏爱买黄皮橘子而不买青皮橘子,尽管这两种橘子一样甜,一样好吃。因为在他们的印象中,青的橘子是未成熟的和酸的。

(三) 影响人际交往的心理因素

"到了大学很难再找到知心朋友了",这是很多大学生的慨叹。他们一方面渴望真诚的友谊;另一方面又感到好朋友太少。有些人我行我素,不会理解他人,而又希望别人能够顺从自己。到底怎样才能交到知心朋友呢?影响人际交往的心理因素有哪些呢?

1. 认知因素

首先是对自己的认知。有无正确的自我评价,会影响人际交往中的自我表现。

其次是对他人的认知。

最后是对交往本身的认知。

交往的过程是双方彼此满足需要的过程,如果只考虑自己需要的满足而忽视对方的需要,就会引起交往障碍。

【案例】

小杰是大三的学生,从大一起他就和室友相处不好,为此他调换过一次寝室。但在新寝室里,他依然不能和同学和睦相处,为此,他十分烦恼。他认为室友都不理解他,而且都存在一些自己不喜欢的毛病,因此,常常和他们发生争执,有时为一件小事也争得面红耳赤。他很纳闷:为什么就没有同学理解他呢?日益恶劣的人际关系不仅影响着他的生活状况,更影响着他的学习和自信心。

小杰的家庭经济条件很好。父母对他的要求从来都是有求必应,无条件给予满足。但父母感情不和,经常为家庭琐事吵架,尽管父母都不会迁怒于他,但逐渐地他认为人与人之间的相处是非常困难的,即使是最亲近的人也是如此。他曾声称自己将成为一个独身主义者。

我们发现,在小杰的头脑里根深蒂固地形成了两个观念:一是我应该获得我需要的一切,包括别人的理解;二是人与人之间的相处是困难的,因此,我不会放弃自己的利益来适应别人。正是这两个不知不觉中形成的不合理认知,造成了小杰人际交往中的诸多问题。

2. 情绪因素

人际交往中的情绪表现应是适时适度的,应当与引起情绪的原因及情境相称,并随客观情况的变化而变化。情绪反应过分强烈,不分场合和对象,恣意纵情,会给人轻浮不实的感觉;若情绪变化激烈则会让人觉得过于感情用事;情绪反应过于冷漠,对本可引起喜怒哀乐的事情无动于衷,则会被认为麻木、无情。这些不良情绪反应都会影响交往。

【案例】

一天中午,大四男生小王正在食堂排队打饭。由于屡次求职受挫使他郁郁寡欢。这时,室友小高过来排队打饭。小高一边伸长脖子扫视窗口上方的食谱,一边自言自语地点着想吃的菜,时不时还问小王:"你说呢?"小王不搭理,小高也不介意。小高忽见旁边队伍有一漂亮女生,连捅小王让他快看,还连连啧啧赞叹。心情不太好的小王突然嚷嚷:"你烦不烦!"旁边无数眼光投过来,小高十分尴尬。小王突如其来的发火,让他一时失措;旁边扫来的眼光令他尴尬得无地自容。而小王并未就此罢休,继续情绪激动地嚷道:"没见过女生啊!这次看个够吧!"嚷完后将饭盒和卡向小高怀里一掷,拂袖而去。小高又羞又恼,将饭盒向小王背影掷去。事后,两人见面怒目相向,不久,小高换了寝室,并声称无法容忍小王这种"神经病";小王也扬言从此不理小高这个"平时一本正经,见了女生就挪不动步子的伪君子"。临近毕业,和睦相处了近四年的室友就此翻脸。

案例中的小王由于求职受挫正处于不良心境之中。偏巧小高没能意识到这一点,点燃了他的情绪爆发点。小王始终未意识到自己的"无名火"是误发在同学身上,这说明了他存在自我情绪认知障碍;而小高一开始没有注意到小王情绪的异常,后来也并未深入思考小王发火的原因,只停留在"莫名其妙的神经病"的抱怨层面,这也说明了他存在他人情绪认知障碍,不能体察他人的情绪异常及其真正原因。

3. 人格因素

人格也称个性。美国人格心理学家伯格对人格做了如下定义:人格是指稳定的行为方式和发生在个体身上的人际过程。他这个定义明确指出了人格对人际关系的影响。人格会影响人与人之间的交往。

不良的人格特征容易给人以不良评价、不愉快的感受乃至一种危险感,因而会影响人际交往。下面是较常见的一些不良人格因素及其对交往的影响:

(1) 为人虚伪。与这种人交往,人们没有安全感。

(2) 自私自利。这种人只关心自己的需要,不关心他人,人们在与这种人的交往中会经常感到在精神上、物质上受损。

(3) 不尊重人。与这种人交往,容易被挫伤自尊心。

(4) 报复心强。与这种人交往,使人常担心稍有不慎,就会遭报复,感到心理紧张。

(5) 嫉妒心强。与这种人交往,易使人感到自己被嫉恨、被排挤、被剥夺,从而感到不舒服,不安全。

(6) 猜疑心重。常令人在交往中感到冤枉委屈,难以从内心接近。

(7) 苛求于人。这种人易使人感到紧张和压抑,并易使人自尊心受挫。

(8) 过分自卑。这种人常被感觉为无能,与此种人交往使人感到负担、沉闷。

(9) 骄傲自满。使人感到威胁或难以信任。

(10) 孤独固执。自我防御心理太强,相互间难以影响,使人感到交往无效或交往很累。

因此,为了改善人际交往,应努力培养良好的人格品质。

【案例】

25岁刘某自述如下:

高三时我的学习成绩相当好。平常,我虽然常与人交往,也很喜欢与同学交谈,但我总觉得他们嫉妒我的才能,总是用一种异样的目光看我。他们也常常否定对我的嫉妒,但我觉得他们说的不是真话,是在为自己辩解。有的人因此不主动亲近我,这说明了什么呢? 还不是嫉妒我的才能。还有,那时我爱顶撞班主任,我觉得他的想法经常是错误的,反而说我是错的,你看多可笑。我一向我行我素,说话办事全凭个人意愿,因为我具有比他们更强的能力和智慧。当然,有时结果不理想,但那并不是因为我的能力存在什么问题,而是客观原因造成的。我才不管别人的喜怒哀乐。我认为我在他们的眼中属于人见人恨那种。他们也一定认为我思想简单,好欺负。后来我就懒得与他们交往了,我更乐于自己独处。但我对别人的怀疑却丝毫没有减少。

读书时,不管别人做什么事、说什么话,我都从心里怀疑。我为什么要信任他们呢? 如果信任他们,说不定哪天他们就会利用我的信任加害于我。现实中我就被人利用了。我莫名其妙地被调离机关去一个下属公司当了一名普通工作人员。为什么要调离我? 我断定有人在搞鬼,他们肯定嫉妒我的才干。我为此感到愤愤不平。我觉得领导这样对我实在是很不公平。机关领导说我一直搞不好同事关系,给我安排工作我的异议总是很多。我为什么要理那些人呢? 我已给上级部门写信,直述了我所蒙受的耻辱,并且直述了我对那个领导的看法。我非把他搞垮不可。我女朋友还不让我这样做呢! 我不听她劝,她就说我有病,我有什么问题? 我看是她变心了。我一直都注意到,她每次来单位,看我的那位领导的眼神都很特殊。如果他们俩真有什么,我就更是与他们没完。

从刘某的自述中,能明显感觉到,他敏感多疑,对任何人都不信任,经常感到自己被人轻视,受到别人的攻击。从他与女友的关系中,也不难发现,刘某虽然觉得自己在很多方面都不失为强者,但内心深处感到很自卑。

4. 能力因素

人际交往能力的欠缺是影响人际交往的原因之一,然而对有些大学生来说,则是主要原因。这些同学想关心人,但不知从何做起;想赞美他人,可怎么也开不了口或词不达意;交友的愿望强烈,然而总感到没有机会;想调解他人的矛盾,没想到却好心办了坏事;交往中想表现自己却出尽洋相;内心想表达温柔,言语则是硬邦邦的。人际交往的能力可以通过有意识地锻炼来提高,关键是要多动脑筋多交往。

【案例】

小强是一名从某省边远山区考入大学的男生。他性格很孤僻,入学后,常常独来独往,生活也非常简朴,几乎很少和同学说话,总觉得别人瞧不起自己。上计算机课时,他发现全班似乎只有他一个人没有任何电脑基础知识。因为害怕同学嘲笑,他不敢告诉别人他根本不知道电脑怎么使用,甚至连开机都是在第一次课后,仔细留意其他同学的操作才学会的。看到其他同学自如地在网上聊天、打游戏、做作业,他恨不得挖个地洞钻进去。上课时他小心翼翼地坐在电脑旁听老师讲解,但觉得周围的同学似乎都在嘲笑他的笨拙。他不敢动手操作,只是低着头,默不作声。每次上计算机课他都弄得大汗淋漓,紧张而焦虑。有一次,同学小王看到他没有按老师的指令完成相应操作,就在他的计算机键盘上熟练地敲了几个键,他突然感到了莫名的羞辱,愤怒地把电脑关掉了。从此,小强更加孤僻,不敢抬头看人,害怕与人说话,甚至想到了退学。

小强的问题源于自我认知的偏差,夸大了自己的不足与无能,因为自卑导致过度的自我防御,最终使他丧失了与人交往的勇气与信心。类似他这样的大学生并不鲜见。其实,只要改变一下对自我的评价,全面地看待自己的不足,同时,发现自己的优点,在人际交往中就可以抬头挺胸,自信起来了。

(四)人际沟通的五种模式

沟通是人与人之间、人与群体之间思想与感情的传递和反馈的过程,以求思想达成一致和感情的通畅。沟通包含两类信息——言语和非言语(情感)信息。当两者不一致的时候就叫作不一致的沟通。家庭治疗大师萨提亚认为,人们在追求生存的压力状态下会产生四种不一致的沟通方式。下面我们详细介绍这四种沟通方式:

1. 讨好型

讨好型的人试图远离对自己产生压力的人或减轻自己因某些人所带来的压力(图 4-1)。

言语——同意:"这都是我的错""我想要让你高兴"。

情感——祈求:"我很渺小""我很无助"恳求的表情与声音,软弱的身体姿势。

行为——举动:过分的和善,道歉,请求宽恕、谅解,哀求与乞怜,让步。

内心感受——"我一无是处""我觉得自己毫无价值"。

心理反应——神经质、抑郁、自杀倾向。

躯体反应——消化道不适、胃疾、恶心呕吐。如糖尿病、偏头痛、便秘等。

图 4-1 讨好型

当我们讨好别人时,即便自己感觉不好,也会对别人和颜悦色。我们常常一边掩藏起自己紧咬的牙齿,一边还说出令人信服的谎言。讨好者的另一个明显的特征就是忙于平息各种麻烦。如只要人们看上去有一点点痛苦,他们就会把自己的时间、金钱,甚至更多的东西献给对方,以减少他们的困扰和麻烦。他们会表现得好像自己存在的唯一目的就是解决对方的问题。

2. 指责型

指责型的人试图表明不是自己的过错,让自己远离压力的威胁(图 4-2)。

言语——不同意:"你永远做不好任何事情""你到底怎么搞的""都是你的错"。

情感——指责:"在这里我是权威"。

行为——攻击:独裁、批评、吹毛求疵。

身体姿势——很有权力的样子,僵直。

内心感受——隔绝:"我很孤单和失败"。

心理反应——报复、捉弄、欺侮。

躯体反应——肌肉紧张、背部酸痛。循环系统障碍、高血压、关节炎、便秘、气喘等。

责备是一种与讨好截然相反的姿态。责备的姿态用不一致的方式反映了这样一条社会准则,即他们应该维护自己的权利,不接受来自任何人的借口、麻烦或辱骂。他们决不可以表现得"软弱"。为了保护自己,他们不断烦扰和指责其他人或者环境。责备意味着藐视他人,认为只有自己和情境是需要考虑的。

3. 超理智型

超理智型的人逃避现实的任何感受,也回避因压力所产生的困扰和痛苦(图 4-3)。

图 4-2　指责型

图 4-3　超理智型

语言——极端客观：使用抽象字眼及冗长的解释，"什么事都与学术有关""我只关心事情合不合乎规定或正不正确""人一定要有理智"。

情绪——顽固、疏离："不论代价，人一定要保持冷静、沉着、绝不慌乱"。

行为——威权十足：顽固、不愿变更、举止合理化、操作固执刻板。

身体姿势——僵硬。表情很优越（若有表情的话）。

内心感受——"我感到空虚与隔绝""我不能露出任何感觉"。

心理反应——强迫心理，社会性病态、社交退缩、故步自封。

躯体反应——内分泌疾病，癌症、血液病、心脏病、胸背痛。

作为超理智的沟通者，他们无论是说话还是思考都力求尽善尽美，不断运用复杂的术语，琐碎的细节以及详尽的描述。他们通过变成一个学术上的沙文主义者来获得快感，从不为听众根本不能理解而感到困扰。他们会通过引经据典、罗列数据来支持自己的观点。以这种方式处理矛盾和冲突，他们想要证明自己是永远正确的。

4. 打岔型

打岔型的人让别人在与自己的交往时分散注意力，从而减轻自己对压力的关注，想让压力因素与自己保持距离（图4-4）。

言语——漫无主题：毫无道理，抓不到重点，随心所欲，随口表示，东拉西扯。

情绪——波动混乱，满不在乎，身体姿势特征是不停地动。

行为——转移注意力：不恰当的举动、多动、忙碌、插嘴、打扰。

内心感受——"没有人当真在意""这里根本没有我说话的地方"。

身体姿势——失去平衡，以打断别人的谈话来获得大家的注意。

心理反应——不适当、不合情理、心态混乱。

躯体反应——神经系统症状，如胃疾、眩晕、恶心、糖尿病、偏头痛、便秘。

图4-4 打岔型

除了以上这四种不一致的沟通方式以外，还有言语和非言语的信息相一致的沟通方式，萨提亚把它称为一致性沟通。

5. 一致性沟通

认可压力的存在，正视自己处于压力之中，承担起自己在压力中的责任，为有效地应对压力而作出努力。

言语——尊重现实、尊重自己、尊重别人。

情绪——稳定、乐观、开朗、自信。

行为——接纳压力和困难、应对投入、顾全大局、乐于助人。

内心感受——虽有时惶恐,但仍充满勇气和信心,有坚强的毅力,当时和事后心灵充满了坦然和安稳。

心理反应——合情合理、心平气和、泰然处之。

躯体反应——全身放松、精神抖擞、健康、充满活力。

二、大学生人际交往中的困扰

美国精神病学家哈里斯(Harris W T)提出了以下四种人际交往的态度类型:

"我好,你不好"——狂妄自大,目中无人,不会交往。

"我不好,你好"——自卑怯弱,不敢交往。

"我不好,你也不好"——悲观绝望,回避社交,不想交往。

"我好,你也好"——积极乐观,尊重、宽容他人,善于社交。

大学生校园生活中会碰到各种困扰。人际关系问题在所有困扰因素中处于十分突出的位置,是大学生校园生活的第一大问题。大学生人际交往障碍的主要表现是自卑、胆小、害羞、内向、孤僻、不善于言谈、缺乏交际技巧、不喜欢参与社交活动、对人冷淡等。这些障碍出现的比例最高为83.8%,最低为38.3%。大学生之间的关系问题较师生关系问题更为突出,而同寝室同学关系又是其中最突出的。大学生普遍认为大学里的同学关系没有中学时融洽,在大学里难以找到知心朋友;同学关系中功利色彩非常突出,傲慢、自负、虚荣等现象在大学生身上十分明显。大学生人际交往不适主要有以下几种情况:

(一)以自我为中心难以交往

以自我为中心的交往主要表现为:强调别人对自己应该承认、理解、接受和尊重,忽视对等地理解和尊重别人,交往中注重实现自己的目的,而忽视别人的利益和要求。只从自己的经验角度去认识人和事,而不能意识到别人对同一事物的看法和观点,对人和事的看法带有强烈的主观性。这种以自我为中心的交往方式在大学生中是比较普遍的。青年人自我意识的觉醒,使他们具有很强的自主判断、自主评价的倾向。这就造成青年学生容易从自己的角度考虑问题,只强调社会应理解自己,喜欢指责他人,抨击社会。忽视平等、互助这样的基本交往原则,以自我为中心,喜欢自吹自擂、盛气凌人、自私自利,不考虑对方的需要,这样的交往必定以失败而告终。

【案例】

小龙是一名大三学生。从进入大学以来,他都觉得周围的人不喜欢他,都对他不满。三年来,小龙几乎没有朋友,与同学也鲜有来往。他很孤独,但从内心来讲他却很想交朋友。其实小龙并不是一个胆小怯懦、害怕交往的人,很多时候也能从容不迫,侃侃而谈。

小龙抱怨说现在的大学生思想特别不成熟，行为举止幼稚，特别是自己身边的同学，俨然就是中学生的生活状态，这让他非常看不惯。有次上完某老师的课，室友回来纷纷抱怨该老师照本宣科，课堂枯燥无味，以后有机会就旷课。小龙却打断大家，说"学习靠自己，你们这样是给自己的懒惰找借口"。当时寝室空气都凝固了。一次去食堂打饭，小龙看见炒的蔬菜色泽不好，便大声嚷嚷"这菜喂猪差不多"。刚巧同班两位女同学正在打这种菜，她俩回过头狠狠地瞪他一个白眼。还有一次全班去郊游，班委提前商量方案，大家想去风景区，可小龙认为那个季节风景区确实没有风景，据理力争要把活动安排在附近儿童福利院，结果讨论会不欢而散。大家郊游还是去了风景区，却没有通知小龙。小龙一再表明，他说的都是真话，是事实，为什么现在的人不能理解呢？他还说，如果坚持真理就注定孤独，他要坚持下去，走自己的路让别人说去吧。

乍一看，觉得小龙确实挺委屈，但仔细分析就会发现，他的主要问题是在人际关系交往中常常以自我为中心。对于小龙所讲的事情，他的思考方向都是从自我的角度思考其行为的合理性，明显缺乏换位思考。所以小龙在思考和解决他所面临的问题时不能正确地归因，更不能从他人的角度去反思其行为的不合理性。这样的大学生为数不少。他们为人处世都以自己的兴趣和需要为中心，只关心自己的想法和感受，不考虑他人的感受，完全从自己的角度、自己的经验去认识和解决问题，似乎自己的态度就是他人的态度。

大学中，一些学生有着较好的成长经历。他们往往一直是家庭、学校、社会的宠儿，走进大学后仍然是被关注的对象。这些学生在心理上有一种不正常的优越感，容易肯定自己，否定他人。他们更注意自我表现，注意吸引别人的关注，处处期待别人接纳自己、喜欢自己，这就从心理上存在以自我为中心的倾向。

以自我为中心倾向严重的学生，在与他人交往的过程中常常忽视平等、互助这样的基本交往原则，喜欢自吹自擂、装腔作势、盛气凌人，表现得自私自利；凡事从自己的立场进行价值判断，从不考虑对方的需要。这种交往方式的后果是：生活中他们难以找到真正的知心朋友，学习上大家也都不愿意与他们沟通，很有"众叛亲离"的味道。

有以上心理问题的同学应当认识到，在人际交往中，交往的双方是平等的。平等的原则就意味着：在与他人交往的过程中一定要互相尊重，对所有的同学一视同仁。这是同学之间和谐交往的基本前提。在一定程度上，平等原则可以说是交往过程中最重要的原则。这些同学要认识到，尽管由于各种主客观因素的影响，人与人在气质、性格、能力、家庭背景等方面都存在差异，但是在人格上，大家都是平等的。因此，在交往中要对自己有信心，对别人有诚心；只有彼此尊重、平等地交往，才可能有持久的友谊；一定要除去身上不必要的"骄傲之气"，以诚待人，要学会换位思考，多从他人角度考虑问题。只有这样，这些同学才能逐渐获得其他同学的认同。这些学生的家长也应注意和孩子多沟通，帮助他们克服心理障碍。

（二）自我封闭不愿交往

有的大学生认为自己不如别人，怕别人瞧不起自己；有的大学生自高自大，瞧不起别人；有的同学群体意识淡漠，以自我为中心，对周围的人和事漠不关心；有的同学"我高兴"就理你，否则就拒人于千里之外。这些都是自我封闭，缺乏交往的愿望和兴趣，不愿与人交往的情况。

【案例】

大三生刘某从小性格内向，不善言辞甚至是笨嘴拙舌。但他的弟弟却非常外向灵活，特别会与人打交道。他很羡慕弟弟。平时他几乎不开口说话，怕自己说错话得罪人，甚至有时候别人问他话也经常不回答。在大学期间他的朋友特别少，只跟自己同宿舍的两个同学接触较多。直到大三，班上还有几个同学他不认识，与女生接触更少。他内心感到非常孤独、苦闷，觉得自己就像行尸走肉，不知道活着的意义。

刘某这种心理状态的表现是把自己的真实思想、情感以及欲望掩盖起来，自我封闭不愿与人交往。严重者对任何人都不信任，怀有很深的戒备，隔断了与他人的交往。大多数学生都承认在人际关系中，和同学保持融洽的关系还比较容易，但与他人交知心朋友很难或比较难。自我封闭心理的原因：一是自我保护意识很强，不愿意把心扉向别人敞开，有什么事喜欢闷在心里，很少暴露自己真实的一面；二是社会竞争激烈，来自就业等各方面的压力促使大学生整日埋头苦读，彼此间思想沟通和交流不够，使人际关系疏远，缺少知心朋友。自我封闭者在自己与社会、集体、同学和家庭之间筑起了一道心理屏障，影响学习和工作，从而妨碍自己的全面发展。

人的性格和能力与先天的遗传因素有关，但更主要的还是在后天的社会实践中获得。因此，大学生积极参与人际交往对他们的性格和能力的发展具有重要作用。对于青年大学生来说，拥有丰富的人际关系世界，并在这个世界共享爱与被爱，承担快乐与痛苦，帮助与被帮助是人生最幸福的事。在交往中，能够主动接纳别人的人，在人际关系上表现为自信；而较少接纳别人的人，则表现为退缩、回避。有的大学生因为爱面子，怕遭遇拒绝，担心别人不会像自己期望的那样理解，从而使自己处于尴尬的境地，因此很少与他人接触；或者人们在人际关系方面有一些误解。例如，当他打招呼时，别人没有看到，没有作出回应，他便会感觉自己很没面子；或总麻烦别人，他们可能以为自己无能，看不起自己。这些思想都会影响他们主动、积极地与别人交往。其实，这些思想都是个人头脑中想象出来的，别人并不会这样想，是一种"庸人自扰"的想法。在人际交往中，你怎样对待别人，别人就会怎样对待你。但只要迈出第一步，害怕的心理就会消失。人们只有在人际交往中才能积累交际经验，增长与各种人打交道的能力，增强自信，克服各种消极心理。

（三）缺乏技巧不会交往

以上一些因素的综合反应，使有的人在交往中表现为羞怯、自卑、孤独、猜疑、恐惧，缺乏人际交往的基本技能。他们一般都渴望交往，但往往方法欠妥，能力有限，导致人际交往的失败。

大学阶段是大学生从校园逐步走向社会，开始探索人生、了解社会的重要时期。交往能力对大学生来说更为重要，因为他们的主要活动都离不开与他人的交往。但目前，大学生比较缺乏人际交往能力和技巧，在交往中经常处于被动的状态，不善于与陌生人联系；或是怕被别人的言行所伤害，总是选择隐忍，而不愿意向对方表示自己的不满情绪。大部分同学能正确地面对彼此之间的争执，只是处理矛盾不及时，缺乏冲突控制的技巧。交往能力是在与他人进行互动时，带有一定的目的，加强理解和交流，及时疏通冲突，保证与他人交往能顺利进行的能力。在学校里，具有良好交往能力的人总是能快乐地生活，虽然每个人在这方面的能力参差不齐，但我们可以通过训练来提高这种能力。

良好的交往能力，有助于他们进一步认识、完善自我，使个性得到全面发展，是人们身心健康发展的重要条件。同时，它有助于大学生的社会化，帮助大学生未来的成功，是他们家庭幸福的重要保障。所以，良好的交往能力对大学生未来的发展具有重要意义。

有的大学生不善于了解和掌握交往的一些知识、技巧，在交谈的过程中显得过于生硬、书生气太足，木讷，心存感激但不会讲出，而在当时却不能使人理解。有的学生表现为羞怯、自卑、孤独、猜疑、嫉妒、恐惧等，或缺乏人际交往的基本技能。他们一般都渴望交往，但由于交往方法欠妥、交往能力有限、个性缺陷或交往心理障碍等原因，在交往过程中既不了解自己，也不了解别人，导致交往失败。长期的交往失败，使一些学生把交往看成是一种负担，渐渐地变得自我封闭。

伴随着社会的发展和个人知识水平的提高，人际交往能力变得越来越重要。人际交往能力的高低不仅影响大学生的生活水平和质量，关系到大学生的未来，更重要的是关系到国家人才培养能力和在国际中的竞争能力。

三、良好人际关系的建立与维护

人际交往能力是现代社会人才的重要素质，是衡量一个人能否适应社会的标志。当代大学生应该努力培养自己的人际交往和人际关系维护的能力，掌握交往的主动权。

（一）真诚与信任——人际交往的前提

真诚，是实现良好人际交往的一种途径，表现在与朋友同甘共苦。当自己得意的时候,不能忘记朋友;在朋友有难的时候,不抛弃朋友。但是,有的人在自己得意之时,把原来的贫贱之交置于不顾,甚至欺压过去的朋友。更为严重的是有些人在朋友得势、顺畅之时,来享受朋友的欢乐和荣誉,一旦朋友落难便逃之夭夭,置其生死于不顾。朋友必须荣辱相依,患难与共。真正的友爱在于当朋友困难的时候去帮助他,而不是在他得意的时候去奉承他。真诚的另一方面要彼此坦率,要真实地暴露自己,不向朋友隐瞒自己的短处和缺陷,更不能居心叵测,用心险恶,欺骗朋友。对朋友要说真话,对朋友的优点,要学习和称赞;但对于朋友的缺点,要做善意的批评,不能包庇,也不能无原则地妥协。

且不说在亲情交往中需要真诚,那是情理中的事,就是在复杂社会交往中,也非常需要真诚。比如在我们的周围有这样一群人:长期共处,但还未达到亲密无间的程度。如果将自己内心隐藏的话和盘托出,难免会走漏风声,陷自己于不利之境。所以,在交往中,也要注意把握对不同人说不同的话,有些时候可以说得圆滑一些。但是,当对方是我们能够信赖的人,是我们长期共处而又能保守秘密的人,比如亲朋、好友、同事、同学等,都可以成为我们说知心话的人。虽然以前大家从来没有说过知心话,那也许是因为大家都在自觉认同和承受着社会给我们造成的隔膜。对这样一些人,我们可以先试着说出我们的真诚的话语,或许会收到将心比心的意外收获。总之,人际交往中还是要多一些真诚。

真诚是人们认为的最重要的品质。1968 年,美国心理学家 Anderson 在一项研究中向接受实验的大学生们呈现了 555 个形容词,让他们从中间挑选出自己最喜欢的品质和最讨厌的品质。结果表明,受到最高评价的是"真诚"。在 8 个评价最高的形容词中,有 6 个与"真诚"(真诚、诚实、忠诚、真实、值得信赖和可靠)有关。而评价最低的形容词是"说谎"和"假装"。

所以人们喜欢真诚的人,讨厌虚伪和假装的人。我们把这种现象称为真诚原则,即人们把真诚当作交友的最高原则。我们在和人交往的时候,赞美一个人,如果让人觉得你是真诚的,对方会很高兴,但是假如你的赞美让对方觉得虚伪,那反而会增加对方对你的反感。所以与人交往,真诚很重要。做错事情,要向对方道歉的时候也一样,真诚显得尤为重要。要是对方感觉不到你的真诚,那么对方只会觉得你是因为某种目的敷衍他,并不是真心实意地道歉。你就很难获得别人的谅解。所以,与人交往,保持真诚很重要,它是打开他人心门的一块敲门砖。

人们常说,人之相知,贵在知心。和别人交往的时候,适当地表露自己的真实情感和真实想法,可以获得对方的好感与信任。因为这些信息的暴露传达给对方的就是一种信任。这种对对方的信任可以使你获得对方的好感。这就是人际交往中的自我暴露原则。

但是自我暴露并不一定要暴露自己的隐私。自我暴露的程度有深有浅。我们可以根据与他人关系的深浅选择适当的自我暴露程度。比如,在不太了解的人面前,我们可以交流一些生活中的并不私密的事情。这样既给人亲近之感,又不会让自己处于不安全的境地。

当然,自我暴露的多少也要适当。心理学家认为如果自我暴露过度,总是喋喋不休地向别人谈论自己,往往会被他人看作以自我为中心主义者。所以自我暴露也不是越多越好。

在人际交往中,我们要灵活应用自我暴露原则,既要获得别人的好感与信任,也要保护自己。

【案例】

来自北方的小李准备去南方一所省城大学读书,临行前在一家企业做人事主管的父亲反复告诫他,在大学里首先要和寝室的同学搞好关系,这样你的生活才会愉快,才有归属感。进校后,小李时刻铭记父亲的话,但是由于和同寝室的一名南方同学在对爱情的看法上相差甚远,经常斗嘴,导致彼此不服气,互相看不起,矛盾时有发生。而那位南方同学比小李更会处理人际关系。到最后同寝室的其他同学都站到了小李的对立面,同学关系开始变得紧张起来,其他人都不理解他、不信任他,少数同学甚至奚落他。小李对他们也充满怨恨和不信任,进而猜疑和反感,只要有两位同学当着他的面嘀咕几句,小李就认为他们是在说自己的坏话,为此他的心里十分苦闷;而那位南方同学却好像整天都过得很开心、很快乐。看到这一切,小李感到无能为力的同时又十分伤心,心胸开始变得狭窄,一度产生了退学的念头。

从小李和南方同学的对比来看,可见人际交往对大学生心理健康的重要影响,小李因人际交往的紧张,使自己的心里充满了猜忌、嫉妒和对他人的不信任。学校辅导老师经过对小李人际交往技巧和艺术的辅导。小李对南方同学开始变得更加宽容,并试着改变和寝室其他同学的关系。慢慢地在小李的脸上又看到了灿烂的笑容。

(二)分享与助人——人际交往的方法

不会分享与分担是这一代大学生特殊的成长背景中极易形成的负性品质,也是造成他们在人际交往中受挫的重要原因。良好的人际交往能够让大学生在良性的人际氛围中,充分体验与享受交往对象带来的快乐,并乐意将自己的快乐与对象分享,进而学会分担与体验交往对象的痛苦,从而产生同感与共情,积极帮助交往对象解决问题,重新找回失去的快乐。分享是一个很重要的品质,尤其对心理健康发展有着特殊的意义。在樊富珉教授的团体咨询中,分享是首当其冲的训练项目,其目的就是让每一个参与团体活动的人体验到分享的心理感受,学会分享,从而达成人与人的心理相容,在互相帮助下解决心理健康问题。

接受与给予是矛盾统一于人际交往中的一对交互影响的心理品质与行为。由于每个人都生活在某个群体中,必然会与群体中的人发生各种形式的联系。在这一过程中,我们无法离开他人的给予,也正是在这种接受与给予的过程中,体验帮助与被帮助的快乐。大学生是一个特殊的群体,更多的是在接受中成长,不懂或很少给予,体会不到给予的愉悦,在人际交往中表现出明显的"自我中心",而使人际关系遭到破坏,心理健康也备受影响。因此,学会接受与给予,有助于良好人际关系的建立;相反,良好的人际交往,更能使大学生体验到接受与给予的乐趣,养成接受与给予的良好心理品质。

【案例】

小峰是一名大三的学生,同时也是学生干部。他学习成绩优秀,但人际关系较紧张,不仅与寝室同学相处不好,就连班上的许多同学也无法正常交往。在同学的心目中,小峰是一个清高、傲慢的人,虽然学习优秀,但对他的其他方面则不敢恭维。小峰也为此很头疼,只要是他主持的活动项目,同学们似乎都有意不参加,好像故意和他作对,而他本人长期坚持的做人准则就是:我行我素,万事不求人。他几乎不接受别人的帮助,也认为自己没有帮助别人的义务。他成绩好,可每当班上同学向他求教时,他要么说不知道,要么就在给别人讲完之后,还将别人奚落一顿,有时还要加上一句"拜托你上课时认真听讲,下次不要再来问我这么简单的问题"。时间一长,同学们都不愿意与他交往,人际关系越来越差。小峰对自己的人际关系状况非常不满意。他时常感到孤独、没有归属感,有时孤独感令他窒息、焦虑甚至恐惧,但他不知道如何改善这一现状。

小峰人际关系不佳的重要原因就在于他是一个不懂得接受,更不知道给予的人。在他的观念里,每个人只要做好自己的事情就足够了,没有给予与接受的意识,最终将失去支持,生活在自己孤独的世界里,痛苦不堪。不懂接受与给予,不仅影响良好人际关系的建立,而且影响了心理健康的水平。

(三)冲突应对——维护人际交往的能力

何为冲突?在《牛津大辞典》的解释是人们之间对不同观点或信仰的不同意见。在人们的共同生活中,冲突是一种司空见惯的正常现象,长期没有冲突的关系根本不存在。凡是在人们共同活动的领域,总会产生不同意见、不同需求和不同利益的碰撞。如何处理冲突,我们有五种选择,回避、退让、竞争、妥协和合作。

【案例】

有3个同学住在同一间宿舍,小A是一个不爱凑热闹的人,偶尔会和舍友互动,平时与同学没有过多的交流与沟通,也没什么人到宿舍来找他。他喜欢早睡早起,作息时间比较规律。但是,小B却不怎么爱读书,大部分时间以玩游戏为主,而且他经常玩到深夜,偶尔还放音乐,或者打游戏和队友配合的声音比较大。熄灯电脑没电后看手机小说到深夜,第二天早上睡到很晚才起床。小B的性格比较外向,很多同学来串门找他。另一个同学小C学习成绩好,尤其理科,稍微学一下就融会贯通。平时他也贪玩。偶尔与小B一起打游戏,或者看小B玩;夜里也会看一些畅销书。由于小A和小B、小C的作息时间存在很大差异,所以他们心里其实都觉得对方影响自己的休息,因为这事他们一直心理不太愉快,但他们都采取回避策略,在初现矛盾的时候,他们也没有把对对方不满的地方直接告诉对方。但是,时间久了,因为小B和小C过于吵闹,小A的情绪开始变得有点暴躁。虽然他们之间的冲突没有爆发,但是,他们经常私底下会埋怨对方。小A指责小B玩游戏太晚,而且在玩游戏的同时,还时常发出声音。而小A每天早上太早起床,打开电脑并且塞上耳机,以至于每天早上都把小B吵醒。这样的事情断断续续地在这个宿舍上演。

从上面的案例我们可以看到,在大学生活中,同学之间的冲突是不可避免的一部分,你无法完全加以避免。但是你可以采用一些简单的技巧来迅速化解冲突,并且要做出迅速反应。对冲突置之不理,就会葬送你的人际关系。不要因为不愿意做出迅速的反应,而让人际关系受到任何可能的破坏。

人际关系一旦出了问题,你的目标应该是解决问题,而不是赢得战争。每个人都有自尊,每个人都希望自己是正确的,这是人类的正常渴求。首先,你必须问自己,"我想实现什么目的"。换句话说,"我必须做出什么改变才能让事情进展得更好"。其次,尝试了解对方想要的是什么。最后,努力让双方的基本需求都得到满足。

在实际生活中,很多的人际冲突都是可以避免的。学会用移情的方式去体验别人为什么会像他所想的那样言行,可以有效地帮助我们正确理解别人,避免判断错误,也可以防止发生不恰当的体验和行为。对于已经发生的冲突,如果处理得当,就事论事,往往不会给人际关系带来太大危害。心理学家经过研究,提出了解决冲突的有效步骤。实践证明,这些步骤可以有效地帮助人们控制和消除冲突。这些步骤的具体内容如下:

第一,相信一切冲突都可以理性而建设性地获得解决;

第二,客观地了解冲突的原因;

第三,具体地描述冲突;

第四,向别人核对自己有关冲突的观念是否客观;

第五,提出可能的解决冲突的办法;

第六,对提出的办法逐一进行评价,筛选出最佳的解决途径,最佳方法必须对双方都最有益;

第七,尝试使用选择出的最佳方法;

第八,评估实现最佳方案的实际效应,并按照给双方带来最大利益和有利于良好人际关系维持的原则给予修正。

【互动体验】

1. 我的人际圈

观察自己和同学的人际关系图(图 4-5),并认真思考:

(1) 有多少人进入你的人际圈?你进入了哪些人的人际圈?分别在什么位置上?

(2) 你对自己的人际关系状况感到满意吗?

(3) 怎样让自己的朋友更多一些?

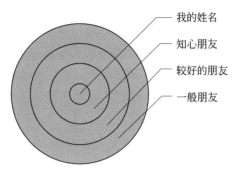

图 4-5 我的人际关系图

2. 戴高帽

目的:学习发现别人的优点并欣赏,促进相互肯定与接纳。

时间:约 50 分钟。

操作:5~10 人一组围圈坐。请一位成员坐或站在团体中央,其他人轮流说出他的优点及欣赏之处(如性格、相貌、处事……)。然后被称赞的成员说出哪些优点是自己以前察觉的,哪些是不知道的。每个成员站到中央,戴一次高帽。规则是必须说优点,态度要真诚,努力去发现他人的长处,不能毫无根据地吹捧,这样反而会伤害别人。参加者要注意体验被人称赞时的感受如何?怎样用心去发现他人长处?怎样做一个乐于欣赏他人的人?活动结束时,大家心情愉快,相互接纳性增强。此活动一般适合在比较熟悉的成员之间进行。

本章小结

围绕人际交往,介绍人际交往的过程、影响因素与主要类型,解析大学生人际关系的特点和主要问题,介绍改善人际关系的方法与技巧,以帮助大学生提高人际交往的水平。

思考题

1. 结合自己的实际情况,谈谈自己有哪些人际交往中的困惑或难题?如果有,准备怎样解决和应对?

2. 人际冲突对你意味着什么？你在日常生活中是怎样应对与解决冲突的？

【深度阅读】

《每天懂一点人际关系心理学：将人际烦恼一扫而光的心理书》

作者：（日）木瓜制造，原田玲仁

译者：郭勇

出版社：湖南文艺出版社

这本书，专门为帮助人们消除人际关系中的烦恼而编写的。本书内容涵盖了如何与初次见面的人建立良好关系、讨人喜欢的话与招人厌恶的话、加深关系的心理学要素、人际关系的修复方法、职场上百试百灵的心理技巧等。您可以选择对自己最有帮助、自己最需要的章节阅读，当然也可以一口气从头读到尾。让您掌握心理学，从此将人际关系处理得游刃有余。

《卡耐基口才的艺术与人际关系（全集）》（最新增订珍藏版）

作者：卡耐基

译者：马剑涛，肖文键

出版社：中国华侨出版社

《卡耐基口才的艺术与人际关系（全集）》（最新增订珍藏版）以社交和口才为基点，把语言与人性有效地结合在一起，旨在传授人们如何运用口才在社会交往中立于不败之地。利用大量普通人不断努力取得成功的故事，通过他的演讲和著作唤起无数陷入迷惘者的斗志，激励他们取得辉煌的成功，并提高了生活素质。同时，还教会人们如何克服畏惧、建立自信，扩展自己人脉关系。

《魅力何来：人际吸引的秘密》

作者：（美）戴维·迈尔斯

译者：寇彧

出版社：人民邮电出版社

《魅力何来：人际吸引的秘密》改编自美国著名心理学家戴维·迈尔斯的超级畅销书《社会心理学》。这本在国外大学的心理学学生中几乎人手一册的书，集合了当今与我们的生活最为贴近的社会心理学中最优秀的成果。我们节选了其中关于吸引力和亲密关系的一部分，配以大量插图，并且修改了原书中过于学术性的语句，以通俗易懂的语言揭示了吸引力产生的四个要素，即接近性、外表、相似性和被喜欢的感觉，介绍了我们应当如何发展、维持和促进与朋友、亲人和爱人的亲密关系。

第五章 情绪管理

名人名言

能控制好自己情绪的人，比能拿下一座城池的将军更伟大。

——拿破仑

本章要点

情绪的定义与类型；

情绪的发生机制与作用；

情绪对大学生的影响；

情绪管理策略。

【案例】

欣欣是一所大学的新生。刚上大学没几天，她总觉得自己压力很大，不习惯大学的生活节奏。为此，她特意来到学校的心理咨询中心咨询。她向咨询师诉说："我上大学后干什么事情总是没有精神，情绪很不稳定，看到大家都在读书，觉得很难受，甚至有点痛恨他们在读书。我经常一个人上课、自习、吃饭。我觉得一个人很自在，不受约束。我发现自己还有个问题，当我情绪不好的时候，就吃东西。常常是一个人在这个食堂吃完，又跑到另一个食堂去吃，然后再到超市买一大堆饼干回宿舍吃。我也知道这样不对，但就是无法控制自己。我就想不停地吃下去，什么都不想。但是我发现这种发泄带来了更多的问题：首先是钱的问题，我觉得对不起父母，因而自责；其次是我长胖了。我很注重自己的外表，希望自己精干，但是我现在长了十斤，可我还是控制不住自己。我把精力放在与学习无关的事上，这样我的生活不规律，学习不规律，饮食不规律。我觉得生活学习一团糟，对什么都没有信心。我的情绪不稳定，对什么都没兴趣。我觉得我对不起很多人，对不起所有对我有期望的人：父母、同学、师长，甚至我自己。可是我还是很难控制自己的情绪。我很害怕，但是不知该如何做……"

提问：

你是否也曾经遭遇过和欣欣类似的情绪低落？你是如何调节的呢？

一、认识我们的情绪

当代大学生面临着学习压力、就业压力、经济压力等问题。我们的成长与发展、我们的身心健康受外界环境的影响越来越大。而大学是人生非常重要的时期，是奠定人一生发展的基础。在这样关键的时期，一些大学生却常常感到情绪不佳，主要因为我们身心都正处于剧烈的变化期。因此学会关注自己的情绪十分必要。每个人都会经历人生的酸甜苦辣，体验情绪的喜怒哀乐。当遇到情绪低落，不可避免地会遭受苦恼和折磨。我们应该如何驾驭自己的情绪，找到快乐的金钥匙？答案是从了解自身情绪开始，进而管控情绪。让我们一同走近情绪，学习做情绪的主人！

（一）什么是情绪

1. 情绪的定义

情绪最开始的含义是移动，也就是从一个地方转移到另外一个地方。《心理学大辞典》将"情绪"定义为：随着客观事物环境的变化，有机体反映客观事物与主体需要之间的关系的态度体验。因此，有学者认为情绪这一概念表示的是某人处于变化过程中，即从一种状态变为另一种状态，例如从快乐到伤心。

实际上，情绪是一种多维度、多形态和多功能的复合体，是一种十分复杂的心理过程。我国心理学家认为，情绪是人类对于各种认知对象的一种内心感受或态度。它是人们对于自己所处的环境和条件，对于自己的工作、学习和生活，对于他人的行为的一种体验。也可以说，情绪总是由某种变化和刺激引起的，如自然环境，社会环境或人自身的某种变化。而引发情绪刺激的前提条件是这些刺激必须是可认知的对象。由于认知对象会引发人的需要，进而就产生了人对认知对象的不同感受或态度。也就是说情绪与需要总是相关的。需要是情绪产生的重要基础。根据需要是否获得了满足，情绪具有肯定或否定的性质。凡是能满足已激起的需要或促进这种需要得到满足的事物，便能引起肯定的情绪，如开心、愉快等；凡是不能满足这种需要或可能妨碍这种需要得到满足的事物，便会引起否定的情绪，如憎恨、伤心、不满意等。

我们在这里采取较为普遍的看法，认为情绪是个体对客观事物与个人需要之间关系的体验过程。这也就是说，情绪可以从以下四方面来理解（图5-1）：（1）情绪由客观事物引起；（2）情绪的产生以需要为中介，也就是说根据需要是否获得了满足，情绪具有肯定或否定的性质；（3）情绪会引起相应的内心体验；（4）内心体验会引起生理变化。在不同的情绪状态下，人的心率、血压、呼吸等都会有相应的变化。

图 5-1 情绪的演变过程

情绪从内心体验到外部表现的过程涉及情绪的三个要素：内心体验、生理基础和外部表现。情绪的内心体验是大脑的一种感受状态，我们会对不同的事物有不同的主观体验，有些事物使我们感到开心与快乐，有些事物则使我们伤心。当我们产生某种情绪体验时，身体内部也会发生相应的变化，这是情绪的生理基础——生理唤醒。任何一种情绪的产生过程都伴随着一定程度的生理唤醒，会影响机体许多器官的活动。例如，当我们面临危险感到害怕时，会发生许多身体上的变化：心跳加快、呼吸紧促、脉搏加快、四肢发抖、肌肉紧张等。情绪的第三成分是外部表现，表现在人的面部表情、语态、身体姿势和行为动作中。当我们快乐时便会有开怀大笑的表情，甚至手舞足蹈；当我们害怕时便会睁大眼睛捂住嘴巴，也会大声尖叫甚至做出想逃跑的动作。情绪的外在表现可以成为人们判断和推测一个人情绪的指标。

2. 情绪与情感

如果说情绪主要指情感的过程，即个体需要与情境相互作用的过程，具有情境性、激动性和暂时性，往往随着情境和需要的改变而改变，可以用于人类，也可以用于动物。那么情感则经常用来描述那些稳定的具有深刻社会意义的感情。作为一种体验和感受，情感具有较大的稳定性、持久性和深刻性。这样来看，情绪与情感区别是比较明显的，但又是相互依存、不可分离的。稳定的情感是在情绪的基础上形成的，而且又通过情绪来表达。情绪也离不开情感，因为情绪的变化反映情感的深度，并且在情绪中蕴藏着情感。

情绪与情感是同一现象，同一过程，只是强调的是不同方面。情感代表感情的内容，而情绪代表感情的反应过程。它们之间的区别如下：

（1）对象不同，情绪是人和动物共有，情感只是人特有；

（2）需要不同，人的需要分为生物性需要和社会性需要，而情绪与生物性需要相联系，情感则与社会性需要相联系，它受到社会规范制约；

（3）特征不同，情绪带有情境性和不稳定性，相对来说，情感具有长期性、稳定性和深刻性；

（4）外部表现不同，情绪较为强烈，冲动性大，具有明显的外部特征，而情感一般较弱，冲动性较少，外部表现不明显。

简单来说，在表示感情反应过程的形式方面采用情绪，表示感情内容时采用情感，但它们之间有着强烈而紧密的联系，具体如下：

（1）情绪和情感相互联系，相互依存，不可分离；

（2）稳定的情感是在一定情绪的基础上形成的，也就是说情绪的积累形成了稳定的情感，而情感则通过情绪得以表达；

（3）情绪也离不开情感，情绪的变化反映了情感的深度，在情绪中蕴含着情感。

（二）情绪的类型

对于情绪的类型，我国古代将人的情绪分为喜、怒、哀、乐、爱、恶、惧七种基本形式。现代心理学一般把情绪分为快乐、愤怒、悲哀、恐惧四种基本形式。另外一种重要的分类则根据情绪发生的强度、持续时间和紧张度，将情绪分为心境、激情和应激。

1. 四种基本情绪

我们所说的四种基本情绪，即快乐、愤怒、恐惧和悲哀。这是先天固有的，具有独立的内心体验、生理基础和外部表现。

快乐是指一个人渴望和追求的目的实现后产生的情绪感觉。这是由于个体的需要得到满足，愿望得到实现，心理的急迫感和紧张感随之解除，快乐便随之而生。当收到心上人的电话、礼物，或者是工作中获得肯定，都会感受到巨大的快乐。快乐按程度不同，可分为愉快、兴奋、狂喜等。这种程度不同是和所追求的目的对自身的重要性以及实现它的难易程度有关。同时也与愿望满足的意外程度有关。目的出乎意料的实现也会引起极大的快乐。

【延伸阅读】

小确幸[①]分享

① 忙了一整天，晚上终于躺下的那一刻。
② 一个信任的眼神。
③ 吃第一口冰激凌的美妙感觉。
④ 把爱撒娇的狗狗抱在怀里。
⑤ 等待许久后看到日出。
⑥ 一觉醒来发现还可以再睡上几小时。
⑦ 看到他心里七上八下的感觉。
⑧ 冬天在暖和的被窝里与亲密的朋友煲电话粥。
⑨ 与你爱的那个人牵手旅行。
⑩ 捧着一杯热咖啡听屋外的雨声。

愤怒是与快乐相对，指所追求的目的受到阻碍，愿望无法实现时产生的情绪感觉。愤

---

① 小确幸，出自村上春树的随笔，意思是微小而确实的幸福。

怒时有明显的外部表现：紧张感增加，有时不能自我控制，甚至出现攻击行为。愤怒也有程度上的区别。按程度上的不同，愤怒可以分为不满、生气、愤怒、暴怒几种。普通的愿望实现不了时，只会感到不快或伤心。一般来说，当人们遇到挫折时，都会产生一定的不满情绪，但不一定会发怒。但如果发现愿望无法实现是因为不合理的阻碍或故意的破坏时，愤怒便会油然而生，特别是当个人的自尊心受到伤害，人格受到侮辱时，往往会产生比较激烈的愤怒情绪，甚至勃然大怒。这种怒火冲天的情绪对人的身心有明显的伤害。这是一种不良情绪，它会破坏人的心理、生理平衡，从而导致各种疾病。

恐惧是遇到危险情境后企图摆脱和逃避而又无力应对时或预感到某种潜在的威胁时产生的情绪体验。这样看来，恐惧的产生不仅与危险情境的存在有关，还与个人摆脱危险情境的能力和应对危险的手段有关。一个初次走夜路的人遇到歹徒袭击会感到无比害怕和恐惧，而一个经验丰富的人对此的恐惧感则会大大降低甚至可能会泰然自若。恐惧也可按程度不同，分为怕、惧怕、惊恐和恐怖等几种。人在恐惧时，外部表现也十分明显：脸色苍白，心跳剧烈加快，有时还会全身发抖。"心惊肉跳""毛骨悚然"等就是形容人在恐惧时的状态。可见恐惧也是一种消极情绪。恐惧会使人的知觉、记忆和思维过程发生一些障碍，失去对当前情景分析、判断的能力，并使行为失调。如旅馆失火时，住在旅馆的人常常在感到恐怖的状态下显得慌乱、紧张、不知所措，争先恐后地往外跑，跑不出去就选择跳楼。

悲哀是指失去心爱的事物时，或理想和愿望破灭时产生的情绪感觉，如亲人离世，考试失常等。悲哀也有遗憾、失望、难过、悲伤、哀痛等程度的不同。其程度取决于失去事物的价值和对自己的重要性。悲哀的外显行为可能是由于紧张的释放而导致的哭泣。通过哭泣，人们的悲哀能够得到缓解。当然，并不能说悲哀就是消极的。它在适当的时候能够转化为前进的动力。

在上述四种基本情绪形式的基础上，还派生出许多情绪，组成各种复合的形式。如与对他人评价有关的如爱慕、讨厌、怨恨；与对自我评价有关的如谦虚、自卑、骄傲等，都包含着快乐、愤怒、悲哀、恐惧四种基本因素。例如，美国心理学家伊扎德将复合情绪分为以下三类：

一是基本情绪的混合，如兴趣—愉快、恐惧—害羞等。

二是基本情绪和内驱力的结合，如性驱力—兴趣—享乐、疼痛—恐惧—怒等。

三是基本情绪与认知的结合，如活力—兴趣—愤怒、多疑—恐惧—内疚等。

【知识链接】

情绪的外显行为

情绪的外显行为通常为表情，是由大脑和躯体神经系统支配的骨骼肌运动[①]。它分

---

① 孟昭兰.情绪心理学.北京：北京大学出版社，2005：79.

为面部表情、体态表情、语调(言语)表情。它参与情绪的发生,是情绪和情感状态下,身体各部位的动作量化形式。

面部表情:是指通过眼部肌肉、颜面肌肉和口部肌肉的变化来表现各种情绪状态。根据心理学家研究,发现人的面部表情基本上反映在嘴唇、眉毛以及眼睛的变化上。如高兴、愉快时嘴角向后伸,上唇略提,两眼闪光,两眉舒展,也就是平常所说的"眉开眼笑";惊讶时张嘴、瞪眼、两眉紧竖,即所谓的"目瞪口呆"。

体态表情:面部以外的身体部位动作,包括手势、身体动作等,是借全身姿态和四肢活动来表达情绪。如欢乐时的活蹦乱跳、手舞足蹈、捧腹大笑;着急时的抓耳挠腮;痛恨时的摩拳擦掌、咬牙切齿等。

语调(言语)表情:言语的声调、节奏和速度。如高兴时,语调高昂、语速加快;悲哀时语调低沉、语速缓慢;害怕时声音发颤等。

【互动体验】

(1) 总结5个让你感到快乐的瞬间和5个让你伤心的瞬间。

(2) 向你的朋友展现你喜、怒、哀、乐时的不同外显行为。

(3) 通过活动,一方面学会关注自己的情绪;另一方面学会通过观察朋友的外显行为来把握身边朋友的情绪。

2. 三种情绪状态

根据情绪状态的强度和持续时间,可分为心境、激情和应激。所谓情绪状态是指在一定的环境影响下,一段时间内各种情绪体验的一般特征表现。

(1) 心境

心境也称为心情,具有渲染性和弥散性,是在某一时段内,作为人的情绪的总背景。它将人的言行举止、心理活动都染上相应的情绪色彩。如愉快、喜悦的心情,往往使人感到"乱花渐欲迷人眼,浅草才能没马蹄"。悲伤的心情则会使人感到风花雪月也垂泪伤心,所谓"感时花溅泪,恨别鸟惊心",就是指人在一定的心境下感到花鸟也在伤心落泪。一般说来,心境持续的时间较长,有时持续几小时,有时可能几周、几个月甚至更长时间。这主要取决于引起心境的刺激的特点和个性差异。

【案例】

小王的父母都是公务员,从小过着衣食无忧的生活。由于父母工作比较忙,小王一直由乡下的奶奶抚养。虽然乡下条件比不上城里,但只要小王要什么,奶奶总能满足她。父母也定期来看她,而且每次来总能拿上很多好吃、好玩的东西和好看的衣服,还给她不少的零花钱。因此当时在乡下的很多小孩眼里,小王是最幸福的。小伙伴们都很羡慕她,并且走到哪里总有小朋友们追随着。从小她就有一种"众星捧月"的感觉。直到小王上中学时奶奶病逝,才回到城里和父母生活。也许父母是因为从小没能很好地照顾她,感到有点愧疚,所以回到家后的小王,更是受到父母的格外呵护,享受着"小公主"般的感觉。这样的生活一直伴随着小王走进了大学。

刚进大学时,对于小王来说一切都是陌生的,离开了父母的呵护,有点茫然了。但她还是积极地面对生活,各方面表现得都还不错。不久,小王参加了学校和系上的各类学生干部、干事的竞选,结果都失败了。长这么大,第一次体会到如此"沉重"的打击,一向好胜的小王陷入了自我否定的泥潭,情绪往往会因为一件很小的事情而大起大落、反复无常。但小王努力学习,成绩还不错,每次都能拿到学校的"优秀奖学金"。也许是小王这种争强好胜的性格,在寝室里好与人争执,又很少忍让。长此以往,寝室的同学都不敢"惹"她了,她的人际关系也开始出现了危机。她总怀疑别人在议论自己,对每个室友都充满了敌意。每次看到别人高兴地在一起玩或学习时,小王内心充满了孤独感;晚上常常做噩梦,睡眠出现问题,精神状态不佳;没有胃口,常常不知道自己为什么发脾气,也很难控制自己的消极情绪,最终变成了同学中的"另类"。小王很痛苦,也努力尝试过改变自己,但坚持不下来。大二后,小王每天精神萎靡,对生活缺乏热情,自我否定几乎表现在她生活的所有内容中,甚至出现了自闭的状态。

从以上案例可以看到,引起小王不良心境的原因是多方面的,如生活环境的变化,竞选的失败、人际关系的不良等。而情绪中的认知因素则是心境持续的主要原因。如果对某种产生情绪的刺激过于强调,这种强调的结果就可能导致某种心境。比如,竞选失败后若能认识到失败的原因并知道应该继续努力,其失望情绪会很快消失。但如果太强调这次失败,把它看成是一次万劫不复的深渊,进而自我否定,那么其失望情绪就会持续。

心境对人的生活、工作、学习和健康有很大的影响。第一,心境影响个体的行动动机。一个人心境好的时候,他将有积极的态度,对学习和工作有较大的兴趣。相反,一个人心境不好的时候,甚至连饭也不想吃,不愿意跟别人说话,什么事都不想干,凡事感到枯燥乏味。也就是说,在心境不好的时候一个人的各种行动动机都是很消沉的。第二,心境影响人们记忆的选择性。我们常有这样的经验,当心情不好的时候,往往连回忆里都是不愉快的事情,而心情好的时候连回忆都是甜蜜愉快的事情。第三,心境也影响利他行为。利他行为存在于我们日常生活的各个角落,比如,公交车上有人给老人让座;学校中成绩好的学生帮助后进的学生温习功课;为灾区人民募捐等。而这些利他行为实际上是与人的心境有十分密切的关系的。美国儿童心理学家南希·艾森伯格曾作过这方面的实验研究并指出,处于好心境中的人比处于坏心境中的人,更愿意帮助别人。

(2) 激情

激情是一种迅速强烈地爆发而持续时间短暂的情绪状态,如狂喜、暴怒等。引起激情的原因有两方面:一方面,由对个体具有重大意义的强烈刺激或突如其来的意外事件所引起;另一方面,过度的抑制或兴奋,相互对立的意向或愿望的冲突也容易引起激情。激情具有爆发性的特点,即激情产生的过程十分迅速和猛烈,强度很大,并使人体内部突然发生剧烈的生理变化，有明显的外显行为，如咬牙切齿、面红耳赤、捶胸顿足等，有时甚至还会出现痉挛性的动作或言语紊乱。值得注意的是，当个体处于激情状态时，往往失去对行为的控制，有一种情不自禁、身不由己的感受。因此学会控制激情的方法十分必要：在激情爆发前，尽量将注意力转移到无关的行为上去；在激情状态中，合理释放、转移环境、言语宽慰等都是比较好的调节方法。例如，找人谈谈心、痛哭喊叫，这样可以释放怒气和怨气；也可以下棋、散步、听音乐等，这样可以转移当时的状态，冲淡激情爆发的程度。所以说激情是可以控制的，不能用激情爆发为自己的错误开脱。

激情也有积极的作用。积极的激情往往与冷静，理智和坚强的意志相联系，成为激发人正确行动的巨大动力。想象一下，在战场上保卫祖国安全的战士，为战友复仇所激起的对敌人怒不可遏的无比仇恨，会激励战士英勇杀敌。在重大的国际比赛中，为祖国争光所激起的拼搏精神，会激励运动员们克服重重困难去夺取金牌。这些激情状态，饱含着爱国主义的情感，是积极的激情状态。

（3）应激

应激是遇到出乎意料的紧急状况，人必须迅速果断地做出反应的时刻引起的高度紧张的情绪状态。例如，人们遇到突然发生的火灾、地震等自然灾害时，瞬间人的身心都处于高度紧张的状态之中。这时人所产生的特殊紧张的情绪体验，就是应激状态。应激具有超压性和超负荷性的特征，即个体在应激状态中为了充分调动体内各种机能和资源去应对危险、重大的变故，常常会在心理上感受到超乎寻常的压力，在生理上承受超乎平常的负荷。应激的产生与个体面临的突发状况及对自己应对状况能力的估计有关。当突发的情境、对个体提出的要求是其从未经历过的、与以往的经验完全不一致且意识到现有的经验难以应付当前危机时，就会处于应激状态。

人处在应激状态下，可能会有两种表现：一种是积极状态，动员身体各种潜能应对危机，表现为急中生智、沉着果断、思维清晰，以致能超乎寻常地应付危急局面；另一种是消极状态，使活动受到抑制，表现为呆若木鸡、惊慌失措，甚至发生临时性休克。而应激的积极状态是可以训练的，只要有意识地提高思想觉悟，注意在实践中多锻炼，人们的应激水平就能逐渐得到提高，如军人的实战训练、学生的模拟考试等，都可以促成应激状态下的积极反应。通过训练，培养思维的敏捷性，提高行动的果断性，增强动作的灵活性，强化技能的娴熟性，提高在意外情境下的决策水平。这样碰到新的变故时就能应对自如。

【深度阅读】

情绪的发生机制

1. 詹姆斯-兰格理论（情绪的外周理论）

关于情绪与情感生理心理学问题最早的理论是由美国心理学家詹姆斯（W James）于1884年提出。在同一时期，丹麦生理学家兰格（C Lange）也提出相似的理论，所以常将这一早期理论合称詹姆斯-兰格理论。他们认为情绪是一种内脏反应或对身体状态的感觉，简单来说就是情绪刺激引起身体的生理反应。而生理反应进一步导致情绪体验的产生。

（1）詹姆斯：情绪就是对身体变化的知觉。"更合理的说法是：我们哭，所以愁；动手打，所以生气；因为发抖，所以害怕。"

（2）兰格：情绪是内脏活动的结果，血管变化是情绪的原因。血管扩张导致愉快的体验；血管收缩则导致不愉快的感受。例如，饮酒、药物能引起血管变化，因此会影响情绪，而冷水浇身也可抑制愤怒。

詹姆斯-兰格理论如图 5-2 所示。

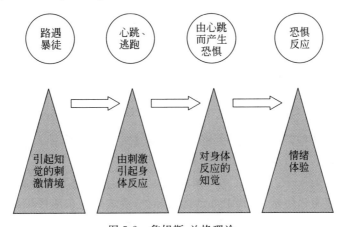

图 5-2　詹姆斯-兰格理论

2. 坎农-巴德学说

美国生理学家坎农（W B Cannon）在 1927 年针对詹姆斯-兰格情绪理论提出了三点质疑：首先，在各种情绪状态下身体的生理变化差异很小，无法在生理变化上区分复杂多样的情绪；其次，由自主神经系统控制的体内各个器官对刺激的反应是迟缓的，而个体情绪是瞬间变化的，这一点无法匹配；最后，有机体的生理变化是可以通过人为的办法进行诱发的，但激发的某种生理状态只是表面，无法诱发出某种特定情绪，例如，无法诱发出人的愉快情绪。针对詹姆斯-兰格理论的不足，坎农总结了神经生理学实验研究成果，提出了情绪的丘脑学说。这一学说后来得到巴德的实验支持，故称坎农-巴德学说。该理论认为情绪的中心不在外周神经系统，而在中枢神经系统的丘脑。情绪体验和生理变化是同时发生的，它们都受到丘脑的控制。大脑皮层对丘脑的功能一般情况下存在着抑制作用，当这种抑制作用解除时，丘脑的功能就会亢进。情绪过程正是大脑皮层抑制解除后的丘脑功能亢进的结果。丘脑的情绪冲动一方面传入大脑产生情绪体验；另一方面沿传出神经达外周血管、脏器形成情绪表现的生理基础。丘脑损伤并不一定引起情绪体验和情绪表现的一致性变化，大脑皮层损伤或皮层抑制功能解除的人，并不持久地处于情绪反应增强的状态,如图 5-3 所示。

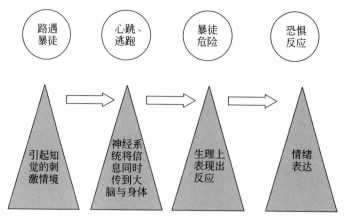

图 5-3 坎农-巴德学说

3. 沙赫特-辛格三因素情绪理论

对于情绪的产生机制,1962 年沙赫特和辛格通过情绪实验得出结论,认为情绪产生的重要机制是个体认知的参与以及认知对环境和生理唤醒的评价过程,即情绪经验来自个体对三方面信息的认知:第一是对刺激情境性质的认知,如是平和的还是可怕的;第二是对自己身体生理变化的认知,就是自己感觉如何;第三是由交感神经系统以一定形式进行生理唤醒的。也就是说情绪的产生是刺激情境、生理反应和认知三种因素整合作用的结果:人们通过周围环境的暗示,以及自己对刺激信息特点的认知加工,再对情绪状态进行解释与分类,最后认知是个体对刺激信息引起一定生理唤醒引导下进行解释而导致情绪的产生,如图 5-4 所示。

4. 情绪动机-分化理论

汤姆金斯和伊扎德认为,情绪是一种独立的心理过程而不是伴随着其他心理活动产生的一种副现象。情绪有其独特的机制,并在人的心理生活中起着独特的作用。汤姆金斯直接把情绪看作动机,认为情绪正是起着一种放大作用,而心理过程内驱力的信号需要通过这种放大的媒介才能激发有机体去行动。伊扎德指出情绪的主观成分,即主观体验就是起动机作用的心理机构,各种情绪体验是驱动有机体采取行动的动机力量。这是以情绪为核心,以人格结构为基础,来论述情绪的性质及功能的。

第一,情绪与人格系统。人格系统由 6 个子系统组成:体内平衡系统、内驱力系统、情绪系统、知觉系统、认知系统和动作系统。情绪具有动力性,它组织并驱动认知和行为,为认知和行为提供活动线索,所以情绪是人格系统的核心动力。

第二,情绪系统及其功能。情绪包含着神经生理、神经肌肉的表情行为、情感体验三个子系统。情绪特征主要来源于个体的生理结构。遗传是某种情绪的阈限特征和强度水

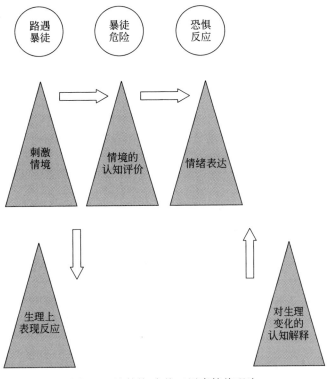

图 5-4 沙赫特-辛格三因素情绪理论

平的决定因素。

第三,情绪激活与调节。生物基因包括 4 个基本过程:内分泌激活过程、感觉反馈过程、情感激活过程和认知激活过程。情绪的生物基因——神经内分泌系统不仅可以直接激活情感体验,而且可以影响其他三个情绪激活过程。

(三)情绪的作用

情绪又可分为积极情绪和消极情绪。积极的情绪往往会成为成功的基石。这是因为积极的心态可以增加我们克服困难的勇气,且拥有积极的心态就会产生积极的思维。当遇到困难时,我们的思维会随之打开。我们考虑的不是如何逃避,而是如何迎难而上。我们看到的不是克服困难的艰辛,而是奋斗本身的快乐以及成功后的喜悦。正是这种积极的情绪所引导的情绪,转化成了我们一往无前的勇气。因此说积极的情绪可以为我们赢得更多成功的机遇。一个拥有积极心态的人,同时也拥有敏锐的观察力和开阔的思维。他能从生活中一件微不足道的小事中获取成功的信息,也能从别人抛弃的垃圾中发现有价值的材料。他能在非常不利的环境中看见希望的曙光。当个体在无威胁的情境中体验到积极情绪时,会产生一种非特定行动的趋向。个体会变得更加专注并且开放,在此状态下,常常能产生尝试新方法、发展新的解决问题策略、采取独创性努力的冲动。积极的情绪可以使你保持愉快的心境。生活中没有人能一帆风顺,总会遇到种种挫折和失败,比如成绩下滑、朋友疏远、被人误解等。这些经历或多或少会给我们带来烦恼和痛苦。如果我们总是执着于这些失败的经历,人生将是一片灰暗,但如果保持积极的心态,就会发现阴影之外的大片阳光。

消极情绪也具有进化适应的意义。消极情绪能使个体在威胁情境中获益,当个体感觉到生命受到威胁时,消极情绪会使个体产生一种特定行动的趋向(如体验到恐惧时,流经肌肉群的血液增加,从而为逃跑做好准备),并窄化个体的思维行动资源,从而使个体更加专注于即时的境况,迅速做出决定并采取行动,以求得生存。

【深度阅读】

抑郁症可以帮助身心健康[①]

当人只顾着往前冲时常常忽略内在的感受,忧郁让人慢下来,退一步来看生活。人为什么会忧郁?因为生命碰到挫折、阻碍,而忧郁能让灵魂暂时进入冬眠状态。

虽然忧郁让人看起来没有生命力,整天躺在床上,但这是人重新整合自己的时候——重新自我探讨,生命有没有需要修正的地方;评价自己,人生是不是该学会妥协,而不能顽固执着。

人若不懂转弯,就只会朝向眼前的障碍物而撞得头破血流。所以忧郁是灵魂转弯之处,是生命休息的地方,是面对内心脆弱、挫折的时刻,有其身心正面成长的意义!

忧郁是要让人自我反省。因为过去一直强求别人、强求自己、过于好胜、不服输,而忧郁让人省思该把过去种种放掉,但不是全盘自我否定。

如果跟着忧郁回去问自己,到底在强求些什么?是不是把自己困死了?真的有人逼我吗?还是被自己的观念套牢了?是不是被自己的执着绑住了?让忧郁把灵魂带到深处痛定思痛,在休息过后改变固执的人生方向!

忧郁是人们的好朋友,它告诉我们一些东西。不是倾听百忧解,而是倾听忧郁,听听它要告诉我们什么。

二、情绪与大学生活

【案例】

一名毕业生给学弟学妹的一封信

两年前,我正处在大学生涯的黄金阶段,满脑子充斥着绚烂的梦想和远大的前程,雄

---

① 许添盛. 谁说慢性病不会好. 北京:清华大学出版社,2014(3):159.

心勃勃,每天制订各种计划鞭策自己。后来我的学习、生活遇到一些坎坷。紧接着,老天跟我开了一个如此之大的玩笑——罹患双相①。我的人生轨迹就此彻底改变。

经历了内心痛苦的挣扎、尝试各种药剂偏方、在医院不省人事、返校后自责自罪与绝望……历尽铅华、脱胎换骨,而今我感到释然而淡定。或许这一切正是命运给我的礼物,将我从追名逐利、虚荣浮华的幻影中解救出来,深刻地诠释了什么是真正的幸福,人生的意义在哪里。

随着对疾病认识的加深,我不再怪罪自己自制力太差,甚至连自己的情绪都掌控不了。我希望所有病友都能懂得,双相是一种像糖尿病等内科疾病那样的慢性病。它涉及大脑神经生物学、遗传学和生化的改变。大家都不会怪罪自己的胰岛没有分泌足够的胰岛素,那么也请您宽容自己的大脑。它病了,需要调理和修养。

虽然我们不能改变生病的现实,但却可以调整对待疾病的态度。双相是这样一种疾病,通过规律性地服药、科学的情绪管理、生活习惯调整,完全可以享受和其他人一样健全幸福的人生。因此,我们无论在何种情况下,都不要丧失生活的勇气,因为暴风雨总会过去,黑暗之后就是灿烂的光明。

当感到心情低落、精力不济、兴趣丧失时,也就是我们常常体验到的抑郁相,请不要承揽太多任务、安排太多活动,那样会使自己精疲力竭,可以做一些使自己放松愉快的事以保持低强度的激活状态,慢慢地阴云就会过去。相反,若有兴趣高涨、思维明显加快、精力极度旺盛等躁狂相前期表现时,要提高警惕,必要时就医治疗。

让我们互相鼓励支持,乐观向上、轻松生活,美好的未来正在向我们招手!愿我们每个人都拥有永恒的幸福!

从这个案例中我们发现,大学生的情绪问题是非常值得关注的。风华正茂的大学生,本该是最健康的一族,但许多调查资料显示,我国大学生心理障碍和疾病的发病率高达20%②。因各种疾病而休学、退学的比例也呈上升趋势。造成学生身心不健康的原因是多方面的,但与大学生的情绪关系最为密切,特别是一些强烈而持久的情绪问题,对大学生的危害更大。大学生活总体来说是紧张的,社会期望高、心理压力大、学习负担重、竞争激烈,使大学生的情绪易处于紧张状态。一般认为,适度的、情境性的负性情绪反应,如考试中的紧张和焦虑,失意后的悲伤等情绪是正常的。但是,如果大学生不能很好地处理生活和学习中的各种问题,极易产生不同程度的情绪问题,从而影响身心的健康和发展。大学生的情绪问题,一般是指大学生的消极情绪,指因生活事件引起的悲伤、痛苦长时间持

---

① 双相,指双相情感障碍,是一种兼有躁狂和抑郁的疾病,既有躁狂或轻躁狂发作,又有抑郁发作的一类心境障碍。患者的情绪波动往往非常大,常常会导致人际关系糟糕、工作效率低下,并影响家庭生活,甚至会出现自残、自杀的结果。
② 董洪霞. 大学生情商教育问题的深思. 潍坊学院学报,2007(3).

续不能消除的状态。情绪问题一方面导致大学生大脑神经活动功能紊乱,使情绪中枢部位的控制减弱,使其认识范围缩小,自制力、学习效率降低,不能正确评价自我,甚至会产生某些失去理智的行为,造成心理障碍和心理疾病;另一方面又会降低大学生的免疫功能,导致其正常生理平衡失调,引起心血管、消化、泌尿、呼吸、内分泌等系统的疾病。

在这一节中我们将探讨情绪与大学生活的关系,了解健康情绪的标准,看看情绪对学习对身心健康带来的影响,并且熟知几种常见的情绪困扰,有利于我们对自身情绪的管理。

(一) 大学生健康情绪的标准

很多人都以为自己的情绪是健康的,这实际上是一种缺乏常识的错觉。事实上,无论在哪一个国家,达到真正健康标准的人比我们想象的要少得多。不少人错误地把能保持心理平衡看作情绪健康。其实,真正的情绪健康代表着一种情绪发展的水平或层次,代表着一种高水平的、高协调的情绪动态过程。

情绪的健康与成熟有一个社会化的过程。个体在成长过程中,使自己能够按照社会的要求来调节,控制自己的情绪,并能对自己的活动进行合乎情理的评价,从而恰当地表达自己的情感,达到这样的水平就是情绪健康的表现[①]。

情绪作为心理活动的重要组成部分,与个体的学习、生活以及身心健康等具有很大的关系。健康的情绪能够提高工作、学习的效率,促进身心健康,而不健康的情绪不但影响日常的工作和学习,而且还会诱发各种身心疾病。因此了解健康的情绪与常见的情绪困扰,对我们维护与调节情绪是重要的。目前大多数人认为,健康情绪应当符合以下几个标准:

1. 情绪有适当的原因

根据心理学的研究,情绪的反应都是有其原因或对象的。同时,当事人一般都能觉察到,并且周围的人也能觉察到情绪产生的原因,或赞同其对情绪产生的解释。

2. 情绪反应强度适中

情绪反应的强度应和引起它的情境相适应,过于强烈或淡漠的情绪反应都不是健康的情绪反应。

3. 情绪反应随情境变化而转移

人们在日常生活中,情绪反应的持续时间是不同的。当引起情绪的因素消失后,情绪反应将在较短的时间内恢复平静。但有的情绪(如失恋、亲人的死亡)则需要长时间才能恢复到正常状态。不能随客观情境变化而变化的情绪反应,是不健康的情绪反应。

---

① 付建中. 普通心理学. 北京:清华大学出版社,2012:258.

【自我测试】

你的情绪是否健康稳定

下面有 15 道题,同学们可以根据自己的实际情况来回答"是"或者"否"。

1. 尽管发生了什么不快,我仍能毫不在乎地思考其他事情;
2. 能理智、周密地思考、判断,不拘泥于细枝末节;
3. 在与人交往时,我经常能保持坦诚的态度;
4. 尽管想做某一件事,但自己估量如果不太可能时也会打消这个念头;
5. 很少感情用事;
6. 我习惯于把担心的事情写在纸上,并进行整理;
7. 会一点一滴地积聚有益的东西;
8. 对自己的进步,哪怕只有一点点,都会有高兴的表现;
9. 在做事情时,往往具体规定有可能实现的目标;
10. 在学业上,尽管有的人比我强,但仍会保持"我走我的路"的信条;
11. 失败时仔细思考,反省其原因,但不会愁眉不展,整天闷闷不乐;
12. 无路可走时,能够改变生活方式和生活节奏;
13. 做事有计划地积极进行,遇到挫折也不会气馁;
14. 具有悠闲自娱的爱好;
15. 常常倾听众人的意见。

评分规则:

每道题选择"是"记 1 分,"否"不记分,将各题得分相加得到总分。你的总分是_____。

0~6 分:你的情绪不是很稳定,经常患得患失,常常拘泥于一些小事,无论做什么事都过分认真,总是忙忙碌碌,耗费心机,难以作出重大的决策,一丝不苟反而使自己感到迟钝。

7~9 分:情绪稳定性一般。

10~15 分:你的情绪很稳定,擅长处理事物,不拘泥于细微小节,在各种困难面前毫不动摇。

(二)情绪对大学生学习的影响

心理学家认为,情绪是影响人类行为的一个重要方面。大学的生活不能忽略学习。毋庸置疑,学习是大学生活的重要组成部分。情绪对大学生学习活动的作用具有两面性,一方面可能提高学习的积极性,促进和增强学习效果;另一方面也可能降低学习的积极性,削弱和降低学习的效果。一般来说,快乐、喜悦、热情等积极情绪,对学习有正能量,起促进作用;焦虑、痛苦、忧伤、愤怒等消极情绪,对学习有负能量,起阻碍作用。

研究表明,情绪对学习的影响表现在:一方面,当所学习材料的情绪与学习者的情绪一致时,记忆效果就好些,即愉快的人更容易记住令人愉快的材料,而悲伤的人更易记住令人悲伤的材料;另一方面,人在愉快的状态下更易记起在愉快的状态下学习的东西,因为愉快的平衡的情绪能使人的大脑处于最佳活动状态,人在愉快的心情下学习,精力会更集中,思维更敏捷,记忆效果大大提高。相反,如果在痛苦、烦躁、不安的情形下进行学习活动,就很难集中精神,思维会变得混乱、记忆力下降,不利于效率的提高。

下面我们来具体说明不同的情绪对学习的影响。

1. 积极情绪对学习的影响

(1) 愉快

愉快是一种积极情绪,对学习的影响表现在很多方面。属于愉快型的学生往往表现得更加自信、乐观、有才能和容易成功。他们不仅与别人的关系更加融洽、诚恳、相互帮助和相互激励。并且他们的学习目的性强、有连续性,能明确学习的意义,在学习中更能发挥出创造性,解决问题更加干脆利落。愉快具有情景性,并有强弱程度之分。过分的或强烈的愉快情绪会使注意力不容易集中,影响记忆力并减缓思维;过低或过弱的愉快情绪则会抑制思维。愉快在层次上也有高低之分,仅仅感官上的愉快是低层次的,从探索、创造、孜孜不倦的学习中获得的愉快是高层次的,对高层次愉快的追求也有利于学习的开展和进行。

(2) 好奇

好奇是一种以认知为基础的积极情绪。它是由新异刺激引起的一种生理唤醒。一般认为好奇是认知冲突的结果,个体产生了一种"发现的渴望"。当人的认知预期和现实相反时就会产生认知冲突,引起认知不平衡,导致好奇情绪的产生。有研究指出,当学生对事物感到好奇的时候,往往是创造性思维与创造性想象开拓与迸发的时候。所以学生可以在好奇的驱动下,发现未知,优化已有的认知结构。

(3) 兴趣

兴趣也是积极情绪之一。它能驱使人指向与意愿接近的对象,带来人对事物进行钻研和探索的动力,从而有利于进行建设性的有新意的活动。日常经验也表明,凡是对有兴趣的事物,人们总是想办法去认识它、获得它,并对它产生愉快的情绪体验。一个对足球感兴趣的学生,总是积极参加足球训练,关心足球赛事,千方百计地练好它。古今中外少不了以兴趣为起点做出创新探索的有成就的人物。兴趣有利于提高学习的自觉性。当学习是以兴趣为基础则很快便会使人全神贯注、积极思考,甚至达到废寝忘食的境地;没有兴趣的学习则常常成为一种煎熬和负担,效率可想而知。

(4) 乐观自信

有心理学家研究发现,学生的乐观程度跟他们的学习成绩有着非常高的相关性。在智力相当的学生当中,十分乐观的学生成绩往往远远高出不乐观的学生。乐观性高的学生往往能够确定较高的奋斗目标,并且重要的是懂得怎样努力能实现目标。自信是乐观的一种表现,每个人的自信程度是不同的。有些人相信总是能够解决难题,摆脱困境;而有些人则总是怀疑自己是否具备实现目标的条件。自信心足、乐观程度高的人通常会有以下一些特征:能够自我激励,能够灵活变通,能够将艰巨的任务分解为容易应付的小的组成部分加以解决。这些特征对于繁重的学习任务来说非常有帮助。

【知识链接】

快乐的特征包括以下3点:

(1) 心胸开阔,拥抱外部世界;容易接受新鲜事物,勇于开阔思路,创新、百折不挠。

(2) 善于与人交往,既打开自己的心扉,得到他人的启迪,又帮助他人解脱思想困扰。

(3) 处于松缓状态,得到享受与人和谐相处和享受自己成果的机会。

为了快乐要做到以下6点:

(1) 建立人生追求的目标,目标的实现是快乐最主要的来源,但要知足常乐,不求完美。

(2) 面对现实,尽可能地创造自身优越的小环境。

(3) 诚实地面对自己和他人,对自己不放纵,不苛求。对他人不嫉妒,不疏离。帮助弱者,心存善良,利他是快乐之本。

(4) 宽恕自己的敌人是最难得的美德。

(5) 广交朋友,营造良好的人际关系。

(6) 重视培养爱好和兴趣(音乐、美术具有神奇的调节情绪甚至治疗疾病的功能。艺术欣赏有助于舒缓紧张和压力,平静的心态有助于有益化学物质的释放,有利于免疫系统、内分泌和自主系统的正常工作,消除忧郁和焦虑),保持生活多样化,是舒缓紧张的重要方法[①]。

2. 消极情绪对大学生学习的影响

消极的情绪不仅使学生身心发育不健康,而且还会使他们对学习和生活失去信心。

(1) 焦虑

大学生普遍存在各种各样的焦虑,如适应焦虑、自我形象焦虑、人际关系焦虑、考试焦虑等。它是一种由紧张、害怕、担忧等几种情绪混合而成的负性情绪体验。生活中暂时的焦虑并不是心理异常,但是会给大学生的生活、学习带来一定影响。实验表明过度的焦虑会给学生带来不良的影响。如有的大学生在临考前心神不定、思维混乱、注意力不能集中,甚至记忆力下降,无法进入复习状态;考试时内心极度紧张不安、惶恐害怕,不能发挥正常水平等,有的甚至产生头痛、胃肠不适等不良生理反应。这多是由于高度焦虑所致。进入青春期以后许多问题出现在青年人面前,使他们的烦恼突然增多,如他们不知道以何

---

① 孟昭兰. 情绪心理学. 北京:北京大学出版社,2005:316-317.

种姿态出现在公众而前,不知道如何争取父母的理解和支持,不知道如何处理与异性的关系等。大学生在学习、生活、人际关系方面的挫折以及对未来前途、社会地位的担心忧虑是产生焦虑的主要原因。

例如,有些学生因为总是担心考试不及格而紧张不安,有些同学因为担心进入社会不能胜任工作而忧心忡忡,还有些新生因为很长时间不能适应大学的学习和生活而焦虑。这些焦虑感过重的学生会诉说身体的不适,如失眠、心烦意乱等,严重的会影响正常学习和生活。

【案例】

小燕是一名大二学生,一直以来她都把考试看成是自己大学生涯中极其重要的一部分,一天到晚只要一有时间就会去图书馆上自习,简直快变成了一个没有任何喘息时间的"学习机器"。她的神经之弦快绷到了极点。终于,几次不太理想的测验使这根弦不堪重负——绷断了。她开始产生严重的考试焦虑,觉得自己什么也没学好,时间都荒废掉了,漏洞也特别多,粗心的恶习难改,学习效率之低也令自己不能容忍……总之,她对自己非常不满意,甚至开始讨厌自己。可想而知,在这样的心境下,她的学习和备考变成了一件令人沮丧而又不得不应付的事情。每到考试前,她就出现食欲不振、失眠等症状。这就是典型的考试焦虑症。

一般而言,面对重大挑战,人产生一定程度的心理紧张是很正常的,关键是个体对紧张原因的理解是否客观,对自己的现实能力与预定目标差距的认识是否清醒。适当的心理压力能起到警觉作用,反而对考试或其他决定产生较为积极的作用。

【自我测试】

测测你有多焦虑[①]

请仔细阅读下面的几个题目,然后选出最能代表通常感受的那个选项。问题的答案没有对错之分。不要在一道题上花费过多的时间,只要选出代表你通常感受的选项,在选项上打钩即可。

1. 我是一个情绪平稳的人。

几乎不是	有时如此	经常如此	一直如此
4	3	2	1

2. 我对自己很满意。

几乎不是	有时如此	经常如此	一直如此
4	3	2	1

---

① 马丁·塞利格曼.著.任俊,译.认识自己,接纳自己.沈阳:万卷出版公司,2010(9):41.

3. 我感到焦虑和紧张。
   几乎不是　　　　　有时如此　　　　　经常如此　　　　　一直如此
   　1　　　　　　　　2　　　　　　　　3　　　　　　　　4

4. 我希望自己能像别人认为的那样快乐。
   几乎不是　　　　　有时如此　　　　　经常如此　　　　　一直如此
   　1　　　　　　　　2　　　　　　　　3　　　　　　　　4

5. 我觉得自己是个失败者。
   几乎不是　　　　　有时如此　　　　　经常如此　　　　　一直如此
   　1　　　　　　　　2　　　　　　　　3　　　　　　　　4

6. 每当我反思最近的得失时,我都会焦虑不安。
   几乎不是　　　　　有时如此　　　　　经常如此　　　　　一直如此
   　1　　　　　　　　2　　　　　　　　3　　　　　　　　4

7. 我很有安全感。
   几乎不是　　　　　有时如此　　　　　经常如此　　　　　一直如此
   　4　　　　　　　　3　　　　　　　　2　　　　　　　　1

8. 我信心满满。
   几乎不是　　　　　有时如此　　　　　经常如此　　　　　一直如此
   　4　　　　　　　　3　　　　　　　　2　　　　　　　　1

9. 我觉得自己能力不足。
   几乎不是　　　　　有时如此　　　　　经常如此　　　　　一直如此
   　1　　　　　　　　2　　　　　　　　3　　　　　　　　4

10. 我会杞人忧天。
    几乎不是　　　　　有时如此　　　　　经常如此　　　　　一直如此
    　1　　　　　　　　2　　　　　　　　3　　　　　　　　4

分数解释：

请把10道题的分数加起来。请注意有些题的分数是升序排列,有些是降序排列。你的分数越高,表明你的焦虑越严重。成年男性和女性的平均分略有不同,女性的焦虑程度要略高于男性。

10～11分：焦虑程度很低；

13～14分：焦虑程度比较低；

16～17分：焦虑程度一般；

19～20分：焦虑程度比较高(焦虑水平在75%左右)；

22～24分：如果你是男性,说明你的焦虑程度很高；

24～26分：如果你是女性,说明你的焦虑程度很高。

(2) 抑郁

【案例】

抑郁的小陶

小陶是一名大二学生,来自农村,家庭经济状况差,比较自卑。他平时对一些小事特别在意,总担心别人说自己不好或者穷酸,神经很紧张。最近半年他发现自己无论干什么心情都好不起来,而且身上感到莫名的疼痛,经常头晕,失眠,浑身发痒,甚至恶心没有食欲,但是到医院去了几次也查不出毛病。因为身体不舒服,精神不好,小陶的学习成绩在班里也下滑了十几名,这让他的心情更加糟糕。有一天他来到心理咨询中心咨询,心理咨询师建议他去看精神科医生。小陶到了精神科医院做了检查。医生诊断他有严重的抑郁症。

在日常生活中每个人都有过抑郁的体验。抑郁可以使人产生悲伤、愤怒、痛苦、羞愧等情绪,这些情绪体验复合在一起是导致其产生更强烈的负性体验并长期持续。抑郁是许多心理疾病的症状之一,但也可以仅仅是一种相对轻微的心境状态即抑郁情绪。大学生的抑郁绝大多数属于抑郁情绪,只是偶尔产生,不会持续很长时间,往往随着时间的推移或是环境的转移很快便会消失。但如果长期处于抑郁的情绪状态,又不能及时调整,便容易导致抑郁症的产生。

大学生产生抑郁的现实原因有:①未能实现自我理想;②长期不受欢迎;③屡次考试失败;④所学专业不合乎自己的兴趣爱好;⑤失恋;⑥经济压力;⑦生理缺陷;⑧对大学的生活和环境不适应。以上几种情况容易导致抑郁情绪的产生。抑郁不仅使患者情绪低落,而且会使患者出现多种躯体症状,比如失眠、头晕、记忆力变差等,直接影响学习效率和生活品质。另外,值得我们注意的是最深层的抑郁状态容易导致自杀行为。

大学生一旦怀疑自己得了抑郁症怎么办?首先不要讳疾忌医,要及时坦率地和心理咨询师或精神医生讨论自己的病情,以得到科学准确的答复并采取治疗措施,大部分人都可以康复。

心病还得用心药来治,自我破解法也是必不可少的。安排聚会、参加学校社团活动、与朋友共餐、学习唱歌或上舞蹈课,亲近大自然等,都是有效缓解不良情绪的很好的方式。此外,森林浴、海边漫步、爬山或踏青,都能使我们放松心情。

【自我测试】

伯恩斯抑郁状况自查表[①]

在填写这份问卷时,请务必仔细阅读每一项,并根据你在过去几天之中的感受在框中

---

① 戴维·伯恩斯,著.李亚萍,译.伯恩斯新情绪疗法.北京:中国城市出版社,2011(1):1.

打钩。注意,每一项的答案只能选一个。

	0—完全没有	1—有一点	2—偶尔	3—经常	4—极其频繁
感想和感受					
1. 是否感到悲伤或情绪低落					
2. 是否觉得不快乐或忧伤					
3. 是否动不动就哭或眼泪汪汪					
4. 是否感到沮丧					
5. 是否感到无助					
6. 是否缺乏自尊					
7. 是否觉得自己没用或无能					
8. 是否有内疚感或羞耻感					
9. 是否自责自怨					
10. 是否优柔寡断					
活动和个人关系					
11. 是否对家人、朋友和同事没兴趣					
12. 是否感到孤独					
13. 陪家人或朋友的时间是否很少					
14. 是否失去动力					
15. 是否对工作或其他活动都没兴趣					
16. 是否逃避工作或其他活动					
17. 是否觉得生活不快乐或不满足					
生理症状					
18. 是否感到疲倦					
19. 是否失眠或总是昏昏欲睡					
20. 是否食欲下降或上升					
21. 是否失去"性"趣					

续表

	0—完全没有	1—有一点	2—偶尔	3—经常	4—极其频繁
22. 是否担心自己的健康情况					
自杀倾向					
23. 是否有任何自杀的念头					
24. 是否想结束生命					
25. 是否有自残计划					
请在此外填写项目1~25题的总分					

得 分 说 明

总分	抑郁程度
0~5分	无抑郁
6~10分	正常程度,但情绪有点低落
11~25分	轻微抑郁
26~50分	中度抑郁
51~75分	严重抑郁
76~100分	极度抑郁

总分如果一直为10分以上,则可能需要专业治疗。如果有自杀倾向,则务必立即找精神科医生就诊。

【深度阅读】

为什么越来越抑郁[①]

  20世纪60年代至今,每一个经济发达的国家的资料都显示,人们的抑郁心理正急速蔓延。当今抑郁症的比率是40年前的10倍,而且患者的年龄也越来越小。40年前,第一次患抑郁症的平均年龄是29.5岁,现在是14.5岁。这真是一个令人困惑的问题,因为所有客观的幸福指标都比以前好。我们有更强的购买力,更高的教育程度,更好的营养和医疗设备,更普及的文化娱乐等,但是人们的主观幸福感却一路走低,这究竟是怎么回事呢?

  在所有影响抑郁症的因素中,我们对"不是"比"是"更清楚。也就是说,我们知道它不是生理的原因,因为我们的基因和荷尔蒙在40年间不会有很大的变化,不可能成为抑郁症增加10倍的原因。它也不是生态环境造成的,因为宾州住了一群18世纪从荷兰移民

---

① 马丁·塞利格曼,著. 洪兰,译. 真实的幸福. 辽宁:北方联合出版传媒(集团),2010(8):123.

到美国的阿米什人(Amish)。他们还保留着当年的生活方式：拒绝汽车等电力设施,日出而作、日落而息。虽然他们住的地方离费城只有60多公里,抑郁症患病率却只有费城的1/10。他们和费城人喝着同样的水,呼吸着同样的空气,吃着同样的食物。抑郁症的瘟疫跟生活条件差也无关,因为越富有的国家,患病情况越严重。在美国,黑人或墨西哥裔美国人患病率比白人低,虽然他们的生活条件不及白人。

我认为不适当的自尊,受害者心理的蔓延,加上过度的个人主义,可能是造成抑郁流行的原因。也许还有一个原因就是过度依赖暂时快乐。每个经济发达的国家都不遗余力地创造着通往幸福感的捷径：电视、毒品、购物、滥交、商业化的体育运动、巧克力等。

我在写上面这段话时正在吃鸡蛋百吉饼,上面涂了黄油和蓝莓酱。百吉饼不是我烤的,黄油不是我搅拌的,蓝莓也不是我摘的,我的早饭都是"捷径"——别人替我做好了,不需要我有任何技术或付出任何努力。如果我的人生充满了这种容易获得的愉悦,不需要我面对挑战,不需要我发挥优势,我会怎么样？我永远不知道自己有什么优势、潜能,永远不知道该如何面对挑战,而这种生活注定会导致抑郁。在一切都有捷径的生活里,优势和美德会枯萎,因为我们没有机会去使用它们。

抑郁症的一个显著症状是自我沉溺,完全不理会其他的人和事,只想着自己的感觉。心情不好其实并不是生活的全部,但对一个抑郁症病人而言,他只看到这一点。当他感到悲伤时,他会在心中反复咀嚼这种情绪,并将它泛化到未来以及他所有的行为上,这样做更增加了悲伤的感觉。社会中一些过分鼓吹自我的所谓专家说,人应该深入了解、接触自己的感觉。于是我们的年轻人全盘接受了这个信息,形成了自恋的人格特点,他们每天最关心的就是自己的感觉如何。

满意的定义正好与"沉溺与自我感觉"相反,因为它不包含感觉、情绪,不包含自我意识,而是全身心投入。满意驱散了自我沉溺,而且满意所产生的心流越多,一个人就越不会抑郁。所以治疗青少年抑郁症的强有力的方法是：想办法增加他们的满意,同时减少他们对愉悦的追求。愉悦很容易就能获得,而满意则需要发挥个人优势,它来之不易。

（3）愤怒

愤怒是大学生常见的一种情绪。年轻气盛的大学生,情感丰富强烈,容易激动、愤怒。如有的大学生因一点小事便与同学恶言相对,有的缺乏冷静而冲动逞强等。这些体现在大学生身上易怒的不良情绪,对大学生的影响是极其有害的。大学生存在愤怒的情绪也是非常正常的,但如果频繁、强烈地发怒或者是从不发怒,就有可能存在一些问题。

不良的人际关系常常是愤怒的来源。受到侮辱或欺骗、挫折或干扰、被强迫去做自己不愿意做的事情,都能诱发发怒。情绪本身也能成为发怒的原因,例如,持续的痛苦能转化为愤怒。痛苦是分离的反应,愤怒则是由持续的痛苦转化而来。

当愤怒的情绪即将爆发时,可以用以下言语进行自我暗示：

① 发火会伤身体；

② 我不会因为这点小事而跟自己过意不去,让自己难过;

③ 我感觉肌肉开始紧绷了,现在开始深呼吸、放松、慢慢放松;

④ 生气对解决问题是没有任何帮助的,只要静下心来,控制好情绪,自然而然会找到解决问题的办法;

⑤ 控制住,我慢慢平静下来了,这样的感觉真好!

⑥ 我正在努力控制脾气,让自己镇静,现在没有人可以打败我;

⑦ 我真是太棒了,我一定可以把情况掌控得很好;

⑧ 想到这些快乐的事情,感觉真好,这总比在那些让人烦心的事情上钻牛角尖还值得;

⑨ 很显然他做不到我对他的期望,从现在开始我降低对他的期待。

当同学们通过积极的心理暗示来有意识地控制自己的愤怒时,就可以适时地保持理性,会带来我们意想不到的后果。

【体验活动】

如何处理愤怒情绪

(1) 列出三种经常让你生气的情境;

(2) 描述一次你当时很生气,但事后又感到后悔的情境。

3. 学习中的情绪调节

当在学习中遇到情绪困扰,可以采用以下几种方法来进行情绪调节:

(1) 自我鼓励法。用生活中的哲理或某些明智的思想来安慰自己,鼓励自己同痛苦和逆境进行斗争;另外如果你为不良情绪所压抑的时候,可以通过语言的暗示作用,调整和放松心理上的紧张状态,使不良情绪得到缓解。

(2) 向他人倾诉法。有时候不良情绪光靠自己独自调节还不够,还需要借助别人的疏导。找个朋友谈谈,听听大家的意见,这样会有好处。

(3) 改变环境法。环境对人的情绪同样起着重要的影响和制约作用。因此,改变环境也能调节情绪。特别是那些受到不良情绪压抑和折磨的人,更不应该把自己关在一个房子里任自己的情绪消沉下去,而应该到风景秀丽、景色宜人的公园去游玩一下,或到绿树成荫的大道上散散步。绿色的世界,勃勃生机,会使你心旷神怡,精神振奋,忘却烦恼,消除精神上的紧张和压抑感。

(4) 乐观解释法[①]。美国积极心理学家塞利格曼认为解释风格有三个维度:永久性、普遍性和人格化。普遍性和永久性控制着我们的行为,我们无助感的持久性,以及无助感涉及的层面。人格化控制我们如何看待自己,对自己的感觉。当不好的事情发生时,悲观

---

① 马丁·塞利格曼, 著. 洪兰, 译. 活出最乐观的自己. 辽宁: 北方联合出版传媒(集团)股份有限公司, 2010(8): 52.

的人怪罪自己,乐观的人怪罪旁人或环境。乐观的人考试失败能很快从这个短暂的无助状态中恢复过来。对乐观的学生来说,失败仅是个挑战,是走向胜利道路上的一些障碍。如果我们遇到挫折之后,能够把挫折看成是暂时的、特定的,情绪的调节就会比较快。

【扩展阅读】

正确对待,消极情绪也有好处

抑郁症正逐渐成为仅次于心脑血管病的第二大疾病。事实上,如果按照现行的诊断标准,大概有30%~50%的人,在他一生的某个阶段会被诊断为中度至重度抑郁。更有研究显示,50%~75%的女性会随着孩子的出生,经历一段情绪不稳定的产后抑郁期。而相对来说,其他精神类疾病的发病率远低于1%。如果一种"疾病"会在如此大的范围内发生,那么它一定有区别于其他疾病的深层原因。

新南威尔士大学心理系的研究者就试图从另一个角度来诠释这个问题。他们最近发表在《澳大利亚科学》上的一篇文章利用多个实验结果向我们展示了消极情绪的积极效果。研究人员首先通过不同类型的影片,或者不同情境的回忆,让自愿的受试者进入"积极"或者"消极"的情绪状态,再让他们完成各类实验任务。这些任务包括,判断一些真实或虚构故事的真假,以及提供一个事件的目击证词。结果显示,那些心情不好的人,对这些复杂的社会性任务反而表现得更好。在判断真假的任务中,他们的正确率显著高于好心情的人。在目击证词的任务中,那些处于恐惧、气愤、厌恶、悲伤这四种基本的消极情绪之一的人,更能关注事件的细节,更容易剔除无关的干扰,并集中注意于事件的本质。

领导这项研究的福加斯教授认为,"积极"和"消极"的情绪并不是简单的"好"和"坏"的关系。从某种意义上来看,这两种情绪都是"正常"的状态。积极的情绪使人更灵活,更富有创造力,更容易与其他人协同合作;而消极的情绪使人更趋向于保守,对事物本身的注意力更强,思考更为谨慎和小心。

如果从发展进化的角度来看,似乎更容易理解这个问题。在竞争激烈、对注意力的需求更大的时候,"抑郁"会让我们集中注意,关注细节,更加小心谨慎地制订计划,帮助我们渡过难关。而产后抑郁的母亲,会对自己的孩子给予更多的关注和照料,使孩子获得更多的成长资源。所以,并不是"成功者多抑郁",而是"抑郁者多成功"。当您处于"抑郁"情绪中的时候,不要光顾着"自卑",充分利用这个"冷静"的时刻吧。

资料来源:抑郁者多成功,消极情绪也有好处.中国青年报,2010-07-21.

(三)情绪对大学生身心健康的影响

林肯说,"人体的各种精神机能,必须完全自在、不受纷扰,才能发挥它最大的功能,一切思考才能集中、清楚、敏捷而合乎逻辑。假使你为愤怒所激,为烦恼所苦,还能做成功什么事?"所以,情绪是大学生成长成才的基础。它可以影响你的发展,左右你的人生。

1. 情绪对身心健康的影响

在大学期间你有没有在压力特别大时突然生病的情形？会不会在考试周感到浑身疲惫、容易感冒？遇到失恋、考试前期等状况会不会失眠？这些问题其实都伴随着我们的大学生活。而这些看似稀疏平常的健康问题，其实都与我们的情绪有着千丝万缕的联系。下面，我们来看一则案例。

【案例】

W 琼斯的故事①

两位同姓琼斯，名字的缩写也都是 W 的病人，躺在肺病病房相邻的病床上。其中一位 W 琼斯罹患严重的肺炎，咳得十分痛苦，而且还有哮喘。另一位 W 琼斯是个老烟枪，有支气管炎，由于咳嗽出血，需要做支气管显影而住院。他们同时拿到检验报告。

抽烟的琼斯被告知，他的症状不过就是肺炎而已，当他听到这个消息时明显地松了口气。他接受了静脉抗生素注射以及其他适当的医疗，而他整个生理机能都改变了。他哼着歌，对其他病人讲笑话。他告诉每个人他高兴得不得了，因为原先进医院时还以为自己就要死了。事实上他确信自己得了癌症，已经放弃所有的希望。现在他戒了烟，回家重拾他的人生。

隔壁病房里另一位琼斯就没有那么幸运了。照过 X 光之后，哮喘病人琼斯被诊断出罹患了非常猛烈且快速发展的肺癌，预估未来不会活过 6～9 个月。经过多年与慢性哮喘搏斗之后，现在他已经来到生命的尽头。他变得极度沮丧，不和任何人说话。家人试着为他打气，但是都失败了。没有人可以改变他的垂死心情，病况也变得越来越危急。3 个月之后，医生的预计存活期结束了，W 琼斯告别了人世。

可是故事并未就此结束。在 W 琼斯过世数周之后，一位医学院学生发现，两位病人的档案竟然放错了。那位仍然存活的 W 琼斯应该已经因为肺癌而死亡，却被召回医院照 X 光片。出乎意料的是，除了在原先肿瘤部位留下了一个小小的钙化点，肺部竟然毫无癌症迹象。W 琼斯已彻底复原而且没有任何症状了。

提问：

是什么导致两个人不同的结果？

人的情绪对健康影响极大。愉快喜悦的心情会给人以正面的刺激，有益于健康；而苦恼消极的情绪会给人以负面影响，诱发各种疾病，使原有的病情加重。现代医学认为，良好的情绪可使机体生理机能处于最佳状态，使免疫抗病系统发挥最大效应，抗拒疾病的袭击。许多医学家认为，躯体本身就是良医，85% 的疾病可以自我控制。因此，有的心理学

---

① ［荷］罗伊·马丁纳，著.胡因梦，译.改变，从心开始.云南：云南人民出版社，2011(6)：61.

家把情绪称为生命的指挥棒、健康的寒暑表。

大学生对自身的情绪若不能及时调控,就会产生情绪困扰而影响心理健康。这些不良的情绪困扰,对大学生身心健康及学习、生活都有着一定的影响。许多研究表明,不良情绪是身心健康的大敌,突然而强烈的紧张情绪会抑制大脑皮层高度心智活动,破坏大脑皮层的兴奋和抑制的平衡,使人的意识范围狭窄,判断力减弱,失去理智和自制力。持续消极情绪的影响,则常常会使人的大脑功能严重失调,从而导致神经功能不正常。

调查发现,大学生中常见的消化性溃疡、紧张性头痛和偏头痛、心律失常、月经失调、神经性皮炎、失眠等,也都和不良情绪有关[①]。

2. 良好的情绪对大学生身心健康的促进

人们通常按照需要的满足与否,把情绪分为积极的和消极的两大类,前者如轻松、愉快、满意、爱慕等;后者如悲伤、绝望、愤怒、仇恨、羞耻等都是人们对内、外界刺激做出的反应。

人的情绪、情感既可成为行动的内驱力,又与身心健康有着密切关系。积极健康的情绪和高尚的情操是良好人生观和美好人格的组成部分。乐观主义情绪使大学生更加朝气蓬勃、奋发有为。稳定、平衡的情绪能提高学习效率,提高智力活动水平。情绪良好的大学生往往对生活充满热爱,对自己充满自信,求知欲浓厚,思想活跃,爱好广泛,乐于与人交往,并能与人建立相互信任、理解的友好关系,有利于大学生提高学习、工作效率,激发潜能,实现全面发展。积极的情绪情感不仅可以促进心理健康,也与大学生的生理健康密切相关。良好的情绪能增加机体的抵抗力,起到治疗作用。俗话说,"笑口常开,青春常在"。而某些看似只有害处、不愉快的情绪体验,实际上对人们的身心亦有一定的意义。例如,恐惧、焦虑、愤怒等情绪,往往是一种"危险""注意"的信号,警示个体集中注意力,高度警觉,同时机体产生巨大的能量,以帮助人们避开或逃脱危险的情景。它是一种个体的自我调节和自我保护机制。

3. 消极情绪对大学生身心健康的危害

【案例】

马加爵事件

2004年,云南大学的学生马加爵因杀害4名室友被警方抓获,判处死刑。案件起因是案发前几天,马加爵和室友等几个同学打牌时,因室友怀疑马加爵出牌作弊两人发生争执。曾被马认为与其关系较好的室友说:"没想到连打牌你都玩假,你为人太差了,难怪某某同学过生日都不请你……"。马认为他的这番话伤害了自己的自尊心,转而动了杀机。马加爵因不能合理调整自己情绪,导致愤怒爆发,酿成连杀4名室友的血腥案件。

---

① 吴杰. 大学生的情绪调控与身心健康. 济宁师范专科学校学报. 2002(6).

精力充沛、血气方刚的青年大学生，往往容易好激动、易动怒。有的大学生因一件小事就暴跳如雷，行为不能自控；有的因人际协调受阻而怒不可遏；有的同学情绪调控能力很差，像马加爵做出严重违法犯罪的事情。

消极情绪不能合适有效地得到调节，不仅会伤害他人，也会伤害自己。我国自古就有喜伤心、怒伤肝、思伤脾、忧伤肺、恐伤肾之说。当人的情绪变化时，往往伴随着生理变化。例如，人在感到惊恐时，会出现瞳孔变大、口渴、出汗、脸色发白等一系列变化。过度的消极情绪，长期不愉快、恐惧、失望，会抑制胃肠运动，从而影响消化机能。情绪消极、低落或过于紧张的人，往往容易患各种疾病。强烈或长久的消极情绪会造成心血管机能紊乱，引起心律不齐、心绞痛、高血压和冠心病，严重时还可导致脑栓塞或心肌梗死，以致危及生命。消极情绪会影响消化系统的功能。如人在恐惧或悲哀时胃黏膜变白、胃酸停止分泌，可引起消化不良；而在焦虑、愤怒、仇恨时，胃黏膜充血、胃酸分泌增多，从而引起胃溃疡。消极的情绪常引起肌肉收缩甚至引发痉挛疼痛。消极情绪会影响内分泌系统，强烈的情绪刺激会导致内分泌失调，使皮肤灰暗无光。长期消极情绪还会影响人的免疫力，从而造成人体抗病能力下降。现已知不良情绪与癌症、糖尿病、风湿病等严重危害人生命的疾病发生、发展密切相关。大学生常见的心理障碍和疾病大多数与持久的消极情绪有关，如神经衰弱的病因就和长期处于紧张、焦虑的情绪状态有直接联系。有些大学生还因长期陷于苦闷、压抑、抑郁等状态中，感到悲观、痛苦，不仅严重地影响了学习和生活，甚至会走上自杀的道路，酿成悲剧。①

【扩展阅读】

受困情绪和疾病②

随着生命日复一日、年复一年的流逝，你会不断地感受到这样或那样的情绪。生活可能变得艰辛，情感有时候也让人无力承受，每个人都会有情绪崩溃的时候。大多数人选择忘记这些挑战，但不幸的是，这些事件的影响却以受困情绪的方式被留在我们体内。

因为我们无法理解的原因，有时候情绪并没有完全消解。在这种情况下，体验过的情绪无法离开，它的能量被困在身体里面。它可能是一次愤怒，一阵悲伤，一回抑郁，负面情绪的能量滞留体内，悄悄地给你造成不可小觑的身心压力。

很多人惊讶地发现他们的情感包袱远超过自己的想象。受困情绪的能量各异，有其形态和模样。尽管你看不见它们，它们却真实地存在着。

最古老的医术认为，疾病由身体失衡造成。受困情绪可能是人类遭受的最常见的一种失衡方式。编者认为受困情绪几乎跟所有疾病有直接或间接的联系，问题只是在于，大

---

① 徐凝. 浅谈情绪与大学生身心健康. 石家庄经济学院学报. 2005(10).
② ［英］布莱德利·尼尔森. 情绪排毒密码. 江苏：江苏文艺出版社，2013(4)：8-20.

部分人都对此毫无察觉。受困情绪相当普遍,它们常常导致身体能量场产生扭曲、变形。但是因为他们完全隐形,几乎不为人知,所以常常导致各种身体问题而不被发现。受困情绪传染性极强,又很隐秘,因此成为很多疾病的原因,生理和情感上的都有。受困情绪会降低免疫力,让身体更容易生病,而且还导致人体组织紊乱,经络不通,器官和腺体无法发挥正常功能。下面这张表是我看过的所有病症:受困情绪在以下情况中不仅是病因,而且往往是主要病因。

胃酸回流	糖尿病	学习障碍
多动症	阅读障碍	腰痛
过敏	眼痛	甲状腺功能减退
腹痛	纤维肌痛	狼疮
哮喘	性冷淡	偏头痛
颈椎病	头痛	多发性硬化
面瘫	胃炽热(胃食管反流病)	颈痛
癌症	髋关节病	夜惊
腕骨病变	低血糖	惊恐发作
胸痛	阳痿	帕金森症
慢性疲劳	不孕	恐惧症
克隆氏病	失眠	肩痛
结肠炎	肠道易激综合征	鼻窦炎
便秘	关节痛	网球肘
抑郁症	膝关节疼痛	眩晕

三、情绪的有效管理

情绪有如四季般发生,我们无法回避。认识自己的情绪,并学会合理有效地对自己的情绪进行管理,才能更好地适应大学生活,为今后的路打下良好的基础。

【案例】

一天,陆军部长斯坦顿来到林肯那里,气呼呼地对他说一位少将用侮辱的话指责他偏袒一些人。林肯建议斯坦顿写一封内容尖刻的信回敬那家伙。"可以狠狠地骂他一顿",林肯说。斯坦顿立刻写了一封措辞强烈的信,然后拿给总统看。"对了,对了",林肯高声叫好,"要的就是这个!好好训他一顿,真写绝了,斯坦顿。"但是当斯坦顿把信叠好装进信封里时,林肯却叫住他,问道:"你干什么?""寄出去呀。"斯坦顿有些摸不着头脑了。"不要胡闹",林肯大声说,"这封信不能发,快把它扔到炉子里去。凡是生气时写的信,我都是这么处理的。这封信写得好,写的时候你已经解了气,现在感觉好多了吧,那么就请你把它烧掉,再写第二封信吧。"

个体的情绪反应对个体的行为往往具有干扰或促进作用,并导致其生理与行为的变化。因此,对情绪的控制与调节在个体社会生活和心理健康中扮演着重要角色。

情绪管理有以下几个特点:首先,情绪管理涉及所有正性和负性的具体情绪。例如,由挫折和失败所导致的焦虑、悲伤或愤怒等。某些正性的社会情绪也需要有效管理。例如,个体在社会比较中容易产生骄傲情绪,如果不经过合理的抑制或控制可能导致同伴反感,从而影响人际交往效果,产生不良的人际关系。其次,情绪管理的主要对象不仅包括情绪的生理反应,也包括主观体验、外部表情和行为。研究者指出,情绪在两个方面被调节和管理,其一,情绪格调,即反映心境特点的具体情绪调节;其二,情绪的动力性,即情绪体验和反应的强度、范围、稳定性、潜伏性、韧性等特点。① 最后,情绪管理有一定的目标。情绪管理是为了个体在情绪唤醒的情境中保持功能上的适应状态,帮助个体将内部的唤醒维持在可管理的、最佳表现的范围内。因此,情绪管理是为了协调情绪与认知、行为之间的关系,提高作业成绩并使个体社会适应功能达到最佳状态。

（一）真实接纳情绪

1. 情绪需要被接纳

每一个人都需要被理解和接纳,同理心可以帮助人调节感受和反思感受。就好像需要我们的父母来理解、接纳、肯定自己的情绪一样,成人的情绪也需要被接纳和肯定。尤其是刚刚步入成年期的大学生们。

同理心是很重要的催化剂,其能帮助人加强自我意识,肯定自己的经验,建立更清晰的自我形象,以致能够委身于自己的信念。

情绪需要被真实地接纳,否则就会被扭曲、压抑或变成随时可能爆发的炸弹。不被接纳的情绪很容易被人用不健康的方法来处理,进而演变成防卫机制。因此,保持开放的心态,对任何浮现的情绪都是很重要的。在处理过程中,要留意自己如何不自觉地采用逃避的方式,或转向自己惯用的防卫机制。

真实地接纳情绪就有如深呼吸一般,你先吸入这个情绪,感受一下,在这个感觉中停留一下,细嚼一下,然后再轻轻放下这个感受。这个历程很是重要。

2. 让情绪自然流淌

【案例】

大学毕业后不久的那个夏天,对小林来说可谓多灾多难:先是在家乡,公司裁员,资历最浅的他被列入裁员名单;这还不够,在大学就读的女友又来了分手信。一系列的打击

---

① 俞国良. 社会心理学. 北京:北京师范大学出版社,2006:190-191.

让他顿时觉得天昏地暗。可他生性骄傲,硬是咬牙离开了公司,心平气和地答应与女友分手。做完这些,他一个人在大街上买了杯可乐。他一个人坐在遮阳伞下,看着一杯褐色的饮料,心情可想而知。可还没有等他喝上几口,一不小心竟将杯子打翻,可乐洒了一桌,也洒了他一身。就在那一瞬间,他突然泪流满面,压抑的情绪决堤了。

可见,流泪也是一种情绪宣泄的方式,更是一种对于自己真实情绪的接纳。男儿不一定"有泪不轻弹"。当我们感觉压力很大或是情绪较为压抑时,将情绪宣泄出来、真实地感受到自己内在的情绪波动,也是可取的。

如果你曾经"受过伤",过往的创伤情绪如果一直都被压抑着,那么第一次去接触这个情绪的时候,通常都会感受到有如排山倒海的强烈情绪反应。但是,情绪有如海浪,会有自然的周期性起伏,会有澎湃的时候,不停地此消彼长。只要人不去阻挡和逃避情绪,它会自然地来,自然地去。有很多人担心情绪会停留下来,这样以后会永远痛苦、不开心,其实这种担心并不存在,人越是逃避某个核心情绪,这个情绪因为被压抑,其被释放的需要便越大。但是,如果大方地接受这个情绪,情绪便来去自如,没有压迫,也没有大的回弹力。相对来说,情绪的激烈程度减轻,也就更容易减退[①]。

3. 当负性情绪来临

此外,我们往往会感到,快乐的时光总是过得很快,而遇到挫折时,苦闷似乎总是时时缠着我们,时间仿佛停止,这种现象叫作"快乐不对称定律"。即在我们的感受中,强烈的正性情绪不会长时间存在,它总会逐渐消失,而负性情绪却总是挥之不去。因此,同学们要学着认清这个事实,学会真实地接纳自己的情绪,认识到情绪困扰也是人类生存的一种很自然的状态,快乐和忧伤是互相交替的,就好像白天和黑夜一样。当我们处于黑暗之中时,我们的心中要有一种信念:黎明前最黑暗,但马上就能见到曙光。

【体验互动】

请同学们画一个大圆代表自己近两周的情绪内容,分别用小圆面积的大小来表示以下 8 种情绪所占的比例。

快乐、痛苦或悲伤、愤怒、恐惧、爱、焦虑、害羞、其他。

看一下你近期都有哪些情绪?是以正性情绪为主,还是以负性情绪为主?通过练习学会观察自己的情绪。

(二)正确表达情绪

在当今这个压力越来越大的社会里,保持一颗平和的心态尤其困难。而且每个人所能承受的压力是有限的,有的人当他愤怒或悲伤的时候,会装出若无其事的样子,而且越

---

① 葛林卡. 情绪四重奏. 深圳:海天出版社,2000:92-93.

是悲伤,越装出高兴的样子,别人也就不会反思自己的期望和命令是不是干扰了你的正常生活。这样的反应一旦形成一种习惯,就会损害健康,也会给别人造成一种错觉。所以,在适当的时候正确地表达情绪,进行情绪宣泄是很重要的。

将情绪表达出来,可以带给我们意想不到的轻松。所以,如果你觉得心里面像是"灌了铅"、被某些东西堵着,进行合理的、适时适当的情绪表达是一个很好的选择。

当然,情绪的表达要有节制,要注意方式方法和时间、场合,尽量不影响别人、不损害自己,否则会带来新的情绪困扰。

1. 试图说出你的感受

情绪调节的首要任务是意识自己内在的情绪,从意识中去经历这个感受,然后以恰当的方式将身体五官的感受和行动倾向的象征意思表达出来。

情绪可以用语言来表达,以说明自己的感受和需要。通过形容自己的情绪,可以帮助整理自己的感受,也容易知道怎样去解决问题。我们往往很容易去表达理性的思想,但不容易去表达感受,但是如果尝试去找出感受,就会发现和更明白自己的需要。

有些人被问及感受时,他们所给予的答案往往是"无""OK""差不多"或"一般"。这可能反映他们仍然未能仔细区别不同的感受,或者当时的感受不很明显。[1] 其实我们每一刻都会有感受,但是并不是每刻的感受都是强烈的。如果细心分辨,也可以找出那微小的感受是什么。学习把握每个微小的感受,可以帮助自己掌握自己的内在状况,不断地练习,会使自己对内在的感受更为敏锐。如果你发现自己的答案有些含糊,请你再细心分辨一下。

当然,表达情绪也要注意技巧,比如表达愤怒,尽量避免使用类似"你没有一点同情心""你太自私了""你怎么这么没教养""你真不是人"这类进行人格攻击的话语。可以使用"你做了或说了……令我感到很难过或很有压力"的句式来表达情绪。比如说"你在一周内给我布置了这么多任务,我感觉压力很大,特别焦虑"。这样的表达既能够清晰地表达出自己的立场,又不太容易伤害到别人。[2]

2. 倾诉

倾诉,既可以向师友亲人或者咨询师诉说心中的烦恼和忧虑,也可用撰写"情绪日志"的方式倾诉不快。彭尼贝克(James Pennebaker)的研究显示:当人可以重复四次(每次用20分钟)写下创伤性或困扰的事件所带来的情绪感受,这已经对人的健康有很大的帮助。[3] 因此,写"情绪日志"可以让人明白自己的经历和发展,整理出一个有条理的有生命的故事,也就是说情绪记录可以帮助自己更仔细分析情绪的来龙去脉,能够经常反省和检讨自己的情绪表现,可以帮助我们更好地掌握及了解自己内心的情绪模式及反应,对于学

---

[1] 葛林卡. 情绪四重奏. 深圳:海天出版社,2000:103-105.
[2] 文书锋,胡邓,俞国良. 大学生心理健康通识. 北京:中国人民大学出版社,2010:65-71.
[3] James Pennebaker. Opening up: The Healing Power of Confiding in Others. New York: Morrow,1990.

习调节及转化情绪很有帮助。

当然,在悲痛欲绝时大哭一场,在盛怒愤慨时猛干活或进行剧烈的体育运动,亦有助于释放激动的情绪。

【体验活动】

三件好事练习[①]

在一周内每天写下当天发生的三件好事以及它们发生的原因。这三件事可以无关紧要("我今天在语言艺术课上回答出一个超难的问题"),也可以非常重要("我暗恋了好几个月的帅哥居然约我出去")。在每件好事旁边,回答下列问题之一:"这件好事为什么会发生""这对你意味着什么""如何才能让这样的好事在未来更多地发生"。

写下生活中好事的原因在一开始也许会让你觉得有点别扭,但坚持6个月你会喜欢上这个练习,并且能感受更多的积极情绪,更好地减少抑郁。

(三)有效调整情绪

1. 从认知调整情绪

合理情绪疗法(简称 RET)是由美国心理学家埃利斯创立的。合理情绪疗法的基本理论主要为 ABC 理论,即情绪不是由某一诱发性事件本身所引起的,而是由经历了这一事件的个体对这一事件的解释和评价所引起的。A 是指诱发性事件;B 是指个体在遇到诱发事件之后相应而生的信念;C 是指在特定情境下,个体的情绪及行为的结果,具体如图 5-5 所示。

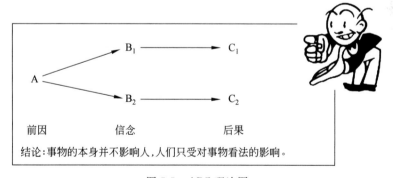

图 5-5 ABC 理论图

比如,一个因个子矮小而自卑的大学生,某天走在校道上,看到迎面走来一个陌生人,正看着自己在发笑。这时,如果他认为陌生人是在嘲笑自己,那么这样的想法会更影响到

[①] 马丁·塞利格曼,著. 赵昱鲲,译. 持续的幸福. 浙江:浙江人民出版社,2012(11):31.

他的自卑心理;如果他认为自己的个子矮小,很可爱,所以陌生人是在很友善地微笑着朝自己打招呼,那么这种想法会让大学生觉得心里很舒服,会逐渐增加自己的自信。从这个例子中可以看到人的情绪和行为是受到人的想法影响的,而这些想法就是人们所说的信念。比如,例子中第一种想法是不合理信念;第二种想法是合理信念,不合理信念会导致不良情绪和不良行为的发生影响到大学生的生活。合理信念会引起大学生对事件的适当适度的情绪反应。所以要改变大学生的不合理理念,以便更大限度地减少不合理解释和评价带来的消极情绪和不良行为,非理性观念主要表现为:

绝对化观念:二分法,非黑即白则是绝对化观念的主要表现。这种信念常常表现为在日常生活中"必须""一定""应该"等用语上。

灾难化思维:这种认知偏差经常表现为夸大事件的危害性,看不到事件积极的一面。例如,还没有考试就会想着万一考不好该怎么办。

过分概念化:以偏概全则是这种思维方式的典型代表。例如,有的同学被一个恋人伤害则再也不相信爱情、承诺等。

需要被赞赏:一个人不管做什么,都绝对必须得到每个人的喜爱和赞许。

过高的自我期许:人在各方面都必须能力十足,完美无缺。

责备:有些人很坏、邪恶、卑鄙,应该受到责备惩罚。

不必负责:不愉快是由外在环境所造成的,个人一定无法加以控制。

忧虑:对于可能发生的危险或可怕的事物,必须要常记挂在心里。

逃避问题:逃避某种困难或责任,总比面对问题还来得容易。

无助感:过去的经验与事件,是现在行为的决定者,过去的影响一定是无法磨蚀的。

完美主义:每个问题一定有一个正确或完美的解决方法,而且必须找到,否则将会有大灾难。

依赖:一个人必须依赖他人,并应找一个比自己更强的人去依靠。

罪责归己:一个人应该为别人的难题或困扰而烦恼。

惰性:个人的自我陶醉或不必积极参与活动,也必能带来极大的喜悦。

格鲁斯提出,在情绪发生的整个过程中,个体可通过认知重评(cognitive reappraisal)来调整情绪。认知重评即认知改变,指改变对情绪事件的理解,改变对情绪事件个人意义的认识,如安慰自己不要生气,是小事情,无关紧要等。认知重评试图以一种更加积极的方式理解使人产生挫折、愤怒、厌恶等负性情绪的事件,或者对情绪事件进行合理化评价。认知重评产生积极的情感和社会互动结果,不需要耗费许多认知资源,是一种有益的情绪调节方式。

认知重评有两种具体的调节方式:评价忽视和评价重视。"忽视"为减弱型调节方式,表现为个体以忽视、回避和减弱等方式,对情境中可能引起情绪的刺激进行评价,尽可能地不去感受情境可能引起的情绪。例如,将一个恐怖的电影场面考虑仅仅是"电影特技"和"根本就是假的事情",这就是忽视调节。"重视"是一种增强型努力,表现为个体通过增强对可能引起情绪的情境的评价,增强情境与个人的关联性做法。例如将一根草绳误以为是一条蛇,触景生情等。① 所以通过改变信念来改变情绪是非常有效的。

【深度阅读】

思想的方向决定人生的未来②

你的人生及命运,是由每天大大小小的念头构建出来的。你将自己的思想及情感导引到哪一个方向,那就是你未来的"人生的方向"。

许多人每天都陷入各式各样负面的思想,觉得自己或别人及这个世界都不够好,心中有时充满沮丧难过及自责的情绪,有时又担心会发生不好的事,即生老病死;有时情绪起伏不定,胡思乱想(又专想不好的一面),自己根本做不了"主"。

当你慌乱不安,心烦气躁且充满恐惧时,怎么办?

把注意力集中在当下的感官知觉上,将思想及感情抽离那些令你担心的人、事、物,依随视觉、听觉、嗅觉、味觉及触觉而行。比如说,开始描述眼前飞舞的两只蝴蝶,在脑海里告诉自己:"一只在东,一只在西,翅膀拍打,背上有红、黑、蓝的颜色和几个小斑点!"利用大自然及感官之美,重新安定你混乱的心思。

告诉自己现在或今天"不去想",快乐也是过一天,痛苦也是过一天,不必跟自己过不去。事情没解决,那未来怎么办?别担心,明天还有一个自己,后天也还有一个自己。"只"过好你的今天,"做"今天的事,未来的事就留给未来的自己吧!

如果依然不由自主地去想,那么,全力往好的一面去想,向事情将圆满解决的方向想,不用去管它是否符合现实或实情,是否可能做到(如果你是那种常说不可能的人,表明你的脑袋该洗一洗了)。愈是喜悦地想,愈是自由自在地想,愈是朝"一切事情将圆满解决,且出现转机"的方向想,你的心情就愈加正面。一旦心情转变了,事情自然会出现转机。

2. 从行为调整情绪

一般人所采取的调节情绪方法,就是不去意识困扰情绪,及采取刚刚提到的从认知调整情绪。而莱恩汉(Marsha Linehan)透过倒转困扰情绪的表达和行动,作为调节困扰情绪的方法,目的在于减低负面情绪的恶性循环和增加正面情绪。③

---

① 孟昭兰. 情绪心理学. 北京:北京大学出版社,2005:201-202.
② 许添盛. 信任当下. 广州:深圳报业集团出版社,2010:95.
③ Marsha Linehan. Cognitive-behavioral Treatment of Borderline Personality Disorder. New York:Guilford Press.

【案例】

有一个脾气很不好的男孩,他父亲给了他一袋钉子,告诉他,每当他发脾气时,就钉一个钉子在后院的围栏上。第一天,这个男孩钉下了 37 根钉子。慢慢地,男孩每天钉的钉子减少了。他发现控制自己的脾气要比钉那些钉子更容易。有一天,男孩觉得自己再也不会失去耐性、乱发脾气了。

他告诉父亲这件事情。父亲又告诉他,从现在开始每当他能控制自己脾气的时候,就拔出一颗钉子。一天天过去了,最后男孩告诉父亲,他终于把所有钉子都拔出来了。

父亲带他到后院,说:"你做得很好,我的好孩子!但是看看那些围栏上的洞,这些围栏将永远不能恢复到从前的样子。你生气的时候说的话就像这些钉子一样留下疤痕。如果你拿刀子捅别人一刀,不管你说了多少次对不起,那个伤口将永远存在。话语的伤痛就像真实的伤痛一样,令人无法承受。"

从以上案例我们可以看到,情绪的合理宣泄非常重要。话语就像一把锋利的刀,只要一说出,刺进别人的胸口,便会造成我们意想不到的负面后果。而除了从我们上述提到的从认知调整情绪外,我们也可以从行为来调整情绪。

每当人陷入某种情绪状态,除了感官性的信号和负面思想外,也会产生某种行为的倾向。因此,改变当时的行为,也可以带动情绪状态作出改变。当一个人不开心的时候,可以透过娱乐活动,例如,看喜剧、讲笑话、胡闹一番令自己笑笑;郁闷的时候不宜躺在床上或做静止的活动,反而应该外出散步,被外界的人或景物刺激,扩大内在的空间和思维;愤怒的时候不宜逗留在愤怒的环境中,宜离开现场,吹吹风、喝些清凉的饮品,降低身体的温度,转移话题;紧张的时候,可去做些减压的活动,分散注意力。其实很多人都会使用这些方法来调节自己的情绪,只是没有留意方法背后的原理罢了。以下的活动可以作为参考:以忙碌工作或专注其他事情来分散自己的注意力;把注意力从自己身上转移到别人身上;做些对自己有益的活动,如购物、享受美味佳肴、面部身体护理和按摩、放松身心的运动或旅行。

面对恐惧的时候,不要逃避这种情绪,同时使用分散注意力或放松的方法,去减低其所引起的焦虑和恐惧,帮助自己继续面对挑战。面对内疚或羞愧时,也是一样。要面对而不抽离,我们可以做一些与此情绪相反的行动,帮助自己降低情绪的困扰性,而不去逃避困扰的情绪。因此,面对抑郁的情绪,所用的技巧是要多参与活动和采取主动,而不是被动等待;面对愤怒的情绪,便要同情或做些帮助人的事情,而不是去攻击人。其内在的原理是:化解抑郁情绪的症结在于改变人对自己的看法。觉得自己没有能力,或做得不够好,往往是导致抑郁的原因。增加活动和采取主动心态,对面对压抑情绪有帮助。同样的道理,愤怒的人事后往往会对自己的攻击行为或脾气深感内疚,因此,去做些帮助人的好事,可以改善愤怒的情绪。从帮助人中学习明白别人的感受和与人相处的方法。恐惧失败的人,透过别人或自己的安慰,不要逃避问题,而要从小事上学习接受挑战、做出新的尝试,渐渐从小的成功之中改善恐惧的情绪。

选择积极情绪,保持精神上的愉悦,是我们都可以做到的。较难做到的是我们是否愿意担负起对自己情绪的责任。从某种程度上讲,积极情绪的源泉不在身外,而在心内。能不能保持精神上的愉悦,责任在于我们自己。因此,快乐不在于你是谁,或者你有什么,它只在于你想的是什么。

一个人若没有任何情绪调节的办法是很危险的,他可能会积累很多不良的情绪能量,充斥在身体中的强大能量最终会爆发出来,具有惊人的杀伤力。因此这样的人一旦犯罪,会罪大恶极;或者在长期的压抑下自身的机能有所损伤。既然你已经知道了这些情绪调节的方法,当你觉得自己的情绪有些不受控制时,不妨试试这些方法,说不定会给你带来意外的惊喜。

本章小结

本章讨论了情绪的含义和发生机制,帮助大学生了解积极情绪和消极情绪对学习和身心健康的重要影响,引导学生真实地接纳情绪,合理地表达情绪,有效地调整情绪,从而成为情绪的主人。

思考题

1. 什么是情绪困扰?
2. 有效管理情绪要从哪几方面入手?
3. 完成下面的句子,思考哪些事件会引起你的生气、难过、焦虑、害怕、丢脸和无助的感觉?

我最生气的一件事:
我最难过的一件事:
我最焦虑的一件事:
我最害怕的一件事:
我最丢脸的一件事:
我最无助的一件事:

【延伸阅读】

《积极情绪的力量》

作者:芭芭拉·弗雷德里克森
译者:王珺
出版社:中国人民大学出版社
这是一本教我们追寻幸福的书。它缔造了当代积极心理学的最新巅峰。一个人要想获得完满的人生,必须借助积极情绪的力量。积极情绪会扩展我们的思维和视野,构建帮助我们成功的各项资源。积极情绪为我们带来健康,让我们更加坚韧,并抑制无端的消极情绪。最重要的是,我们都可以通过努力来提高自身的积极情绪。要想实现美好的人生,最佳的积极情绪与消极情绪的配比为3∶1。芭芭拉通过多年的研究告诉我们,我们可以通过7种方法降低消极情绪、10种方法提升积极情绪。

【视频推荐】

《丈夫得了抑郁症》

该影片讲述了身患抑郁症的丈夫与一直支持照顾他的妻子之间真实而感人的生活琐事。在某网络公司上班的丈夫和妻子过着平静的生活。丈夫为人心细,一丝不苟,习惯每天早上做便当,按照不同日期搭配便当的奶酪和领带。但是在巨大的工作压力下,丈夫看似平静的内心渐渐失衡,他甚至一度企图自杀,经问诊才发现自己已经患了抑郁症。一向专注工作、神经大条的妻子为了让丈夫尽快恢复健康以离婚相要挟迫使丈夫辞职休养,最终帮丈夫获得了久违的快乐。

《头脑特工队》

该影片讲述了出生在明尼苏达州一个平凡家庭的可爱小女孩莱莉,从小在父母的呵护下长大,脑海中保存着无数美好的回忆。当然这些回忆还与几个莱莉未曾谋面的伙伴息息相关,他们就是人类的五种主要情绪:乐乐、忧忧、怕怕、厌厌和怒怒。乐乐作为团队的领导,她和其他伙伴努力为小主人营造更多珍贵的记忆。后来,莱莉随同父母搬到了旧金山,肮脏逼仄的公寓、陌生的校园环境、逐渐失落的友情都让莱莉无所适从。她的负面情绪逐渐累积,内心美好的世界渐次崩塌。为了保护这一切,乐乐行动起来,试图帮助莱莉重拾原本快乐正常的情绪。在这个过程中,莱莉发现,每种情绪都有其功效,都是生活与成长不可缺少的部分。只有勇于面对自己复杂的情绪,才能更快地成熟起来。

第六章　学会恋爱

名人名言

　　青年男子谁个不善钟情？妙龄女人谁个不善怀春？这是我们人性中的至神至圣。

——歌德

本章要点

　　恋爱中的心理现象；
　　大学生恋爱中常见的心理困扰；
　　恋爱能力的培养。

【案例】

　　小 A 是 B 市一所重点大学的大一新生。一个学期以来，她发现自己暗恋班上的一位男同学。她喜欢看他回答问题的样子。在校园里看到他的身影，她会激动得心怦怦跳。与此同时，在 C 市读大学的高中男同学小 N 向小 A 表白，但她总是回避这个话题。小 A 非常困惑，一方面，她不知道如何向本班的男生表达自己的爱慕之心，同时她也害怕被拒绝；另一方面，小 A 又找不到合适的方式去拒绝小 N，她怕她的拒绝会伤害到小 N，破坏多年的同学情谊。

　　提问：

　　1. 如果你是小 A，你喜欢班上的男生，你会如何做？
　　2. 你有过喜欢一个人的感受吗？喜欢一个人有哪些具体的表现？
　　3. 如果有人向你表白，而你不喜欢他，你会如何拒绝？

一、什么是爱情

　　爱情是人类情感中最美妙的一种体验，是一个人在成长经历中最基本和最精彩的情节。从古至今，有很多描写爱情的经典诗句，如"衣带渐宽终不悔,为伊消得人憔悴""身无彩凤双飞翼,心有灵犀一点通""两情若是久长时,又岂在朝朝暮暮"……同时也有很多对爱情不同的解读,如美国著名的现实主义作家杰克·伦敦认为"爱情待在高山之巅,在理智的谷地之上。爱情是生活的升华人生的绝顶,它难得出现"。马克思则认为"真正的爱情是表现在恋人对他的偶像采取含蓄、谦恭甚至羞涩的态度,而绝不是表现在随意流露热情和过早的亲昵"。那么,什么是爱情呢?

（一）爱情的定义

爱情是人际吸引最强烈的一种形式,是身心成熟到一定程度的个体对异性产生的有浪漫色彩的高级情感。其特点如下:

(1) 爱情一般是在异性之间产生的;
(2) 爱情是个体身心发展到相对成熟的阶段时产生的情感体验;
(3) 爱情是一种高级情感;
(4) 爱情有生理基础,不是纯粹的精神上的依恋;
(5) 爱情的基本倾向是奉献。

（二）爱情的形式

爱情研究者将爱情划分为以下六种形式:

(1) 浪漫式:双方初次见面即互相吸引,一见钟情,是理想化的爱情;
(2) 好朋友式:爱情是一种深情厚谊,是长时间培养出来的,平淡而深厚;
(3) 游戏式:视恋爱如游戏,只求个人需求满足;
(4) 占有式:对爱人付出强烈的感情,亦希望对方同样回应;极度占有欲,心存猜忌;
(5) 实用式:找能满足自己基本需求或实际需求的人;
(6) 利他式:爱情是付出不求回报、为爱牺牲。

（三）爱情的基础

1. 爱情的生理基础

目前,我国大学新生的入校年龄一般在17～19岁,正值青春期的中后期。青春期后,人体会出现一系列微妙而又显著的变化,蜕去童稚而成为一个亭亭玉立的少女或是风度翩翩的少男。

男孩和女孩在青春期最引人注意的外表变化是"第二性征"。当然,"性"的发育决不仅仅是与生理有关的现象。从心理学的角度上来说,"性"不仅包括性交、性爱抚等所有直接的性活动,还包括人们对性的情感、态度、价值观和性方面的喜好等与"性"有关的一切心理现象。这是因为人的身体发育成熟了,必然就有爱的需要。

美国科学家经研究发现,造成两性之间感情吸引力与"化学反应"有着密切的关系。

产生男女之间吸引力的物质大多数是一种类似氨基丙苯的化学物质。这些化学物质可以通过两性之间的眼神传递、肌肤触摸等产生，从大脑开始，沿着神经传导进入血液，进而使皮肤潮红、身体发热，甚至出汗、心情激动亢奋，促使热恋中的男女双双坠入"情网"，难以自拔。

科学家们还发现，人体的氨基丙苯等化学物质不能永久存在。在经过恋爱、初婚的激情后，大约在100天后进入半衰期，开始逐步减少，到3年后（大约1000天），氨基丙苯等化学物质全部消失。这必然会引起激情逐渐变淡，使恋人之间出现情感危机。

但是，由于恋人在长期的共同生活中，体内已经产生了类似镇静剂的内啡肽的化学物质，它能使恋人之间平衡、安全、互相依靠，甚至不能分离，从而使爱深化。多数恋人的感情会进一步加深、巩固。

【延伸阅读】

吊 桥 理 论

你有没有过这样的经历：玩过山车或者进入"鬼屋"时，整个人都会处于非常紧张兴奋的状态。这种状态其实和谈恋爱时那种心跳加速的感觉非常相似。有一个非常有趣的心理实验：让同一名女生先后站在晃来晃去的吊桥和稳固的木桥中央，以做心理调查问卷为由叫住过桥的男生。等做完问卷调查后，女生告诉男生："如果想知道调查结果，请过几天给我打电话"，并将自己的联系方式留给对方。数日之后，给这名女生打电话的男生中，过吊桥的男生远比过木桥的多。

为什么会有这样的结果？是因为过吊桥的男生把过桥时那种战战兢兢、心跳加快的感觉误以为是恋爱的感觉，而恋爱也会令人心跳加速。这就是著名的"吊桥理论"，或称为"恋爱的吊桥理论"，一种所谓"错误归属"的心理在其中起了很大作用。错误归属，即误解了自己的体验。在上面的实验中，便是男生把过吊桥时的紧张心理和遇到心仪女生的紧张混淆了。

2. 爱情的心理基础

经科学家研究表明，对异性产生好感与爱慕，女孩一般发生在12～13岁以后，男孩在13～14岁以后。这时的少男少女开始喜欢表现自己，男孩乐于在女孩面前展示自己的能力与才华，以赢得女孩的好感与赞许；女孩开始注意修饰打扮，以引起男孩的注意和喜欢。男女相互接近的渴望使他们乐于参加与异性在一起的集体活动，喜欢结伴外出郊游、唱歌、跳舞或参加体育活动等，并对异性表示关心、体贴、乐于帮助异性同学以博得异性的好感。但是，少男少女毕竟还不懂得应当怎样与异性相处，接触和交往多半没有专一性和排他性。

15～16岁之后的青少年向成人过渡加快，在对异性产生好感的基础上各自形成一个或几个异性的"理想模型"，并在众多的男女生交往中，逐渐由对群体异性的好感转向对个别异性的依恋,有的还形成一对一的"专情"行动,萌生恋情。

刚进入大学的青少年,正处于心理学家埃里克森划分的成年早期(18~25岁),是亲密感对抗孤独感的时期。这个时期,对异性的爱慕和向往有了比较严肃的选择性和排他性,自然而然地进入了恋爱择偶尝试期。男女双方从内心深处都感到异性存在的美好,并渴望用各种方式接近异性,引起特定异性的注意与好感。

大学生追求爱情,渴望恋爱是在性生理成熟基础上的性心理发展的需要。性生理成熟是性心理发展的基础。然而,正如苏联教育家马卡连柯所说的那样:"从动物的性本能中是培养不出人类的爱情的。恋爱的力量只有在人类的非性爱的好感中才能得到。"

3. 爱情的理论

(1) 斯腾伯格的爱情三角形理论[①]

著名心理学家罗伯特·J.斯腾伯格(Sternberg)认为,爱情是由亲密(重视彼此的喜欢、理解与期待)、激情(魅力与性吸引)以及承诺(决定发展稳定的关系)三因素组成,即爱情三角理论,如图6-1所示。

亲密是一种亲近的、联结的、心与心交流的感情经验,是指接近、分享、沟通和支持。它初始时快速增加,后来渐趋平稳,且转入隐蔽状态,特殊事件发生时才让人感受到依赖和亲密的好处。亲密基于恋人之间完全的信任和接纳而产生。

与平稳而隐蔽的亲密不同,激情则是混合着浪漫、外表吸引力和性驱力的动力,是一种具有生理刺激性的动机,使人渴望和产生强烈冲动。激情一般会快速出现,一旦愿望达成,便快速消失。

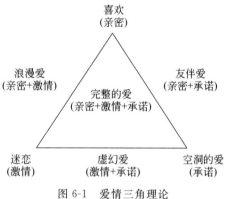

图6-1 爱情三角理论

亲密和激情总是离不开承诺。承诺包括短期决定去爱一个人和长期承诺去维持爱的关系,是一种理性的决定,从无到有,但又随两人的发展关系而变化。如果两人长期厮守,承诺就坚固并稳定发展;如果关系破裂,承诺就消失。

概括来说,亲密指的是两个人心理上互相喜欢的感觉,包括对爱人的欣赏、照顾爱人的愿望、自我的展露和内心的沟通。激情指的是一种情绪上的着迷,个人外表和内在魅力是影响激情的重要因素。承诺主要指个人内心或口头对爱的预期,是爱情中理性的成分。即亲密是"温暖"的,激情是"热烈"的,而承诺是"冷静"的。这三者在爱情生活中各司其

---

① [美]罗伯特·J.斯腾伯格,凯琳·斯腾伯格,编著.李朝旭,等译.爱情心理学.北京:世界图书出版公司,2010:195-198.

职,相互作用,共同维持着一段美好关系的发展。

当这三要素都具备时,两个人之间的恋爱关系最稳固。不过,在不同的恋爱关系中,这三个要素的强弱也不一定相同。而且,同一对情侣在不同的恋爱阶段,这三个要素的强弱也不同,根据不同的排列组合,由此衍生出八种不同形式的爱情,详见表6-1。

表6-1　爱情的八种类型

类　型	要　素	关　系
完美之爱	亲密＋激情＋承诺	完美爱情
喜欢之爱	亲密	友谊
迷恋之爱	激情	迷恋(例如,对明星的迷恋)
空洞之爱	承诺	虚爱(包办婚姻)
浪漫之爱	亲密＋激情	红颜知己
伴侣之爱	亲密＋承诺	伴侣(老夫老妻)
愚昧之爱	激情＋承诺	好莱坞式的恋爱
无爱	—	—

【延伸阅读】

爱 的 风 格

每个人都有自己的风格:工作风格乃至装扮风格等,那么爱是不是也有不同的风格呢?现实中,情侣的类型大概有稳定的互相照顾型、轰轰烈烈的激情四射型等。还有的人游戏人生对爱情浅尝辄止。不同的人对恋爱有不同的追求。心理学家根据一系列研究断定,恋爱共分为六种类型,而我们每一个人都有属于自己的"爱之风格"。这六种类型如下:

(1)情欲之爱:建立在"理想化的外在美和占有对方的欲望"之上,浪漫、富有激情。

(2)游戏之爱:视获得异性的青睐为一种有趣而富有挑战性的游戏,并不会投入真正的感情。而且,常常更换对象,重视的是过程而非结果。

(3)友谊之爱:稳定无风浪,从朋友发展到恋人关系。这是一种细水长流的爱,由这种爱缔结的婚姻最稳固。

(4)依附之爱:由于疯狂爱上对方,不安和占有欲泛滥,对感情的需求甚至达到强迫性的程度。

(5)现实之爱:恋爱时,会考虑对方的现实条件,以期让自己的"酬赏"增加且减少付出的成本。双方在互利的前提下发展感情,而不是浪费真情。

(6)利他之爱:将对方放在第一位,牺牲自我成全对方的爱。

一个人的爱情风格反映出他对爱情的态度或信念情结,而他对爱情的态度也会影响到感情生活的质量和满意度。但可惜的是,生活中大部分的人并不是很了解自己,所以,我们可以先确定自己想要的恋爱类型,然后再来寻觅可以满足我们需要的恋爱关系。

【互动体验】

从下面的选项中,找出你的恋爱倾向:

① 和恋人在一起时,会不知不觉变得温柔可人;
② 不会迷恋对方,认为在一起快乐就好;
③ 分手后还可以做朋友;
④ 恋人和别的异性哪怕说句话都会妒火中烧;
⑤ 不会下嫁给不如自己的人;
⑥ 看到恋人痛苦时,希望自己能替对方分担。

(2)弗洛姆爱的理论

爱是一种"积极活动",而不是消极的情感;它是主动地投入的活动,而不是盲目地"沉迷"的情感。弗洛姆在《爱的艺术》中指出,成熟的爱情应该具备以下四个要素:

① 爱是给予而不是接受,"给予"才是爱的本质,"给"比"得"更能让人满足,让人快乐;
② 关心,即对生命及自己所爱之物产生积极的关心;
③ 责任心,是对另一个人表达出来或尚未表达出来的愿望的答复,是对对方精神需求的关心;
④ 尊重和了解,要在了解对方的前提和基础上肯定对方的独立性和个性。

二、大学生恋爱中常见的困惑

(一)谁吸引我

1. 相似性:喜欢与我们相像的人

当一个人遇到与自己的价值观相近的异性时,容易产生好感,继而发展恋情。这种叫作"类似性因素"的心理效应,不仅在恋爱关系中发生作用,在普通的人际交往中,也是构筑良好人际关系的一个重要因素。而且,在对方比自己稍微优秀一点的状态下,恋爱关系更加稳固。

---

① [日]原田玲仁,著.郭勇,译.每天懂一点恋爱心理学.西安:陕西师范大学出版社,2010:44.

【延伸阅读】

致命吸引力

如果相似性可以提高吸引力,那么差异性也可以吗?心理学家的回答是"可以"。但这种吸引力被心理学家称为"致命吸引力"——曾经被认为是最令人着迷和极具吸引力的特质,在分手后却成为其最致命的缺陷和瑕疵。

心理学家认为,在以下三种条件下比较容易产生"致命吸引力":

(1) 对方与自己完全不同;

(2) 对方拥有平常人所没有的特质;

(3) 对方拥有超越其性别本身的特质(比如说普遍意义上男性或女性所不具备的特质)。

如果你现在的伴侣在某种行为上让你感到不舒服,那么你想想对方的这种行为是最近才有的呢,还是在你们相遇之初就很明显了呢?事实上,这种行为是不是当初你被吸引的原因?如果是,那么你就对"致命吸引力"有了切身体会。

2. 相互性:你喜欢我,我也喜欢你

为了在恋爱关系中获得最大的成功,我们应该追求与我们相似的伴侣。事实上,大多数人就是这样做的。在考虑可能的伴侣时,多数人要通过以下的公式,来评价我们对异性的实际兴趣以及接近并试着展开关系的可能性:

值得拥有的程度=外表的吸引力×被接受的可能性

一般来说,人们知道他们将被别人接受或者喜欢的可能性,他们更可能与愿意接纳他们而不是拒绝他们的人接近。当其他条件相同时,他们很难做到不喜欢那些喜欢他们的人。

人们愿意接近那些喜欢自己的人,这一倾向与吸引的回报模式一致,同时也符合另外一个观点,即平衡理论。人们渴望他们的思想、感情和社会关系能够达成一致。当两个人之间彼此喜欢的时候,两人的感情契合就取得了平衡。

3. 身体富有魅力的人

大多数人对身体富有魅力,即容貌好的异性,都会产生好感。与容貌好的人交往,人会感觉自身的价值也得到了提高,会大大地满足其虚荣心。

不过,所有人都找俊男靓女谈恋爱是不现实的,世界上也绝非所有人都是俊男靓女。寻找恋爱对象时,人会把对方的容貌和自己的进行比较,对和自己容貌相当的异性更感兴趣。虽然俊男靓女更吸引人,但如果对方的容貌相比自己好太多,容易遭到对方的拒绝。因此,人在心理上会倾向于找与自己相当的对象,这叫作"匹配假说"。

【延伸阅读】

是否有一见钟情

心理学家就"一见钟情"做了一项调查,结果非常出人意料。在美国以1500名成年男女为对象展开调查,其中"相信存在一见钟情"的超过60%。这部分人中,有60%的人亲身经历过一见钟情。进一步调查后,心理学家发现,经历一见钟情的人中,有70%的人会选择结婚或者保持着长期的恋爱关系。最终,这70%的人中,又有55%的人进入婚姻。

从这些数据中我们可以看出,从一见钟情开始的恋情是多种多样的,并且一见钟情并不仅仅是一时的冲动,而是决定今后人生的一次非常重要的邂逅。在离婚率高达50%的美国,通过一见钟情而结婚的夫妻的离婚率,男性为20%,女性则低于10%。

因此,可以说"一见钟情"不仅不会比"非一见钟情"的感情危险,反而很有可能发展成两情相悦的长久关系。另外,无论恋爱还是结婚,感情基础比经济条件更重要。有感情,才能修成正果。

关于"一见钟情"的原因,存在各种各样的假说。其中,有一种假说认为,人类具有瞬间得出结论的"适应性无意识"能力。这种能力不同于"直觉",是一种可以在瞬间看清事物本质或得出问题结论的能力。在恋爱行为中,那便是人在见面的第一眼就能看出对方是否是自己今生要找的人。

4. 什么样的情况下更容易产生吸引力

(1) 容易喜欢上肯定自己的人

对于肯定自己、愿与自己站在同一立场的人,我们更容易产生好感。不论是谁,都希望听到别人给予自己肯定,而且也在不断寻找能够满足这个需求的人。这就是所谓的"社会认可需求"。之所以会有这种需求,是因为人本能地想避开痛苦,过安稳的日子。和肯定自己的人在一起,我们会感觉很快乐,自信心也会大增。如果对方是异性更容易由此滋生爱意,心里也许还会偷偷地想:"和这么懂我的人在一起,一定会幸福吧!"

【延伸阅读】

坠入情网的那一瞬间

人与人之间为什么会产生恋情呢?人恋爱的时候,心理是有某种起因的。说到恋爱心理,我们先来了解一下恋爱产生的八大因素:

1. 看中对方的闪光点

外表、性格、气质等方面,完全属于自己喜欢的类型。比如,"喜欢阳光开朗的男生"、"迷恋高个子的运动型帅哥"等。

2. 看中对方的行为特征

对方经常夸奖自己,给予自己支持和鼓励,就好像他在表达爱意一样,自己也会不知不觉地被感染。

3. 自己的特点

对对方抱有喜欢和爱慕之情,对自己也充满自信。总是低声下气的人,是无法谈好恋爱的。

4. 自己的心理状态和行为特征

一个人当时的心理状态和行为特征会影响到恋爱。心情好、处于兴奋状态时,人更容易陷入爱情。

5. 共通之处

兴趣爱好等一致。兴趣爱好相同的人之间会产生好感,进而更容易敞开心扉,拉近彼此的心理距离。

6. 相互作用

有时碰面会聊上几句,有时会通力合作完成某项任务……这样的机会也适宜发展恋情。

7. 社会原因

"我都这个年纪了还没谈过恋爱,是不是太另类了",受类似社会观念的影响,有的人会产生非谈恋爱不可的想法。还有的人看到朋友恋爱了,自己也想谈恋爱,这也是同调行为的一种体现。

8. 环境因素

海边和滑雪场都是很容易发生艳遇的场所,因为恋爱同样会受到环境因素的影响。

(2) 最后决定输赢的还是"内在"

爱情剧的主角一般都是俊男靓女。在实际的恋爱中,外表也是一个人是否被另一个人吸引的重要因素之一。这种重要性虽然看起来是一种肤浅的判断标准,但外在形象的确是我们在面对陌生人时第一时间所注意到的,包括容貌、发饰、身材和姿态。所以,也就不难理解男生为什么爱去健身房练肌肉,女生爱去美容院做一些保养或整形。

除了形象,我们还会下意识地寻找跟我们看起来类似,也就是所谓的"门当户对"的人作为恋爱对象。如果我们认为自己的魅力指数为满分10分,我们就会下意识地寻找另外一个我们打分为10分的对象;如果我们认为自己只有6分,我们就会观察其他我们也给打6分的人。这个观点就是心理学中的"门当户对"假说。

关于以上的这些外在吸引力,传统上认为"美=好",即只要看起来是美的那就是好的,要不怎么叫"美好"呢?人们甚至为了能在约会对象面前表现得更有吸引力而特意伪装,如容貌、装扮、性格(尽量表现最好的一面),有时候还会刻意隐瞒家世。事实上,外在吸引力只是整体吸引或是魅力的一个方面。"只要是美的就是好的"必然导致"只要是丑的就是坏的"的想法,因为某人的外表出众就自然引发格外的好感,也就会因为对外表比较牵强的人自然产生负面排斥心理。虽然有些时候难以避免,但也要时刻谨记,"以貌取人"是肤浅的,决定能否成功收获爱情的最重要因素是一个人的性格。

【延伸阅读】

单　恋

单恋是一种很普遍的爱情体验,个体在青少年后期,即 16～20 岁之间最为多见。不过,并不是每个人都会经历单恋,男生比女生更多地发生单恋。

人为什么会有单恋的行为呢?其原因如下:首先,想要成为对方恋人的人总是被不太愿意的对象强烈吸引,他们想当然地认为与对方的爱情关系值得努力和等待;其次,他们过于乐观地高估了对方喜欢自己的程度;最后,单恋虽然很痛苦,但仍有欣赏价值。想要成为对方恋人的人体验到的除了沮丧之外,还有身陷情爱的激动、得意和兴奋。

成为别人单恋的对象实际上感觉更糟糕。确实,有人追求让我们感觉很好,但有人单恋我们时,我们常常会发现,追求者的坚持不懈具有冒犯性、惹人讨厌,而且拒绝热心的追求者通常会让我们感到内疚。被单恋的对方一般都心存善意,却发现自己陷入了另一个人的情感旋涡中,并经常因此而深受其苦。当我们陷入了单相思,渐渐认识到情感所寄托的对象不会成为自己稳定的伴侣时,尽管会感到苦恼,但却会使我们单恋的对方更加难堪。

（二）恋人为何不理解我

男人和女人有不同的情感需求,但我们却常常忽视这一事实,所以经常不清楚,也不知道怎样恰当地给予对方所想要的爱。换言之,男人给予女人的爱,只是男人所需要的。而女人给予男人的爱,则是女人所需要的。他们错误地以为,对方的需求和渴望,与自己完全一致,由此导致的结果,就是双方皆无满足感,彼此心生怨恨。

肥皂剧中的桥段大多是女人深爱着男人,事无巨细、处处为对方着想。她以为这样就是尽到了责任。然而,男主人公却心烦意乱、觉得自己被女人时刻控制,大有窒息之感,由此格外渴望独处。女人则声泪俱下地表白:假使她得到这样的爱,她感激还来不及,而男人却偏不领情;她一心一意为对方服务,尽可能多地关心他,而对方却似乎视而不见。

一个人的情感需求复杂多样,而归根到底,就是对异性的"爱情需求"。男人和女人都有以下 6 种基本的爱情需求:

1. 女人需要关心,男人需要信任

男人关注女人的感觉,为她的幸福着想,女人就会感受到爱和力量。她觉得,在男人的心目中,她具有沉甸甸的分量。男人由此满足她的爱情需求,她对男人也越发信任,开诚布公,直抒胸臆。

女人的坦诚和真情,让男人不胜欣慰。他也离不开女人的信任。女人承认他的价值,相信他能为其幸福竭尽全力,男人的第一种基本爱情需求,就可以得到满足。男人于是雄心勃勃,更加关心女人的感受,致力于给女人更多的快乐。

2. 女人需要理解,男人需要接受

倾听女人的男人,没有妄下判断,而是充分体谅,这使女人心存感激。当然理解女人的感受,不意味着非得是"超人",对其想法和感受一清二楚。男人只是从女人的倾诉中,收集尽可能多的信息,了解、体谅她真实的心情。女人渴望理解,男人的倾听让她满足。

女人充满爱意,接受男人的本来面目,而非试图改变对方,男人才会感觉到女人的爱。他知道,自己不必十全十美,却照样可以得到女人的垂青;女人不会对他实施改造,而是相信他可自行努力,获得进步,不断成熟。男人感到他为女人所爱,就更乐意做女人的听众,体谅她的需求,满足她的愿望。

3. 女人需要尊重,男人需要感激

与此同时,女人感激男人尊重的态度;感激男人将她的想法和感受放在心上,而不是置之不理;感激男人的宽容与体贴。比如,男人记得给女人送花或庆祝结婚周年纪念日,类似的举动,使女人的第三种爱情需求——男人的尊重得到满足。她重视男人的爱和关怀,由此更加快乐。男人也更乐意为她效劳,成为女人心目中的武士。实际上,只要得到必要的支持,女人的感激就自不待言。

男人得到来自女人方面的感激和重视,他会认为自己的努力没有白费,从而大受鼓舞,愿意为女人更多地付出。感激是一剂"强心剂",它会使男人浑身充满力量,产生更大的动力,也更加尊重他的伴侣。

4. 女人需要忠诚,男人需要赞美

男人把女人的需要放在优先地位,因支持她、满足她而幸福和自豪,意味着女人的第四种爱情需求——男人的忠诚得到满足。如果女人得到赞美,体验到在男人心中独一无二的价值,她就会心花怒放,气色动人!对于女人的爱情需求,男人看得比他的兴趣和爱好更为重要(比如读书、工作、娱乐),意味着他完全可满足其愿望。如果女人自己感受到她在男人心目中的重要地位,她就会更爱这个男人。

正如女人需要男人的忠诚,男人基本的爱情需求之一,就是女人的赞美。赞美男人,意味着对他怀着惊奇、喜悦和认可的心情。女人因其性格和才能而喜悦,男人就会感受到赞美。男人值得赞美的优点,涉及他的力量、幽默、坚毅、正直、诚实、浪漫、温和、理解、柔情等传统意义上的美德。赞美让男人感动,于是他将会竭尽全力,为女人带来更大的回报,一言一行,皆是无限爱意。

5. 女人需要体贴,男人需要认可

面对女人"异常"的感觉,男人不做规劝和反驳,而是给予体贴,女人就能感觉到男人的爱。这时,她的第五种需求——男人的体贴就会得到满足。男人的体贴,是对女人自我感觉的肯定。需要记住:男人给予理解和体贴的同时,也可保留他的想法和观点。男人体贴女人的感受,就可得到需要的认可。

男人都渴望成为女人的英雄,身披铠甲的武士。男人认为,只要女人认可他,就意味着通过了"考试"。女人的认同,意味着她承认男人的品质,不折不扣地表达她的爱。当然,女人未必事事同意男人的观点,却能理解他的想法、言语、举动、感受的合理性,仅此而已。得到认同,男人便如释重负,也更易认同女人的感受。

6. 女人需要安慰,男人需要鼓励

男人经常对女人展示出关心、理解、尊重、忠诚、体贴,女人渴望安慰的需求,也就顺理成章地得到满足。女人需要安慰,安慰让她感觉幸福,拥有幸福,拥有安全感,深信男人的爱坚定不移。

这时,男人经常产生误解,以为他满足了女人所有的爱情需求,她应该感到幸福和踏实;而且,从这时起,女人就应该坚信她始终被她的男人所爱。但是,实际上未必如此。因为他还要满足女人的第六种爱情需求——经常向伴侣做出爱的保证,给她足够的安慰。

男人基本的爱情需求之一,是女人的鼓励。女人应该信任男人的个性和才能,言语之间,不可流露出任何不屑之态。只有这样,才能给男人勇气和希望。女人积极的态度,可使男人获得动力,成为真正的自我。他会回报给伴侣更多的爱、理解和安慰。

男人的第六种爱情需求——女人的鼓励得到满足后,就会展示出最美好的一面。女人对伴侣的需求一无所知,不恰当地给予他更多的关心,而不是更大的信任,就会使情感关系受到影响。

【爱情寓言】

身披铠甲的武士

在内心深处,男人都渴望成为女人的英雄,或是身披铠甲的武士。他会不惜一切代价,保护他心爱的女人,乐意为她效劳。有了女人的信任,他会一往无前,而不是瞻前顾后。他会更加关心和体贴他的女人。没有女人的信任,他的活力和力量,就会大打折扣。长此以往,他会放弃对女人的爱和关怀。

有一位武士,身披金光闪闪的铠甲,穿行于某个乡间。他忽然听见,一个女人发出绝望的呼叫!他整个神经绷紧了,浑身充满了力量。他拍打胯下的马,奋力疾驰,奔向喊声传来的方向。原来,前面有一座城堡,一位公主正被一条恶龙所困。勇敢的武士拔出宝剑,一剑结束了恶龙的性命。公主感激武士的搭救,爱上了这个勇敢的男人。

城堡的大门打开了,武士受到公主全家人的欢迎。城堡中的人们热烈庆祝,载歌载舞。他们邀请武士住进城堡,武士被人们视为真正的英雄,很快,他与公主陷入了热恋中。

一个月后,武士外出旅行。归途中,他远远听见公主高喊救命。原来,又有一条恶龙

第六章 学会恋爱

攻击城堡。武士及时赶到,他迅速拔出宝剑,要把这条恶龙杀掉。

就在这关键时刻,公主从城堡里探出脑袋,高声喊道:"不要使用宝剑!还是用这条绳子吧,我希望你能听我的话,绳子比宝剑的威力大!"

公主把绳子抛给武士,她还比画着动作,告诉武士怎样使用。武士不大情愿,但还是听从了公主的指示。他把绳子套在恶龙的脖子上,用力一拉,恶龙一命呜呼,城堡中的人们欢欣鼓舞!

在欢庆宴会上,武士却闷闷不乐,他觉得受之有愧。他使用的是公主的绳子,而不是他的宝剑,所以不值得如此高规格地赞美和称颂。他心情沮丧,甚至懒得不像以往那样,精心地擦亮他的铠甲和宝剑。

又过了一个月,武士再次外出旅行。他携带宝剑离开前,公主千叮咛万嘱咐,提醒他注意安全,还安排他旅途上所有的事项。临走时她特地让武士带上绳子。在武士返回的路上,一条恶龙再次攻击城堡。只见武士大吼一声,拔出宝剑,冲向敌人。不过,就在接近恶龙的那一刹那,他突然迟疑起来。他情不自禁地想到,他或许应该用绳子,而不是宝剑,正在犹豫的时候,恶龙的口中喷出火焰,烧伤了他的右臂。他强忍疼痛,茫然地抬起头,他看到,公主正从城堡内伸出一只手。

她高声喊道:"使用这包毒药,别再用绳子!还是用毒药毒死它吧!"

公主把毒药扔给武士。武士迅速把毒药掷进恶龙的口中,它马上就断了气。人们再一次欢呼雀跃,锣鼓齐鸣,庆祝胜利。可是,武士的心中充满了羞辱感。

一个月后,武士又外出旅行。他和公主告别之际,公主反复叮嘱他务必小心,还要求他带上绳子和毒药。武士不胜其烦,不过,他还是接受了公主的要求。

有一天,他经过一个小镇时,听见一个女人惊恐的喊叫。他循着喊声冲过去,原来又是恶龙在作怪,要吃掉那个手无寸铁的女人。武士义愤填膺,充满了勇气和力量。他相信可以像过去那样,用手中的宝剑将恶龙斩为两段。

不过,当他拔出宝剑,准备与恶龙较量时,不禁踌躇起来:究竟该用宝剑、绳子,还是毒药呢?武士有些不知所措。"如果公主在场,她就会告诉我怎样做!"武士心想。不过,他只是犹豫了片刻。接着,他的脑海里,浮现出在认识公主前,他依仗宝剑,行走天涯的快感。于是,他终于找回了丢失已久的自信。他扔掉了绳子,丢开了毒药,带着钟爱和信任的宝剑,奋勇地冲向恶龙,一剑砍死了它。

全镇的人们欢喜若狂!身披铠甲的武士,再也没有回到公主身边。他居住在小镇里,从此过着自在而幸福的生活。在那里,他还与一位美丽的少女结成伉俪。在结婚前,他确信妻子不会在他遇到毒龙时吩咐他拿起绳子,或命令他使用毒药。

在每一个男人的心中,都住着一个武士,他披着一身光亮的铠甲——这是一个恰如其分的比喻,它反映了男人基本的爱情需求。尽管有时候,男人感激女人的关心和帮助,可女人过于殷勤,他就会吃不消。这会削弱他的自信,使他急于逃避。

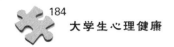

（三）如何维持一段恋情

有位哈佛大学教授曾经说过："情感及情感的细微之处对于双方有效解决问题是非常重要的。"在爱情中，能够获得美妙感受的人，是因为他们懂得怎样沟通，怎样相处。在沟通中，两个人的精神才会得以接近，产生共鸣。很多人的爱情都是沟通的产物。

世界上并没有完美的人，即使相爱的人在一起，天长日久，总会发现对方的一些缺点。如果没有很好的沟通，不满和争吵就随之产生。批评是没有办法解决问题的，只会令人的心情变糟，对维护爱情良好气氛与双方和谐关系是没有好处的。

维护一段健康发展且让双方满意的感情其实是需要一直不断地投入和努力的，因为在每个人的人生发展过程中总会有一些因素让两人更加贴近，比如，你们有着共同的学习和奋斗目标，但同时也会有一些因素让两人距离变远。心理学家认为："感情维护其实是建立一个同时满足彼此生命意义的体系。"这其中包含了沟通和了解的重要性以及每个人让自己的一生过得有意义的人生终极目标，也是维护任何一段感情关系的重中之重。

1. 保持"共同性人际关系"

人与人交往中形成的人际关系，大体可以分为以下两种类型：一种是交换性的人际关系，即通过得失来判断是否继续交往。属于这类人际关系的人很在意"施予"和"得到"是否对等。另一种是共同性的人际关系，即不考虑得失，以帮助别人为乐，信奉相处时开心就好。在恋爱关系中，保持"共同性人际关系"的人才能使恋爱变得长久。

"爱"是一种情感，不能当作一种交易来衡量。两个人对彼此的爱多少都会存在程度上的差异，如果非要百分百地要求付出与回报对等，两个人势必会发生摩擦，影响感情的顺利发展。相反，有的人认为只要对方快乐自己就快乐，处处都为对方着想，这样的恋爱，因为不计较得失，往往可以修成正果。就像迪士尼动画片《冰雪奇缘》中，关于爱的真谛——"Love is putting someone else's needs before yours"，爱就是把某个人看得比你自己重要。

重视交换性人际关系的人的恋爱观，他们想得到更多的爱时，不仅对对方百般呵护，还不惜重金给对方买昂贵的礼物。在关键时刻，甚至和对方寸步不离，真是竭尽所能讨对方欢心。然而，贵重的礼物和面面俱到的照顾并不意味着爱情就会加深。其实爱情是更加复杂、更具"内涵"的事情。得不到对方爱的回馈时，重视交换性人际关系的人会觉得愤愤不平："我对你那么好，你怎么就不能对我好一点呢？"于是，可能会由此引起口角，甚至埋下分手的隐患。另外，能够维持长久恋爱的人，往往都重视建立"共同性的人际关系"。他们往往不计较在恋爱中付出多少、得到多少，而是只要对方感到幸福自己就会幸福。

2. 语言表达加深感情

我们经常会有这样的体验，同宿舍的女生刚刚恋爱，每天都跟男朋友在一起，晚上还在宿舍楼下手牵手依依不舍,回到宿舍继续"煲电话粥",永远都有说不完的话,他们的感情会迅速升温。这种情况虽然很常见,但也并不表明所有的恋爱关系都是这样的。其实,感情关系中每一方的性格特征都会影响目前的这段关系。所以,每一对情侣关系都有其独一无二的特色。但是,语言沟通在任何关系中都扮演着极其重要的角色。

爱情需要"保鲜",而借助语言表达进行的精神上的深层次沟通可以达到这个效果。精神上的深层次沟通都要付诸语言来实现。两个人不爱说话,不爱交流,很难想象他们能深入了解对方的内心世界。而只有加深了解,才能使两个人的关系进一步加深。

但是,聊天其实是有规则的。恋人需要多聊天、多沟通,但是也不能口若悬河没个限度,这样会让对方渐渐厌烦,结果只会适得其反。不论多么亲密的关系,聊天时都要遵守以下四个规则:

(1) 聊与彼此相关的话题:选择与两人都有关的话题,是聊天最基本的原则。如果一直说对方完全不懂的事情,很快就会陷入冷场的局面。理工科男生和文科女生在一起谈恋爱,如果男生一直很兴奋跟你讲他正在做的实验或者程序进展,可以想象得到,时间长了对面女生的反应。

(2) 聊天需要互动:偶尔能看到情侣中只有一方在滔滔不绝的情形,这样的聊天无法长久维持下去,总是扮演听众的一方慢慢就会失去兴趣。

(3) 不要忘记理解对方:聊天的过程中,不要忘记互相理解,一方要更多地去了解对方的想法。这点在生活中很重要,"听"很重要,不光要去听对方在说什么,还要能设身处地理解他想表达什么,这也是一种需要不断锻炼的能力。

(4) 不要沉默:对于对方说的话,要及时表示附和或者点头肯定。如果只是沉默不语,就等于忽视对方,这无异于一种伤害。

【延伸阅读】

"我爱你"永远不嫌多

两个人相爱,一定要说出口吗?答案是肯定的。生活给了你这样一份值得珍惜的爱,让你遇见了梦寐以求的爱人,为什么不大胆直率地表达出你的爱意呢?越是相处得久,一句真诚的表白越是来得浪漫。对于高情商的人来说,"我爱你"是他们巩固爱情的秘诀。

在哈佛最具权威的《沟通力》一书中,曾强调"过于强烈的情绪会使问题恶化,但我们不能因此而压抑情感。情感是动力之源"。所以,尤其是对于处于爱情中的人来讲,"我爱你"是永远都不嫌多的。

如果说把感情比作一座房子,那么"我爱你"等于将房子进行不定期的修葺,使其更加坚固。你希望把感情的房子盖成什么样子?是监狱,是陋室,还是舒适的家居?你希望把感情的房子盖在哪里?是建立在"威严"上,还是建立在"淡漠"上?只有当你表达出自己的爱,你们感情的房子才能够更加坚固,你身边的那个人才会更加爱你。

恋爱中的人,都喜欢甜言蜜语,一句"我爱你",有时会抵得上默默付出很多。爱情是需要表达的。说出你的爱,让他充分感受到你爱的行动,一句"我爱你",胜过千言万语。

(四) 恋爱中的冲突

在亲密关系中冲突是普遍存在的。几乎所有的情侣关系都伴有冲突,就好像任何一个硬币都有两个面一样,感情中有甜言蜜语,自然也有冲突矛盾。"在感情初始阶段,双方都会对恋情倾注很多浓情蜜意,这也必然增加了产生摩擦和冲突的概率。"

1. 引发冲突的问题

引发冲突的潜在问题有很多。Peterson 把激发冲突的事件分为四个常见类别:批评、无理要求、拒绝和累积的怨气。

批评,包括那些贬低人的语言及非语言行为。比如,女朋友让男朋友修理电脑,结果电脑没修好,女朋友不但不安慰,还抱怨:"你怎么那么笨,让你修个电脑都修不好,你还能干什么",很显然男朋友听了这些话会感到不快。

无理要求指的是别人要求你做你认为不公平的事情(如超过你对关系的正常预期)。比如,快要期末考试了,男朋友想要好好复习,女朋友却想逛街、看电影、旅游。

拒绝是指一个人请求另一个人按他所希望的要求行动,而另一方却没有像他所期望的那样行动。

累积的怨气是指相对轻微的事件不断重复变得恼人。类似挡住他人看电视视线之类的行为。这种行为最初是不会引起在意的,但如果不断重复就会令人生气。

2. 冲突的过程与解决冲突的方法

大多数的情况下冲突会有以下三个阶段:开始阶段、中间阶段和结尾阶段。冲突的开始通常由某事件或者行为引发,之后恋人会开始争吵,或者是视而不见。无论前者还是后者,冲突都会进入中间阶段,这时双方仍可选择回避(不过这只是暂时的),或者选择进行商讨进而解决问题,当然还可以选择激化矛盾,但是这并不产生实质性进展。

心理学家彼得森描述了冲突终止的五种方式:分开、控制、妥协、协调一致、结构改善。分开是一方或双方在冲突没有解决的时候就退出。在控制中,一方继续追求自己的目标,而另一方放弃。当双方都降低自己的要求以找到相互能够接受的替代选择方式时,就是妥协。协调一致满足双方最初的想法和目标,它是冲突一发生双方就希望寻求的解决方式,但往往很难实现。如果激烈的问题得以讨论与和解,虽然双方会疲惫不堪,但是他们的关系肯定会发生一些根本性的改变,这就是结构改善。

3. 成长环境会影响亲密关系

父母和孩子之间通常是充满爱和互动的关系,但即使在最幸福的家庭里,也会产生冲突,即父母与孩子的对垒。其实,这种情况,在我们很小的时候就萌芽了。而且,因为孩子非常善于模仿,他们的矛盾处理模式是通过积累自己跟父母、小伙伴之间的交往互动,参考、效仿父母之间以及父母跟周围人之间的互动模式而建立起来的。

如有一对情侣,女生家中一直是妈妈当家,大到家庭规划,小到柴米油盐。而男生家中则是爸爸掌握家里大权,妈妈从不多说什么。两个人过了恋爱的甜蜜期以后,经常发生争吵,大部分原因都是因为对于一件事情两个人各执己见,争执不下。女生总会说:"我家里什么事情都是我妈妈说了算,我们俩之间当然也应该是我说了算!"男生也不甘示弱:"你们女孩子懂什么啊,我也要跟我爸爸一样当家做主!"

这种情况在情侣中并不少见。事实上,家庭成长环境决定了一个人的思维模式。他会自动套入父母的家庭角色和家庭地位中,并不断强化自己的这种想法。就像上一段那对情侣间的争吵,看上去好像是仅仅因为"中午去哪儿吃饭"或者是"周末要不要一起去北海公园划船"这样的鸡毛蒜皮的小事情所引起的争执,实际上,从中反映了他们所成长的家庭环境的不同。父母是孩子的第一任老师,孩子很容易学习自己的父母,或者说不自觉地成为像父母那样的人。

如何处理父母同孩子之间的关系与如何处理恋爱关系都是彼此相互依赖又彼此尊重自主权的问题。而交朋友是为了满足归属感这一人类的基本需求。朋友关系比较特别主要是因为双方是完全自由的,是一个自由选择的结果,也正因为朋友关系中这种自主选择的特殊性,才让朋友间的冲突处理显得更为重要。

从小到大,我们先从父母那里学习如何处理冲突,然后再从朋友关系中得到更多的经验。所以,我们现在面对冲突时,如何去定义冲突到底是好是坏,主要取决于他们的经历是正面的还是负面的。在青春期的时候,我们跟父母之间的矛盾非常直接和激烈,朋友关系就变得更为重要。而朋友关系中的冲突跟恋爱中的亲密关系中的大多类似,也会有冷落、离开等消极行为。朋友之间产生矛盾处理的最佳方式也是开诚布公地讨论,但很遗憾,我们经常也会置之不理,最终的后果就是朋友关系也被置之不理,最终中断了。

【延伸阅读】

吵架过后是和好的黄金期

无论感情多好的情侣,也难免出现一些小摩擦。如果一方明明心中对对方的一些做法不满,但为了避免争吵就选择忍耐,反而会对双方的感情发展产生不利的影响。情侣之间长此以往,两个人会因为缺乏精神上的沟通,使感情的鸿沟慢慢加深。因此,情侣之间不要害怕发生矛盾,关键是如何在发生矛盾后重归于好。

根据心理学家们所做的调查发现,发生矛盾后的"相互作用"(即对矛盾本身进行的交流)非常重要。争吵后马上就能和好的情侣,大多在矛盾发生后就表示出对对方的理解,并积极站在对方的立场上思考问题。这是一种积极的"相互作用"。此外,夸奖对方的优点、保持微笑、饱含爱意地抚摸等也可以起到积极的相互作用。

心理学家对调查结果进一步分析后还发现,懂得和好艺术的情侣和争吵后习惯冷战的情侣之间的比例是5∶1。由此看来,生活中还是懂得和好艺术的情侣居多。相反,否定对方的看法,嘲笑、挖苦甚至侮辱对方等行为,都会起到消极的"相互作用"。虽然争吵之后马上就向对方示好很难为情,但是,和争吵本身相比,往往是之后的恶劣态度造成了两个人之间的情感破裂。所以,情侣间即使不能马上达成意见统一,至少要向对方表示理解。不要因小失大,错失自己的爱情。

(五)感情破裂与失恋心理

心理学家有一个有趣的发现,就是某些在刚开始富有吸引力的特质很有可能是日后导致恋人分手的罪魁祸首。有一些吸引人的特质并不会成为日后的祸首,比如最初迷人的微笑或帅气的长相,但是其他一些特质,比如拥有特别的激情或者与众不同,就很有可能成为日后分手的原因。另外,初期的"特别令人疼爱"或者"只对我一个人好"等因素,很可能日后变成"嫉妒心太强"或者"太过依赖"等分手理由。同样地,曾经的"自信自强"也会演变为"狂妄自大"甚至是"专制独裁"。这些很可能会成为感情关系中的定时炸弹。

1. 感情破裂的五个阶段

心理学家提出了感情破裂的五个阶段,而每一个阶段又都有适用的修复和矫正方法。

第一阶段是"破裂期",即一方对这段感情关系感觉不满意。这份不满意或许并不特别严重,不过已经足够引起其认为该有所改变的念头了,即要么促进沟通,要么增进亲密感。这个阶段的感情绝对是可以修复的,因为几乎所有的情侣都或多或少对其感情有所不满,会有一种"我们可以做得更好"的感觉。这个阶段最关键的是"敏感",要能够及时觉察到感情关系并没有想象中或者从前那么好,但这并不意味着哪一方有过错。

如果感情修复期阶段没有取得效果,那么不满意的一方就会进入"内心期"。这时另一半就会明显成为不满情绪的源头。在此期间不满意的一方会满脑子都是另一半的种种不好的做法或行为,甚至密切监视其一举一动、一言一行,就等着对方做出让自己很讨厌的事情来——"看,她又开始抱怨我了"或者"他一玩起游戏来,就什么都不管不顾的"。这时已经进入关系紧张期,只是一方将想法隐藏在心里,没有爆发出来。

如果情况仍旧没有改善,感情就进入下一个阶段——"双向期",即双方都开始爆发自己的不满情绪。这是一个很危险的阶段,因为这时需要双方很有技巧地进行沟通、了解、协商以及谈判。如果修复成功,则可以避免感情破裂。

如果双方感情还是没有修复成功,他们就进入"社会期"。这时双方开始考虑如果分手要怎么善后,怎么处理曾经的共同社会关系如朋友、同学、家庭、同事等诸如此类的问题,同时会考虑他们自己能从这些关系中得到什么支持,而如果这些关系不能够满足所需要的支持,自己还有什么新的社会资源。

如果双方最后的努力仍然没有任何成效,那感情就跌入最后一个阶段——"默哀期",即当事人已经默认了他们关系的破裂。

当双方都意识到爱已成往事之后,会产生各种各样的情绪反应。对于已有感情裂痕的情侣,矛盾心理和冲突现象会随着时间的推移而加剧,维护感情的努力也会越来越乏力,因此彼此的爱加速褪色。心理学家说:"感情的蜕变是一个日积月累的过程,这种爱已逝的感觉会在感情蜕变的过程中被觉察,至少在感情解体之前相当长一段时间内就可以被感觉到了。"

2. 失恋的心理

与曾经很相爱的人分手,人难免会陷入极度的痛苦之中。食欲减退、夜不能寐、身体也会出现各种问题。可以说,失恋是人生中最痛苦的经历之一。有时被甩的人怎么也想不通,自己有什么不好?于是,便反复回忆过去交往的经历,想找到自己做错了什么,结果越想越痛苦。而且,还会不停地给对方打电话、发短信,希望回到过去。这是失恋初期的一种抵抗心理。接下来,人脑的一种"防御机制"开始运转,这是一种回避、减轻伤害的系统。

有人失恋之后,会给分手找一些"合理化"的理由,比如"这样对双方都好"等;也有人失恋后,会通过运动、旅行等方式排解心中的痛苦;有的人则借酒消愁,选择消极的逃避;更不好的做法是把责任推到对方身上,认为自己如此痛苦都是对方造成的,并把愤怒全部"投射"到对方身上。

一个人不管他内心有多强大,也不可能将曾经真心相爱、朝夕相处的恋人一下子忘掉。失恋之后,时间是治疗伤痛最好的良药。当人渐渐冷静下来后,会对过去的一切感到释然,同时也会使自己变得越来越成熟。

三、恋爱能力的培养

爱是一种能力,处理好恋爱关系是需要学习的。比如,应该怎样开始一段感情,怎样拒绝他人的追求,如何在恋爱中找准自己的位置,如何调整自己以更好地适应这段关系等,掌握了这些恋爱技巧会使爱情这列小火车充满动力地朝着正确的目的地行驶。

(一)自我完善

弗洛姆在《爱的艺术》一书中写道:"爱是主动的给予,而不是被动地接受。"人应该要有健康的自恋心理:爱自己,有了充分的充裕的爱,人才能像弗洛姆讲的给予对方。这杯水因为它是满的,再往里加水它就会溢出来了,这个流溢出来的爱就是健康的爱;如果这杯水是半杯的,还要不停地去给别人蓄水,人终会亏空,这个爱就不是健康的。

每一个人都是独特的个体。多数的时候,我们爱的就是对方的个性。因此,在爱情中最重要的一点就是不能失去自我。爱情有一个基本点、一个核心的倾向,即是为所爱的人奉献和付出。往往爱得越深切、付出的就越多。但是,千万不要在这种忘我的奉献中失去了自我。失去自我的爱是一种依附,这种依附往往使爱情变成了束缚,从依恋变成了自卑,从而失去了爱情的平等地位和自我更新的能力,使爱情逐渐枯萎甚至解体。因此,真正的爱情应该有弹性、有张力,彼此既非僵硬地占有,也非软弱地依附,要拉得开,但又扯不断。

正确的处理两个人的关系,首先,要从自我出发,要肯定自我、提升自我。对于肯定自我价值的他人,个体会对其认同和接纳,并回报以肯定和支持;而对于否定自己的人则会予以疏离。所以爱情永远是要建立在自爱的基础之上。只有先爱自己,才有真正的力量去分享和付出爱。与此同时,在自爱的基础上不断地提升自己,既能满足恋人对自己的要求,又能够增加自己的魅力和价值。

其次,也要多给恋人期待和赞美。心理学上有一种皮革马利翁效应,也称"期待效应",指人们基于对某种情境的知觉而形成的期望或预言,会使该情境产生适应这一期望或预言的效应。你期望什么,你就会得到什么,你得到的不是你想要的,而是你期待的。只要充满自信地期待,只要真的相信事情会顺利进行,事情一定会顺利进行;相反,如果你相信事情不断地受到阻力,这些阻力就会产生,成功的人都会培养出充满自信的态度,相信好的事情一定会发生的。这就是心理学上所说的皮格马利翁效应。

这个效应有这样一个启示:赞美、信任和期待具有一种能量,它能改变人的行为,当一个人获得另一个人的信任、赞美时,他便感觉获得了社会支持,从而增强了自我价值,变得自信、自尊,获得一种积极向上的动力,并尽力达到对方的期待,以避免对方失望,从而维持这种社会支持的连续性。

我们不愿意让爱我们的人失望,对方也是肯定和赞美我们,我们就越是努力完善自己。因此,与其打击恋人对你的美好期待,不如努力给自己充电;同时,经常赞美你的另一半,很快奇迹就会出现。

(二)表达与接受,爱的自信与主动

有一对老夫妻相敬如宾生活了一辈子,每次吃鱼,丈夫都会把鱼头夹给妻子,妻子把鱼尾夹给丈夫。几十年来一直如此。后来,丈夫去世了。妻子偶然提到,她其实喜欢吃鱼尾。而丈夫却在遗书中写道:他为了深爱的妻子,一辈子没吃过自己所爱的鱼头。读了这个故事,我们在感到遗憾的同时,更能懂得表达的重要性。

爱是需要表达的,不把爱意大胆地表达出来,你所喜欢的人也许一辈子都不知道,而你们俩就会失之交臂。有时你喜欢的人刚好也喜欢你,虽然这样的事情不是经常发生的,但只有勇敢尝试才不会给自己留下遗憾。

爱的表达方式多种多样，我们可以将爱大声地说出来；也可以通过情诗、情书这些充满爱意的文字表达我们内心的爱；还可以通过歌曲唱出来。但所有爱的表达都应是真情流露而不只是各种技巧的堆积。在爱面前，笨拙生涩却充满真情永远比虚情假意重要。

有首叫《大舌头》的歌，反映的就是爱一个人却不敢说出口的状态。不敢表达爱，主要是怕被拒绝，是内心不自信的表现。然而被拒绝仅仅表示你与对方之间不合适，并非你不好。被拒绝也不意味着你的世界从此便灰暗没有了色彩，不要把生活的重心和生命的意义全部附加其上。

（三）学会拒绝，尊重自我与他人

拒绝是一门艺术，我们要在拒绝的过程中减少伤害，但伤害是不可避免的，只不过是多少、大小、早晚的问题。学会合理地拒绝，既是尊重自己，也是尊重他人。

拒绝的艺术不仅体现在拒绝所选的时间、地点、环境等客观因素上，而且还体现在拒绝的语言技巧上。拒绝时，态度上要坚决，语言上要委婉，在肯定对方优点的同时，表明自己的态度。

在一定的时间里，被拒绝的人的低落消极情绪是不可避免的。既然已经拒绝了对方，就不要再回过头去安慰或者帮助，不要让对方产生"不舍得""有感情"的错误理解；否则，被拒绝的人更难从阴影当中走出来。

【延伸阅读】

学 会 拒 绝

贾平凹

行走于世间，接纳或拒绝，爱或不爱，放弃或执着……

每个人都应有接纳与宽容之心，也要学会拒绝。

我拒绝麻木。虽然生活的磨难让太多的热情化作云，但不能让感情磨出老茧，如果没有云让眼神放飞追逐，那么生活还有什么乐趣？

我拒绝永远明媚的日子。因为那是虚幻的梦境，痛苦可以让我成长，让我坚强。生活中的阴雨与风雪使我能清醒地在梦中看清脚下的路。

我拒绝折下那朵盛开的小花，那是在毁灭美的生命。一枝脆弱的纤细花茎，经过多少挣扎与痛苦才盛开出美丽，怎能忍心为个人的私欲而去毁灭别人的幸福？我只求远远地望着，默默祈祷那自然的奇迹开遍人生的每个角落。

我拒绝用青春去赌明天。那弥足珍贵的季节，怎经得起一掷千金？千金可以收回，但无论是一小时、一分钟……失去了便无处可寻了。青春属于自己，把握它，运用它，珍惜它，才能收获金秋的硕果。

我拒绝成为窗台上惧怕风雨的温柔花。它只能隔着玻璃窗,感叹多变的天气。有朝一日,风从虚掩的窗户掠过,那娇弱的花便瓣瓣凋零,落一地遗憾和伤心。

我拒绝生活中的痛苦,虽然我无力去阻挡要降临的事。曾听过一个故事:有人找禅师求解脱痛苦的方法,禅师让他自己悟。第一天,禅师问他悟到了什么。他说不知道,禅师便举起戒尺打他一下。第二天,禅师又问,他仍说不知道,禅师举戒尺又打了他一下。第三天他仍然没有收获,当禅师举手要打时,他却挡住了。禅师笑道:"你终于悟出了道理——拒绝痛苦。"

拒绝肤浅,接纳深沉。拒绝憎恶,接纳宽容。拒绝虚伪,接纳真诚。拒绝假、恶、丑,接纳真、善、美……

生活中,充满诱惑的大路在脚下延伸着,只有学会拒绝,才能不入歧途。

(四)如何处理冲突

心理学家提到四种冲突预警信号,即指责、轻蔑、反击和封杀,被称为"灾难的四骑士"。指责,与抱怨有所不同,暗含批判的程度更严重,而且范围也很广,不仅是行为层面的,通常还包括对另一方的人身攻击。如果再发生交叉抱怨,也就是当一方抱怨时另一方也开始抱怨其他事情,冲突肯定是无法解决的,生活中这种情况比较典型。轻蔑,即对另一方的不屑和鄙视。反击,即一方完全不承认自己有任何错误,无论对方说什么都奋起反驳。封杀,即完全跟对方脱离互动,犹如有一堵石墙挡在彼此之间一样,是冲突中最有杀伤力的一个。

在此基础上还建立了四种冲突管理策略:保持镇定、决不反击、感同对方、积极处理。我们都知道,如果一个人能保持冷静,那么事情就比较容易获得解决,所以遇到冲突时要让自己冷静下来(比如做个深呼吸),这样无论对方说什么自己都能做到不反击,反而能够认同对方的感受("我能感觉到你很伤心""我看到了你很生气""我听到你的不满"),为此,我们就可以同对方产生共鸣,而他的不满情绪随之也会自然减弱,你也就不会进入被蔑视或者被"封杀"的危险中了。

【知识链接】

有效处理冲突的策略

怎么处理冲突才最有效呢?下面有若干条有效的小建议,它们都是从多项心理学研究中总结出来的,也是情感专家经常会给出的建议。

- 如果你很饿、很渴、很累或者很困,那么请先满足生理需要,别卷入什么讨论或者争端中去;
- 随时拥有"退一步,海阔天空"的好心态;
- 一次就把问题处理好,别让问题堆积,同样也别让对方的负面情绪堆积;

- 就事论事,别跑题;
- 在一个相对开放的环境中展开讨论;
- 给彼此充足的时间,别太赶时间,不然会显得富有攻击性;
- 一句富有幽默感的话总是能让气氛变得轻松起来;
- 即使要辩论,也请以理服人,务必保持绅士或淑女形象;
- 如果正在旅行的途中,就别老想着对方怎么不好了,先好好享受,其他的等回来再说;
- 尽力,尽最大努力,解除自己的戒备状态,从你的肢体语言开始。

【延伸阅读】

对不起＝我爱你

在爱情里,认错不代表懦弱,说声"对不起",不会丢面子。要知道,两个人的性格、习惯、兴趣、爱好是无法完全相同的,因此在两个人的相处中,总会出现一些磕磕绊绊,这是正常的,有差异才有乐趣。

情商高的人反而会在发生矛盾时,适时且自然地说出"对不起"。在互相僵持不下时,这三个字等同于"我爱你"的作用,可以使两人化干戈为玉帛,使双方重新坠入爱河。

恋人之间有时仅仅需要一声"对不起"。简单的三个字却蕴含强大的力量。也许承认错误是令人难堪的,但是一旦你迫使自己勇敢地去承认,克服骄傲心理,它将成为一种奇妙的愈合剂。

很多人为了面子,"对不起"三个字总是难以启齿。其实,道歉并不会丢面子,却能够表现出宽容。我们常常会对陌生人很宽容,唯独对自己的爱人要求严格,对一点点失误都斤斤计较。能够主动道歉,不但能够表现出你的宽容,更能够表现出你的爱。当你首先说出"对不起",对方一定后悔自己没有先说并以同样的"对不起"回应你,因为他同样爱着你。

女人不要认为男人应该主动认错,男人也不要守着自己的"大男子主义"的心理。恋爱中暂时的低头换来爱情的幸福,是非常值得的。

（五）如何应对失恋

1. 培养三种能力

对于失恋这种可能每个人都会经历的黯淡时刻,如何才能走出呢? 这就需要培养三个方面的能力,即摆脱情绪的能力、理性认知的能力和总结分析的能力。

摆脱负面情绪是走出失恋阴霾的基础。失恋所带来的负面情绪具有延续时间长、带来伤痛大、阻碍伤口愈合等特点。如果人不从这种消极情绪中走出来,一味地沉浸在其中自暴自弃,只能给自己和关心自己的人带来极大的伤害。

那么，如何摆脱这种负面的消极情绪呢？一方面，可以转移自己的注意力，去做一些使自己心情愉快、心胸宽阔的事情；另一方面，多鼓励自己，没有谁能帮助自己从这种情绪的沼泽中走出来，除非自己真的做好准备，一步步地离开困住自己的这片沼泽。

理性认知是与摆脱负面情绪相辅相成的一种能力，二者相互促进。即使是沉浸在最悲伤的情绪中，理性思考一定不能丢弃。感性的情绪太漫无边际，似乎整个人都会沉浸在那种无尽的伤痛中不能自拔。这个时候，理性需要发挥自己的作用，帮助失恋者认清失恋的本质。想象着有个坚定的声音一直在你耳边沉着而又冷静地说："不要过分悲痛。毕竟，这不是你的错。不要拿别人的错误来惩罚自己。失恋只是意味着你们俩不合适，总会有个更合适的在前方等着你。"

建立在摆脱情绪和理性认识之上的总结分析则意味着彻底走出一段失败关系，为开启下一段新的关系做积极的准备。失恋意味着处理两个人关系的失败。"失败是成功之母"，在一段感情真正结束以后，回忆这段感情内两个人发生的点点滴滴。为什么甜蜜？为什么痛苦？每次争吵的原因是什么？最后导致分手的直接原因又是什么？千万不要认为感情都结束了，这样的问题丝毫没有意义。事实上，每次你这么问自己，然后自己对这些问题进行思考、反省，也就为未来和其他人恋爱关系的顺利开展提供了条件。

2. 学会四大法宝

失恋并不可怕，但是失恋所带来的打击看上去却不可避免。恋爱的甜蜜情景依然历历在目，但是这段感情却已经物是人非，如果睹物思人、今昔对比，沉溺于过去，就更难以从这段感情中走出来。无论如何，失恋者应该明白，那段感情已经过去，但还会有新的更好的感情到来。在此基础上，使自己失恋的不痛快情绪得到缓解和释放，最终回归正常的生活轨道。以下四种方式可以帮助失恋者尽快从负面情绪中走出：

（1）倾诉和宣泄是扫除负面情绪最表面和最直接的方式。你可以找一位值得信赖的师长或好友，倾诉自己胸中理不清的爱与恨、怨与愁，以释放心理压力，并认真倾听他们的评说；或用文字如日记、博客把自己的苦闷记录下来，求得心理解脱；实在难以排解时，不妨关起门来，放声大哭一场；男生可以拉着哥们儿痛快地踢一场足球，女生可以叫上几个姐妹去KTV大声唱歌，这都不失为宣泄的好办法。

（2）换位思考和乐观面对。失恋后如果我们能换位思考，以新的视角来面对这段恋情，就会使我们于幽暗中发现出一丝光亮，并在这光亮的指引下走出阴霾。失恋不过意味着我们放弃了一个不合适的人，转而去寻找真正适合我们并且会给我们带来幸福的人。

（3）恋爱受挫后将注意力转到其他领域，这种方式叫作移情。移情并非别恋，可不是要你尽快"辞旧迎新"投入新恋情，而是及时适当地把情感转移到失恋对象以外的其他人或事上。离开二人世界，回归大集体的温暖。

（4）一定要反思失恋的原因。当一切已过去，自己已经能够平静地面对失恋时，一定要总结经验。聪明的人不是不犯错误，而是不在同一个地方犯同样的错误。

【延伸阅读】

苏格拉底与失恋者的对话

苏格拉底（以下简称"苏"）：孩子，你为什么忧伤？

失恋者（以下简称"失"）：失恋了！

苏：哦，这很正常。如果失恋了没有悲伤，恋爱大概也就没有什么味道。可是，年轻人，我怎么发现你对失恋的投入甚至比对恋爱的投入还要倾心呢？

失：到手的葡萄给丢了，这份遗憾，这份失落，您不是当事人，怎知其中的酸楚？

苏：丢就丢了，何不继续向前走去，鲜美的葡萄还有很多。

失：我要等到海枯石烂，直到她回心转意向我走来。

苏：但这一天也许永远不会到来。

失：那我就用自杀来表示我的诚心。

苏：如果这样，你不但失去了你的恋人，同时还失去了你自己，你会蒙受双倍的损失。

失：踩上她一脚如何？我得不到的别人也别想得到。

苏：可这只能使你离她更远，而你本来是想与她更接近的。

失：那您说我该怎么办？

苏：你真的很爱她？那你当然希望你所爱的人幸福了？

失：那是当然。

苏：如果她认为离开你是一种幸福呢？

失：不会的！她曾经跟我说过，只有跟我在一起的时候她才感到幸福！

苏：那是曾经，是过去，可她现在并不这么认为。

失：难道她一直在骗我？

苏：不，她一直对你很忠诚。当她爱你的时候，她和你在一起，现在她不爱你，她就离去了，世界上再没有比这更大的忠诚。如果她不再爱你，却还装得对你很有情意，甚至跟你结婚、生子，那才是真正的欺骗。

失：可我为她所投入的感情不是白白浪费了吗？谁来补偿我？

苏：不，你的感情从来没有浪费。因为在你付出感情的同时，她也对你付出了感情，在你给她快乐的时候，她也给了你快乐。

失：可是，她现在不爱我了，我却还苦苦地爱着她，这多不公平啊！

苏：的确不公平，我是说你对所爱的那个人不公平。本来，爱她是你的权利，但爱不爱你则是她的权利，而你却想在自己行使权利的时候剥夺别人行使权利的自由。这是何等的不公平！

失：可是您看得明白，现在痛苦的是我而不是她，是我在为她痛苦！

苏：为她而痛苦？她的日子可能过得很好，不如说是你为自己而痛苦吧。明明是为自己，却还打着为别人的旗号。

失：依您的说法，这一切倒成了我的错？

苏：是的，从一开始你就犯了错。如果你能给她带来幸福，她是不会从你的生活中离开的，要知道，没有人会逃避幸福。

失：可她连机会都不给我，你说可恶不可恶？

苏：当然可恶。好在你现在已经摆脱了这个可恶的人，你应该感到高兴，孩子。

失：高兴？怎么可能呢，不管怎么说，我是被人给抛弃了。

苏：被抛弃的并不是就是不好的。

失：此话怎讲？

苏：有一次，我在商店看中一套昂贵的西服，爱不释手，营业员问我买不买。你猜我怎么说？我说质地太差了，不要！其实，是我口袋里没有钱。年轻人，也许你就是被遗弃的西服。

失：您真会安慰人，可惜您还是不能把我从失恋的痛苦中拉出来。

苏：时间会抚平你心灵的创伤。

失：但愿我也有这一天，可我的第一步该从哪里做起呢？

苏：去感谢那个抛弃你的人，为她祝福。

失：为什么？

苏：因为她给了你忠诚，给了你寻找幸福的新机会。

本章小结

介绍爱情的发生、发展过程及特点，解析在大学这个特殊年龄阶段和客观环境变化对恋爱心理与行为带来的影响，帮助大学生提高对自身恋爱身心变化的觉察和理解，正确对待爱情及爱情可能带来的困扰。

思考题

1. 结合实际谈一谈，你在爱情方面有哪些心理困惑？
2. 爱的能力包括什么？你认为自己具备了哪些能力？需要改进与培养的能力有哪些？

【延伸阅读】

《爱的艺术》

作者：（美）艾里希·弗洛姆

译者：李健鸣

出版社：上海译文出版社

《爱的艺术》是德裔美籍心理学家、哲学家、法兰克福学派重要成员艾里希·弗洛姆最著名的作品。在本书中，弗洛姆认为，爱情不是一种与人的成熟程度无关，只需要投入身心的感情。如果不努力发展自己的全部人格并以此达到一种创造倾向性,那么每种爱的试图都会失败,如果没有爱他人的能力,如果不能真正谦恭地、勇敢地、真诚地和有纪律地爱他人,那么人们在自己的爱情生活中也永远得不到满足。

弗洛姆进而提出,爱是一门艺术,要求想要掌握这门艺术的人有这方面的知识并付出努力。在这里,爱不仅仅是狭隘的男女爱情,也并非通过磨炼增进技巧即可获得。爱是人格整体的展现,要发展爱的能力,就需要努力发展自己的人格,并朝着有益的目标迈进。

【视频推荐】

《泰坦尼克号》

1912年4月10日,号称"世界工业史上的奇迹"的豪华客轮泰坦尼克号开始了自己的处女航,从英国的南安普顿出发驶往美国纽约。富家少女露丝与母亲及未婚夫卡尔坐上了头等舱;另一边,放荡不羁的少年画家杰克也在码头的一场赌博中赢得了下等舱的船票。

露丝厌倦了上流社会虚伪的生活,不愿嫁给卡尔,打算投海自尽,被杰克救起。很快,美丽活泼的露丝与英俊开朗的杰克相爱,杰克带露丝参加下等舱的舞会、为她画像,二人的感情逐渐升温。一个风平浪静的夜晚,泰坦尼克号撞上了冰山,"永不沉没"的泰坦尼克号面临沉船的命运,露丝和杰克刚萌芽的爱情也将经历生死的考验。

第七章 理解家庭

名人名言

我相信家庭与外界是决然不同的,它可以充满爱,关怀及了解,成为一个人养精蓄锐的场所。

——萨提亚

本章要点

家庭与大学生的关系;

家庭与心理健康的关系;

大学生在家庭问题上常见的心理困扰;

在家庭中成长。

小霞是一位大三女生,她因为父母的问题已经来心理咨询中心进行多次咨询了,每次她情绪波动都很大。原来父母在小霞考上大学后就告诉她他们要离婚,他们感情不和已经很长时间,为了不影响小霞高考,所以一直等到她考上大学后才准备付诸行动。但是两人在财产分割方面一直没有达成协议,两人又不愿意面对面沟通,任何事情都要由小霞转达,并且双方还在小霞面前攻击对方。几年来,父母已经分居,但仍没有签字离婚;每次小霞一看到父母的来电就很紧张,每当父母要她代为转达各自关于财产问题的条件时,心里都很厌烦。这几年小霞感到非常痛苦,甚至一度希望通过自杀来逃避现实。

提问:

1. 家庭对小霞有什么影响?
2. 你怎样看待自己的家庭及其对自己的影响?

一、家庭如何塑造了你

家是每个人成长的摇篮,家中既有爱,又有爱的困惑。大部分人在家中接受父母对自己的关怀与照顾,即使离家在外,你也能感受到父母的关心与挂念。然而,有时你也会很困惑:你是否总是觉得自己做得不够好,还不够努力,令你的父母或其他家人感到失望?你是否觉得自己有责任让父母感到高兴?你是否因为自己做了或者没做什么事情而厌恶自己,是否在自己独自快乐时感到羞耻或者内疚?你是否在有的时候感觉自己像个受人操纵的木偶?我们的许多优秀品质源于我们的父母,而我们的一些心理困扰也可能根源于家庭。无论如何,每个人都与自己的家庭有着密切的联系。

（一）你从家中走来

家庭是人类社会生活中最基本、最主要的初级组织,是人社会化的摇篮。良好的家庭关系与生活环境是每个家庭成员人格形成与完善的重要条件。

1. 家庭定义与功能

家庭是指婚姻关系、血缘关系或收养关系基础上产生的,亲属之间所构成的社会生活单位。家庭是社会的细胞,是个人过群体生活一种最普遍、最固定和最持久的社会生活的基本单位。家庭和婚姻关系有着密切的关系,婚姻双方构成了最初的家庭关系,在此基础上又产生出父母子女等其他家庭成员之间的关系。家庭有狭义和广义之分。狭义是指一夫一妻制构成的社会单元;广义则泛指人类进化的不同阶段上的各种家庭利益集团,即家族。

从社会设置来说,家庭是最基本的社会设置之一,是人类最基本最重要的一种制度和群体形式。从功能来说,家庭是儿童社会化、供养老人、性满足、经济合作的人类亲密关系的基本单位。从关系来说,家庭是由具有婚姻、血缘和收养关系的人们长期居住的共同群体组成。

家庭在社会中起着极为重要的作用,担负着多种社会功能。现代家庭的功能主要包括以下几个方面:(1)家庭要能够满足其成员的物质生活需要,提供对外界危害事物的保护力量;(2)家庭要具有人与人之间的亲情和塑造亲近和谐的人际关系能力;(3)家庭要能通过与家庭的认同作用而培养子女综合性的人格和社会生活的适应能力;(4)家庭要能提供性知识和性教育,以培养子女的性身份和性角色的实现能力;(5)家庭要能塑造其成员的社会统合行为、社会角色扮演和培养其社会责任感;(6)家庭要培养其成员的学习动机、求进步的欲望和创造的能力;(7)家庭要能传承文化,并培养下一代有创新文化的能力。

总的来说,现代家庭不仅为每一个家庭成员提供主要的生活场所,同时也具有影响、培养和教育所有家庭成员成为合格社会成员的功能。显然家庭对家庭成员人格的形成、幸福成长与发展也必然有着不可替代的重要作用。

2. 家庭塑造了你的精神世界

(1) 家庭与人格形成

家庭是孩子最早接触的环境。家庭担负着传授生活生产知识技能、指导生活目标、行为规范和道德作风的社会化任务。家庭对人的影响首先表现在指引社会化方向、选择社会化内容上；其次，家庭教养方式会影响成员人格的完善程度和心理健康程度。此外，家长的价值观、为人处世的态度都会对子女人格产生潜移默化的影响。父母的文化素养、家风家德、家庭职业、经济收入、宗教信仰等都会对子女的人格发展产生积极或消极的影响。

家庭对家庭成员人格发展的影响，从发生的时间看，开始最早、持续最长；从作用空间看，范围最大、内容最广。所以家庭是影响人格的环境因素中最基础、最重要的组成部分。作为家庭的成员，无论是婴幼儿、儿童和青少年，还是成年和老年，他们的心理发展和特点都必然受到家庭中各种相关因素的影响。研究证明，民主和谐的家庭气氛、父母对幼儿的赏识、良好的家庭心理情绪气氛、稳定的家庭结构等对幼儿良好人格的形成有重要影响。家庭成员之间的关系应当是和睦的、平等的、互相关心和互相爱护的。孩子在良好的情感环境中生活、成长，他们会感到自由、舒畅、温暖、幸福，从而形成健全的人格。

美国前总统罗斯福十分注重培养孩子的独立人格。他有句名言："在儿子面前，我不是总统只是父亲。"他反对孩子依靠父母过寄生生活。他让孩子们凭自己的本事自食其力。大儿子詹姆斯20岁去欧洲旅行，临回家前买了一匹好马，然后打电报向父亲求援。父亲回答："你和你的马游泳回来吧！"儿子只好卖掉了马，作为回家路费。如果父母给孩子过多的关注和过度的保护就是溺爱。溺爱剥夺了孩子的独立性，会引起其强烈的自卑感，导致其成年后产生人格问题。有些家长对孩子十分不放心，事先为他考虑得面面俱到，总担心自己微小的疏忽会让孩子受委屈或造成损伤。虽然这类父母一切都为孩子着想，但是孩子却不见得领情，因为他们会感到压抑、受拘束、没有自由的空间。

(2) 父母评价影响自我价值感

自我价值又叫自我概念，是一个人对自己的感觉和想法，它是人生命能量的源泉，是内在精神世界的能量中心。自我价值感高的人相信自己，喜欢自己，欣赏自己，善待自己。他们主动与别人沟通，在沟通时尊重自己，也尊重别人。自我价值感低的人不容易相信自己，不喜欢自己，自卑，总觉得自己被伤害，容易惩罚自己和别人，认为别人应该对自己的行为负责，他们常用"爱别人"的方式来取代"爱自己"。其实，一个不爱自己而去爱别人的人，他的"爱"中会带有控制的意味。

一个人自我价值感的形成，与其父母在成长过程中对他的态度直接相关。如果父母经常接纳、欣赏、喜欢、尊重孩子，孩子就会将父母的评价内化为对自我的认识，认为我是值得被爱、被尊重的，就有较高自我价值感；相反，经常被父母批评、指责、嘲笑、漠视的孩子，他们也会将父母的评价内化为对自我的认识，认为我是不好的，是不值得爱的，则会有较低的自我价值感。

(3) 父母传递爱的语言

我们因为父母的相爱而来到这个世界，我们还将把爱传承给后代。爱是情感的表达，作为孩子,我们从父母的什么行为上能感受到来自他们的爱呢?我们又是怎样把我们心中的爱传递给所爱的人呢?

心理学研究表明,爱有以下五种语言:

一是肌肤的亲近。爱一个人就希望亲近他的肌肤,这是与他人肌肤相亲的渴望,比如拥抱、抚摸、牵手、相依。父母爱孩子,就会愿意亲近孩子的肌肤、拥抱和抚摸孩子。当孩子得到足够的来自父母肌肤的亲近时,在未来的岁月里,孩子也会愿意亲近那个自己爱的人。

二是赞美。爱一个人就愿意欣赏他、称赞他,表达喜爱的情感。孩子可以从父母的语言和非语言的信息中获得欣赏的线索。比如,他们夸赞孩子任何一个优秀品质,或者他们看孩子的眼神充满柔情和欢喜。如果孩子被这样爱着,孩子以后也会对所爱的人不由自主地表达赞美和喜欢。

三是陪伴。爱一个人就愿意跟他一起共度时光,愿意跟他一起共同经历一些人或事,有共同感受,共同情怀。在曾经的岁月,父母肯放下他们手上重要的事情而愿意陪伴孩子度过生命中重要的时光吗?比如,陪你去期待已久的郊游,去渴望的动物园过"六一"儿童节,病了及时就医,陪伴你度过你生命中其他重要的时刻?这样的陪伴让你觉得你是重要的,你是值得他们关注的。如果你曾经被父母陪伴,你就学会了将来这样去陪伴你所爱的人。

四是礼物。爱一个人就愿意为他买礼物表达爱意。当父母常常用这种方式表达对别人的爱时,你也会学会这种爱的语言。

五是服务。爱一个人就愿意为他做事而不求回报。当父母之间的爱,父母对你的爱是这样做的,就会让你学习到更多爱的语言。

通过这五种爱的语言,父母将他们的爱传递给我们;父母怎样爱你,将来你便学会怎样爱别人。

(二)家庭的分类

【案例】

一位美国心理学家坐飞机去北京,旁边坐着一位回国探亲的中国女士。他们交谈时,女士说自己的女儿在美国做医生。心理学家问她女儿上的是哪所大学,他问了好多次,女士都不愿说。他不明白为什么她拒绝回答。后来她终于说了,她女儿毕业于约翰斯·霍普金斯大学,学校不太好,他们家人一般都不跟外人提及。心理学家告诉这位母亲,约翰斯·霍普金斯大学的医学院可是美国最好的,她应该为自己的女儿感到骄傲。

现实中,如果你没有上哈佛大学、普林斯顿大学或者斯坦福大学,那么无论你上了什么学校,都不是一件光荣的事。这位母亲在乎的不是她女儿是不是去学医了,而是她上的学校在中国人中间口碑如何。那么说到中国大学生,又是怎么样的情况呢?中国大学生往往觉得考高分不是为了自己,而是为父母和亲戚。上什么学校,成绩怎么样,毕业后找什么工作,这些都会让他们的家人脸上有光彩或者没光彩。所以他们的"负罪感"往往不是因为自己觉得自己的行为不好,而是因为别人觉得自己不好。家庭和文化环境深深影响成年以后的身体健康和人际关系。不同的家庭对青少年的影响各不相同,根据国际家庭伦理研究中心的戴维·艾克曼博士(David Eckman)的理论,家庭可以分为三种类型:健康的家庭(a healthy family)、注重表现的家庭(a performance-only or confused Family)以及运作不良的家庭(a dysfunctional family)。

1. 健康的家庭环境

健康的家庭有个清晰和积极的人生自我看法,彼此有深厚情感,具备快乐人际关系的技巧。父母双方对他们的家庭背景带来的问题已经获得一个健康的解决之道。从这样家庭走出来的人容易信任别人,并常常假定每个人的家庭背景都大致如此。

来自健康家庭的人特点很鲜明。第一,有积极的自我认识。在健康家庭长大的人比其他人更容易信任人,因为他们自己的家庭生活安全可靠、彼此表达出情谊,他们的生活可以预期,所以他们进入成年人世界时能够信赖别人。第二,能够积极主动地调节与管理情绪。因为从家庭中他们发现并学会与别人谈话来消除情绪上的苦恼,让负面的情绪随着时间消散而去,学会在难过的时候不是耐心忍受,而是要想办法消解。他们常常会通过与关系密切的朋友谈话来疏解情绪。第三,懂得如何关心别人以及接受别人的关心。当身边有人情绪低落时,他们会拉起对方的手来或拍拍对方的肩膀,或把手臂搭在人的肩上。别人安慰他们时,他们不会感到不自在或不知如何回应。人在健康的家庭环境中的表现如图 7-1 所示。

图 7-1 人在健康的家庭环境中的表现

出自健康家庭的人有什么优势呢?首先,家人间关于自己家庭的看法、印象与情感彼此一致。例如,说到"父亲"一词时,他们会感到一种良好的体验。父亲不仅是挣钱养家的人,更是与自己的孩子关系亲密的人。他爱自己的孩子,保护自己的孩子,并且对他们的感受非常重视。他会安慰他们，鼓励他们。他为孩子们提供建议。即使需要和孩子说出他的不同意见时，他也带着爱与温暖。

另外，健康家庭里的人对"爱"这个字也充满了积极的体验。在健康的家庭中，爱并不是对陌生人盲目的忠诚，而是喜欢自己的家人。爱给人自由，因为被爱的人会知道，"我是谁"比"我做了什么"更重要。因此，对于健康家庭里的人来说，爱、父亲、母亲、信任、温暖，这些都带给他们积极的人生体验。这在心理上是极大的优势。因此，他们会很容易信任别人，他们的情绪也会比较稳定。他们会乐于接受别人的称赞，但他们的好心情并不依赖别人的称赞。

当然，这样的家庭走出的人也有其缺点。例如，第一，他们有足够的安全感与信任感，有时候他们会太过信任别人，甚至吃亏上当。第二，他们有时面对生活时不够有深度，因为他们很难理解很多人经历的磨难。他们有很积极的心理，但是他们常常难以真正去同情那些受到伤害和苦难的人，因为那些对他们来说过于陌生。他们不太容易发展出由衷的同情心。他们有时候对那些不接受安慰的人会感到不耐烦，他们看别人情绪迟迟不能得到疏解时就会放弃，因为不理解他们为何会与自己的经验感觉不同。

2. 注重表现（困惑）的家庭环境

困惑的或只注重表现的家庭，简而言之，就是一个家庭的情感中心不是爱与温暖，而是其他外在的表现。注重表现的家庭显然有爱的表达，也有一定的快乐人际关系技巧，但是自我认识并不清晰。父母双方还没有对家庭背景带来的问题获得健康的解决之道。在此种家庭长大的人习惯于报喜不报忧，对建立亲密关系会有所迟疑。

注重表现的家庭有以下一些共同的特点：

一是容易偏爱个别孩子。如果家中有几个孩子，那么表现最好的孩子会让父母（至少是父亲）特别喜欢，这就产生了偏爱。不被偏爱的孩子有可能会对学习自暴自弃，或者满心愤怒和怨恨。被偏爱的孩子也会出现各种问题，比如这个孩子会对家庭有不真实的认识。而健康的家庭中，每个孩子都被当作珍贵的个体看待，父母也会避免兄弟姐妹之间的竞争，会尽可能平等地喜爱每一个孩子。目前中国大部分家庭都是独生子女，那么就可能会产生家长拿自己孩子与其他孩子作比较，这种不断地比较会让孩子感受到父母更看重外在的表现而非他本人。

二是不诚实。当"表现"比孩子本人还重要时，孩子就无可避免地得到一个信息：为了得到父母的关爱和肯定，表现比诚实还重要。在某种意义上说，过分注重表现的父母等于是鼓励孩子如此对待他们，甚至干脆等于让孩子撒谎。孩子会认为：我本人和实际状况并不重要，重要的是遵守一切规条，好好表现。孩子如果发现，父母的爱与温暖完全取决于自己的表现好坏，就会本能地报喜不报忧。

三是容易产生三角关系。如果孩子觉得与父母的一方（如父亲）直接沟通很不舒服，他们会让另一方传话，这就是三角关系。孩子和父母的一方无法直接交流，必须绕一个弯子,这是不健康的,造成亲子关系疏离与沟通不良。三角关系是一种操控行为,利用父母中的一方和另一方进行接触。在一个只注重表现的家庭里,操控行为非常普遍。由于孩子表现怎么样是最重要的,因此操控也就很重要。孩子必须尽一切可能不让父母失望。为此他们必须借助操控行为。许多大学生表示,他们都有偷偷改过成绩单的经历,目的是让他们的爸妈看着高兴。表现好,取悦父母,成为最重要的事情。

四是情感不被表达。表现不好的、不被喜欢的孩子也不能表达自己的不满。父母和孩子很疏远,并且无法沟通,到成年之后亦是如此,甚至形同路人。假如家庭的中心不是爱与友谊,那么人生最重要的东西,即"爱与温暖"就被忽视了,家庭成员充满怨恨,缺乏感情,又不能表达,因为表现好比爱与亲情更为重要。

成长在注重表现的家庭的人主要有以下两个特点:

第一,对自我没有清晰的认识与准确地评价。成长在注重表现的家庭的人面临好几种人生的难题。他们通常不清楚自己到底是怎样的人。父母希望子女成功,为的是自己脸上有光,因此孩子的价值和地位要取决于他们的表现。而他们表现的好坏要看父母的期望,而不是看孩子的固有能力是否发挥。在这种环境里,孩子变得只知道别人对自己的期望,而很可能对自己的愿望和自己的真实自我从未考虑。成长在注重表现的家庭或注重表现的文化里的人,常常感到自己好像只是为别人而存在,没有一个属于自我的意识。

第二,学习与工作十分勤奋,却难以获得成就感。从注重表现家庭出来的人会不自觉地相信,知识学得越多越好,工作越卖力越好,知识和努力比发现自己能够轻易做好某类工作的快乐更重要。教人找到自己本能的优点长处对这些人来说是极不自然的,因为有知识和努力工作,比发现自己可以轻而易举做成某事的快乐更被人看重。常常有学生问,那么我应该怎么做、应该学会什么呢?可是一般来说,重要的不是什么事情应该发生,而是要了解一些关于生活实际的一些原则,了解正面的人生价值是什么。

3. 运作不良的家庭环境

运作不良的家庭不幸福,长期受到酗酒或其他瘾癖所困扰,在家里常常有身体虐待、情感虐待或忽视。家庭长期处于压力之下,因为家里的痛苦状况,常常会伴随嗜瘾的行为。

有的人成长在压力很大并且很不幸福的家庭,他们的人生经历与成长在健康家庭和注重表现家庭的人不同。这些家庭的父母不停地吵架,沉溺瘾癖,常常陷入愤怒或抑郁之中。这样的家庭经历会给孩子带来非常负面的影响。如图7-2所示。

第一,负面的自我认识。成长在心理运作不良家庭的人自我认识很负面或是根本不知道该怎样看待自己。负面的自我看法会在成年生活里造成很多问题,因为这样的看法所产生的期望都是按照自己环境里最坏的可能性。每当压力到来时,这些负面的人生观总是叫人回到童年时代的思想意识里,变得高度警觉。不幸的是,如果没有及时认识并解决这些问题,可能会将负面的自我评价与看法传递给下一代。

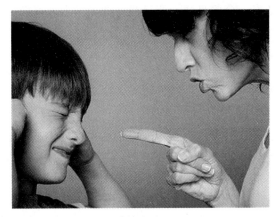

图 7-2　过分指责是破坏亲子关系的行为

第二，消极的防卫机制。家庭处于痛苦和压力中时，人就会使用防卫心理来保护自己不受伤害。如果家里的压力是持续不断的，孩子就会不自觉地把这些防卫方法带入成年生活，每当遇到压力时，这些防卫就再度出现。防卫机制是为了提供乐趣和逃避痛苦。最常见的一种防卫机制是人际关系的疏离。成长在不健康家庭的人常常会有内在外在的各种长期压力感与痛苦感。首先，他们经常会感到孤独与孤僻。如果父母喜欢批评孩子，辱骂孩子，甚至虐待孩子，那么孩子会自然地躲着父母。家庭成员很自然的用躲着彼此的方式来缓解压力。孩子会在家中成为"隐形人"。成长在不健康家庭的人会本能地躲避关系的痛苦。疏离的人际关系可以帮助减缓或忘记痛苦，但也难以与人建立稳定、亲密的关系，感受最基本的爱与温暖。例如，一个来自健康家庭的人若是与一个有着不良家庭的人结婚，他会感到困惑，因为故作友善的人初看上去很有魅力，可是结婚后健康的一方寻求亲密关系时却惊讶地发现，他越试图亲密，对方的反应就越紧张，试图退缩。

第三，不会沟通。对运作不良家庭的成员而言，语言不是用来沟通的，而是用来控制别人的。正常的沟通是为了帮助人与人一起合作面对生活的。在不健康的家庭，语言是用来伤害、逃避、遮掩、欺骗的。因此，他们会本能地相信沟通是没有任何用处的。沟通只有伴随信任以及感情才是健康的，否则就只有伤害。

第四，成瘾的行为。在充满伤害的家庭中，家庭成员会沉迷于某件事情中，以逃避家庭的痛苦。逃避有两种方式：一种是面对精神上的压力和痛苦时，孩子会将注意力转移到学习或者课外活动上。这会给孩子带来很好的成绩，但并不会给他带来健康的心理。事实上，这是让孩子对伤害视而不见，对成长其实是有害的。另一种是做出自毁性行为，例如，吸毒、沉迷游戏，或是其他不良上瘾行为。讽刺的是，那种学习狂人和这种问题少年其实都是面对家庭的痛苦所产生的结果。

除了这些外在的问题之外，成长在不健康家庭的人也容易有内在的种种症状。

第一个症状是创造出一个假自我。假自我来源于一个人接受了错误的关于"我是谁"的看法、感觉和意见。不健康家庭会同时发生两种情况：孩子被指责，孩子指责自己。渐渐的，孩子会觉得，自己是没有价值的，自己就应该被很不好地对待。如果一个人常常说"我觉得我有问题，但我说不清是什么问题"，那么就可以判断出他是来自不健康家庭。来自不健康家庭的很多人都会立即说，他们自己就是这么想的。他们不清楚自己是什么问题，但他们就是觉得自己有问题。甚至很多非常聪明的学生都觉得自己很笨、很无能。

第二个症状是容易自责。成长在不健康家庭的孩子下意识地认为自己是有问题的，所以他们才会被不好地对待。孩子是需要温暖的，但是孩子也需要给周围发生的事情一个解释。如果他们总是被身体上或是语言上虐待，之后爸妈又说："我这样做都是因为爱你"或者"这是为你好"，那么孩子没法做出别的判断，只能相信父母的这种说法。等到孩子长大之后，遇到各种压力时，就会回到儿童的状态中，重新用那种方式看待自己。假如这些下意识的看法没有改变，这个人会相信家庭带给他们的自我认识。他会自责，童年的体验也会再现。自责是对家庭的精神压力的自然反应。

第三个症状是自责伴随而来的羞耻感。羞耻感并不是因为我们做了什么，羞耻感是对自己感到痛苦。羞耻感不同于内疚感。内疚感是觉得一件事做错了（比如撒谎或偷东西）；羞耻感是说，我们觉得自己本身就是一个错误。一个受到虐待的孩子不知道自己做了什么让自己的生活如此悲惨，也不知道为什么自己会被虐待，所以就会认为，一定是因为自己的问题。羞耻感的意思就是，我觉得我是有问题的；如果别人了解了真实的我是怎么样的，别人一定不会接纳我的。这种心理力量非常强大，让人无法敞开内心，也难以成长。

成长在非常不健康的家庭中的人必须学会两件事：一是让肾上腺素快速分泌以应对突发危险；二是关上情感开关，让自己的感受不表现出来，以保护自己。这就好比一边踩油门一边踩刹车，很快发动机就会烧掉。如果一个人如此对待自己，会让情感过度压抑，精神濒临崩溃。如果不想让自己一直感到痛苦和创伤，那就只能把整个情感世界关闭。

成长在不健康家庭中的孩子难以理解为什么他们的世界会发生这些事情。当他们长大之后，他们会努力表现得友好，但是内心深处却很难和人有联结，甚至很难有任何感受。此外，他们会觉得这都是正常的，没有发觉自己有什么不一般的地方。更为悲剧的是，没有人告诉他们，这些背后的真实原因是什么。孩子如果在成长中一次次地被父母和亲人背叛，他们长大之后不会相信人是好的。不健康家庭的人学到的是，信任亲近的人会让自己失望，让自己痛苦。这样背景的人结婚之后也会不信任自己的伴侣，不信任其他人。

成长在不同家庭的人非常不同，如果邀请前面所述的三种不同家庭背景的人进入一个有许多陌生人的房间时，他们的期待是不同的。健康家庭的人认为大家会喜欢他；而注重表现家庭的人相信自己若是努力的话，大家就会喜欢他；从运作不良家庭出来的人则不关心别人会不会喜欢自己的问题。比如，他们走进一个房间时就会不自觉地警惕起来，觉得他们随时会有威胁或有极不寻常的东西要面对。每一种家庭背景都会在人身上产生一些可预期的特征,并在成人生活里反映出来。

【自我测试】

关于家庭环境的问卷

请按照你 18 岁以前家里的生长环境回答下面的问题,回答"是"或"否":

1. 你曾经感到与某个家庭成员之间的关系很紧张。
2. 你感到与某位家人说话时要小心。
3. 你父母总是在忙着别的事,不太顾及家庭其他成员的感受。
4. 你父母为人行事经常要对外维持某种形象。
5. 你的父母经常批评你或者总也不能原谅你犯过的错误。
6. 你感到自己成绩和表现良好的时候,家人会比较在意和接纳你。
7. 每当家庭起冲突时,家里人彼此攻击辱骂。
8. 你觉得有时单凭某位家人的言语,很难知道他的真正想法或情绪感受。
9. 你家人很少表扬和肯定你好的表现。
10. 对有的家人,你绝不能说出任何不同意见或想法,不然就会起争端。
11. 和家庭成员在一起时,或者他们开始注意你时,你有时会感到不自在。
12. 你在外面遭受挫折、忧愁或愤怒时不向家人倾诉。
13. 当你希望休息、放松时,你宁愿到外面去玩而不是回家。
14. 作为一个孩子,你有时会对全家人围聚一处感到紧张和有压力。
15. 你父母曾当着别人面批评你。
16. 你身心曾受到一位家人的威胁恐吓。
17. 父亲或母亲有成瘾的问题影响了家庭关系。
18. 父亲或母亲有过婚外情的风波。
19. 16 岁以前曾经被一个家人猥亵触摸或遭到性侵犯。
20. 父母离婚或曾经分居很久。
21. 父母曾在孩子面前动粗或打架。

评分规则:

第 1~15 题,回答"是"的题计 1 分;第 16~21 题不计分。

0~5 分为健康家庭背景;

6~10 分为注重表现家庭;

11~15 分为不健康家庭。

二、家庭与心理健康

家庭作为个体的主要社会网络,是个体心理健康的重要影响因素。家庭是儿童心理健康形成的初始环境,是儿童获得早期生活体验、形成最初的道德认识和行为习惯的主要场所,家庭结构、家庭环境、家庭成员之间的相互作用,家长的教育观念、教育态度、教育方式,以及家长的人格特征等都可能影响个体心理的健康发展。

(一)家庭结构对子女心理健康的影响

随着社会的不断发展,家庭结构也在不断发生变化,尤其是20世纪以来,这使得连续几代儿童都是在与他们父母的儿童时期极不相同的环境中成长的。家庭背景、家庭组成的规模和家庭类型的变化等方面都会对儿童心理健康产生深远的影响。

1. 家庭背景

家庭背景首先表现在地理位置上,在我国最突出的表现是城市和农村的差别。城市和农村的家庭在结构特点、文化观念、经济状况等方面都有很大不同。儿童出生在什么家庭里,不仅受到来自家庭的直接影响,同时也受到与家庭相关的一些社会资源的影响。这使得农村和城市家庭的孩子由于拥有不同的社会资源而有不同的发展道路,甚至经历不同的命运。家庭背景的影响还通过家庭的流动表现出来。随着社会流动性的加剧,父母因为工作的调动或者其他原因而搬家是常有的事情。伴随这样的迁移,产生了对社会适应技能的需要。对儿童来说,经常迁移的困难包括结交新朋友、对新学校的适应等问题,这些都将影响他们的心理健康水平。对年龄较大的青少年来说,迁移可能意味着破坏已建立的友谊,其中有些可能包括很强的情感联系。经常迁移也影响家庭与他们居住的社区形成稳定的联系。这些就可能使儿童,特别是青少年觉得被疏远,并可能增加犯罪和其他青少年时期的心理与行为问题。

2. 家庭组成

家庭组成的变化主要表现在家庭成员的多少或家庭规模的大小上,还表现在家庭类型的区别上,如完整家庭和单亲家庭。目前,家庭的大小已经变得越来越小了。这主要是由于两种变化的影响。第一,中国变成了核心家庭(包括父母及其子女)的国家,而不是大家庭(与其他亲戚一起居住的家庭)的国家;第二,核心家庭的大小在缩小,因为父母生育的孩子越来越少。传统的"养儿防老,多子多福"的观念正在淡化,致使家庭的规模不断变小。今天的大学生已经不能再像过去那样,与大家庭的成员,比如(外)祖父母、叔伯、舅母、舅舅以及(表)兄弟姐妹有较强的联系,一般只与父母保持有意义的家庭联系。因此,大多数大学生失去了拥有各种成年期角色的隔代榜样的好处。米德(Mead)认为这种情况产生了各代之间理解的缺乏,因为各代之间的联系减少了。在大家庭中,大学生从小有可以学习的成人社会行为、日常礼貌和角色的榜样,有成人各代之间交往(比如父母和祖父母的交往)的榜样。这些榜样可能会促进社会技能的学习,促进隔代的理解。在今天的多数家庭中,这些好处都已失去。近年来,中国家庭组成的变化如图7-3所示。

第七章 理解家庭

图 7-3 中国家庭组成的变化

3. 家庭类型

目前,核心家庭依然占据主流地位,但是新的非主流家庭在不断增加,这将对儿童社会化带来越来越大的影响。传统的一夫一妻制的婚姻家庭模式,是人类长期发展中"自然选择"的结果,是人类文明的基础,顺应了自然的法则。传统家庭为男女的性生活提供了最健康的、安全和自由的空间,为儿童的社会化提供了环境,至今仍是最主流的家庭状态。但是,新型的非主流家庭模式不断增加。(1) 单身家庭。这是社会保障制度发展的结果,因为福利和保障使人们不再担心生活的经济来源问题和养老等问题,家庭的经济功能,"扶老携幼"的传承功能减弱。(2) 单亲家庭。由于离异和单身成年人收养孩子而产生了大量单亲家庭。(3) 丁克家庭,指那些"双收入且无子女"的家庭。很多夫妻双方文化程度都很高,并且不愿意生养孩子,愿意过两人世界。这样的家庭在京、津、沪等大城市有 60 余万户。

由于有一些大学生生活在单亲家庭中,还有一些大学生同一个继父或继母一起生活,这必然与完整家庭对大学生社会化的影响有所不同。例如,父母对子女关心的减少或不正常,父母离异带来的阴影,继父母的嫌弃与责罚等,都会导致社会性发展不良问题,从而给子女带来各种各样的心理健康问题。

【延伸阅读】

父母离异对青少年心理健康的影响

离异家庭是指父母离异后的单亲家庭,或者父母离异后再婚的重组家庭。这类家庭的特殊性体现在家庭结构的不完整或者非血源性上。一项综合了 129 项研究、涉及大约 9.5 万名受访者的元分析比较了父母离异的年轻人和父母继续维持婚姻的年轻人。无一例外,经历过父母离异的成年人与父母继续维持婚姻的成年人相比,幸福感水平较低。父母离异的孩子更可能进入单亲家庭,出现心理适应不良,如更沮丧和焦虑,对生活的满意度较低,表现出更多的问题行为,如酗酒、吸毒、犯罪、自杀、少女怀孕或少年婚姻,而且离异家庭儿童的受教育水平较低。

在父母离异的大学生中,有将近一半(48%)的人觉得他们的童年比一般人更艰难,而来自完整家庭的大学生中有同样感受的只占14%。另外,追踪研究表明,在父母离婚后孩子的状况会随着时间的推移而有所改善。

从婚姻冲突到准备离婚,到孩子跟随单亲生活,孩子的心灵都会受到严重的伤害,对其人格、情绪的影响是灾难性的。大量研究结果都表明,离异家庭子女在学习成绩、行为、心理调节、自我认知、社会适应、亲子关系等方面都比完整家庭儿童表现差。有研究者对家庭结构与子女受教育水平、职业地位和心理幸福感之间的关系进行了追踪考察,结果发现,离异家庭子女完成高中课程、读大学的可能性显著低于完整家庭儿童,他们的职业地位很低而且心理健康水平比较低,或者说很少有主观幸福感。

一般来说,父母离婚可能导致孩子的各种心理和行为问题。此外,离异家庭对孩子还有一种特殊的影响值得注意。青少年在成长的过程中,要学习特定性别角色应该具有的行为方式和人格特点,也就是说,男孩应该有男孩的气质,女孩应该有女孩的气质。而这种学习的主要对象之一就是自己的同性别父母。男孩以自己的爸爸为学习榜样,而女孩努力模仿妈妈的行为。离异家庭子女可能会缺少这种模仿的对象,从而表现出与性别不一致的行为方式与人格特点,容易遭到同伴的嘲笑,从而自尊心受到伤害。

(二)家庭环境对子女心理健康的影响

1. 家庭物质环境

家庭物质环境主要是由父母的经济社会地位决定的。家庭物质环境对大学生社会性和心理健康的影响,就是通过父母在这种物质环境和社会地位中,对大学生的期望和教养方式的不同而形成的。几乎在每一种文化中,不同社会地位的父母都会形成对大学生不同的期望和反应。社会地位是由父母的社会经济状况、受教育程度、财富的积累和职业决定的。一般来说,物质条件优越、社会地位更高的父母会伴随有以下几种情况:(1)父母会鼓励子女,并且花更多时间帮助子女的学业活动,对其抱有更高的学业期望;(2)子女的阅读和数学成绩更好,成就动机更强,自尊更高。

2. 家庭心理环境

大学生在家庭获得的最初的经验将决定其是否有安全感、关爱感等。研究表明,家庭心理环境对大学生的心理健康至关重要。在气氛紧张、父母关系不和谐的家庭里,父亲和母亲都处于极大程度的情绪紧张状态,他们常常烦恼不安、性情暴躁、言语粗鲁,不孝敬甚至虐待长辈。在这样的环境中,没有独立生活能力、完全依赖父母的儿童容易情绪紧张,为父母关系失调而慌乱、憎恨,为忠实于父亲还是母亲而感到烦恼和疑惑。紧张的家庭人际关系破坏了应有的温馨的家庭气氛,使孩子长期处于负性情绪中,又缺少温暖和关爱,容易使孩子形成孤僻、自私、玩世不恭等不良品质,对儿童的心理健康产生负面影响。

欢乐、和谐、健康的家庭生活有利于形成最佳的亲子关系,促进大学生的心理健康。在健康的家庭里,父母双方彼此相爱,爱孩子,关心孩子的兴趣、能力和志趣,愿意设法帮助孩子。家庭成员之间能互相尊重爱护,家庭气氛安定和睦、融洽温暖、民主平等、愉快欢乐。为了促进儿童的心理健康,父母还要形成最佳的亲子关系:父母要和孩子一起游戏,一起学习,发展共同的兴趣,和孩子共享经验和成果,增进和孩子之间的感情和了解。父母会把孩子作为平等的人,尊重孩子的爱好,给他一定的自主权。

3. 父母的教养方式

良好的家庭心理环境应该为大学生从小营造爱的氛围,其核心是对大学生人格的尊重。然而,对孩子的尊重不等于放纵,关爱更不等于溺爱,这取决于父母的教养方式。研究表明,学习不好或行为不良的儿童和父母教养方式有着千丝万缕的联系。

(1) 溺爱型。现在很多家庭是"四二一"结构,即祖父母、外祖父母四个人,父母两个人,再加一个孩子。孩子是全家的中心和焦点。大人对孩子无微不至地呵护,无节制地满足,无原则地让步。溺爱型家庭的主要特点是:对孩子的爱缺乏理智和分寸,过度包容孩子的行为和要求。这种教育方式最终致使孩子易形成任性、幼稚、反抗、神经质等心理特征,缺乏坚强意志,凡事以自我为中心,社会适应能力很差。在学习上,总认为自己应该比别人强,如果竞争不过别人,就忌妒别人。

(2) 专制型。在溺爱型家庭里,孩子是中心,一切都围着孩子转,家长对孩子百依百顺。而在专制型家庭里却相反,家长要求孩子必须一切听从家长,用权利和强制性的训练使孩子听命。长期在父母高压政策下的孩子易形成幼稚、依赖、神经质的心理,他们的独立性和自主性较差,有些孩子可能变得更加依赖或毫无主见,有些孩子则可能变得更爱反抗或性格暴烈,更有些孩子在家里很听话,一到学校就欺负其他同学,违反学校纪律。

(3) 放任型。无论是溺爱型家庭还是专制型家庭,都还是"爱"孩子的,但是爱的方式和教育的方式走向了极端。还有一种畸形的家庭教育方式是对孩子漠不关心,放任自流,称为放任型家庭。放任型家庭中父母往往认为"树大自然直",孩子还小,就不用教育他。还有些家长只顾自己忙工作或贪图个人享乐,而放弃了对孩子的教育。对孩子放任自流的结果是复杂的。对于有良好自我管理能力的孩子,"放任"就意味着自由宽松的环境,孩子反而能健康成长。但大多数情况下,放任的孩子表现出冷酷、攻击性强、情绪不稳定等心理与行为问题。

(4) 民主型。上述三种家庭不利于孩子的发展。民主型家庭是积极向上的,家长尊重孩子,与孩子能相互交流各自的看法,对孩子不成熟的行为进行限制,并坚持正确的观点,使平等尊重与适当限制相结合,有利于儿童独立性、自信心与能动性的养成,孩子大多具有直爽、亲切、爱社交、能与人合作、讲友谊、爱探索等特点。心理学专家王极盛教授曾对北京大学和清华大学的60名高考状元进行调查，结果发现，几乎所有高考状元的家庭都属于充满温暖与理解的民主型家庭。民主宽松的家庭环境给孩子心理和人格发展提供了广阔的空间，孩子可以按照自己的爱好和兴趣发展。当然，民主的家长也对孩子的发展提出建议，理性地指导孩子健康成长。从总体上看，我国民主型家庭所占比例较高，但是各种类型的家庭有较大的交叉。例如，在民主型家庭中，也可能存在溺爱、过分保护、粗暴专制等行为。各种不良教育方式仍在很大程度上影响着家庭教育效果。

4. 父母期望

家长的期望有强烈的暗示和感染作用。从心理学来说，期望是一种心理定式，家长对子女的态度激励着儿童不断向前发展。美国著名心理学家罗森塔尔（R Rosenthal）的研究表明，教育者的期望对受教育者有重要影响。因此，父母对子女的美好期望是家庭教育中必不可少的。家长的期望越高，对孩子的激励越大，就越能强化他们接受教育的主动性和自觉性，有利于孩子意志品质的锻炼，形成远大的抱负。需要说明的是，这种期望是有一定限度的，必须符合子女身心发展的特点，适合他们个人的兴趣和爱好。如果家长盲目攀比，过分拔高对子女的期望，不但起不到积极促进作用，反而会使孩子屡遭挫折，丧失信心，形成消极心理。

科学合理的期望应该是长远目标与阶段目标相结合，还要联系孩子的兴趣爱好，注重孩子的全面发展。父母所要求孩子做到的应该是孩子经过一定努力可以达到的，并在孩子遭遇挫折时不断给予鼓励，增强孩子的勇气和自信，这样再逐渐提高要求，并且将父母的关心和爱护渗透其中，就会使孩子从父母长期的美好愿望中吸取力量，不断进取，从而促进和维护子女的心理健康。

（三）家庭功能对子女心理健康的影响

家庭的基本功能是为家庭成员生理、心理、社会能力等方面的健康发展提供一定的环境条件。比如，要满足家庭成员在衣、食、住、行等方面的物质需要，适应并促进家庭成员的发育和发展，应付和处理各种家庭突发事件等。麦克麦斯特（McMaster）提出了家庭功能模式理论，认为健康的家庭要实现其基本功能，须具备下面五个方面的能力。

1. 良好的问题解决能力

每个家庭都需要有解决所面临的各种物质和情感问题的能力。能否意识到家庭面临的主要问题，是否按照合适的方式努力解决这些问题，都体现了家庭的问题解决能力。心理健康水平高的大学生家庭能较准确地意识到问题的实质，全家一起讨论，设想各种解决问题的方案，在尝试解决的过程中调整努力的方向；心理健康水平低的大学生家庭却很少遵循上述步骤去努力，缺乏问题解决的能力。

2. 良好的互动沟通能力

家庭要解决面临的问题,必须以家庭成员良好的沟通为基础。比如,在解决孩子迟到的问题时,有的家庭缺乏必要的沟通,家长一上来就痛斥孩子,孩子不敢和家长说明问题的真相,就不可能解决问题。可见,在家庭沟通中,孩子能否和父母平等对话,孩子的发言和想法是否得到尊重是非常关键的。研究也表明,家庭成员之间清晰地表达自己的观点,切入话题有较好的技巧性,能够促进孩子的人际沟通能力。父母不愿听取孩子发表意见,对孩子缺少了解,甚至不知道孩子的爱好和交友情况,也很少将自己的想法和感受告诉孩子,致使亲子之间缺少交流,缺乏沟通的技巧,会妨碍大学生社交技能和社会经验的获得,导致其产生较低的心理健康水平。

3. 合理的家庭角色分工

这是指家庭是否建立了完成一系列家庭功能的行为角色模式,如提供生活来源、支持个人发展、管理家庭等。衡量角色分工的质量,要看任务分工是否明确和公平,家庭成员是否认真地完成了任务。传统家庭的角色分工方式是:父亲主外,挣钱;母亲主内,做家务,教子;孩子只管学习。现在的双职工家庭,大多数是父母都在外挣钱养家,家务"谁赶上谁做"。无论如何,合理的家庭角色分工,应该能保证家庭的基本物质生活,保证夫妻间和谐的精神生活,保证孩子健康自由的成长环境。但是,有些家庭父母工作均很忙或在外地工作,孩子由老人代管,"隔代抚养"造成了一些问题,如溺爱孩子、无法辅导孩子功课等。另外,单亲家庭在实现家庭功能上有更大的压力。在许多家庭里孩子从来不做家务或参加劳动,这不利于其健康成长。

4. 温馨的情感依恋关系

这主要是指能否对特定刺激作出合适的情感反应,体现了家庭成员的情感反应能力。情感反应既体现在对他人的反应敏感性上,也体现在反应方式的恰当性上。比如当家庭成员发现别人不高兴时,或"不理睬",或"大惊小怪",而很少同情和安慰。许多孩子在学校里受到挫折,如考试不好、上课听不懂,回到家里不仅得不到理解、鼓励和支持,反而遭受痛斥,使其自尊心和自信心受到严重打击。此外,家庭成员相互之间对对方的活动、爱好和其他事情的关心和重视程度也反映了家庭成员对于情感关系构建的投入程度,反映了家庭成员之间的情感亲密程度。家庭成员要有亲密的情感关系,但是又要保持一定的距离,每个人必须有自己的活动空间。这样才有利于个性、兴趣、爱好的发展。

5. 适当的行为控制程度

家庭对孩子的行为方式过分地控制,或者放任自流,都不利于孩子的健康成长。例如,有个母亲因为孩子把买雪糕的钱用来买了彩笔而对孩子大加斥责,并体罚孩子,要求孩子绝对服从父母。就因为这么一件小事,孩子就遭到如此粗暴的精神和肉体上的惩罚,后来这个孩子每遭受惩罚就尿裤子。这一悲剧的原因就在于家长对孩子过分的控制欲望和粗暴的教育方式。当然,对孩子放任自流,不给予必要的指导,孩子也容易走上歧途。

总之,较好的家庭物质环境、有利于大学生发展的家庭生活内容、欢乐和谐的家庭氛围、良好的亲子关系、民主权威型的教养方式、合理的期望以及良好的家庭功能都有利于大学生心理的健康成长。

三、家庭问题上的心理困扰

大学生一般已经年满 18 岁,开始离开父母在外独自求学、独立生活。但家庭对其的影响依然存在,既有父母的关爱与鼓励,也有种种的心理困扰。

(一)家人期待带来的心理压力

【案例】

印度励志电影《三傻大闹宝莱坞》,如图 7-4 所示,讲述了三个大学生成长的故事。法兰、拉杜和兰彻是同寝室的大学同学,他们都在印度著名的学府皇家工程学院就读。法兰的父亲一直期待他成为一个优秀的工程师,而法兰其实并不想学工业设计。他想成为一名野外摄影师。所以他常常无心向学,为此事与父亲发生了数次争执。拉杜的家庭十分贫困,他的家人希望拉杜毕业后能找个好工作以改善家庭的经济状况。拉杜在刚入大学时戴了很多戒指,每一个戒指都代表了家人对他的一个期望:妈妈的期望、爸爸的期望、姐姐的期望……他被许多人期待着,常常感到压抑,每天畏首畏尾,早晚都通过祷告神灵以期自己考试通过。结果这两人的学习成绩常常是学院的倒数两名。最后,在兰彻的帮助下,两人找准了自己的人生方向,并找到了自己真正感兴趣的、满意的工作。

图 7-4 《三傻大闹宝莱坞》

中国家庭与印度家庭有相似之处。孩子从小都承载了家长的许多期待,如好好学习、考个好大学、找份好工作等。事实上,现在的大学生仍然被很多人期望着。他们想成为父母的好孩子,在期望中长大,常常忘记了自己原本想要什么,想做什么;在期望中生活,慢慢就不会自己做决定,一切听从于他人尤其是父母的意愿。当这种情况持续到大学这一自我意识凸显的阶段时,他们就会倍感压力,经常在心灵深处问自己:我是谁,我对未来的期待是什么?是按照父母的安排走下去还是根据自己的意愿进行选择?

1. 父母对孩子学业的期待

中国的父母对孩子的学业历来非常重视。对于很多中国父母来说,孩子的学业处于第一要位。他们不惜一切代价,为孩子的学业创造最好的学习条件。殊不知,过分地关注有时候却起到了适得其反的效果。有研究认为:中国父母对孩子的近期期待涉及面较窄,主要集中在孩子的学业方面。而且这个近期期待,仅仅围绕着学历水平和职业选择的远期期待。中国父母对孩子的期待并非结合孩子的实际情况,多数超过孩子客观能力的限制,成为孩子无法达到的目标,表现为一种过高的期待。这种过高期待会带给孩子很大的压力,产生的负面影响会涉及孩子的情绪、自我评价、学习、人际交往、亲子关系、行为偏差等各方面[①]。从小学到中学、大学,孩子背负着父母的期待长大。当孩子上了大学,读到硕士、博士研究生阶段,父母好像放下了期待,但长久以来,来自父母的这种外在期待变成了学生自己的内在期待。当达不到父母及自己对学业的期待时,则压力重重,自我挫败、内疚自责、自卑、抑郁,甚至放弃自己的生命。

国外有研究发现,父母影响青少年学业表现的一种方式是通过他们对成绩的期待。那些父母期待他们能够做好的青少年倾向于达到那些期待,就如他们中学成绩反映的那样;那些父母对其学校表现持较低期待的青少年就会表现得没有那么好。持有较高期待的父母也会更多参与到青少年的教育当中,帮助选择课程,参加学校计划,记录他们孩子的表现。这种参与有助于对青少年的学业成功。

2. 父母对孩子专业的渴望

【案例】

一天,小圆把自己反锁在宿舍里,任由妈妈怎么敲门都不开,因为她不愿面对妈妈。小时候小圆喜欢美术,填志愿时想报考服装设计专业,可她妈妈认为这个专业没有发展前途,不让她学该专业;小圆又喜欢上了珠宝鉴赏,希望能报考宝石鉴定专业,妈妈又认为,这个专业就业面太窄,不好找工作,否定了她的志愿。最后妈妈为小圆选择她不擅长的某高校最好的工科专业,结果小圆对该专业丝毫不感兴趣,也学不进去,两年后挂了很多门功课,面临退学的危险。小圆觉得自己没有面子,却又很不甘心,认为都是妈妈个人的抉择导致了她的难堪,所以她不愿再见到自己的妈妈。

---

① 赵芳,赵烨烨.父母的过高期待与中学生的压力关系的研究.青年研究,2005(8):11-19.

专业选择对于大学生的学习是非常重要的。爱因斯坦曾说过:"兴趣是最好的老师。"学自己喜欢的专业,学适合自己的专业,能够激发学生的学习动力,开发自身的潜能,取得好的学习效果。但是,一些父母却非常武断地压制孩子所喜欢的专业,而取而代之以所谓的热门专业、能赚钱的专业,全然漠视孩子自己的兴趣爱好。这使得一些学生失去学习动力和创造力,甚至产生种种心理问题。如一个大学生本来对文学感兴趣,但父母却认为学法律有前途,高考时替他报了法律专业。入学后,他根本就学不进法律课程,每天心情抑郁,到期末三门课程考试不及格,最后患上了抑郁症。

3. 父母未曾完成的心愿

【案例】

小杰是某高校的校园活跃人物,不仅拿到了"校园十大歌手"的称号,而且对多种乐器都很精通,并且已经在校园里组建了自己的乐队,也准备大学毕业后专门从事音乐类的工作,闯出一番属于自己的音乐天地。但当小杰告诉父母自己的发展设想时,遭到了父母的强烈反对。父亲是家乡小城的一名普通公务员,因学历问题错过了数次晋升机会;母亲文化水平不高,一直以来都比较自卑。夫妻俩认为学历越高越好,把希望寄托在孩子身上,希望小杰能攻读博士学位,从事科研工作或去政府机关工作。小杰的愿望与父母的期待不一致,小杰想做自己喜欢的工作,父母却觉得做音乐风险大,出名难,没什么发展前途。双方都说服不了对方。

每个人都有自己未完成的心愿,在心理学上称为"未完成情结",泛指自己因没有完成某件事情,而总是在有意识与无意识中追求起补偿的意向。更重要的是,当事人由于对此有一种难舍难分的感觉,所以总是在寻求加倍的满足。最后这个"未完成情结"可能像个陷阱一样让人陷进去,难以自拔。

一些父母由于某些原因,自己失去了上大学、读硕士或博士研究生的机会,或者是职业生涯发展未实现自己的"成功"梦想,于是,他们望子成龙、望女成凤,有意识无意识地把自己未曾完成的心愿强加在孩子的身上。我们都有一种"未完成情结",当初因为各种原因半途而废的事,我们会对它充满遗憾和内疚,总想制造机会把它完成。当父母以"我都是为你好"为出发点,不了解孩子自己的想法时,他们常常不顾及孩子的真实感受,一味地让孩子服从他们的要求,按他们的意愿去做。很多家长不顾孩子的兴趣与能力,从小给孩子报各种特长班。孩子苦不堪言,原本的兴趣在考级过程中消耗殆尽,学习的兴趣也随之减弱。这种寻求加倍补偿的心理,超过了一定的度,可能会阻碍孩子的成长。

(二)父母关系造成的心理困扰

家庭,是我们一生的起点和最安全的港湾。父母婚姻关系对孩子的成长有重要影响。当家庭中有良好的婚姻关系作为核心与基础时,孩子才能获得健康成长的保障。从北京市一项关于父母关系与大学生心理健康关系的调查中可以看到,认为父母关系很好或较好的学生,总体上对自己心理素质的评价较高;而认为父母关系不太好或很不好的学生认为自己的心理素质差的比率分别为 19.5% 和 17.1%,对自己在人际关系和环境适应上抱有负性评价的比例也要高于那些父母关系良好的学生。由此可见,父母关系较好的学生自身认同感更强,对自己的心理状态也更易表现出自信,而那些父母关系较差的学生容易对自身缺乏认同感。父母关系不良是导致学生心理健康状况不佳的原因之一。

1. 离异的父母给孩子带来的心理困扰

【案例】

小明是一名大三男生,从小父母离异,由母亲独自抚养长大。"我没见过父亲的样子,甚至不知道他叫什么名字,母亲也没有和我提起过他,我想我就没有对父亲的概念吧。"在班里、宿舍里,他都尽量回避与家庭有关的话题,话也很少;他总是很难和宿舍的同学亲近,经常感到孤独、无助,最后患上比较严重的抑郁症。

孩子是父母离婚事件的最大受害者,父母离异的孩子常常会有内疚、自责甚至自卑的倾向。美国心理学家索克说过:"父母离婚带来的创伤仅次于死亡。"研究一致发现,父母离婚的大学生比父母没有离婚的大学生在陷入各种消极后果方面面临更高的风险。这些消极后果包括行为问题、心理不适、学业困难及对自己婚姻的期待[1]。他们更容易表现出抑郁和孤僻。父母离婚对大学生的最大影响是使他们处于父母的冲突之中,经常感受到父母之间的敌意和指责。这种体验对他们来说十分痛苦、有压力并且具有破坏性[2]。离异的父母还会给大学生带来人际交往困惑。因为在一个父母之间缺乏理解和信任,经常吵闹、打架的冲突家庭氛围中长大的孩子,往往胆小忧郁、缺乏信任、敏感多疑,潜意识中不敢与他人建立亲密关系,更害怕建立亲密关系后的分离。

2. 纠结的父母关系给孩子带来的心理困扰

【案例】

一位大四的男生,他的父亲是一个不负责任的人,母亲则很要强,父母经常吵架,或者彼此长时间冷战,但他们就是不离婚,理由是为了给孩子一个完整的家。一想到自己的家庭,他就心烦意乱,什么也干不下去。他长时间失眠,情绪低落,不愿跟同学交往,尤其当宿舍同学谈到自己的父母或家庭时,他会非常不愉快,更加回避。他不能专心学习,几门课程都不及格,老师通知他:如果再这样下去,很难拿到学位。最近他还跟女朋友分分合合好几次,这令他更加苦恼。

---

[1] (美)杰弗里·阿内特.阿内特青少年心理学.段鑫星,等译.北京:中国人民大学出版社,2009:154-155.
[2] (美)杰弗里·阿内特.阿内特青少年心理学.段鑫星,等译.北京:中国人民大学出版社,2009:155.

图 7-5 吵架的父母与孩子

孩子经常被卷入到家长纠缠的关系当中。事实上,亲密关系是世界上最难处理的关系之一。北京市民政局公布的《2013年社会服务统计季报表(三季度)》显示,北京市 2013 年有 417 800 对新人喜结连理,同时有 131 800 对夫妻劳燕分飞;2013 年前三个季度离婚登记数量为 39 075 对,而 2012 年全年的离婚登记数量为 38 197 对,2013 年前 9 个月的离婚数已超过了 2012 年 12 个月的总量。与 2012 年同期 27 630 对的离婚数字相比,2013 年前三季度离婚数量增长了 41%。离异的父母也好,冷战中的父母也罢,他们都是建立亲密关系这一功课没有通过的人。尽管他们的关系给孩子成长带来更多的困难和更多的挑战,但是作为年轻的大学生仍然可以从他们的过往经历中有所学习,有所成长,从而修复个人创伤,并把这份经验用在自己的亲密关系里,建立起超越父辈的亲密关系,领悟到爱的真谛,践行爱的艺术。

(三)亲子关系引发的心理冲突

家庭关系是个体心理得以顺利成长的基石。家庭关系中无论是父母间的关系,还是亲子间的关系都极大地影响着学生的心理发展。由于亲子之间人生经验的不同、认知上的差距、看待事物的视角有所差别,加上亲子之间彼此期望上的距离,双方常常会在思想、观念、态度、价值和行为等方面出现冲突。这些冲突会成为亲子关系维系和发展的障碍,致使亲子之间的冲突和矛盾出现的概率不断增加,还可能引发一系列的社会问题。

1. 依恋与成长

【案例】

大二男生小刚从来不剃胡子。他说:"妈妈说如果经常剃胡子,胡子会长得很快,而且会长得又粗又硬。"他学业极其不顺利,处在退学的边缘。他说:"我用了很长时间适应了大学的生活,但还是经常想家,现在每天都会给母亲打一个电话,有什么事都会和家人商量。我恨不得他们也能到大学和我一起住。父母也恨不得把家搬到这里来陪我,但他们还要工作……我很纠结,不知道该怎么办?"

上大学后,小刚对家的思念依然那么强烈,他对父母的过度依恋已经严重地影响了学业。依恋形成于儿童早期,是儿童健康成长的保障。当孩子年幼时,他需要父母的关爱照顾,才能获得健康成长。到了青春期和青年期,这种依恋行为会因为独立性的增强而逐渐减弱。孩子的内心既有依赖父母的一面,又有希望与父母分离追求独立的一面。孩子会渴望独立的空间,同时也渴望去伸展自己的手脚,证明自己的能力。这是一个生命成长的必然规律。

进入青年期的大学生,心理发展的核心任务就是要增加自己的责任感和独立性,超越依恋,获得成长。大学是大学生从家庭步入社会、从依恋走向独立的重要中转站和训练基地。在大学校园里,我们会看到,有些学生,特别是一些独生子女,由于父母对他们娇惯、纵容,满足他们的一切愿望和要求,导致他们离开父母在外求学时,生活无法自理,需要父母在学校附近伴读。他们对挫折的容忍能力很弱,稍有磨难便痛苦不堪,甚至想退学,或心理失衡走向极端。产生这一现象的原因,是孩子对父母的过度依恋,无法与父母分离。

其实,人在成长的每个阶段都会面临分离,分离使我们独立成长。无论分离有多痛,我们都得这样做。因为拒绝分离,就等于拒绝成长。当孩子过于沉溺于父母的溺爱或过度保护时,要提醒自己需要注意,作为大学生的自己已经是成人了。成人就需要有自己的发展空间,就需要自我负责。父母多年养育孩子,他们已经习惯了把孩子当成孩子,却看不到他们的孩子已经成人,成为能为自己负责、敢于为自己负责、有担当的年轻人。当孩子进入大学,开始独立生活开始时,这就为他们与原生家庭分离提供了极好的机会。

当孩子在与母亲建立了依恋关系后,就能够尝试去探索周围世界,学习与同龄人建立信任关系,有小伙伴,有好朋友,并逐渐走出父母的视野,成为一个成年人。但是,有的学生对母亲的过度依恋使其不能融入同龄人的生活中。

2. 认同与独立

进入青少年时期,每个人都将迎来认同危机,即个人在面对内在冲突的觉醒和外在压力之下,对"我是谁"的回答和体验。这个时期,我们不再只凭别人的评价来定位自己,开始积极思考"我是谁"这个问题。如果顺利度过,我们就能够开始倾听自己内心深处最真实的声音,兼顾他人的评价,全面客观地了解最真实的自己,学会单独地赋予自己生命的意义,自行决定所要过的生活,获得独立。"我的青春我做主"应该是最令这个时期年轻人热血沸腾的口号之一。反之,不能顺利度过认同危机的大学生,会依然认同权威的力量,忽略自我。面对挑战时,他们往往采取妥协的态度,总喜欢等待别人来主宰自己的未来,或总是盲目地跟从别人的意见。这样的大学生无论如何也难以把握人生的机会,自我实现的可能性也微乎其微。

四、在家庭中成长

在我们成长的过程中,有时会感觉到自己的某些问题与父母的影响和教育有关。于是一些大学生便产生了对父母的抱怨和不满,甚至与父母的关系疏离或对立。我们现在的性格确实与家庭有着密切的关系,但也不是完全的因果关系。作为具有主观能动性的人,作为一名大学生,应该厘清家庭对我们的影响,理解父母,接纳父母的不完美;并有所担当,迅速成长,成为独立自主的人,将父母的爱继续传承下去。

(一)理解父母,接纳家庭

1. 家是生命之源

家是一个人生命诞生的摇篮,父母的爱孕育并养育了你。从嗷嗷待哺,到蹒跚学步;从供你衣食到送你上学;从你生病时为你焦灼与担心,到你离家时送别的依依不舍;从电话中那一句轻声的问候,到看到你一步步成长的喜悦……家不仅是你身体成长的环境,也是你精神成长的家园。家是由血缘关系把成员按照角色强有力地联系在一起的持久而互惠的情感群体。无论这中间,成员之间的情感发生了多么大的变化,它依然维系着成员的生命全程。家永远是你孤独时依偎的怀抱,永远是你苦闷时诉说衷肠的安全岛……无论你的家庭是贫穷还是富有,是平静还是有波澜,家的使命永远不会改变。家是生命之源,是灵魂之巢。

2. 母爱如水,父爱如山

父亲和母亲在陪伴孩子的成长中扮演着不同的社会角色。他们的社会角色由各自所拥有的生理的、心理的性别角色而决定,也由他们的文化程度、职业和社会地位所决定。在促进孩子成长和发展的过程中,父亲和母亲对孩子个性的形成、智力的发展、社会化的成熟都发生着不同相互替代的独立作用。对孩子来说,在家庭社会化中,母亲是社会的第一个代表,她首先促进了儿童语言能力的发展。母亲为婴幼儿提供最多的语音刺激,交流表达的机会最多也最丰富,她的指导促进了婴幼儿的语音发展。没有母亲,即使父亲健在,也常常使孩子语言发展受损。由于女性具有温柔、细腻、感性、慈爱的特点,因此,母爱如水,点点滴滴,滋润心田。母亲的爱促进了孩子感性思维的发展,也促进了孩子情感世界的发展。

由于父亲理性、刚毅、果敢的性格特点,特别是父亲与少年儿童交往的开放性,父爱成为孩子理性思维发展的催化剂。父亲较多参与孩子的交往,能提高孩子的认知技能、成就动机和对自己能力、操作的自信心。常与父亲相处的孩子可以从父亲那里获得更多的知识、自信心、想象力和创造意识。由于父亲常常引导孩子在社会活动中更广泛地接触客观世界,这对培养和激发青少年的求知欲、好奇心、自信心及兴趣爱好具有积极的作用。父爱如山,浑厚深沉,铿锵有力。父亲多是用严厉的方式来传递他们的爱。

3. 接纳父母的不完美

人无完人,父母也是平常人。第一,他们也来自自己有着各种问题的原生家庭,他们可能在成长过程中也经历过许多负性事件,体验过不少消极情绪。这些经历与情绪对于他们自身的人格有着重要的影响。父母不可避免地携带着其家族代际传递下来的性格特征。你可以回顾你的爷爷奶奶、姥爷姥姥的为人处世如何?性格脾气怎样?然后想一下:父母小时候会是什么样的?他们是在怎么样的家庭成长起来的?

第二,现在的家庭基本上都只有一个孩子,大部分父母都是初为人父或是初为人母。当你来到这个世界上的时候,父母比现在的你大不了几岁,甚至是和你同龄的年轻人。谁教过他们如何做父母?谁教过他们如何成为完美的父母?他们没有做父母的经验,他们做父母的经验从何而来?萨提亚说:"家长也是普通人,并不是说从孩子出生的那天起,他们就自动成为领导者。他们应该明白,一位优秀的领导者是很会把握时机的:他们寻找机会,等到确定孩子会认真倾听时,再对他们进行教育。当孩子犯错误时,父母会走到近前做他们的支柱。他们的帮助能使受惊的孩子战胜恐惧感和罪恶感,同时又达到了最佳的教育效果。"在国外,夫妻心理辅导与亲职教育都是进入婚姻的必修功课。所谓亲职教育是指通过培训、支持和教育的方法来改变或增强父母教育的能力的干预手段,其主要目的是让这些父母的孩子幸福。但在中国以及许多发展中国家,亲职教育并不完善,也不普及。所以,每个人的成长过程是和父母一起探索的过程。世界上不可能有完美的妈妈,也不可能有完美的爸爸。人要学会接纳每个人的不完美,包括自己的还有父母的不完美。

【互动体验】

冥想活动:与父母相遇

请同学们两两对坐,老师把教室的灯光变暗,选择一曲情绪激昂的音乐播放。然后,请大家闭上眼睛放松,深呼吸,让呼吸逐渐变得均匀,让你自己获得一种放松的感觉。在激昂的音乐里,老师用舒缓的语调念下面的指导语,请同学们用心跟随,并想象一下:

你的妈妈慢慢走过来,她轻轻地坐在你的面前,她曾经清澈的眼睛变得有些混浊了。她深情地望着你,凝视着你。当她看你的时候,她的眼睛慢慢湿润了,泪水从她的眼里慢慢地流出来。这个时候,你突然发现她头上的白发多了,她慢慢地变老了,无论你对她爱也好,埋怨也好,她都不再像以前那样年轻。现在她就坐在你的面前,你想对她说什么,心中有什么话一直没有对她讲,请在这一刻告诉她。请你拉起她的手,将你对妈妈的情感传递出去,让妈妈感受到你内心深处的那种感受、那种想法,让她理解你,把你对她的爱和怨都传递出来,让她感觉到。

妈妈听到了你的话,她平静地站了起来,她想走了。你还有什么想对她表达,她就要走了。这些年来,你对妈妈的感情是怎么样的呢?如果你很爱你的妈妈,如果你有话对她讲,就请让她了解你对她的感受。让她感受到你内心深处情感的波澜,感受到你的心情。此刻她已经感受到了,感受到了你内心深处多年来那种深深的情感。她带着你的爱慢慢地离去,她带着你的情感慢慢地走远了。

远处,你的爸爸也慢慢地走来,你看到他的皱纹也越来越多,他正用渐渐混浊的眼睛看着你。这些年,也许你和他在一起,也许很长时间都不能在一起,可是你多想用你的手去抚摸他的脸。你多想对他说你内心深处的那些话。在小的时候,你的爸爸也许打过你,也许你还恨过他,但是你也知道,他对你还是有很深的感情,而你对他除了埋怨和恨,还有很多难以言传的感觉,那就是一种爱,那是一种深深的情感,现在他就坐在你的面前,请你拉起你面前的手,把这种感觉告诉他,把你心中多年来想对他说的话告诉他,让他感受到你内心深处的那种情感。你爱他也好恨他也罢,他都是你的爸爸,是你生命当中最重要的人之一。他感觉到了你内心深处的那些话,那是你不曾轻易表达的情感,那是你深深的眷恋,他带着一丝欣慰慢慢地站起来、离开。你知道他也传递给你他的爱,他内心深处深深的爱,男人那种深沉的爱。

你的爸爸妈妈都慢慢地走远了,但是在你的记忆深处他们却是越发重要,越发高大。有时候,我们可能感受不到父母的爱,但是父母却每时每刻,每分每秒都在深深地爱着我们。父母的爱是永恒的。无论我们有多少埋怨、多少错误,他们都无条件地爱我们。他们慢慢地变老,而我们慢慢地长大。无论如何,他们都是我们最最重要的亲人,是我们生命当中最重要的部分。无论如何,这份情感是我们永远离不开也丢不掉的。

好,现在请你睁开眼睛回到现实,回到教室,请你伸出双手搓搓你的脸,让你的脸放松,不要说话,静静地思考一下你和父母的关系。

(二)自主独立,自我负责

1. 青春期的意义——自我确认

青春期不是简单的生理现象,而是一种文化建构。人在青春发育期会发生一系列的生理改变。然而,青春期的意义远不止于发育的过程和结果。青春期是人生旅程的一个阶段,从青春发育开始,一直到接近成年,人们要做好准备去承担所处的社会文化赋予成人的角色和责任。

大学生要经历的三个成长阶段,分别是青春期早期(10~14岁)、青春期后期(15~18岁)、青年期(19~25岁)。随着全球工业化时代的到来,受教育的年限一再增长,人们承担成人的责任延迟到至少25岁甚至到30岁。大学生一般处在青年期。

青春期的意义是独立的开始,开始思考"我是谁""我来自哪里""我要做什么""我要去哪里"等人生议题。大学阶段处于青春期后期,是自我选择、自我做决定的阶段,是人生承上启下的转折点,蕴含着打破原生家庭影响的力量和机会。

【知识链接】

原生家庭如何影响我们

每个家庭都是有系统排列的。家庭有原生家庭和新生家庭之分。原生家庭和新生家庭是一组相对的概念。父母的家庭,儿子或女儿并没有组成新的家庭,这样的家庭泛指原生家庭。新生家庭就是夫妻自己组建的家庭,这样的家庭不包括夫妻双方父母。

原生家庭的气氛、传统习惯、子女在家庭角色上的仿效对象、家人互动的关系等,都影响子女日后在自己新家庭中的表现。人一生一般有两个家庭:一个是自己出生、成长的家庭,也就是原生家庭,一般由父母、兄弟姐妹等家庭成员组成;另一个是进入婚姻生活后所建立的家庭,也就是自己"当家"的家。

原生家庭对我们的影响如同遗传密码一般,刻进我们的人格模式、行为模式中。在充满温情和爱的家庭中长大的孩子,大多人格比较健全。在缺少爱与温情的家庭中长大的孩子大多人格会有缺陷。

我们无法选择我们的遗传基因,我们无法选择我们的原生家庭。我们不可能改变我们的过去,但是,我们可以改变自己的心态,使自己的成长变得快乐。那么我们就要学会用成人的眼光给童年记忆一个新的诠释。

那么,我们应该如何对待原生家庭呢?第一步是觉察,觉察原生家庭是如何影响自己的;第二步是改变,改变我们惯有的思维与行为模式,打破代际传承;第三步是当自己或他人有所改进时,要记得给予表扬和强化,改变习惯是非常困难的事情,需要不断地强化;第四步是要为自己的行为负责。

2. 成年的责任——自我照顾

承担责任是成长的开始,是为自己负责,是自我分化到一定程度的结果。承担责任就是不依赖、不埋怨、敢担当。

现在很多大学生,生理上早已成熟,但心理依然稚嫩。他们的口头语是:"我妈说……""我爸告诉我要……",或者"就因为你们(父母),我才是这个样子",等等,他们心理上像个孩子。有的人上了大学后,非常不适应大学生活,这是因为他不会洗衣服,不会搭配衣服,甚至懒得出去吃饭,一日三顿都叫外卖。为什么会这样呢?因为以前父母替他们选择得太多,承担得太多,父母爱得太多羁绊住了他们成长的脚步。他们不会选择,或是没有了能力去选择。要去哪所学校上学,要读什么专业,要选择什么样的恋爱对象……这些问题都需要自己认真而慎重地思考,否则就承担起你应负的责任。其实,没有责任是无法成长的,就像没有压力就没有动力一样。

当你不满父母有这样那样的问题时,当你抱怨父母没有满足自己的期望时,当你指责父母教育的失误时,当你怨恨父母对自己做得太少时,那意味着你还没有长大。你还要父母为你的成长负责。其实,如果你真的成长了,即使父母做得不够好,你也能积极正向地看待,也能从另一个方面看到家庭带给你的成长。父母关系不和谐,让你更加敏感,学会了独立思考、独立做事;父母对你的期望过高、压力过大,激发你不断奋斗,才有了今天的结果;父母与你沟通不好,促使你更好地学习如何与别人沟通与交往……

成长,从为自己负责开始;成长,从学会照顾自己开始。美国的孩子,18岁时父母就让其自立,大学生假期大多都实习打工不回家,他们要靠自己的能力供自己读书和生活,即使父母经济上很富裕。照顾自己的生活,承担自己做选择的风险,你才能体会成长的艰难,也才能真正挣脱父母的羽翼,做一个为自己负责的成年人。

【关注人物】

美国黑人总统奥巴马

贝拉克·侯赛因·奥巴马祖籍是肯尼亚。他是美国历史上第一位具有黑人血统的总统。他的身世复杂,1961年8月4日他出生在美国夏威夷州檀香山市,父亲是来自肯尼亚的留学生,母亲是堪萨斯州白人。他们二人在就读夏威夷大学期间相识。由于父亲此后前往哈佛大学求学,奥巴马从小由母亲独自抚养。两岁多时,奥巴马的父母婚姻破裂。6岁时,奥巴马随母亲和继父前往印度尼西亚首都雅加达生活,并在当地的一所小学就读了两年。四年后他们一家又回到夏威夷,与外祖父母住在一起。从五年级起,他就读于位于火奴鲁鲁的大型私立学校——普纳荷学校至12年级,于1979年毕业。若干年后母亲与继父离婚,他便随母亲迁居美国本土。

青年时期,奥巴马因为自己的多种族背景,很难取得社会认同,十分自卑。十几岁的他成了一个瘾君子,和任何一个绝望的黑人青年一样,不知道生命的意义何在。家境是贫穷的,肤色是被人嘲笑的,前途是无望的,成功的道路曲折得连路都找不着。在家人和朋友的帮助下,奥巴马在求学中逐渐找到了自己的人生方向,1988年进入哈佛大学法学院主修法律。1990年2月,由于被选为《哈佛法律评论》的首位非洲裔美国人主席,奥巴马首次获得了全国性的认可。1991年他在哈佛大学获得了"极优等"(拉丁文的学位荣誉)法律博士学位。经过多年努力,2008年奥巴马当选为美国第44任总统。

(三)关爱父母,承担责任

1. 感恩父母

感恩父母,是认可父母对你的养育之恩,准备承担自我负责和照顾父母的责任。

感恩你的父母给了你生命,把你带到这个世界上来;感恩父母给你衣食,把你养大;感恩父母守护你的生命,为你的成长时时操心;感恩父母为你付出的全部情感,给予你他们全部的爱。感恩,会让你更加尊敬父母;感恩,让你更珍爱自己的生命;感恩,让你学会了爱;感恩,让你成熟长大;感恩,让你学会将来怎样做父母。不知感恩父母的人是心理不健康的人,不知感恩父母的人是不成熟的人。让我们在感恩父母中成长吧!

2. 爱心不需等待

某校的精品活动"心理健康快车"最受大一新生欢迎的主题之一是"亲情·友情·爱情"。当高年级的朋辈辅导者带领新生回顾成长历程,感受父母的不容易时,一位男生在课堂上的分享感动了全班同学。他说:"当我看到我父母结婚的照片时,我感慨万分!他们当时那么年轻。妈妈是那么漂亮,爸爸是那么英俊!可如今,他们的额头上布满了皱纹,一头乌发开始变得花白,挺直的腰背已经开始弯曲,手上也长满了老茧……我意识到,他们开始变老了!那皱纹、白发、弯背、老茧中,包含着多少为我长大曾经流下的汗水和泪水!我意识到我已经长大了,我应当从现在起开始承担关爱他们的责任。"

正如这位同学所说,匆匆岁月,在无声无息中流逝。不知不觉中,我们逐渐长大,父母正在老去。趁父母还在,趁着我们还年轻,应该多关爱、多照顾他们一些。曾经的世界首富比尔·盖茨接受记者采访时说:"世界上最不能等待的就是孝敬父母。"在网上曾有一篇转载率很高的"亲情计算帖":一位与父母分隔两地的网友说,假如父母再活 30 年,自己平均每年回家 1 次,那么只剩 30 来次了。每次 5 天,抛去和朋友聚会、应酬、吃饭睡觉等时间,一年中真正能陪父母的时间大概只有 24 小时左右,30 年总共也就 720 小时,差不多一个月。这个结果如此残酷,令人唏嘘、沮丧和心酸。这道"亲情计算题"或许有些夸张,但却说明了我们做儿女的看望父母、陪伴父母的重要。

2014 年春节联欢晚会上有个节目搬来了网络名人大萌子(原名赵萌萌)的"30 年父女合影"。30 张照片凝聚 30 年父女情,引人深思。

"树欲静而风不止,子欲养而亲不待。"让我们从现在开始孝敬父母,从身边的小事做起,从你我做起。就像《常回家看看》那首歌里唱的那样,也许,他们不需要我们给他们多少钱,多少回报,他们要的也许是我们多些时光陪伴他们,或者跟他们聊聊天,发个短信,打个电话。或者回家时带个小礼物,或者见面时的拥抱及相依相偎。毕业后,无论离开家乡多远,无论走多长时间,请大家别忘了家中的父母,常回家看看,多关爱父母。

本章小结

本章介绍了家庭与大学生人格形成及心理健康的关系,解析了大学生在家庭问题上常遇见的心理困扰,引导大学生以成年人的心态理解与面对家庭,关爱父母,自主负责。

思考题

1. 父母对你的学业、发展有什么期待?这些期待对你有什么影响?
2. 你如何看待自我负责、自我照顾?

【深度阅读】

《新家庭如何塑造人》

作者：（美）萨提亚

译者：易春丽

出版社：世界图书出版公司

《新家庭如何塑造人》是萨提亚（Virginia Satir）的经典著作之一，亦是家庭治疗理论的重要著作，不仅可以作为家庭治疗师、社工人员的专业用书，更是每个渴望身心和谐的人的必读书籍。正如作者萨提亚本人所说："我写这本书最大的希望是帮助我们每个人获得成为和谐的人的权利和义务。书中所展现的经验和榜样会引导我们用创造性的方式去理解彼此、关爱自身和他人，为孩子提供一个让他们得以发展出力量和完美人格的基础。"

《新家庭如何塑造人》帮助读者开始心灵之旅，首先是回溯原生家庭，重塑自我。在回溯原生家庭的过程中，处理那些儿时遗留下的未满足的期待；逐步清理原生家庭对自己的影响，划清此时此地和过去的界限，从而清醒地活在当下；检视我们的自我价值，清理过往经历在自我价值上对我们产生的负面影响，带领我们提升自我价值，重塑我们的心灵。

【视频推荐】

《大　　鱼》

这是一个美丽的亲情童话。父亲爱德华年轻时，很爱给年幼的儿子讲自己的传奇经历，他自称在阿拉巴马旅行当推销员时，经历过很多光怪陆离、魔幻荒诞的事情。儿子威尔并不相信父亲的话，认为父亲很虚荣和浮夸，父子关系渐渐疏离。直到父亲得了癌症，儿子决定回去见父亲最后一面。而病榻上的父亲见到儿子后，又开始说起他早年的经历……从父亲病弱的气息里，威尔仿佛领悟到以前从来没有过的感受，也许父亲的叙述有修饰的成分，但在他的心中，那些经历到生命的最后一刻仍是充满激情和想象，而父亲终于在儿子的理解和深爱下闭上眼睛。

第八章 压力应对

名人名言

生活就像海洋,只有意志坚强的人,才能到达彼岸。

——卡尔·马克思

本章要点

压力的定义及其产生原因;

压力对身心的影响;

大学生压力分析与管理。

【案例】

小芬是一名大三女生。她原本性格活泼开朗,但是寒假结束开学后她经常长吁短叹,晚上睡眠也不好。小芬是通过申请国家助学贷款才能够顺利入学的,眼看弟弟妹妹马上也要考中学、大学,她每每想到辛劳的父母和拮据的家庭经济状况就辗转反侧、夜不能寐。在学校,同一宿舍的同学都很优秀,奖学金评审结束后,她发现宿舍6人中只有自己没有评上奖学金。在学习上自己并不比其他人少用功,这让她感觉很压抑。当同学都出去玩时,她一个人坐在教室里自习,但精神不能集中,看不进书,她对自己的行为很不满意,非常担心自己就一直这样下去。近来她尝试着改变自己,但不知从何做起,心情越来越坏,对任何事情好像都提不起兴趣。室友觉得她疏远大家,越来越自闭了,平时上课下课也都不和大家同行。虽然看起来她比以前更加用功,每天都在读书,不过大家都担心这样下去反而会影响学习。大家都在想:小芬这是怎么了?

提问:

1. 小芬遇到了哪些方面的压力?

2. 如果你是小芬的室友,会怎么帮助她呢?

一、压力知多少

在非洲大草原上,每天清晨,角马睁开眼睛所想的第一件事就是:我必须跑得比最快的狮子还快,否则我就会被狮子吃掉。而狮子从睡梦中醒来,闪现在脑海里的第一个念头是:我必须跑得比最慢的角马要快,要不然我就会饿死。生存的压力,使角马成了奔跑"健将",狮子成了草原"猎手",世世代代在草原上繁衍生息。

在大学里,我们虽然没有像角马和狮子那样的生存压力,但生活和学习的压力依然存在。正是这样的压力,促使我们不断进步,不断成功。同时,压力可增加人生的乐趣及快乐,诱导我们尝试新事物,迎接新挑战,唤醒我们的斗志和韧性,加速我们的成长,从而完成学业和实现人生目标。不过,压力是一把双刃剑,在作为我们成长进步的进阶石的同时,也会给我们带来副作用。当压力超过负荷时,会对我们的生活方式、学习效率构成危害,最终影响我们的身心发展。大学生中广泛流行着"郁闷""烦"等口头禅。他们常常感到焦虑、紧张和不安,内心遭受着种种压力。可见,压力存在于大学生活的各个方面,人人都经历过。

越来越多的科学家和学者关注和研究人们所面临的压力,对压力的研究可以帮助人们正确认识心理压力及其带来的种种影响,积极正面应对压力,从而摆脱心理压力困扰、强健身心。

(一) 什么是压力

【自我测试】

以下是十条关于压力的一般认识,对于每一条你是否赞同?通过本章的学习,将逐步展开对这些认识的解读。

(1) 所有压力都是有害的;
(2) 压力管理的目标应当是消除压力;
(3) 良好的生活状态应该没有压力源;
(4) 压力越少越好;
(5) 如果足够努力,就总能适应各种环境;
(6) 遗传因素决定某些人总处于高压状态;
(7) 不良压力只具有消极影响;
(8) 身体锻炼消耗体能,否则这些能量可用于应对压力;
(9) 喝酒可以忘却烦恼、缓解压力;
(10) 压力只会影响成年人。

在现代社会中,由于竞争激烈,科技发展迅速,社会体制不断变化,每个人都会感到不同程度的压力。日常体验到的压力往往是面对自己无法处理的问题时的一种情绪反应,常常伴随着无力、无奈、不知所措的沮丧及忧郁。工作压力过高、人际关系困难、家庭和婚姻生活失和、缺乏自信心等种种心理问题困扰着我们。压力是现代社会中人们最普遍的心理、情绪和情感上的体验。

1. 压力源

英文维基百科对压力源(stressor)的定义是指引起个体压力感的因素,包括化学或生物试剂、环境状况、极端刺激或事件等。引起压力反应的事件可能有:环境压力源(如拥挤的环境、巨大的声响),日常压力事件(如交通拥堵),生活中发生的不幸事件(如离异或亲人丧亡),工作场合的压力源(如严格的工作要求、徒劳的努力等),化学刺激(如烟草、酒精、毒品等),以及社交压力源(社交需求或家庭需求)。压力源会引起身体内部物理、化学和心理上的响应。值得注意的是,压力源也会影响人的心理功能和精神表现。一种可能的解释是,这一过程通过对下丘脑的刺激实现,即促肾上腺皮质激素释放因子→脑下垂体释放促肾上腺皮质激素→肾上腺皮质释放多种"压力激素"(如皮质醇等)→压力激素随血液流动到相关组织(如相关的腺体、心脏、肠道等)→引起战斗/逃跑反应。心理和社会压力源可能会影响个体对物理和化学压力源的反应。

【自我测试】

下面的事情你是否也经历过?
(1) 考试失利,与自己理想的学校失之交臂;
(2) 虚荣攀比,学业、能力、形象、金钱等方面时常与人比较;
(3) 整日沉迷于网络世界,现实中却不知道如何与人沟通;
(4) 意外的事故,致命的疾病;
(5) 就业问题,找不到令人满意的工作;
(6) 失去亲人(爱人),包括失恋、亲友的离别或去世;
(7) 贫困,父母无力供子女上学,或者子女无力供养父母;
(8) 突发的自然灾害,如地震、海啸、飓风,吞噬了我们的家园。

在我们的生活中,上面的清单还可以不断地列下去。通过前面 7 章的学习,你是否能够完全适应大学生活?请列举出目前仍然困扰你的事情。这些事件尽管是不幸的,但每个人在生命的不同阶段或多或少都会经历。我们不可能生活在真空之中。相反,我们不断地与外界环境交换能量、信息和感知。同时,我们也会不断对自己提出要求,以满足身心需求。因此,我们总是需要应对压力源——需要在心理上、生理上或两方面同时有所付出。压力的产生原因是复杂的。我们将这些具有威胁性或伤害性并因此带来压力感受的事件或环境统称为压力源。所谓的压力源,简单来说就是一些人们千方百计要避开的事。

"物竞天择,适者生存。"人类需要不断地去适应外界环境,调整内心需求。适应不是一蹴而就的,而是一个螺旋上升的过程。从这个角度来说,压力源是持续性的,压力是一直存在的。通常,我们的身心对于这些压力源的处理有其固定模式,也就是说,压力并不一定对个体产生危害；相反，消极的影响源于个体对这些压力源的错误解释。换句话说，压力源仅仅是生活中发生的事实。它本身并不带有正面或者负面的色彩。但身心调整可能会让你付出身心俱疲的代价，经常会导致身体不适或情绪紊乱。当这种情况发生时，压力源就会变成不良压力源。

对压力源的正确认识可以遏制它们向不良压力源的转化。正如压力研究领域的先驱汉斯·塞利（Hans Selye）所指出的那样："有充分的证据让人相信，认识到是什么伤害了你，这个简单的事实对你具有内在的治愈价值。"[①]对动物和人类的研究共同表明，巨大的伤害源于那些未知的和预测不到的压力源。如果压力源被判断为"可以感知和解决"，则一般不会对我们造成太大威胁。这也正是我们学习和认识压力源的重要意义所在。

2. 压力的概念

压力（stress）是一个外来词，源于拉丁文"stringere"，原意是痛苦。现在所写的单词是"Distress"（悲痛、穷困）的缩写。有"紧张、压力、强调"等意思，压力会影响人们的身心健康，早已被公认。

关于压力有两个非常著名的定义。加拿大病理生理学家汉斯·塞利是第一个使用术语"Stress"（压力）的人[②]。在20世纪20年代，塞利通过研究总结出一个明确的综合征称为"病中综合征"。在此研究的基础上，塞利提出了著名的关于压力的定义，即"对施加于身体上的任何需求的非特异性反应"[③]。Lazarus和Folkman将压力定义为"个人和环境之间的特殊关系，这种关系被个人评价为疲劳的，或超越了他的心理资源，并危及他的健康"[④]。这两个定义对我们认识和应对压力起到了重要的指导作用，在本章其他小节中均有所体现。但是，它们都存在一定局限性，前者把压力局限于身体本身，后者则局限于压力的消极层面。

在生物学或心理学领域，stress被译为"应激"。心理学家认为，生理学的应激观不够全面与完整，应激还包括心理方面，是个体的整体反应：（1）造成紧张的刺激物，即应激源（压力源）；（2）特殊的身心紧张状态；（3）对应激源的生理和心理反应。具体地说，压力指的是一种身心反应。比如有同学说"我要参加学生干部竞选，我觉得压力好大"，即用压力来指代他的紧张状态。压力是他对竞选事件的反应，这种反应包括两个成分：一个是生理成分，包括心跳加速、口干舌燥、胃部紧缩、手心出汗等身体反应；另一个是心理成分，包括个人的行为、思维以及情绪等主观体验，也就是所谓的"觉得紧张"。这些身心反应合起来称为压力状态。

同时，压力也是一个过程。这个过程包括引起压力的刺激、状态以及情境。所谓情境

---

① Selye H. (1976). The stress of life(rev. ed.). New York: Seaview.
② Viner Russell (June 1999). Putting Stress in Life: Hans Selye and the Making of Stress Theory. Social Studies of Science 29 (3): 391-410.
③ Selye H. (1974). Stress without distress. Philadelphia: Lippincott.
④ Lazarus R S, &Folkman S. (1984). Stress, Appraisal and coping. New York: Springer.

是指个人与环境相互影响的关系。如图8-1所示,在这个过程里,个人是一个能通过行为、认知、情绪的调整改变各种引起压力的刺激、状态或情境的主动者。面对同样的事件,因为个人对事件的解释不同,所以对压力的认识也有所不同,每个人经历的压力状态和程度不同,从而产生的应对方式也不同,形成了产生、评估和应对压力的过程。

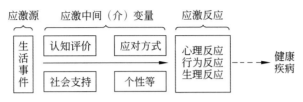

图8-1 心理应激因素综合作用过程示意图

3. 压力的三种类型

压力本身并无好坏之分,通常情况下只是在压力源的刺激下,一种个体的生理和心理反应。但是,由于它可以影响人们心理感受和身体健康,所以可以向着积极或者消极的方面发生转化。从运动员争夺冠军过程中的积极焦虑,到因不能够掌握大学的学习方法而沮丧的学生沉迷于游戏,要求我们根据自身和环境情况,分辨和认识不同类型的压力。

(1) 中性压力

日常生活中,我们面对着形形色色的压力。学习中遇到的疑点难点,工作中遇到的人际关系,生活中遇到的家庭琐事,都会产生压力,而适度的压力正是我们生活的一部分,并且大部分压力都是中性的,无所谓有利或者有害。

(2) 不良压力

正如本章开头部分的案例,小芬对于经济和学业的困难产生了"辗转反侧、夜不能寐""精神不能集中""感觉很压抑""对自己的行为很不满意,很烦"等反应,这就属于不良压力。

不良压力伴随着一些常见的症状:注意力不集中、易怒、双手发抖、思维混乱、急躁、流泪、结巴、语速过快等。这些症状被视为预警信号。当我们察觉到一些微小的症状时,应引起足够的重视,并尝试采取有效的应对措施。否则,这些症状会演变为慢性病,并且最终转变成生理和心理上的障碍,导致工作或学习效率降低、缺少快乐和无价值感、对生活工作和人际关系满意度降低等危害。同时,不良压力的负面作用还会波及他人,在家庭或者学校中造成负面影响,导致氛围紧张、关系冲突等结果影响家庭和睦或同学关系。

(3) 积极压力

压力既有消极的一面,也有积极的一面。适度的、偶尔的焦虑上升,可以帮助我们更好地应对学习中的困难,在日常生活中有更加出色的表现,发挥出潜能,让生活变得多姿多彩。这就是积极压力的作用。

同时，积极压力有助于我们突破个人极限，最终会实现个体的成长。相信我们都有这样的经历，为期末考试而刻苦复习、为某一项实验而长时间地工作、为照顾心爱的人而废寝忘食，这些都伴随着一定的压力，并且需要突破个人心理或身体极限，做出专注和有意义的努力。如果我们经常处在安逸的状态下，便容易停滞不前。为了追求一个有意义的目标，为了比以前表现得更好，或是为了应付一个紧急事件，我们有时会有意识地突破个人极限，以实现目标。个体成长往往来自突破现有的极限，在压力的驱动下突破现有的舒适感。

可见，对于大学生来说，合理认识和应对在学习和生活中的种种压力对于提升极限很有必要，也是个人发展所必需的。没有压力，生活将会停滞不前，也很难令人满意。同时，大学生需要客观地分析压力并做出积极应对，在突破自我的过程中获得成长。

4. 压力的影响因素

根据压力的定义不难看出，压力主要来自两方面：一方面是来自外界，即客观现实造成的；另一方面则是来自我们的需求，即主观体验造成的。从这个意义上讲，造成压力的原因很简单，就是理想与现实之间的差距。差距越大，压力就越大。

（1）客观现实影响压力

压力的产生与个人所处的环境有密切的关系。环境的好坏对于个人压力的增减有很大的影响。例如，空气清新、风景如画的优美环境可以让你心旷神怡，清新舒畅；而喧嚣嘈杂、混乱不堪的环境则会使你心烦意乱，坐立不安。所以，个人的压力来源与环境有直接的关系。对于大学生来说，学校是个人生存的主要的小环境，课业繁忙、经济拮据、同学关系不和、社团工作不顺、与老师的沟通问题等都会给人造成压力，其中一方面出现问题，可以从其他方面得到支持和缓解，从而帮助我们解决问题。这些环境之间是相互制约、相互影响的。当然，也可能因为一方面处理不好，把情绪带到其他方面，而导致一毁俱毁，使压力膨胀和泛滥，失去支援，无法应对。因此，认真学习，广交朋友，营造一个同学间友好互助，有利于学习的环境可以大大减少压力。即使有压力来袭，我们也会有信心、有力量、有同学支援，轻松而有效地化解它。

（2）主观体验影响压力

压力的大小及危害程度则取决于压力的承受者——个人的适应能力和承受能力。面对同样的刺激，承受能力不同的人感受到的压力当然是不一样的。同样的压力情境，有的人能够轻松而冷静地应对，而有的人则惊慌失措，难以承受。这与他对压力的认知有着密切的关系。能否正确地认知和化解压力，决定着压力承受者是将压力化解于无形还是被压力所累。

面对压力，要保持冷静的心态和清醒的头脑，对自己有明确的认识，如自己的应对资源、应对能力等。如果你把压力的威胁性估计得太大，对自己应对压力的能力评估得太低，那么可以想象，你一定会感到压力非常大。例如，晚上你一个人在宿舍安静地看书，突然听到门外有人敲门。如果你以为可能是有陌生人混进宿舍来推销，那么你的内心必然会犹豫是否要开门，而心烦意乱；如果你认为是室友自习后回到宿舍，忘了带着钥匙，那么，你的心情自然会轻松愉快。可以看出，反应的巨大差异是由认知方式的不同造成的。

因此，合理地认知压力，清晰地认知自我是十分关键的。正如古希腊哲学家伊壁鸠鲁所说："人类不是被问题本身所困扰，而是被他们对问题的看法所困扰。"因为压力并不可怕，只要你能够正确地认识和评价它，它的危害就远没有想象中那么大了。

因此，为了个人的发展和身心健康，不断提高心理承受能力和处理压力的能力是十分必要的。它可以帮助我们减轻压力。

（二）压力与身心健康

1. 压力的生理机制

【案例】

小芳是某重点中学的高三学生。临近高考，她精神紧张无法集中精力学习。看到身边的同学都在全身心地投入学习，她感到非常着急，但越着急则越易开小差。复习时，小芳看了前面的内容则忘了后面，有时一段内容看了好几遍仍无法记住。考试成绩下降，她原来是班里前十名，最近一次模拟考试下降到前十五六名，最后甚至出现了夜里睡不着、白天疲乏、心慌、头晕、冒冷汗等症状。这些都是典型的考前焦虑，是在考前巨大压力下产生了不良的生理反应。

生物医学研究显示：压力反应的基本目的是使生物体能适应周围的环境，使生物体迅速有效地处理威胁生命的挑战。从生存斗争来讲，在动物界和人类社会的早期阶段，压力反应被称为战斗或逃跑反应。伴随压力反应的许多生理和心理变化是为生物体逃避危险所产生的，这一变化可以调用身体的大部分能量，并能立即转化为可以应敌的适当形式，运送给最需要它的器官，特别是大脑和主要肌肉。因此当生物体面临压力紧张的情况时，会有下列类似的生理反应：

（1）呼吸急促，透气困难；

（2）心跳加速，口渴；

（3）肌肉紧张，尤其是额头、后颈、肩肘等部位的肌肉；

（4）小便频繁；

（5）不自觉的反应，包括口酸分泌增加，血压升高，血液中化学成分组合的转变，如血糖、胆固醇的浓度提高。

20世纪三四十年代，加拿大著名生理心理学家Hans Shelley在前人研究的基础上对压力的生理病理反应进行了开创性研究，认为压力是对任何形式的伤害性刺激所产生的生理反应，即"一般性适应综合征"，包括警觉反应阶段、抗拒阶段和衰竭阶段三阶段，称为GAS理论[①]。如图8-2所示，Hans Shelley在生理反应模型中，引入了生理参量作为压力反应的客观指标，如肌肉紧张度、呼吸模式、神经内分泌、心血管状况、皮肤电、胃肠状况、代谢状况、免疫功能等。

---

① Selye, Hans. A syndrome produced by diverse nocuous agents. Nature. 1936, 138: 32. doi:10.1038/138032a0.

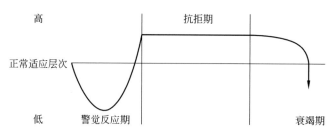

图 8-2　Hans Shelley 对压力反应的 GAS 理论

第一阶段，警觉反应阶段。当出现警觉反应时人体会出现急性应激反应，这些反应会引起我们身体机能发生一系列的变化，如心率加快、血管收缩或舒张、血压升高、呼吸加快、胃肠蠕动减慢、新陈代谢率增高等，然后人体会迅速做出自我保护性的调节。一般来说，这种状态若是短时间的，那么兴奋起来的身心反应随后会慢慢消失，对人体的伤害并不明显，机体功能的损失也不突出，若这些状态持续时间短或及时得到了缓解，则产生的压力会成为工作的动力；反之就会出现不良影响。因此，这是一个警告阶段，用以提醒人们引起重视，及时做出调整。若忽视了或者调节失败，或者外界压力过强，则会进入第二阶段。

第二阶段，抗拒阶段。在这个阶段，一方面人体的生理、生化变化进一步加强；另一方面个体会竭尽所能的调用体内的各种潜能做抵抗。这时候，人们一般处于高度的唤醒状态，与应激源进行对抗。此时人的身心已经开始出现故障、到了发生病变的临界状态：人体会出现许多严重的身体症状，如胃溃疡、动脉硬化等，同时，精神处于高度焦虑状态，感到工作和学习困难重重，认知能力下降，思维受到阻挠，常常出错，处事变得优柔寡断、犹豫不决，害怕、担忧会发生不良后果；情绪方面，多感到精力下降，效率降低，产生心有余而力不足之感，容易为小事而烦恼或大动肝火，甚至莫名其妙地发火或不高兴，攻击性行为明显增多，感到胸闷气短，容易疲乏，寝食不安，兴趣减退，并可能出现抑郁症状。

对峙阶段是身心开始出现障碍、发生病变的临界状态。若及时调整，增强自我力量，或获得有效的社会支持，便可阻止第二阶段滑向第三阶段，并可能退回到第一阶段，否则就很容易急剧发展为第三阶段——衰竭阶段。

第三阶段，衰竭阶段。处于衰竭阶段的个体，此时已由焦虑转为严重的抑郁、退缩，厌倦工作、学习甚至生命，出现自卑、无助感、悲观绝望、对什么都不感兴趣，甚至会产生自杀意念或行为，一些人可能出现精神疾病，如抑郁症。而更多的处于第三阶段的人们则直接表现为躯体疾病，一些人因为高血压、冠心病、溃疡病、紧张性头痛或其他疾病而不得不卧床休息。他们已无法工作，即使硬撑着也难以胜任工作，效率甚低或频频出错，感到心力交瘁，精疲力竭。

在这个阶段，若人体的压力还是没有得到很好地解决或缓解，则人体的唤醒状态和免疫系统开始崩溃，疾病纷纷而至，会直接导致心理防御系统崩溃或者生命因疾病而终止。

从薛利理论的三个阶段来看，机体对压力自有其免疫的功能，即机体可以通过自身的调节来应对压力的存在，但毕竟机体对压力的应对是有限的，在很多时候我们必需借助外界的手段来缓解或消除压力对个体产生的不良影响。而且最佳的时机就是在警告阶段就采取行动是对个体最小的伤害。而很多时候,我们忽视了机体发给我们的信号,等想采取行动的时候,往往已经发展到了第二阶段,更有甚者已经到了无可挽回的地步,正如过劳死或心理崩溃导致的自杀。所以压力管理应宜早不宜晚。

2. 压力下的心理反应

格式塔①心理学家认为,行为由人的主观心理状态决定,而主观心理状态取决于对客观环境的认识。在论述人的行为是受个体心理环境的影响时,其代表人物考夫卡列举了一个生动的事例。有一个人在暴风雪的傍晚,骑马来到一家小旅店,让他深感庆幸的是,经过几个小时的奔驰,越过了一片冰天雪地的平原,终于找到了一个安身的地方。此时,店主人来到门前,惊奇地问客人从何而来?客人遥指来的方向。店主人以恐惧而奇异的语调说:"你不知道你已经骑马越过康士坦斯湖吗?"客闻此言,立即倒毙于地。

按理说客人已经度过了平时难以想象的危险区域,并身处安全的环境下,应该高兴才是,但结果却出人意料,其主要原因在于,客人对自己先前所处的地理环境有了新的认识,并由此引发了一次主观想象的压力事件。他未能进行有效的心理调节,心理上极度惊恐引起神经、血压和心率等一系列生理活动的急剧变化进而导致了极端行为的出现。

【知识链接】

格式塔心理学主张心理学研究现象的经验,在观察现象的经验时要保持现象的本来面目,不能将它分析为感觉元素,并认为现象的经验是整体的或完形的。格式塔心理学最基本的原则就是拒绝元素分类,要研究就只研究整体。简单来说,就是一些靠近的、相似的、完整的东西我们容易把他们知觉成一个整体。例如,曾经很流行的一种错序读法:"研表究明,汉字的序顺并不定一能影阅响读,比如当你完看这句话后之,才发这现里的字全是都乱的。"

当一个人面临生活中出现的突发事件,或有长期烦恼日常琐事时,我们的大脑就会把这种刺激认知为压力。比如自我要求、安全威胁、他人要求、自尊威胁等,就会出现情绪反映,如紧张、恐惧、抑郁等。事实上,压力引起的心理反应有警觉、注意力集中、思维敏捷、精神振奋,这是适度的心理反应,有助于个体应付环境。例如,学生在学习过程中、运动员在参赛过程中,一定压力下的竞争更容易出成绩。但是,过度的压力会带来负面反应,出现消极的情绪,如忧虑、焦躁、愤怒、沮丧、悲观失望、抑郁等,会使人思维狭窄、自我评价降低、自信心减弱、注意力分散、记忆力下降,表现出消极被动的状态。

3. 压力的危害

每个人承受压力的能力都是有限的。通常情况下,适当的压力不会影响人的正常生活和身心健康,但如果一个人长期承受巨大压力而得不到有效地缓解,那么人的身体和心理就会受到损害,从而产生各种不良反应。就像一个气球,如果你总是不断地给它吹气,总有一刻它会不堪重压而爆裂。

---

① (美)库尔特·考夫卡.格式塔心理学原理.黎炜,译.北京:北京大学出版社,2010.

一般来说，压力表现出来的症状主要有三种：身体症状、精神症状和行为症状。有的人可能只出现这些症状中的一种或两种，但有时这些症状也可能相互作用，互相引发。例如，身体上的腰酸背痛会引起精神上的心烦气躁，或者精神上的紧张，导致情绪低沉，从而引起身体上的食欲不振。

身体症状：早期压力的症状是很轻微的，表现在身体上，如腿脚撅动、手心出汗、咬嚼手指、眉头紧锁、愁眉苦脸等，表明你已在压力的侵扰之下。不过这些症状不易觉察，往往被人忽视。若时间较长，症状就会变得严重。如出现腰酸背痛、浑身无力、食欲不振，这时压力的危害已经明显表现出来，应该及时调解，防止它继续滋长。其实人的身体就像弹簧一样，当一定的压力作用于人的身体时，它会启动应激机制，通过伸展，缓解不适；但如果压力太大并持续的时间较长，那么应激机制就会丧失作用。就像弹簧在长时间的重压下就会变得失去弹性一样。所以你只有采取积极的措施有效地减压，才能保持身体的健康状态，否则就会不堪重负，患上各种疾病。

精神症状：压力不仅损害身体健康，还会给人的精神造成伤害，产生忧郁、多疑、自卑、焦虑、萎靡等心理反应，精神状态不佳，懒散健忘，干什么都无精打采，缺乏激情。

行为症状：身体的不适，情绪的低落，表现在行为上，则会与人争吵，失眠多动，坐立不安，大喊大叫，出现很多反常言行。这时你需要停止目前的工作，找出压力产生的原因，对症下药，试用各种方法发泄缓解。正确而有效地进行疏导，以免造成更大损害。

不管是以上哪种症状出现，都表明压力已经开始慢慢地影响到你的身心健康，一经发现千万不可掉以轻心，应该及时调节，保持好的心态，积极面对难题，正确认识自己，并以适当方式宣泄自己内心的不快和抑郁，以解除心理压抑和精神紧张。有张有弛，做好自我调节。

心理学研究还表明，过度的压力会影响智能。压力越大，认知效能越差。个体在压力状态下的心理反应存在很大差异，这取决于个体对压力的知觉和解释以及处理压力的能力。当个体面临压力时会有各种行为变化，这些变化取决于压力的程度以及个体所处的环境。压力下的行为反应可分为直接反应与间接反应。直接反应是指直接面对引起紧张的刺激时，为了消除刺激源而做出的反应，例如，路遇歹徒与其搏斗或逃避。间接反应是指借助某些物质暂时减轻与压力体验有关的苦恼，例如，借酒消愁。

一般而言，轻度的压力会促发或增强一些正向的行为反应，如寻求他人支持，学习处理压力的技巧。但压力过大或过久，则会引发不良适应的行为反应，如说话结巴、动作刻板、过度饮食、攻击行为、失眠等。

二、大学生压力面面观

林语堂先生说过："人生就像爬坡，刚开始是父母拉着你；当你长大了，便开始自己拉车，车上原来是空的，后来装上老婆、孩子、事业以及你想要的一切，这时，你会感觉车子越来越重。"随着年龄的增长,各种压力也纷至沓来。与压力共处已经成为我们生活中必须面对的人生课题。作为一名大学生,可能我们还没有感受到来自社会生活中的种种压力。但伴随着成长,大学生也需要面对和适应大学这个新的环境和生活课题,从而学会应对在新环境下出现的各种问题。

(一)你是否"压力山大"

【互动体验】

我的压力圈

操作:准备答题纸,大家填写可能给自己造成压力的事件。在小组内讨论并思考以下问题:目前有哪些压力?这些压力是长期的还是短期的?压力源来自哪里?对自己产生了什么影响(身体上、精神上、行为上)?

点评:

这个游戏开始进入主题,主持人要引导深入挖掘压力的源头。

提示:

每个人承受压力的能力是不一样的,所以需要大家对别人的压力源和感受有包容之心。

【自我测试】

社会再适应量表(SRRS)

社会再适应量表(The Social Readjustment Rating Scale,SRRS)是为测量重大生活事件而设计的。设计者是霍尔姆斯,于1967年正式用于临床。

序 号	生 活 事 件	压力指数	得 分
1	配偶死亡	100	
2	离婚	73	
3	婚姻失败(分居)	65	
4	监禁	63	
5	家庭亲密成员死亡	63	
6	受到伤害或疾病	53	
7	结婚	50	
8	被解雇	47	
9	与配偶重修旧好	45	
10	退休	45	
11	家庭成员健康状况改变	44	
12	怀孕	40	

续表

序 号	生 活 事 件	压 力 指 数	得 分
13	性生活障碍	39	
14	家庭中新成员的增加	39	
15	职务重新调整	39	
16	收入状况的改变	38	
17	亲密朋友死亡	37	
18	改行	36	
19	与配偶争吵次数改变	35	
20	负债超过一万元	31	
21	贷款或契据取消	30	
22	工作中职责变化	29	
23	子女离家	29	
24	吃官司	29	
25	个人杰出的成就	28	
26	配偶开始或停止工作	26	
27	学业的开始或结束	26	
28	生活水平的改变	25	
29	个人习惯上的修正	24	
30	和上司相处不好	23	
31	工作时数或工作条件的改变	20	
32	搬家	20	
33	转校	19	
34	娱乐的转变	19	
35	教堂活动的改变	19	
36	社交活动的改变	18	
37	贷款（少于6万元人民币）	17	
38	睡眠习惯的改变	16	
39	家庭联欢时人数的改变	15	
40	饮食习惯的改变	15	
41	度假	13	
42	过圣诞节	12	
43	轻微犯法	11	

续表

序号	生活事件	压力指数	得分

得分评估

总分	评估
0～149 分	没有重大问题
150～199 分	轻微的健康风险（1/3 的可能性患病）
200～299 分	中度的健康风险（1/2 的可能性患病）
300 分以上	严重的健康风险（80% 的可能性患病）

（二）象牙塔中的压力源

【案例】

大学生活中的角色冲突

大三学生小娜，同时兼有多种角色——学生、室友、女朋友、女儿和雇员。一般情况下，各种角色间不会发生严重的冲突，但有时也会令她十分头痛，无法协调。例如，下周三的专业课上，轮到她在课堂上做一个给定主题的报告，她需要提前收集材料，制作 PPT；今天上午，寝室的电刚好用完，这次轮到她去缴纳电费；晚上约好了跟男朋友一块吃饭；母亲上周写来一封信，至今还没有回信。雪上加霜的是，老板早上 7 点 30 分打来电话要求她为一个生病雇员替班。

1. 大学生活的挑战与机遇

大学生处在特殊的生活环境和特殊的年龄阶段，也承担着特殊的使命和社会角色。离开家乡到另外一个陌生的城市求学，这种场景是绝大多数同学在上大学之前都没有体验过的。大学之旅把他们置于一个完全崭新的环境中，去独立面对前所未有的挑战。这些挑战，就如同以上案例中小娜所面临的一样，可被视为机遇或挑战。它既可能把你历练得更加积极健康，也可能使你变得更加糟糕。

你应对的方式将决定你能从大学经历中学到多少。如果处理得当，能把挑战转变为积极的压力，将大大有利于学业的进步和个人发展。不止如此，大学阶段的应对方式将会成为贯穿你一生的习惯，并在未来几年深刻影响着你的生活。

在大学生活中，你会有很多机会应用本书中的方法和技巧去处理各种各样的问题。拥有社会学的想象，就能在更宽阔的社会背景中来审视个人的经验。这对于提升大学生个人的修养和思维境界都有极大的益处。

有研究认为，西方高校近 10 余年来的教育体制没有明显变化，因此，大学生所面临的压力类型也大体相当。我国大学生具有不同于西方的文化背景或校园生活。学生在大学四年的不同阶段，所面临的学业任务、素质发展、未来规划等人生课题的压力源也各不相同。加之近 10 年来我国高校体制改革和制度的不断完善，使得大学生活并不再像以前那样单一和轻松。教育部的一份报告指出：对全国 12.6 万名大学生的抽样调查结果表明，大学生因心理压力产生心理障碍的比例高达 20.23%，全国大学生中因心理精神疾病退学的占退学总人数的 54%。[①] 除此之外，由于某些额外的不确定性和模糊性，大学生活甚至会变得更加困难，其中还会潜伏着不良的压力。

2. 大学生活的压力源

很多情况下，大学生都会面对生活环境的剧烈变化。这种变化的广度和强度都不免让人生畏。大学生可能会像案例中的小娜一样在同一时间面对很多压力源。这就需要个人不断地对压力源进行评估，判断哪些压力源比另一些压力源更具威胁性，并根据可用的个人和社会资源采取当时最恰当的应对方式，一个问题结束以后，紧接着对付大学阶段的下一个压力源。当然，这些事情可能涉及学习困难、就业压力、经济贫困、与约会有关的问题、有关性和怀孕方面的焦虑，以及失去亲人的痛苦。在下面的讨论中我们将要确定一些大学生所面临的主要压力源，希望同学们能够结合教材中其他章节的相关内容综合理解，学会进行合理应对。

（1）与父母（家庭）分离

对于年轻的大学生来说，有一个非常关键的问题是与父母的分离。与父母的分离发生在一个特殊的背景下，即自身正处在人生的成长期和上升期，需要独立完成许多重要的发展性任务。这些发展性任务包括以下内容：能力发展、情绪管理、人际关系管理、意志力的发展、培养诚实的品格、自我认同到自己将来的归宿、自主性发展等。

在追求课内和课外知识的过程中，大学生通过解决每一个实际的问题而获得持续发展。当然，问题会不断涌现，但是如果它们能持续得到解决，人的发展将是无止境的。挑战的一部分——自主性发展，是与成年前父母支配一切的情况相反的。在强调单独性核心家庭（即家庭中只有父母、子女的家庭模式，而非子孙几代人共住的大家庭）的社会背景下，由于大家庭日益减少，离开父母独立生活就成为大学生的中心任务。

对于一些人来说，这一过渡过程是非常平稳的，几乎不会产生混乱和紧张。但对于另一些人来说，这一过程并不是那么简单。

在这一过程中，以积极的、建设性的方式做出应对是至关重要的。与父母的分离是一个自我磨炼的好机会，如果利用得当，就能让我们不断成长发展，变得日益成熟，而不会导致个体陷入困境、过分依赖或是转变成旷课、酗酒、无组织、生活杂乱无章。这一建设性的转变的关键是通过书信、电话以及回家的方式与家人保持联系，同时在大学中建立各种新的、对自己有益的伙伴关系。

（2）成绩压力

在现实中，成绩是非常重要的。一份优秀的成绩单，可以让你获得各类奖学金，以及保研机会等。同时，学习成绩还作为应聘工作、出国深造能否成功的重要考核指标之一。对于准备毕业找工作的同学，很多单位的要求里面都会附加一条：成绩优异者优先，专业

[①] 王红姣. 大学生压力源及压力应对方式研究综述. 思想理论教育（上半月）. 2011(11): 80.

成绩排名前 30% 优先。这其实很好地理解了,成绩单是你大学生活的一个直观反映。你可以说它反映了一个学生的学习态度、学习效果、学习能力。面试官要从众多的应聘者中筛选出符合要求的人,在简历筛选过程中,经常就是看一个人的成绩单。如果成绩太差连面试机会都没有。你的学习能力比别人强,则证明你是一个值得签约的人,这会让你在竞聘中处于优势。不难看出,成绩是大量的复杂挑战、动机、奖励的中心。所以成绩压力是大学压力问题的中心。

在校学习期间,学习成绩可以深刻地影响别人对一个人的评价,以及自己对自己的评价。当然,很多人在学习以外,做了很多更有意义的事。但是这些与拿个好成绩并不矛盾。大学是一个相对简单的社会,我们都生活在这样一个环境中:成绩是一个可以量化的、反映一个人优秀程度的指标。社团活动、个人能力等也很重要,但远不如成绩来得简单直观。于是,学习成绩就成为同辈压力(peer pressure,是指同辈人互相比较中产生的心理压力,一个同辈人团体对个人施加影响,会促使个人改变其态度、价值观或行为使其遵守团体准则)的重要来源。来自同辈的压力很难避免,因为一般人都希望自己在同学中表现突出深受欢迎。

有很多种与成绩相关的因素会导致不良压力,考试焦虑就是其中之一。积极的压力有利于激励自己达到最佳状态,但是,考生经常出现的一种心理是希望考好、怕考砸。这种对考试结果无法预知的处境使考试本身成了一种威胁性刺激,于是产生的紧张焦虑反应。另一种与成绩相关的普遍问题是对失败的过分恐惧。对于我们大多数人来说,害怕失败是再正常不过的心理。在学业、工作、运动以及其他任何活动中,辜负了自己或是他人的期望都可能会付出内部和外部代价:对学业和职业前景的担忧,遭到别人的否定,被拒绝、羞辱,负罪感,沮丧以及对自尊的极大打击等。对失败的恐惧是一种自然反应,它可以激发你更积极地做准备,并有更出色的表现。但是对失败的恐惧有时会变得过于极端,以至于造成不必要的情绪和身体的不良压力。处理成绩挑战的关键是明确它对自己的意义:自尊和成绩并不是等价的,但我们应该不畏惧挑战,而是全力以赴做好自己。

(3) 角色困难

大学期间,很多重要的挑战都是和角色困难有关的。角色是在一个给定的社会位置的基础上而产生的一系列期望。如案例中的小娜,作为一名大三学生,同时兼有多种角色:学生、室友、女朋友、女儿和雇员。在各种角色交织的情况下,无法避免地会产生角色困难。其中,可能造成压力的角色困难包括:角色冲突、角色紧张、角色模糊。

① 角色冲突。大学生面临两种类型的角色冲突:第一种类型的冲突是两种或多种不同角色所产生的期望的不兼容(相互角色冲突)。如学生—雇员,学生—室友,学生—女儿,以及学生—朋友,角色需求间经常相互冲突。

第二种类型的冲突是不同的角色同伴对于个人同一角色的期望不兼容(内部角色冲突)。如一名学生的五位老师,各自对她的时间和精力分配提出了要求:其中三名可能期望她同一天能全力准备期中考试,同时另一位教授希望她能做一个高水平的口头答辩,最后一名教授则期望她可以提交一篇优秀的学术论文。

角色冲突可能会让人引起困惑、焦虑、紧张、表现不佳、易怒等不良心理压力,甚至会导致疾病。面对压力若不能采取有效地应对方式,上述结果便会发生在大学生身上。

② 角色紧张。角色困难的另外一种类型是角色紧张,即产生于个人的愿望与他人的期望相冲突时。在大学生活中,可以发现很多这样的事情:

- 一名学生打算星期二去参加一场非常吸引人的晚间音乐会,而他的老师要求他那天晚上去上课。
- 一名学生宁愿观看世界杯足球赛,也不愿参加一个生物试验会议。
- 一名学生想要带他的女朋友去看电影,而他的社团成员却希望他能参加一次紧急的会议。

平衡个人的愿望需求和他人的期望是终身的目标,当然,这没有简单的公式可以遵循。这不仅需要清醒的头脑,同时还需要明确目标,明确事情的优先顺序,需要有在何时折中、何时适应的良好判断力。平衡个人兴趣和社会责任并关心他人是需要一直遵循的原则。

③ 角色模糊。角色模糊有多个来源,所有的来源都会对大学生造成影响。第一个来源是社会和文化的迅速改变。年轻的大学生和他们父母之间的关系需要重新定义,双方都在体验着不确定性因素,包括如何做出决定、如何交流以及如何在自主性和控制上达成共识。

第二个来源是从生活周期的一种阶段向另一种阶段过渡。从儿童阶段向青少年阶段转变,再从青少年阶段向成人阶段转变就是典型的例子。事实上,这一来源与每一个年轻的大学生都有关,尤其是同前面提到的快速改变相联系。

第三个来源可能是由于同角色伙伴之间不完全、模糊或是不充分的交流所导致的。对于大学生来说,这种情况可以发生在以下情境,如学生不清楚自己的期望是什么或是同室友们对于如何处理噪声、来访者、买东西或打扫房屋等方面没有达成共识。

无论角色模糊的原因是什么,都可能导致不良压力增加、与压力相关的疾病的增多、情绪障碍以及问题行为。

(4) 日常烦扰

大学生的心理压力有一部分来源于日常烦扰,如学校环境、人际关系、就业、经济等。这些日常烦扰可能会使人感到沮丧甚至恼怒。从某种程度上来说,它们是令人苦恼的起因,体现了我们与外部环境交互作用时产生的困难。个体日常生活越是充斥着消极困扰,情绪上的障碍就越容易产生。

正如本章第一节所说的那样,日常烦扰是否出现,并不直接取决于外部环境的好坏,而是取决于我们看待事情的方式。一个人如果从消极的角度看待一个中性事件,那么这个中性事件就会转变成困扰,成为不利于个体的负担甚至威胁。

对大学生来说,日常微小的压力源绝不能忽略不计。它们可能会成为生活的主要压力源,其中之一就是经济的不确定性。

大学生面临经济压力的情况与社区低收入者相比是完全不同的,通常大学生的"困境"是暂时性的。对于许多经济情况困难的家庭来说,低收入带来的不仅是基本生活需求上的捉襟见肘,还意味着工作机会有限,社区服务水平低,学校教育质量低,卫生保健资源匮乏以及住房条件恶劣。但对于许多大学生来说,经济压力可能只是暂时的,当然,也是必须应对的现实。它会对大学生产生很大的消极影响,一方面是心理上的,如焦虑和分心,即担心自己没有能力支付下一学期的费用,包括学费和书本费;另一方面则是学生在上学期间必须做一份或多份兼职工作,以保持自己的收支平衡。当然,大学生半工半读是一种很正常的现象,但是越来越多的学生在多份兼职中不得不付出沉重的时间代价。这容易导致时间上的压力、睡眠质量的下降、锻炼时间的减少,危及健康的娱乐和友谊,甚至学业成绩和健康也可能受到影响。

(三)预测大学毕业后的挑战

大学的体验,不仅包括对现在需求的估计,也包括对未来挑战的预计。大学生在迈出校园后可能会面临很多艰巨的挑战,包括以下几点。

1. 职业

职业选择时面临的一个特殊的挑战是要确信这完全是自己的事情。它反映了个人深度的兴趣和价值。在我们选择职业时,应该将价值、道德、是否适合自己的个性、生活方式的选择等问题放在主要地位,而不是为了取悦父母,为了简单的物质利益,或仅仅是眼前的机会。为了在未来选择工作时多一分把握,我们在大学期间就应通过选择主修课、工作面试以及适当兼职等方式来关注和考虑这些更为广泛的问题。

有很多同学会在毕业后的生活中多次改变自己的工作,甚至职业。灵活性和适应性的重要将凸显出来。因此,我们在大学时就要重视发展适应能力、自我调节能力、与人沟通的能力专业的技术技能。

2. 经济

在大学毕业之前,很多大学生可能早已考虑过自己需要多少物质基础才能达到一个满意(至少是舒适)的生活状态,但工作得到的报酬可能与这一目标有所差距。很多大学生离开学校时已经背负着一部分的债务(助学贷款等),从毕业起就面临着偿还债务的挑战。这些情况意味着我们必须缩减开支,克制不必要的购买冲动。这一调整对于一些人来说是很简单的,对另一些人来说则很困难,后者可能在大学期间就没能管理好自己的财务。因此,发展良好的财务管理能力是大学生不可忽视的挑战。

3. 家庭

大部分同学都会在毕业后几年内与自己的另一半走入婚姻的殿堂。这时他们所面临的挑战是需要建立一个令所有成员均比较满意的家庭。家庭是构成社会最基本的"细胞",更是其成员最重要的精神家园。家庭成员在情感和陪伴上彼此深深依赖,获得心灵上的慰藉和支持。因此,维持家庭的稳定和健康对个体和社会都是极其重要的任务。

在可能存在的挑战中,首先发生的是对工作和家庭的平衡。尤其是对于既要工作,又要承担大部分家务的母亲来说,这更是一个不容小视的挑战。随着离婚率的升高,我们还可能面临这样一种局面:选择离婚重新结合建立新的家庭,或者与带孩子的单身个体结婚组建混合的家庭。这意味着很多人不仅要适应新的婚姻伴侣,还要适应继父母的角色。家庭中的每个人都需要做出调整以适应新的生活方式和需求,所有人都需要面对新安排和新的人际关系的挑战。

4. 社交

当今时代,经济和社会环境的变化使得人与人之间的交往显得更加重要。因为我们只有不断地与各类人员进行交往和信息沟通,才能不断地丰富自己、发展自己。当学生离开校园开始了新的生活,他们需要适应一系列新的社会关系和人际交往。对有的同学来说,这种转变很轻松,但对有的同学来说很难。个人的适应能力和调整能力决定了他能否顺利地融入新的社交环境。在大学期间,我们要重视参加大学各类组织活动和培养一定的关系网,通过它们我们的适应能力可以得到发展和增强。

5. 个人的生存和发展

我们常说"活到老,学到老"。在各行业飞速发展的现代社会中,这一要求正在变为严肃的现实。现在所用到的知识和技能,可能在几年内就会被更新和替代,在某些高新产业中,这一时间还可能被缩短。只有积极了解行业前沿信息,及时更新自己的知识和技能储备,才有可能在激烈的竞争中掌握主动权。

在快节奏的生活中,有规律地锻炼、深度放松以及进行其他健康的娱乐活动也是重要的挑战。在这方面许多大学生存在较大的困难。有些同学忽视了健康的重要性,还有些同学沉溺于电子游戏无法自拔。如果在毕业时还没办法应对这一挑战,那么在面对今后工作和家庭的需求时将会遇到更大的问题。在大学期间形成健康的生活方式,是为我们今后的优雅生活植入一些积极生活习惯的最好方法。

三、顺利度过大学生活的压力考验

近年来,很多高校建立了大学生心理健康教育机构,开设心理健康教育课程、开展专业心理咨询等预防和消除大学生中的各类心理问题,帮助大学生顺利融入大学生活。所以,当我们遇到了压力考验的时候,可以首先选择到学校的心理健康教育或者心理咨询中心寻求帮助,学习应对压力的方法。压力应对是指个体认为自己与环境的交互作用可能给其带来负担,甚至超出自己拥有的资源时,为减少、最小化或容忍这种交互作用的内外需求而采取的任职和行为上的努力。因此,认清自我有时候比认清压力更为重要,更有利于我们应对压力。① 下面将结合大学生的实际情况介绍应对压力的几种途径和方法。

---

① Folkman S, Lazarus R S. Appraisal, coping, health status and psychological symptoms[J]. Journal of Personality & Social Psychology, 1986(50): 571-579.

(一) 修炼身心

研究发现,心理承受能力是可以逐渐加强的。通过经历更多的事情和训练自己掌握更多心理技巧,我们可以更有效地应对压力。从理论上来说,如果每次都给一个接近临界点但当事人又能承受的压力,压力上限就会不断上升。但实际生活中,这样凑巧的事情几乎不可能发生。所以更多时候需要我们自己努力提升自身的体质和修养,提高心理承受力。

1. 调节身体状态

俗话说,身体是革命的本钱,保重身体可谓是生活的第一要务。然而,在当代大学生中,普遍存在长时间地盯着电脑、手机,熬夜通宵,饮食不规律等不良生活习惯,使身体产生各种不良反应,如头晕恶心,腰酸背痛,视力降低,失眠多梦,严重的则引发各种疾病,最终影响正常的学习和生活。

科学的作息时间和持续的运动会帮助大学生保持良好的身体状态。其中,运动会让新陈代谢趋于正常或提高,营养物质的利用与废物的排放效率就更高,内脏工作都会变得轻松,人会变得更不容易感到疲劳。同时,运动可以保持良好的外貌,使人更加自信。从锻炼的角度入手是最快最容易的。只要每天坚持跑步 30 分钟,你就能感受到将自己生命握在手中的感觉。这是最快的"情绪体验"。本节后面还会介绍时间管理的相关内容。

2. 磨炼个人品质

健康优秀的精神品质是一个人在生活和工作中克服困难、获取成功的重要条件,是一种强大的力量,推动着我们不断前进。优秀的精神品质可以帮助我们冷静地应对压力,增强心理承受能力,保持身心长久的健康,以快乐豁达的心态面对人生的风风雨雨。

在校期间,我们应该抓住每一个磨炼品质的机会,做到"不以善小而不为,不以恶小而为之"。同时,善于发现身边同学的优点并不断学习,如果有机会可以积极主动参与到一些重大活动的组织筹备工作中,都有利于自身品质的培养。因为,优秀的个人品质,都是在生活的实践中,慢慢习得、渐渐积累起来的,是从点点滴滴的小事中凝聚起来的。所以注重从小事做起,在生活中点滴积累是十分重要的。

【知识链接】

对抗压力所需的优秀品质

▲坚强的意志

意志力是面对困难百折不挠的一种精神,是催人上进的内驱力,是经过生活的苦难磨炼出来的一种钢铁般坚强的品质。"不经历风雨,怎能见彩虹",坚强的意志是磨难锻造出来的美丽。

▲决断力

决断不是武断,不是草率、鲁莽不计后果,而是在足够把握的基础上的当机立断,是果敢、坚定、自信的表现。君子有所为，有所不为，要时刻清醒地明白自己能做什么，不能做什么，审时度势，把握时机，在正确分析的基础上做出正确的决定。成功与失败往往在一念之间，因此能否做出快速而准确的决断则显得尤为重要。

▲进取心

面对荆棘与坎坷，选择前进还是放弃，则要看你追求成功的欲望有多大。如果你有雄心壮志，那就勇往直前吧！穿过这片荆棘，前面就是康庄大道，坚定的进取心是你勇往直前的动力，不要害怕失败，不要放弃追求，成功永远属于积极进取的人。那些懒散拖沓、安于现状、不思进取的人只会成绩平平，无所作为。

▲自信心

相信自己，是对自我能力的肯定，是对困难阻挠的蔑视。它是建立在对现实情况的深刻把握，以及对未来发展准确预料的基础之上的，是一种对未来目标已经胸有成竹的轻松心态。它能够使人以乐观的态度和高昂的激情去应对一切阻碍和干扰，从而摆脱困境，取得成功。如果一个人缺乏自信心，那么他就会轻易地向困难妥协，怀疑自己是否能够取得胜利而止步不前。

▲恒心

在人生的追求中，光靠一时的激情是很难达到成功的。激情难以持久，这样只会虎头蛇尾，半途而废。这时你需要的是一种坚忍不拔、持之以恒、不达目的誓不罢休的精神。这就是恒心，有了这种品质，才能使人取得最终的胜利。它是成功的可靠保证，是人生旅途的安全带。

▲勇气

勇气是什么？勇气是一种宠辱不惊，勇于接受挑战、面对现实的态度。无论是生活还是工作，勇气是一种不可或缺的重要因素。克服困难需要勇气，承认错误需要勇气，坚持自我需要勇气，放下世俗也需要勇气。勇气是一种不偏不倚、岿然独立的人格。

（二）正确归因压力

正确地认识和评估压力，包括评定压力的来源、压力的严重程度，以及估计自身处理压力的能力和可能性，所谓"知己知彼，百战不殆"。对于自身来说，不可盲目自大，更不可过于自卑，这两种错误态度会加重你的压力感。如果压力确实严重，非个人能力所能处理，或一时难以应对，也应该尽最大的努力，做好最坏的打算，使心理有预期准备，避免无法接受而造成心理崩溃。

归因是人们对自己或他人行为的原因进行推测、判断或解释的过程。归因理论是美国心理学家海德最早研究并提出的。它的意义在于对人的深层认知进行剖析，从而更加深入地了解心理机制对人的行为的影响。

例如，对于作业没有及时完成这件事，内部归因的同学倾向于把原因归结到自身，认为是自己学习不够认真，不够聪明，或者某些事情占用了做作业的时间等；而外部归因的同学则把原因归结为环境或他人的影响。

内部原因是指个体自身所具有的，导致其行为表现的品质和特征，包括个体的动力、能力、情绪、心境、性格等方面。外部原因则是指个体自身以外的影响其行为的因素，包括社会环境、情境氛围、他人的影响等。

就压力而言，把压力产生的原因归结于自己还是归于他人，对能否有效地减轻压力具有很大的影响。两种归因模式各有其优点和不足。想要正确归因压力来源，就要树立正确的世界观、人生观和价值观。不要被任何先验的思想所束缚，你的人生取决于你自己的选择和所作所为。

比如说爱国。一旦有领土争议问题，一些人会群情激昂地走上街头以表达他们对祖国的热爱之情。他们这是爱国吗？他们只不过是通过这样的一场秀，越激烈越能展示自己的爱国形象，因此出现砸车砸人的场面。

另一种爱国的人，他们则是通过对外界的学习和观察自行意识到，自己和这片土地以及共同生活在这片土地上的人们，有一种休戚与共的关系，因此他们自觉选择了做爱国的事情，比如保护环境，热心公益等，当然，他们也会上街去表达自己的情绪，但表达的时候，不会砸自己同胞的车，甚至散场的时候，还会把遗落在地上的垃圾收走，因为他们对这片土地的爱，是自发的，真实的。这样的爱国人士，甚至有可能没有意识到自己是在爱国，但当自己或别人回望他一生的时候，都会说他是一个爱国的人。

总之，那些先入为主的观念，就是这样扭曲我们的行为，束缚我们的观念。我们要做的，就是破除这些观念，建立自己的、积极的、有为的人生观。只有这样，我们才能真正了解自己，正确归因压力的来源，从而及时调整自己的行为模式，健康、积极地学习和成长。

（三）合理寻求社会支持

压力的产生大致上分为两个阶段：第一，发现一个棘手的情况，这个情况可能会威胁你的目标；第二，发现你可能不具备解决这个威胁的能力或资源。应对资源是一个人应对压力的兵器库。武器精良且品类繁多，那么压力面前你就可以从容不迫、轻松应对；但如果你两手空空，手无寸刃，那么你很可能在与压力的战争中一败涂地。

生存要以一定的经济基础为前提。经济实力是维持人们正常生活的基础，也是继续发展的基础。如果由于经济拮据，迫于生存，那么经济问题已经是首要压力，使人疲于应付，对于其他压力更是应接不暇。只有在生存问题得以解决的基础上，才有能力去谋求其他的发展。经济资源是一个人坚实的物质基础，也是一种力量。

每个人都是社会大家庭中的一员，都希望在这个家庭中得到接纳、认同、重视，也就是获得归属感、安全感。如果不被领导重视、同事接纳、朋友支持，那么个人就会像个孤儿一样，感到孤独、失落、无依无靠。情感的慰藉是一种力量，特别是在人失落、失望、失败的时候，同事的安慰、朋友的陪伴、家人的爱抚都是对你莫大的支持，给你以理解、信任与温暖，使你重新获得力量，振作起来，继续奋斗。

社会支持来自同事、领导、朋友、亲人,甚至是陌生人的一个微笑。它是一种动力,一种依靠,使你面对压力时不再惊慌失措。

(四) 掌握适当的心理技巧

人都有自己擅长的心理防御机制,有人擅长升华,有人擅长压抑,有人擅长幻想。掌握的心理技能越多,面对不同类型的压力时越能较好地应对;反之,则很容易被特定压力压倒。

1. 补偿

当一个人实现目标的愿望受挫后,他可以利用别的途径达到目标,或者确立新的目标。在实施过程中,发现目标不切实际、前进受阻,应及时调整目标,以便继续前进,获得新的胜利,即"失之东隅,收之桑榆"。这是一种心理防御机制。

解放黑奴的美国总统林肯,不仅出身微贱,且面貌丑陋,言谈举止缺乏风度。他对自己的这些缺陷十分敏感。为了补偿这些缺陷,他力求从教育方面来汲取力量,拼命自修以克服早期的知识贫乏和孤陋寡闻。他在烛光、灯光、水光前读书,尽管眼眶越陷越深,但知识的营养却对自身的缺陷作了全面补偿。最终他摆脱了自卑,并成为美国历史上作出杰出贡献的总统。

在补偿心理的作用下,人们会清楚甚至过分地意识到自己的不足。这就促使其努力学习别人的长处,弥补自己的不足,从而使其性格受到磨砺,而坚强的性格正是获取成功的心理基础。

2. 升华

升华是指人在受挫之后,奋发向上,将自己的感情和精力转移到其他的活动中去。如大学生在感情上受挫之后,将感情和精力转移到学习中去。这也是大学生在受挫之后一种很好的调节方法。

伟大的德国诗人歌德,曾与贵妇夏洛特保持了很久的亲密关系。无论白天黑夜,他都看到她的幻影。但是,夏洛特早与别人订婚。她的未婚夫还是歌德的朋友。当夏洛特的婚期逼近时,歌德只有一个选择:逃走。恰在此时,他听到一个惊人的消息:一位他所认识的朋友,外交官耶路撒冷,因为爱上朋友的妻子,向她表白却遭到拒绝而自杀了。这个消息,像闪电一样照亮了歌德心中郁结已久的创作活动,"哪个少年不钟情,哪个少女不怀春。"他马上坐到书桌边,开始写作《少年维特之烦恼》。他像一个梦游者,离开了这个烦嚣的世界,用了一个月的时间,写完了这部后来影响全世界几百年的凄婉、动人的不朽作品。当他写完这本小说时,他像生了一场大病似地清醒过来。就这样他终于摆脱了对夏洛特的思念,摆脱了梦缠魂绕的情感,从巨大的精神压抑中解脱出来。

3. 转移注意力

当遭受挫折时,会出现心理压力,一般人都会感觉度日如年。这时,要适当安排一些健康的娱乐活动,走出户外去。丰富多彩的闲暇活动可以使挫折感转移方向,扩大思路,使内心产生一种向上的激情,从而增强自信心。

不要把痛苦闷在心里,应当主动向朋友、同学或亲友倾诉,争取别人的原谅、同情与帮助。这样可以减轻挫折感,改变内心的压抑状态,以求身心轻松,从而让目光面向未来,增强克服挫折的信心。

4. 压抑

压抑是一种常见的心理现象,精神分析学说称它是一种心理防御机制。压抑的目的是把某些人认为不道德、不体面、暂时无法实现的情欲或观念从意识领域中驱赶出去。

我们应该承认欲望的合法存在,只是在一定的时间、地点不让它表现,并考虑以适当方式满足。在这种情况下,压抑是手段,其目的是既能满足个人需要,又能适应社会。显然,适应性压抑是健康的。

(五)不做完美主义者

完美主义者就是时时处处、方方面面都要追求十全十美的人。他们具有以下一些特征:

完美主义者做任何事都十分认真;

完美主义者天生敏感;

完美主义者一旦失败,便会积蓄力量东山再起;

完美主义者永远都不会达到其最终目标,因为他的目标是如此完美,即使他达到了这个目标,又会立刻为自己定下一个更高的目标;

完美主义者活得很累。

从上述描述中不难发现,完美主义者具有以下两面性:

一方面,他们富有才华,勤奋努力,思维敏捷,考虑周详,工作能力强,很容易提高生活和工作的质量,高标准和高要求又会促使其不断进步,精益求精。

另一方面,完美主义者往往太过追求完美,耽于想象,脱离实际,要求苛刻,固执己见,易受打击,自信心差,囿于条理和规则,死板谨慎,内心封闭,容易伤害别人,更容易伤害自己。他们一般活得太累而不快乐。

完美主义者总是给自己施加太多的压力,使自己困于其中,无法自拔。这与他们的思维方式有密切的关系。完美主义者的思维方式是幼儿式的二分法,即"非好即坏"的思维模式。比如,当一个完美主义者制订了一个发展计划,如果进展有稍不如意,没有达到他所定的标准,那么他就会认为"完全失败",失去继续下去的信心和动力。完美主义者的思维轨迹与我们正常的思路有所不同,正常的思路应该是:较低的、较容易的目标→完成或成功→自信→更高的目标→完成或成功→更自信。

而完美主义者的思维轨迹是这样:太高的目标→极易失败→心灰意冷→更高的目标→再次失败→自信再次受损→更完美的要求。

因此,完美主义者极易陷入这样一个怪圈,使自己备受打击,丧失信心,从而在工作和生活中败下阵来。只是因为他们给自己定了太高的目标,施加了太大的压力。

【知识链接】

完美主义的心理根源

从心理学角度来解释,完美主义心理观念的产生与其孩童时代的生活是密切相关的。父母总是会对孩子怀有美好而迫切的期望,望子成龙、望女成凤,希望自己的孩子是最棒的、最优秀的。这种心理表现为行动,就是对孩子的严格要求,"努力再努力","要做就做最好"。作为一个孩子,满足父母的期望,获得他们的认可和赞赏是他们最快乐的事情。如果失败的话,往往得到的只是父母或者老师的批评和指责。孩子害怕父母不再爱他,老师不再信任他,所以只能以更高的标准不断地要求自己,渴望得到成功和赞赏,同时心里却背负着巨大的压力,内心战战兢兢。

久而久之,这些孩子虽然长大之后,不再需要父母的耳提面命,但是这种情绪依然存在。它已经从父母的期望和要求内化为对自己的严格要求。从内心深处,他们依旧害怕失败,不被肯定,害怕被别人忽视,因而不愿意降低自己的标准和期望值,让自己活得很累。

完美主义者倾向的负面影响往往抹杀了其积极作用。完美主义者常常会因目标太高无法实现而丧失自信;害怕犯错误,而不敢尝试新事物;压力太大,精神紧张,使工作效率急速下降;因为发现自己的缺点和不足而惶惶不可终日;经常自怨自艾,使生活丧失乐趣等。那么如何克服完美主义倾向呢?

第一,降低期望值,求佳不求优。降低期望值是克服完美主义倾向的关键所在,但是,对于完美主义者来说,要做到这一点,是非常困难的。因为他们从来都是以高目标、高期望、高标准来严格要求自己。他们从心理上不情愿低就,因为对于他们来说,这和失败是没有区别的。对于期望值高低的制定,应该以自己的能力、时间和精力的实际情况为基础,不切实际地一味拔高,只会屡屡失败,屡屡受挫,陷入完美期望的陷阱里,无法自拔。把自己的标准稍稍降低一点,成功的希望就会变大,压力就会变小。

第二,积累成就,增加自信。忙完一天的工作,晚上躺在床上,回忆一下一天中较为成功的事情,慢慢积累自己的成就感,改变自咎自责的习惯,学会肯定自己,增强自信,长期坚持。慢慢地会使自己的灰暗心情变得明朗起来。即使是犯了错误,也应该从中吸取教训,把目光从失败上移开,吃一堑,长一智,失败是成功之母,是经验积累的最好方式。

第三,抛弃完美主义的思维模式。完美主义的思维模式是一个恶性循环的过程。太高的目标容易导致失败,失败打击人的信心,即使是成功,之后又会制定更高的目标,最终还是失败,使自信心受到强烈地打击,造成苦痛。所以抛弃完美主义思维模式是最明智的选择,可以达到釜底抽薪之功效,使人摆脱困境,减轻压力,恢复轻松,找回自信,以积极开朗的心态去面对生活和工作。

第四,信任他人,改善交际。完美主义者不仅对自己有极高的要求,对他人也会有极高的期望,苛刻的要求,反复地检查,不断地怀疑,不放心不满足别人的工作,甚至不愿意把工作交给他人。这不仅给自己加大工作量,更会引起同事不满,使人难以与之合作,从而被孤立。甚至与亲人之间也容易造成矛盾,最终让自己孤立无援,不受欢迎。因此,增加对他人的信任,改变过分挑剔的毛病,多鼓励和安慰他人,别人则会报以友好和支持你。同家人营造一种温馨和睦的氛围,家人的支持是你事业成功的坚定后盾和有力保障。

不做完美主义者,解除自己身上的枷锁,让心灵轻松自由地飞翔。我们可以去追求完善,但是对于完美,就把它作为一个天真的梦想,可以仰望,可以欣赏,但是没有必要费尽心力地去追逐。

(六)学会时间管理

大学生每天要面对繁重的学业、相对复杂的人际关系以及其他课余活动。良好的时间管理能力就显得尤为重要。时间管理是指通过事先规划并运用一定的技巧、方法与工具实现对时间的灵活以及有效运用,从而实现个人或组织的既定目标。它的核心思想就是建立一个稳定的事务处理系统,把所有事务反映在列表中,能让大脑对工作有个清晰直观的了解,让自己在放松和休息的时候,彻底地放松,而不是有负罪感,觉得还有好多事没有做。

学会减法。例如,减少自己不必非做不可的事情,减少自己的任务,适当放松自己,好好享受休闲时间。这样能让你摆脱心理焦虑,对没有做完的事情无负罪感。

学会普瑞马法则,就是把一件更难完成的事情放在比较容易完成的事情前面做。那更难完成的事情就可以成为比较容易完成的事情的强化刺激。换句话说,就是把不愿意干的任务或者工作放在喜欢完成的任务之前。如果经常完成困难的、有挑战性的任务,那么工作能力就会增长;相反,工作能力就要下降。具体做法如下:先用一两天时间给自己做一个行为记录,把你每天通常要做的事情记下来,这包括记录你所有的生活活动。然后把其中一些如吃饭等必须完成的事情剔除。再把剩余下的事情按照兴趣排列,把你最不喜欢做的事情放在第一位,把你最喜欢做的事情放在最后一位。

"Mind like water"是一本国外皮划艇运动员自传中的句子。他用这句话来形容,自己追求的最高境界,在水上毫无阻力的滑行状态。用古人的哲学来解释,就是"有容乃大,无欲则刚"。对于一些事物,你只有摆脱了内在的某些让你焦虑的欲望,才可能不限制自己的能力,不给自己添加阻力。

在应用程序高度发达的今天,我们还可以借助智能工具进行时间管理,有许多流行的时间管理手机 APP,如"学霸拯救地球""此刻""Weple Today"等。大家可以根据个人习惯选择,进行便捷的时间管理。

【知识链接】

科学的作息时间表

6:30:起床。打开台灯。"一醒来,就将灯打开,这样将会重新调整体内的生物钟,调整睡眠和醒来模式。"拉夫堡大学睡眠研究中心教授吉姆·霍恩说。喝一杯水。水是身体内成千上万化学反应得以进行的必需物质。早上喝一杯清水,可以补充晚上的缺水状态。

6:30—7:00:洗漱。"在早饭之前刷牙可以防止牙齿的腐蚀,因为刷牙之后,可以在牙齿外面涂上一层含氟的保护层。要么,就等早饭之后半小时再刷牙。"英国牙齿协会健康和安全研究人员戈登·沃特金斯说。

7:00—7:30：早操。科学的早操锻炼能改善神经系统功能,通过早操活动可提高中枢神经系统的机能水平,提高机体的强度、均衡性和灵活性,使大脑皮质的兴奋与抑制的转换能力的提高。体育锻炼能使神经细胞获得更充足的能量物质和氧气,使大脑和神经系统在紧张的工作过程中获得充分的能量物质保证。

7:30—8:00：吃早饭。"早饭必须吃,因为它可以帮助你维持血糖水平的稳定。"伦敦大学国王学院营养师凯文·威尔伦说。早饭可以喝点粥等。这类食物具有较低的血糖指数。

10:00：吃点水果。这是一种解决身体血糖下降的好方法。吃一个橙子或一些红色水果,这样做能同时补充体内的铁含量和维生素C含量。

11:30：午餐。健康的午餐应以五谷为主,配合大量蔬菜、瓜类及水果,适量肉类、蛋类及鱼类食物,并减少油、盐及糖分,要讲究123的比例,即1/6是肉或鱼或蛋类,2/6是蔬菜,3/6是饭或粉,要注意三低一高,即低油、低盐、低糖及高纤维。

12:30—13:00：午休一小会儿。雅典的一所大学研究发现,那些每天中午午休30分钟或更长时间,每周至少午休3次的人,因心脏病死亡的概率会下降37%。

16:00：喝杯酸奶。这样做可以稳定血糖水平。在每天三餐之间喝些酸牛奶,有利于心脏健康。

17:30：晚餐少吃点。晚饭吃太多,会引起血糖升高,并增加消化系统的负担,影响睡眠。晚饭应该多吃蔬菜,少吃富含卡路里和蛋白质的食物。吃饭时要细嚼慢咽。

21:30：上会儿网。这个时间上网放松一下,有助于睡眠,但要注意,尽量不要躺在床上看屏幕,这会影响睡眠质量。

22:00—22:30：洗个热水澡。拉夫堡大学睡眠研究中心吉姆·霍恩教授认为:"体温的适当降低有助于放松和睡眠。"

23:00：上床睡觉。如果你早上6:30起床,此时入睡可以保证你享受7~8小时充足的睡眠。

（七）战胜拖延症

很多同学都有拖延的毛病,常常是立下目标无数,但却未付出行动。大家宁愿在网上浏览着小说和帖子,或是玩在线小游戏,也不愿看看专业书本或文献,甚至哪怕截止日期就在几天之后,也都会在最后期限之前因紧迫感而开始着手学习任务。这样下来,学业不精而且离自己的理想越来越远。

【知识链接】

拖延症的心理根源

拖延的基础,实际上是对自身期望很高甚至不切实际。如果说完成任务就像走过一块一人宽、十米长的厚木板,那么当它放在地面上时,几乎人人都可以轻松地走过。但对结果的高期望则像是将这块木板架到两座高楼之间,这样我们会害怕掉下去,即害怕失败或害怕成功,于是我们甚至不敢向前迈进一步。而最后期限则是身后的一团火,当它离我们很近时,害怕被烧着的恐惧心理战胜了对掉下去的恐惧感,于是我们勇敢地冲过去,在最后期限到来之前做完任务。

更可怕的是,很多爱拖延的人甚至享受那种最后期限过后突然一下放松的感觉,而且拖延的结果有时反而更好(比如写实验报告,如果拖到最后,往往可能因为能够和其他人讨论并参考其他人的观点而比先完成的同学写得更全面、更好)。这时候,我们会在心里表扬自己。但是,长此以往会让人越来越拖延。于是人们开始给自己找借口,当结果不好时,只认为是自己没尽全力,如果努力了,肯定会取得好结果。这就是心理学上的高自尊人格。

人不能永远靠放火来逼自己走过木板,那样的话,总会有烧着自己的一天。而且,那种压抑的焦虑感和对自己不满意的感觉也并不令人愉快。因此,最好的办法是将木板的高度降低,即不要对自己要求太高只要认真做好每一件事即可。

战胜拖延,追根究底,还是要改变自己的思维方式。这虽不太容易做到,但不是不可能。改变思维方式,尤其是改变潜意识,最重要的是要改变自我对话的方式。下面是一些自我对话的模式(括号里是要丢弃的自我对话方式):

我选择/我想要……(我必须/我一定得……);

这个任务我可以每次做一小步(这个任务太大了);

我今天要开始做……(我今天必须完成……);

我是平凡人(我必须完美/出类拔萃);

我一定要休息娱乐/休息娱乐是正常生活的一部分(我没空休息娱乐/休息娱乐就是偷懒)。

另外,我们还要从心理上树立摆脱拖延的决心。时常问自己:我真的想要停止拖延吗?很多时候我们拖延,是因为我们并未真正意识到做这件事的重要性、真正想做这件事。例如,有些同学宁愿发呆、浏览网页、刷微博,也不愿着手做明天要交的作业。这并不能简单地归因于懒惰,很多时候,恰恰是我们没有意识到学习这门课程的重要性。再举一个例子,如果我们买了6点钟放映的电影票,很少会有人拖延到6点半才出门。这是因为我们已经为它支付了代价,如果迟到了,会有显而易见的损失,而这个损失是人人都能预见到的。

专注当下。这里所说的专注于当下,不是指专注于你现在脑子里的想法和情绪,而是专注于你现在正在做的或选择要做的事情。其实,很多拖延的人恰恰就是太过关注自己一时的情绪,比如觉得自己不开心了,得放松一下,上上网,然后就开始拖延。从心理学角度来说,过于关注自己一时的情绪是不懂得推迟满足感的一种表现,就像小孩子想要一个玩具就非要马上得到不可一样。这样的做法会大大削弱一个人的自制力。而且,心理学实验表明,满足自己一时的情绪需求并非最佳策略。从长期角度上来讲,它会降低一个人的自我满足感和幸福感。

同时,对于已经发生的不愉快的事情,或是对自己过去行为的不满,应当选择面对和接受,而不是逃避。面对和接受不是放任自流,而是不再沉浸于自责、痛苦等负面情绪中,客观地更好地理解当下的状况,进而为以后做打算。

大多数有拖延情况的人也许都还没到严重成"症"的地步,但也或多或少地被它影响了生活,影响了对理想的追寻。克服一个问题并不简单,需要自己给自己支持与鼓励,期间或许还会有许多反复,但只要大方向是对的,就应该勇敢地前行。

【知识链接】

摆脱拖延的10个窍门

"对行事拖拉的人进行劝诫就如同让抑郁症患者高兴起来那么困难。"法拉利教授认为,劝导对拖拉症患者来说作用微乎其微,关键还是要靠自己下定摆脱拖拉惯性的决心。这需要很大的精神动力才能完成。试着结合以下10个窍门,可能会更容易一些。记住,每达到其中一项,你就离成功进了一步。

1. 时刻提醒。将你提工作报告或论文的最终期限或约会日期写下来,可以时刻提醒自己。对于特别重要的事情,用荧光笔重点标注一下。
2. 将工作安排在一天当中效率最高的时候。
3. 给自己设个最后期限。很多人都有这样的经验,那些看似不可能按时完成的任务,往往在最后一刻都能完成。
4. 将工作分出轻重缓急,重要的马上做。所以当一大堆工作都摊在你面前时,你就知道该从何做起了。
5. 每天早上至少完成一件你最不想做的工作,其余工作你就会在轻松的心态下完成。
6. 劳逸结合。
7. 将庞杂的工作分成一小部分一小部分去做。
8. 避免工作被打断。集中精力可以使你在很短的时间内完成更多的工作。
9. 计划不要变来变去。一旦你给自己制订了计划,就严格遵循它。不要为了使计划更完美,而中途添加新的内容。
10. 当你按时完成工作时,给自己一个奖励。

本章小结

通过介绍压力的相关知识,分析大学生常见的压力,帮助大学生学会面对与管理压力。

思考题

1. 评估自己的压力水平及压力承受能力,写出自己经常使用的减压方法。
2. 压力是否有其积极正面的意义?你是怎么看的?

第八章 压力应对

【延伸阅读】

《人生不设限》

作者：（澳）尼克·胡哲

译者：彭蕙仙

出版社：天津社会科学出版社

他一出生就没有四肢。他的前半生一直活在别人的嘲笑中，经历漫长的挫折与黑暗，从失望到绝望再到充满希望，从一无所有到一无所缺。他要告诉你什么叫永不放弃的精神，以及在心灵强大的旅程上如何做一名强者。我相信没有一本书比尼克·胡哲的故事更能带给你希望！

如果你觉得自己很糟，尼克说："当我的父母看到我出生时那没手没脚的模样，他们也不禁怀疑上帝到底在想什么。然而，今天我过着完全超乎我们想象的生活。"我只能说我的受造奇迹可畏，你也一样。

人生最可悲的并非失去四肢，而是没有生存希望及目标！人们经常埋怨什么也做不来，但如果我们只记挂着想拥有或欠缺的东西，而不去珍惜所拥有的，那根本改变不了问题！真正改变命运的，并不是我们的机遇，而是我们的态度。

《番茄工作法图解：简单易行的时间管理方法》

作者：（瑞典）诺特伯格（StaffanN teberg）

译者：大胖

出版社：人民邮电出版社

本书介绍了时下流行的时间管理方法之一：番茄工作法。作者根据亲身运用番茄工作法的经历，以生动的语言，传神的图画，将番茄工作法的具体理论和实践呈现在读者面前。番茄工作法简约而不简单，在一个个短短的25分钟内，你收获的不仅仅是效率，还有意想不到的成就感。这本书适合所有志在提高工作效率的人员。

【视频推荐】

《开讲啦》之《董明珠——对自己狠一点》

董明珠，1975年参加工作，1990年进入当时还叫海乐的格力，现任珠海格力电器股份有限公司董事长、总裁，先后荣获"全国五一劳动奖章""全国杰出创业女性""全国三八红旗手""世界十大最具影响力的华裔女企业家""全球商界女强人50强、全球100位最佳CEO"等称号。

她的精彩语录："他跟我讲了一句话，妈妈您能从零开始，他说我也可以，所以他自己在外面给别人打工，一个月就5 000块钱，但是他干得很开心，很快乐。所以我觉得从这点来讲也是个很大的欣慰。"

"我想借这次机会讲一点，希望你们一定要清醒地认识到，只有经历过奋斗过，你回味的时候，才觉得你的人生价值是有意义的。我就是这样。"

第九章　生命教育

名人名言

　　人们说生命是很短促的，我认为是他们自己使生命那样短促的。由于他们不善于利用生命，所以他们反过来抱怨说时间过得太快；可是我认为，就他们那种生活来说，时间倒是过得太慢了。

——卢梭

本章要点

　　介绍生命的历程和生命的价值；
　　解读目前大学生对生命的主要困惑；
　　讲述大学生应该如何尊重生命；
　　介绍自杀及预防自杀的相关内容。

【案例】

大学校园里的投毒案

　　2013年4月1日，上海某知名大学医学院研究生黄某，因腹痛到医院检查。医院初步诊断其为急性肠胃炎，但是在经过了相应的治疗之后病情并未好转。4月9日，黄某的肝功能也出现了问题。后来有同学想起，一种医疗研究用的毒药在小白鼠身上也会引发类似的情况，于是帮助医院确定了病因——黄某被人下毒了。由于失去了最佳治疗时间，黄某于4月15日医治无效死亡。

　　经过警方调查，黄某的舍友林某有作案嫌疑。警方怀疑他在宿舍饮水机里投放了有毒物质。作为舍友，他怎么会狠心下杀手呢？警方初步调查了解到，林某因为生活琐事与黄某关系不和，在3月31日中午将其做实验剩余并存放在实验室内的剧毒化合物带回寝室，注入饮水机中。但对于两人产生纠纷的"琐事"，具体内容并未明确。

　　在案件审理中，林某承认自己的投毒行为，但并非故意杀人。在林某看来,投毒只是愚人节的玩笑。法院不认可林某愚人节玩笑的辩解,于2014年2月18日宣布一审判决,以故意杀人罪判处被告人林某死刑,剥夺政治权利终身。

人的生命只有一次,为什么林某却拿舍友的生命开"玩笑"?拿自己的生命开"玩笑"?这折射出当代大学生对于生命的薄弱认识。有专家认为采取极端方式处理问题,再次暴露出我国大学生生命观的不健全。而要改变这种情况,就要加强对生命的认识和理解,重视生命观和价值观的树立,提升大学生自身的生命意识。

提问:

1. 你怎么看待本案例中林某的行为?

2. 你会跟同学开玩笑吗?你觉得怎么样的玩笑是过分的?在你看来,一个人在开玩笑的时候,他的行为底线是什么?

3. 你觉得健康的生命观应该体现在哪些方面?

生命教育,顾名思义,是帮助受教育者认识生命、理解生命、完善生命观、提升生存技能和生命质量的一种教育活动。生命教育的目标是使受教育者树立正确的生命价值观,懂得尊重生命、珍惜生命、热爱生命和善待生命。[①]

生命教育有狭义与广义两种类型的内涵。狭义的生命教育指的是对生命本身的关注,包括个人与他人的生命,进而扩展到一切自然生命;广义的生命教育是一种全人的教育。它不仅包括对生命的关注,而且包括对生存能力的培养和对生命价值的提升。

开展生命教育,我们应该学会表达对生命状态的关怀,提升对生命情调的追求,使自己能够更好地体验和感悟生命的意义,这不仅能促进肉体生命的更加强健,还能推动精神生命的进一步发展,让我们的生命更健康长寿,焕发出绚丽的光彩。

一、认识生命

人的存在是一种生命的形式。人最宝贵的是生命。生命是智慧、力量以及一切美好情感的必要载体。

(一)了解生命的历程

许多人在小时候都问过这样一个问题——"我从哪里来",实际上,这就是人最早的对生命的好奇。

生命是什么?生命从何而来?生命存在的目的是什么?

对生命本质的探索构成了哲学对人存在的三大终极命题——我是谁?从哪里来?到哪里去?

---

① 姚洁莉,李长瑾. 温州市大学生生命教育知识、态度、行为现状调查. 医学与社会,2013:(6).

诗人会认为,生命是一棵开花的树,是一片清新幽静的芳草,是小溪中欢快畅游的小鱼,是一张张微笑的脸庞。

旅行家会认为,多彩的生命构成了缤纷的世界,生命是宇宙间最神奇的自然现象,而人类又是所有生命中最独特的物种。

生物学家会认为,个体的生命从精子与卵子相遇融合的那一刻开始,生命需要经历出生、成长、成熟、衰老和死亡的连续过程。

心理学家会认为,在生命发展的连续过程中,我们的生活经验逐渐丰富,内心也发生了很大变化,我们有了独立的思想,自我意识逐渐增强。经过生活中一连串的挑战和磨炼,我们的生命在不断发展,在克服挫折和困难的过程中,生命变得更加有力量。

教育家会认为,生命是情谊的牵连,从牙牙学语,到蹒跚学步,乃至青春年华,都源源不断地传递着父母对我们殷切的期待和深沉的爱,在感受爱的过程中,生命因感恩而充满美。

1. 生命的开始

【阅读】

按照中国的传说,在远古时代,有个神仙,叫盘古。他开天辟地,将一片混沌,分开两半,一个是天,一个是地。又有一个女神,叫女娲。她捏土为人,于是这个世界有了人。她又给人灌以灵魂与思想。这些人就会说话,会走路,会想事情了。

按照西方的传说,耶和华神用地上的尘土造人,将气吹到他的鼻子里,于是泥人就成了有灵魂的人,名叫亚当。后来,耶和华神使亚当沉睡,从他的体内取出一根肋骨,造成一个女人,名叫夏娃。于是,世界上就有了人。

这是两则不同的"造人"传说,一则来源于中国的古代神话;另一则来源于西方的《圣经》。这表明,从人类学会反思自己开始,就面临着共同的命题:"我从哪里来"。虽然对于人类的起源困惑,存在科学、神话、宗教等的不同解释,但是每一个个体的出生却可以从生理学中找到科学的解释。

我们每一个人,都是由父亲的精子和母亲的卵子相结合,在母亲的子宫中大约经历过280天的孕育,分娩出生成为一个独立的生命个体。

在这一过程中,大约有4亿左右的精子相互竞争。因为母亲体内的酸性环境不利于精子的生存,在4亿个精子中,大约只有100个能够穿越重重障碍,到达母亲的卵子附近。而这100个最强壮的精子中,最终只能有一个幸运地刺破卵子,捷足先登。之后,精子与卵子的遗传物质相互结合,塑造出一个全新的生命。可以说,我们每个人的诞生都是一个极小概率的事件,都说明我们曾在"人生第一场战役"中全面胜出——这是生命的奇迹。

在母亲的子宫中,个体在九个月内从一个句号般大小的受精卵,成长为一个三四千克重的胎儿,这一过程的迅速变化令人惊叹。

2. 生命的成长

人的生命成长指的是人从出生到成长成熟,直到衰老和生命的最后阶段的发展历程。人的一生将会经历婴幼儿、儿童、少年、青年、中年、老年六个不同的生命发展阶段,有着不同的成长状况和不同的生理心理情况。所以我们要了解自己的生命,了解我们自己的身体与心理,以便在学习、生活、工作中善待自己。

(1) 婴幼儿期(0～6岁)

人在出生后的头几年中,进入了生命的第一个成长高峰。在这短短的几年中,个体无论是身体还是能力,都获得了极大的进步和提高。个体学会了走路、说话,并且开始具有独立的思想和自我意识,只要得到良好的养育和照料,这些成长都自然而然地发生。

婴幼儿在0～1岁所能经历到的困扰,主要取决于生理上的需要是否得到满足;幼儿在2岁时所发生的行为变化非常大。这一时期的幼儿有许多行为和父母的要求不符合,而且和任何人都不容易相处;3岁是快速发展的时期,已经很有主见了,时刻想要讨人喜欢,并承诺一切;4岁幼儿对喜怒哀乐毫不掩饰,完全是至性真情的流露;5岁幼儿在情绪上仍具有恐惧、愤怒、好奇等特征,只是因其恐惧、愤怒、好奇的对象有所不同。

(2) 儿童期(6～12岁)

儿童期在心理学上也称为学龄初期,相当于小学阶段。在这一时期,学习在人的生活中占据主导,在生理、心理方面均发生了很大变化,从以具体形象思维为主要形式向抽象思维过渡,心理活动和思维的随意性和目的性也得到了充分的发展,集体意识和个性逐渐形成。

(3) 少年期(12～15岁)

少年期大致相当于初中阶段,是人从儿童的幼稚期向成熟期过渡的阶段。我们一般将少年期称为过渡期,过渡期的发展十分复杂且充满矛盾,因此又被称为困难期或矛盾期。少年期的主要特点是半成熟和半幼稚、独立性和依赖性共存。

(4) 青年期(15～35岁)

青年期是个体从不成熟的儿童期、少年期走向成熟的成年期的过渡阶段。处在这个时期的青年,不论就生理成熟来说,还是就智力发展、情感和意志表现、个性特征及言语行为表现来说,都有其特点。

青年期是个体生理发育成熟的时期。青年期人的思维能力继续发展到高峰,并达到成熟。皮亚杰认为,形式运算思维是思维发展的最高水平。有些学者则认为,少年期之后的思维仍在继续发展,并向"后形式运算思维"或辩证逻辑思维阶段发展。

(5) 中年期(35～60岁)

中年期是人生中相当长的一段岁月,人生的许多重要任务都是在这一时期完成的。中年期无论在生理上还是心理上都发生了一系列的变化。

中年期是充满挑战的人生阶段。中年期面临家庭、工作和社会的压力。人一方面要不断地完善自己,以求个体人生目标的实现;另一方面要承担着教育子女、赡养父母、照顾伴侣、完成工作等多方面的责任。不少研究者认为,在多种角色和责任的压力之下,中年人存在中年危机现象,即这个时期个体将经历身心疲惫、主观感受痛苦的阶段。

(6) 老年期(60岁以后)

老年期是指60岁至衰亡的这段时期。按照联合国的规定,60岁或65岁为老年期的起点。老年期总要涉及"老化"和"衰老"两个概念。老化指个体在成熟期后的生命过程中所表现出来的一系列形态以及生理、心理功能方面的退行性变化。衰老指老化过程的最后阶段或结果。在这一阶段,个体会出现体能失调、记忆衰退、心智钝化等。自古以来,人类不断地探索老化的原因,提出数种心理老化学说。

3. 生命的结束

生命虽然美好,但却不是无限的。死亡,是每个生命的必然结局。

死亡是相对于生命体存在(存活)的生命现象,意指维持一个生物存活的所有生物学功能的永久性终止。①

生命的生物学本质是机体内同化、异化过程这一对矛盾的不断运动。而死亡则是这一对矛盾的终止。人体内各组织器官同化、异化过程的正常进行,首先需要呼吸、循环系统供给足够的氧气和原料,尤其是中枢神经系统耐受缺血缺氧的能力极差,所以一旦呼吸、心跳停止,即引起死亡。

死亡是生命的必然规律。据比较生物学的研究,人类自然寿命是140~160岁左右。但由于生命自然终止而"老死"的只是极少数。人类绝大部分死于疾病,也有部分死于意外,如战争、地震等。因病死亡的原因大致可分为以下三类:

① 由于重要生命器官(如脑、心、肝、双侧肾、肺及肾上腺等)发生了严重的、不可恢复的损害;

② 由于长期疾病导致机体衰竭、恶病质等以致代谢物质基础极度不足、各系统正常机能不能维持;

③ 重要器官没有明显器质性损伤的急死,如失血、窒息、休克、冻死等。

过去人们习惯把呼吸、心脏功能的永久性停止作为死亡标志。但由于医疗技术的进步,心肺复苏技术的普及,一些新问题产生了,它冲击着人们对死亡的认识。全脑功能停止,自发呼吸停止后,仍能靠人工呼吸等措施在一定时间内维持全身的血液循环和除脑以外的各器官的机能活动。这就出现了"活的躯体,死的脑"这种反常现象。众所周知,脑是机体的统帅,是人类生存不可缺少的器官。一旦脑的功能永久性停止,个体的一生也就终结。这就产生了关于"死亡"概念更新的问题。"脑死亡"的概念逐渐被人们所接受,医学

---

① http://zh.wikipedia.org/wiki/%E6%AD%BB%E4%BA%A1.

界把脑干死亡 12 小时判断为死亡。

了解死亡,让死亡成为我们生命的导师,不仅能使我们坦然面对、接纳死亡,也将使我们更加用心去呵护生命的尊严,感受生命的神圣和美好,激发生命的潜能,让我们真正享受生命的价值。

(二)发现生命的可贵

假如生命从头再来,你会选择怎样的生活?你一定会选择过想过的生活,做自己最想做的事情。可是,我们每个人的生命都只有一次,我们没有弥补的机会!

1. 生命的可贵在于拥有生命才能拥有一切

我们每个人都是"赤条条"来到这个世界上,当我们离开这个世界的时候,并不能带走任何事物,唯有生命。在这中间有生命的历程,我们才会拥有自己的亲情、自己的玩具、自己的衣服、自己的友情、自己的爱情、自己的房子、自己的事业、自己的财富、自己的喜怒哀乐……只有拥有生命,我们才可以选择,才可以追逐梦想,才可以让"假如"成为现实。

当我们不再拥有生命,我们所有的一切活动就停止了,即使我们充分考虑自己的身后事,已经安排好离开后的诸多事务,但也不能再亲身体验。所以说,人存在于世就是一个体验生命的过程。世界上最宝贵的是生命,是生命体现了世间万物的生存意义,是生命给了我们唯一充满快乐的过程,拥有生命才能拥有其他一切。

正如一位纪念四川汶川地震的人士所写下的:"地震毁灭了家园,但是只要人活着,我们可以重建。地震损失了财物,但是只要人活着,我们可以再靠自己的努力去获取。所有的灾难都会有物质上的损失,物质损失可以通过努力让它失而复得。而唯有生命,逝去了将永远无法挽回。一场灾难的降临,让人们猝不及防,但是人们要从灾难中获得警示,警示人们要敬仰生命。当人们还被利益蒙蔽心灵时,是否想过,当生命不存在时,你拥有的一切,有哪一样能随你而去?"

2. 生命的可贵在于生命是有限的

根据中华人民共和国国家卫生和计划生育委员会网站[①]上的信息,统计显示,到 2011 年,中国男性和女性的预期寿命分别是 74 岁和 77 岁。即使我们用 100 岁来计算,每年 365 天,每天 24 小时,人的一生也只有 36 525 天,也只有 876 600 小时。生命是有限的,况且就目前来看,世界人口的平均寿命也低于 100 岁。而我们每一个人,又都面临着疾病、交通事故、自然灾害等天灾人祸的威胁,它们随时可能会夺取我们的生命。我们的生命太有限了!但也正因为生命有限,生命才变得如此可贵,我们才更要珍惜生命。

在神话传说里有长生不老的故事。古代也曾有许多帝王追求过长生不死,秦始皇就

---

① http://www.nhfpc.gov.cn.

是其中的一位。秦始皇统一天下之后，对不能避免死亡感到遗憾，多次求仙问药，但最终仍然没能如愿，还是躺进了骊山陵墓。

我们没有能力让生命无限，在有限的生命中，我们能够完成的事情也是有限的。《明日歌》里唱道："明日复明日，明日何其多，我生待明日，万事成蹉跎。"罗马诗人贺拉斯也说："每天都想象这是你的最后一天，你不盼望的明天将越发显得可贵。"能够活着其实是一件挺不容易的事，我们应该懂得珍惜生命，感激生命中的每一天。

3. 生命的可贵在于生命是一去不复返的

我们总是会听到有人在说："要是有卖后悔药的就好了！"而也许我们每个人都梦想时光倒流，去抓住本来放弃的，去经历另外一种选择。可是事实却是，生命中的每一天都不会重复，都是独一无二的。我们的生命每过一天就少一天，每过一小时就少一小时，我们无法回到过去，我们的生命是一去不复返的。

然而，正是因为生命的一去不复返，生命才更显得弥足珍贵！不要怀疑，生命是最可贵的，只有活着，你才可以为自己的家庭和事业而奋斗，你才可以为自己所爱的人遮风避雨，才可以孝敬父母。因为生命的一去不复返，所以不要把遗憾留给明天。

生命从一开始就注定要慢慢走向不可复返的死亡，所以生命才那样的可贵。保护自己的生命是每个人的天职，所以，请从现在开始热爱生命，让一切梦想从现在开始，让生命不留下遗憾。

4. 生命的可贵在于生命的历程是不可预测的

生命是脆弱的。在成为胚胎之前，精子就已经开始了竞争，就要在对自己不利的环境（母体的环境）里生存下来。当婴儿降生之后，疾病、意外、天灾等又时时刻刻威胁着生命的成长。

一个人生命的历程并不是一早就知道的。谁都不能预测自己生命的下一刻会发生什么。云南昆明火车站暴力恐怖案件、马来西亚航班失踪事件，2014年上半年连续两场突发事件，给人们带来了巨大的冲击，让人们看到了生命的无常。也许你已经规划好你的人生，可是生命中发生的事情，却不是你可以预测的。古语有云："塞翁失马，焉知非福。"说的就是这个道理。我们需要做好准备，迎接生命中可能发生的事情，而不能仅仅是等待。

二、当今大学生对生命的困惑

每个人都会询问这个问题："人生的意义是什么？"在生活中遭受不幸的人会觉得人生没有意义，而即便那些成功者也时常会迷茫于人生的意义是什么？

（一）目标的迷失

1. 没有目标就会迷失人生

西方有句谚语："对于盲目的船来说，所有的风向都是逆风。"道出了目标对于航程的重要性，试问：如果你自己都不知道自己要去哪里，又怎么知道该上哪一班车呢？在人生低潮的时候，很多人都会失去自信，寄希望于求神问卜，无论在哪一个神庙前，总能看见不少年轻人在磕头许愿，听到他们喃喃祷告：菩萨保佑我有钱，有权、幸福……那么，也许我们应该思考：多少钱才算有钱？什么样才算有权？什么状态才算幸福？如果你的目标不清晰，就算神仙恐怕也不知道该给你什么。

没有人生目标的人，就仿佛随波逐流的扁舟，不成功是必然的，成功是偶然的，除非奇迹出现，否则无法顺利到达对岸。很多人都说过，"做好眼前工作，一步步来"。人们的态度是诚恳的，但如果没有一个远期的目标为导向，注定会走更多的弯路，浪费更多的时间。"做正确的事，就会有正确的结果"这句话激励了无数人，但首先一定要强调，认清对你来说什么是"正确的结果"，再根据结果去设计过程，在这个过程中坚持"做正确的事"，才会得到"正确的结果"。目标既是我们成功的终点，也是我们成功的起点，还是衡量是否成功的尺度。

2. 没有目标的奋斗是浪费青春

成功，在事业起步的时候仅仅是一种选择，你选择什么样的目标，就会有什么样的人生。没有明确目标的人，在职场之路上容易分散注意力、精力和时间；而一个具有明确目标的人，会对有助于实现目标的蛛丝马迹都特别敏感。成功不会光顾那些分散注意力、精力和时间的人，与其诸事平平，不如拥有一技之长。

刚上大学的学生，都有尽情展现才能的冲动，也特别有学习的热情，因此往往什么事都愿意尝试，什么活动都抢着参加。当然，这是探索自己的兴趣，确定自己目标的必要手段。但是，有的同学只是单纯地享受自己"多面手"的角色，为此觉得沾沾自喜，长期这样下去，结果可能就是他在任何一个方面都不够突出，缺乏足够的竞争力。所以，无论学业有多忙，社团活动有多么丰富，一定要花时间和精力，好好考虑一下自己的目标，了解自己想要发展的专长，设计一下自己的职业发展规划。

3. 没有目标就会为他人做嫁衣

如果你不为自己设定目标，并不代表你没有目标，不知不觉中别人就会把他的目标给你。没有明确个人目标的人，注定是当别人进步的铺路石，为他人做嫁衣。没有人生目标的人，往往会随着天性自然发挥。那些有明确目标的人，无时无刻不在关注着机会，这样，他们就能更快地成功。

当然，这并不说你应该成为一个自私自利、只盯着自己的目标而不顾及旁人需要的人。这里想要提倡的,是确立自己合理的目标,并把它与旁人的目标、集体的目标联系,达到一种"双赢"的效果。

4. 不同的目标成就不一样的人生

"不想做将军的士兵不是好士兵",对于这句话,历来有不同的解释甚至争议。有一派意见是:不是每个士兵都能成为将军,既然做士兵,就要先想着做好士兵的本分,至于能不能做将军,那得看能力和机遇。这种说法确有其道理,的确不是每个士兵都能成为将军,但一个没想过做将军的士兵,除非机缘巧合,否则一定做不了将军。

【阅读】

哈佛大学有一个非常著名的关于目标对人生影响的跟踪调查。调查的对象是一群智力、学历、环境等条件都差不多的大学毕业生。结果是这样的:

27%的人,没有目标;

60%的人,目标模糊;

10%的人,有清晰但比较短期的目标;

3%的人,有清晰而长远的目标。

毕业以后的25年,他们开始了自己的职业生涯。25年后,哈佛大学再次对这群学生进行了跟踪调查。结果是这样的:

3%的人,25年间他们朝着一个方向不懈努力,几乎都成为社会各界的成功人士,其中不乏行业领袖、社会精英;

10%的人,他们的短期目标不断实现,成为各个领域中的专业人士,大都生活在社会的中上层;

60%的人,他们拥有安稳的生活与工作,但都没有什么特别的成绩,几乎都生活在社会的中下层;

剩下27%的人,他们的生活没有目标,过得很不如意,并且常常抱怨他人,抱怨社会,抱怨这个"不肯给他们机会"的世界。

其实,他们之间的差别仅仅在于:25年前,他们中的一些人知道自己到底要什么,而另一些人则不清楚或不很清楚。

从上面的故事中,我们可以看到,目标对人生有巨大的导向性作用。有了目标以后,你会把精力集中到对实现目标最有价值的事情上,很多决策就变得简单。没有明确的目标,你每一次的决策就等于没有原则,都是根据当时的某种感觉作决定,这种决定没有方向,难以产生积累的效果。

美国前总统克林顿在自传《我的生活》中写道:"法学院刚毕业的时候,我还是个小伙子,十分期待着马上开始自己的生活。这时,我突发奇想,把本来想要看的小说和历史书暂时束之高阁,出去买了本'如何做'一类的书:《如何掌控自己的时间和生活》,该书的主要观点是,我们必须列出自己短期、中期和长期的生活目标,按其重要程度进行分类,例如,A 组最为重要,B 组次之,C 组第三等。然后,在每一个目标下列出实现这些目标的具体行动。这本简装书我依然保留着,距今已近 30 个年头。我敢肯定,这个单子没准还埋藏在某个纸堆中,尽管一时无从查找。然而,那个 A 组的单子我还真没忘记。我要当个好人,娶个好老婆,养几个好孩子,交几个好朋友,做个成功的政治家,写一本了不起的书。"30 年后功成名就的克林顿显然认为自己已经实现当年定下的目标,唯有一点不好意思自夸,他调侃道:"当然,我是不是个好人,得由上帝来判断。"

5. 目标让你更有成就感

以前,有些同学谈到大学四年的感受,会不假思索地回答:没意思。实际上,"没意思"的原因并不是大学生活本身造成的,而是在考入大学之后,部分同学没有了目标和追求。那些有目标的人正围绕着自己的目标一点点地添砖加瓦,每向自己的目标靠近一步就有一种内在的喜悦,怎么会觉得没有意思呢?一个有目标的人,比没有目标的人对自己更满意,在人生道路上更有耐力,面对人生的挑战更加平静,更加自信。

人在自我评价的时候,不外乎三种方式:与别人横向对比,与自己的过去做纵向对比,将现状与自己的目标对比。三种方式一定要结合起来,横向对比的不足,往往使人对自己产生不自信等各种负面情绪,与自己的过去对比,使人眼界狭窄容易满足,而与目标对比,则能弥补前两者的不足,并保持前进的动力。

同学们,你们应该思考,未来你想成为什么样的人?你想过什么样的生活?把这些想清楚,再倒推到眼前,你每天该做多少事情?你不用再跟别人比了。只要你每天的工作做好,到时间你的目标就会实现,所以,做到了你就可以安心休息。

约翰·洛克菲勒(John Davison Rockefeller)曾说:"目标是我领导的依据,目标就是一切。我习惯于在做任何事情之前先确立目标,而且每天我都要设定目标,无数的目标,譬如与合伙人谈话的目标、召集会议的目标、制订计划的目标。我在做事之前也会先检视自己设定的目标。通常在我到达公司时,我已经成功做好了万全的准备。所以,在我心里从未出现过诸如'我没有办法''我不管了''没有希望了'等具有吞噬性的声音。每一天确立的目标,已经抵消了这些失败的力量。"

(二)价值感的失落

什么是价值感?价值感和成就感不同,前者是被人需要的感觉,侧重在与世界的互动上;后者是自我证明的感觉,侧重在对自我的肯定上。价值感,既包括对自身价值的认可,同时也受到被他人、被世界需要的感觉的影响。还有人认为,人生的意义就在于此。

不管从事的工作贵贱与否,只要被人真正地需要,就会有价值感;所有的行业,做到最高境界,都不再是为了金钱,而是为了满足他人的需要。厨师如此,清洁工如此,老师如此,科学家如此,心理咨询师也是如此。

回到价值感上来,多去帮助一些需要帮助的人,是能够体现自身价值感的;一旦拥有了价值感,我们便不再孤独和无助,也不会对那些鸡毛蒜皮的事一味关注、耿耿于怀;因为我们的人生因价值感而有了意义。

价值感是我们做事情动力的源泉。不管是做什么工作,如果没有人欣赏、认可,也就了然无趣;一旦别人把你的劳动当成必不可少的需要,你的付出就有了重要的意义。

价值感被激活,感到生活有价值的人,快乐程度也会较高;觉得生活不再有意义,生活已不再有价值的人,生活的激情和活力也会缺乏。了解价值感之于人生的重要,我们便能从提升自我的价值感上来探究幸福。当我们越来越能体谅他人、关心他人,当我们越来越有能力为他人解除烦恼、驱除无助时,我们便将真正地赢得他人的认可与肯定。

在现代社会生活中,人们看待各人的价值高下,常常以其所获得的成就而定。当一个人把成就作为唯一的衡量尺度,并以此等同于个人的价值时,一旦在与他人的比较中落后,往往就会陷入内在的空虚与失望。

《精神心理学》的作者丹尼斯(Dennish)指出,价值感能"将我们与他人、自然和生活的源泉联系起来,帮助我们超越和拥抱生活"。而丧失价值感,则会使人迷恋于过去,困惑于现在,害怕将临之未来。保持和获得心理的健康,在人的生命中起着重要的作用。当所有其他东西都失效时,它仍能支撑起我们的生命。

(三)动力的缺乏

当人们开始不愿意执行目标,停止去学习或者放弃保持某些好的习惯时,他们总会说出同一个理由:"缺少动力。"不少人嘴里常常挂着"缺少动力",却并不明白什么是动力。他们认为动力是一块馅饼,从天而降,幸运地砸在自己头上,于是马上就改变了自己的无效率状态。既然我们都知道这是错误的,为什么当我们意识到自己缺少动力的时候,却还在守株待兔,期望动力哪天无缘由地突然降临到自己身上来呢?

1. 理解什么是动力

动力是使我们做事情的驱动力。在物理上,动力是使机械做功的各种作用力,要使机械做功,要外界对机械施加力。但是人不一样,我们做事情的力不仅仅来自于外界,更多的是来自于自己。

2. 来自自身的动力

外界对我们的力,包括物质奖励,精神回馈等。但什么是来自自身的力呢?为什么我们发现虽然有那么多外界的力作用于我的身上,我们却仍然觉得自己找不到动力呢?

来自自身的力有三种:兴趣的引导力,抵制事物的反作用力和立刻开始的推动力。掌握这三种力,能够帮助同学们解决自身缺少动力的问题。

(1)兴趣的引导力

在生活中,我们做的事情最好是符合自身兴趣的。兴趣的引导力带给我们在执行上的使命感和目标感。乔布斯曾说:"成就一番伟业的唯一途径就是热爱自己的事业。"当你早上醒来,想着自己正做着自己热爱的事情,你就会充满动力!

(2) 抵制事物的反作用力

来自自身的力也可以是反向的作用力,这就是抵制事物的反作用力。

有时候,我们不难发现即便做着自己喜欢的事情,也会突然兴趣全无。事实上,兴趣和热情就像潮水一般,会有起潮落潮。涨潮时,你做事情便顺心顺手,此时兴趣的引导力起着绝大部分的作用。而落潮时,你便觉得灰心丧气,不想做事情,此时便是抵抗事物的反作用力起着主要作用。反作用力什么时候都会存在,只是有时被压制了,而有时显露出来而已。

当反作用力主导时,就会引起我们自身的一个心理特征——情绪的双向影响。正是这种情绪使我们难以再压制反作用力,恢复动力十足的状态。情绪的双向影响,简单来说,当你开心的时候,你会笑;相应的,你常常笑,情绪也会开朗起来。同样当你觉得自己不想去工作或学习,你就更加不会去工作或学习。

既然反作用力超越了兴趣的引导力,那我们如何从这种缺少动力的状态中转变过来呢?一是加强你的兴趣引导力;二是使用外界的助推力;三就是立即开始的推动力。

(3) 立刻开始的推动力

一个钟摆静止在那里,推动一下,它就会持续地摆动,直到空气阻力等消耗完它的能量。那么缺少动力的状态就如钟摆停止转动的状态,你所要做的就是给它一股力——立即开始的推动力。如果你在做那些符合目标,又符合你兴趣的事情,你只需偶尔推动一下,你的钟摆便可持续地摆动。如果你在做一些不太喜欢或不太愿意的事情,你需要经常推,才不会在这些事情上停下来。

立即开始,也可以说是积极主动,对自己负责的一种态度:个人行为取决于自身,而非外在环境。

(四) 消极的人生观

我们生活在这个世界上,都有自己的处世态度。因为人生观念不同,生活经历不同,处世态度也往往大相径庭,生活中充满着悲欢离合,并由此引发我们的喜怒哀乐。当我们处于顺境时,会因事事如意而情绪高涨;当我们处于逆境时,又往往因困难重重而情绪低落。我们的心总是随着外境的转变而起起落落,时而悲观,时而乐观,这样就产生了消极和积极的心态。

何谓消极?何谓积极?消极和积极是我们对某件事情表现出的态度。当我们对其发生兴趣或认识到它的重要性时,就乐于主动参与,表现出积极的态度;反之,则会有意识地回避、抵抗,表现出消极的态度。

能够积极思考的人,就能以完全不同的姿态面对问题,会以信念、希望与乐天主义的坚强思想处理事务。如果一个人的精神是积极进取的,那么他所看到的世界也会积极地回应他的行动。积极的结果必然会来到积极思维者的身边。同时这也是一种心理的规律,人对于世界的认识就是这样运作的。已经拥有了积极思维、天生就能够活用积极思维的人是幸运的。不过,不论年龄大小,谁都可以学习和运用积极思维,从而获得良好的结果。

【深度阅读】

心灵四重奏

乐观而积极的人,除了内心独白是阳光的,他还会把心里的阳光说出来,感染他人;

乐观而消极的人,内心独白也是阳光的,但不会把心里的阳光说出来,而是一人独享;

悲观而积极的人,内心独白是阴郁的,但不会把心里的阴郁说出来,而是选择独自承受;

悲观而消极的人,除了内心独白是阴郁的,他还要把心里的阴郁说出来,散布四周。

第一种人乐观而积极,是比较受欢迎的员工;是勇往直前、富有煽动性的领袖;是教父般予取予求、对你倾囊相助的朋友;是一个不太真实的幻影。

第二种人乐观而消极,是知足常乐的主妇;是偷闲外出喝咖啡的白领;是小富则安的商人;是辛苦了一年而要不回工钱,第二年又为同一雇主打工的农民工。

第三种人悲观而积极,是一部分艺术家;是平民百姓中的真性情者;是妙手仁心的医生;是自我希望成为的人。

第四种人悲观而消极,是另一部分艺术家;是一部分老年人、病弱者;是吸毒者、自杀的人;是全部的弱者。

我的爱人,我希望他是个积极的人。如果他乐观而积极,那就再好不过,可以像一台永动机,一直发光发热,永不气馁。如果他悲观而积极,这样也很好啊,会比较像我。我们会有很多共同的心境和情怀,会有聊不完的话题,心有灵犀地默默相守。

我的孩子,我希望他乐观的时候,可以有一点点消极;积极的时候,可以有一点点悲观。十全十美的人物不是我的孩子,这种人不是太假,就是太累。

我的朋友,我希望她是个乐观的人。一个乐观的朋友,无论积极、消极我都接受。如果她乐观而积极,首先我很放心,其次还可以感染我。如果她乐观而消极,即便穿着睡衣向我痛声哭诉又何妨?反正破涕为笑是她屡试不爽的制胜法宝。

我的老板,我当然希望他乐观而积极,这样才像个办大事的,拿得起放得下,不会因为悲观而自怨自艾,殃及他人,也不会因为消极而举棋不定,错失良机。

还有一条没说,悲观而消极。我特别不希望自己的亲友沾染上哪怕半点这样的习气,不,我连自己的敌人和对手,都不希望他们是这样的人——想想看,一个与悲观和消极的人角力的人,是不是自己也是个极其无聊的可怜虫?

但是坦率地说,这第四种人其实最需要救助。谁能保证自己一生没有什么闪失,不遭遇丝毫困厄?谁又能永远乐观、积极,不会因为突如其来的变故而跌入无底的深渊?每个人在人生各阶段,会有不同的生活态度,乐观、悲观、积极、消极也宛如四种旋律,忽强忽弱,交叠弹奏。如果有人不幸悲观又消极,最好的自救方法,不是一步登天,变得乐观又积极,而是接受悲观的现实,哪怕积极一点;或者,姑且先留着消极,不妨乐观一点。就像一个遭受打击的拳击手,痛得站不起来的时候,先抬头。

资料来源:沙地黑米.心灵四重奏.读者,2005(17).

三、热爱生活,珍惜生命

每个人的生命只有一次,生命的意义在于历程而非结果,所以我们要热爱生活,珍惜生命。而要做到这一点,首先要学会尊重生命。

(一)尊重生命,热爱生活

尊重生命,包括尊重自己的生命和尊重别人的生命。一个人首先要尊重自己的生命,如果不懂得尊重自己的生命,实际上就不可能懂得尊重别人的生命。一个人要懂得尊重生命,首先应该学会尊重生命的价值。

1. 认识生命的价值

每一个生命都是不同的。对于一个人来说,他的价值不仅是独特的,而且对于不同的人来说,他的价值也是不同的。

园子里有一棵古树,木匠、画家和农民都跑去看。木匠看了感叹不已:"真是一根上好的梁啊!"画家看了说:"古松很美,是园中最有诗意的一景。"而种地的农民看后满心欢喜:"树下乘凉真不错!"

不同的人从各自的角度看到了古松的价值所在。同样,对我们周遭事物的是非、善恶以及生命的重要性,每个人心中都有一台天平,那就是我们的价值观。美国学者丹尼斯·魏特利曾说:"你的价值观决定了你的人生道路,决定了你做出什么样的选择,同时,它能影响你发挥潜能的程度。"你的价值观决定了你怎样看待生命的价值。

【故事】

生 命 无 价

有一个生活在孤儿院中的男孩,常常悲观地问院长:"像我这样没有人要的孩子,活着究竟有什么意思呢?"院长总笑而不答。有一天,院长交给男孩一块石头,说:"明天早上,你拿这块石头到市场去卖,但不是真卖,记住,无论别人出多少钱,绝对不能卖。"第二天,男孩蹲在市场角落,意外地有好多人要向他买那块石头,而且价钱越出越高。回到院里,男孩兴奋地向院长报告,院长笑笑,要他明天拿到黄金市场去叫卖。在黄金市场,竟有人出比昨天高十倍的价钱要买那块石头。最后,院长叫男孩把石头拿到宝石市场上去展示。结果,石头的身价较昨天又涨了十倍,但由于男孩怎么都不卖,竟被传扬成"稀世珍宝"。男孩兴冲冲地捧着石头回到孤儿院,将这一切禀报院长。院长望着男孩,徐徐说道:"生命的价值就像这块石头一样,在不同的环境下就会有不同的意义。一块不起眼的石头,由于你的珍惜、惜售而提升了它的价值,被说成稀世珍宝,你不就像这块石头一样?只要自己看重自己,自我珍惜,生命就有意义,有价值。"

从这个故事中我们也可以了解到,生命的价值取决于我们怎样看待自己。在人生旅途中,当我们遇到困难和挫折的时候,难免会怀疑生命的意义和自身的价值。其实,挫折和苦难是人生的重要组成部分,生命的真正价值在挑战苦难、战胜厄运的过程中得以体现。无论我们处于何种艰难困苦的境地,只要我们珍惜关爱自己、看重自己,我们的生命就有价值。

一道雨后的彩虹看到弧形的石桥,对她说:"我大地上的姐妹,你的生命可比我长久多了。"石桥回答:"怎么会呢?你那么美,在人们的记忆中必然是永恒的。"

这段拟人的对话,反映的正是价值观对自我价值的影响。我们以旁观者的角度更容易看清事实:石桥并没有彩虹相提并论的美,但它长久地稳固地架于两岸之上,默默地把彼此沟通,默默地为人们工作,这是石桥的价值;彩虹的存在虽然只是雨过天晴的瞬间,但它那瞬间的美丽却给人们留下永久的记忆,这同样也是彩虹的价值。

奥斯特洛夫斯基在《钢铁是怎样炼成的》一书中曾写道:"人最宝贵的是生命。它给予我们每个人都只有一次。人的一生应当这样度过:当回首往事的时候,他不会因虚度年华而悔恨,也不会因庸庸碌碌而羞愧。"

【自我测试】

做以下这几道题目,从回答问题的过程中了解自己的生命价值观。

大学生生命价值观调查表

1. 你对自己目前的生活满意吗?
   A. 满意　　　　　B. 比较满意　　　C. 不满意　　　D. 非常不满意

2. 现实生活中,最困扰你的生活的是?
   A. 学习压力大　　B. 人际关系紧张　C. 未来就业形势严峻,前途渺茫
   D. 心理素质差　　E. 生活困难　　　F. 家庭关系不和
   G. 特殊成长经历

3. 在你人生中若遇到极不如意的事情,你会如何处理?
   A. 找父母或亲戚中的长辈交流　　B. 找同学朋友交流
   C. 找老师交流　　　　　　　　　D. 找心理辅导老师交流

E. 放在心里，自己化解　　　　　　F. 在网络上寻找交流

4. 当你遇到重大压力或严重挫折，如失去亲人、失恋、残疾、被疾病折磨等，你是否会选择自杀？

　　A. 是　　　　　B. 否　　　　　C. 说不准

5. 您曾经有过自杀的经历吗？

　　A. 有　　　　　B. 没有

6. 您曾经有过自杀的念头吗？

　　A. 有，就一次　　B. 不止一次　　C. 没有

7. 如果你曾经有过自杀的念头，那么自杀念头是否强烈？

　　A. 自杀念头不强烈，一会就没事了　　B. 极强烈，过一段时间才缓解
　　C. 有过，很强烈，但最终未实行　　　D. 很强烈，并且实施过

8. 你身边有青年朋友发生过自杀的事件吗？

　　A. 有，但很少　　B. 很多　　　　C. 没有

9. 对于不时见诸传媒的学生自杀事件，您怎么看？

　　A. 他们失去生命，太可惜
　　B. 感到害怕，自己在烦恼的时候也想到过死
　　C. 死亡是一种解脱，死了就可以抛除烦恼
　　D. 不关我的事，我不关心
　　E. 自杀行为是一时冲动，好死不如赖活
　　F. 自杀是对家人极端不负责任的行为
　　G. 自杀是逃避现实的一种行为，无济于事
　　H. 其他

10. 你认为自杀会对周围的人造成影响吗？

　　A. 会，严重影响　　B. 会，影响不深　　C. 不会

11. 你认为人有自由选择结束自己生命的权利吗？

　　A. 有权利　　　B. 没有权利　　C. 说不清

12. 你是否曾经与死亡擦肩而过？

　　A. 否　　　　　B. 是　　　　　因为_____。

13. 你对死亡怎么看？

　　A. 忌讳谈死
　　B. 死亡是生命的归宿，是生命的重要部分
　　C. 死亡是和生命相对立的，是生命的终结

14. 你是否对人的生命及生命价值进行过思考？

　　A. 经常思考　　B. 偶尔思考　　C. 从不思考

15. 你是否觉得活着有意义?
    A. 很有意义　　　B. 没有太大意义　　　C. 没有意义
16. 你认为生命的意义和价值是什么?
    A. 人生的价值在于奉献　　　　　　B. 挑战自我、超越自我
    C. 吃喝玩乐,享受人生　　　　　　D. 平坦从容地生活
    E. 有较高地位和一定经济实力　　　F. 受到社会的认可和他人的尊重
    G. 追求自己的信仰　　　　　　　　H. 其他
17. 生命的宝贵在于?
    A. 身体发肤,受之父母　　　　　　B. 生命的唯一性
18. 你能做到热爱生命、珍惜生命吗?
    A. 能　　　　　　B. 不能　　　　　　C. 不知道

2. 学会感恩

美国前总统罗斯福家中曾被小偷偷去了许多东西。一位朋友得知消息后,写信安慰他,劝他不必太在意。罗斯福给朋友写了一封回信,他说道:"亲爱的朋友,谢谢你来信安慰我,我现在很平安。感谢上帝:因为第一,贼偷去的是我的东西,而没有伤害我的生命;第二,贼只偷去我部分东西,而不是全部;第三,最值得庆幸的是,做贼的是他,而不是我。"当然,对任何人来说,失盗都绝对不是幸运的事,而罗斯福却找出了感恩的三条理由。

在现实生活中,我们经常可以见到一些不停埋怨的人,"真不幸,今天的天气怎么这样不好""今天真倒霉,被老师骂了一顿""真惨啊,丢了钱包,自行车又坏了""唉,宿舍的阿姨真啰嗦"……这个世界对他们来说,永远没有快乐的事情,高兴的事被抛在了脑后,不顺心的事却总挂在嘴边。每时每刻,他们都有许多不开心的事,把自己搞得很烦躁,把别人搞得很不安。他们所抱怨的事其实是日常生活中经常发生的一些小事情。

明智的人会一笑置之,因为有些事情不可避免。能补救的则尽力去挽回,无法转变的便坦然受之。明智的人也会换一个角度看待问题,因为他知道,换一个视角,就能够换一种心情。下雨天,他会说雨后的彩虹会很漂亮;父母唠叨自己,他会理解背后的关心;自行车坏了,他会正好借机步行,锻炼身体。最重要的是,学会感恩,时刻怀有一颗感恩的心,便能够做好目前最应该做的事情。

字典里对"感恩"如此解释——"乐于把得到好处的感激呈现出来且回馈他人"。

人的一生中,有许多值得感恩的地方。从小时候,我们就已经得到了父母的养育之恩;等到上学,有老师的教育之恩;工作以后,又有领导、同事的关怀、帮助之恩;年纪大了之后,又免不了要接受晚辈的赡养、照顾之恩。

而作为单个的社会成员,我们都生活在一个多层次的社会大环境之中,都首先从这个大环境里获得了一定的生存条件和发展机会,也就是说,社会这个大环境是有恩于我们每个人的。感恩,说明一个人对自己与他人、自己与社会的关系有着正确的认识。懂得感

恩,我们对许多事情都可以平心静气;懂得感恩,我们可以认真、务实地从最细小的一件事做起;懂得感恩,我们才能真正自发地做到严于律己、宽以待人;懂得感恩,我们才能与他人和谐相处、互相帮助;懂得感恩,我们将不会感到自己的孤独。

人生道路,曲折坎坷,不知有多少艰难险阻,甚至遭遇挫折和失败。在危急时刻,有人向你伸出温暖的双手,解除生活的困顿;有人为你指点迷津,让你明确前进的方向;甚至有人用肩膀、身躯把你擎起来,让你攀上人生的高峰……你最终战胜了苦难,扬帆远航,驶向光明幸福的彼岸。

"感恩"是一种认同。这种认同应该是我们的心灵里的一种认同。我们生活在大自然里,大自然给予我们的恩赐太多。没有大自然谁也活不下去,这是最简单的道理。对太阳的"感恩",那是对温暖的领悟;对蓝天的"感恩",那是我们对蓝得一无所有的纯净的一种认可;对草原的"感恩",那是我们对"野火烧不尽,春风吹又生"的叹服;对大海的"感恩",那是我们对兼收并蓄的一种倾听。

"感恩"是一种回报。我们从母亲的子宫里走出,而后母亲用乳汁将我们哺育。而更伟大的是母亲从不希望她得到什么,就像太阳每天都会把她的温暖给予我们,从不要求回报,但是我们必须明白"感恩"。无论你是何等的尊贵,或是怎样的卑微;无论你生活在何时何处,或是你有着怎样特别的生活经历,只要你胸中常常怀着一颗感恩的心,随之而来的,就必然会不断地涌动着诸如温暖、自信、坚定、善良等美好的处世品格,自然而然地,你的生活中便有了一处处动人的风景。

"感恩"是一种处世哲学,是生活中的大智慧。人生在世,不可能一帆风顺,种种失败、无奈都需要我们勇敢地面对,豁达地处理。这时,是一味地埋怨生活,从此变得消沉、萎靡不振,还是对生活满怀感恩,跌倒了再爬起来?英国作家萨克雷说:"生活就是一面镜子,你笑,它也笑;你哭,它也哭。"感恩不纯粹是一种心理安慰,也不是对现实的逃避,更不是阿Q的精神胜利法。感恩,是一种歌唱生活的方式,它来自对生活的爱与希望。在水中放进一块小小的明矾,就能沉淀所有的渣滓;如果在我们的心中培植一种感恩的思想,则可以沉淀许多的浮躁、不安,消融许多的不满与不幸。

3. 创造生命的价值

臧克家在著名的诗歌《有的人》里面写道:

有的人活着,他已经死了;有的人死了,他还活着。有的人,骑在人民头上:"呵,我有多伟大!"有的人,俯下身子给人民当牛马。有的人,把名字刻入石头,想"不朽";有的人,情愿作野草,等着地下的火烧。有的人,他活着别人就不能活;有的人,他活着为了多数人更好的活。

对于每个人来讲,生命的意义并不仅仅是为了活着,而是为了更好地活着。我们要充实生活的每一个瞬间,创造生命的价值。

人的生命是有限的,但有限的生命却可以创造出无限的价值。假如一个人活在这个世界上,没有为这个世界创造出一份属于自己的价值,就是在白白地浪费生命,在慢慢地扼杀自己,像废人般地活在这个世上;一个人如果为这个世界创造了属于自己的价值,就是对自己灵魂的一种解脱,也是对自己生命的一种热爱。

如何实现自己的价值?医生靠治病救人实现自己的价值;演员靠塑造不朽的角色实现自己的价值;律师靠赢得官司实现自己的价值。中国的历代伟人,他们正是利用自己那有限的生命,为人民、为这个世界创造出了不可估量的价值。虽然岁月流逝,这些伟人也长眠地下,但是祖国人民的心,仍旧记住了这些曾经为自己的生命,为这个世界创造价值的人。著名科学家宋健,他由一个贫穷的小男孩,到如今成为在我国的导弹控制系统设备和反弹道导弹的方案设计,以及通信卫星的发射和定点过程等领域中,作出了重要贡献的科学家。党员孔繁森,他把一生的心血都投入了服务人民的行列之中,他为人民全心全意地服务,真诚地付出,用他的心血和汗水为人民开路,是一根只知照亮他人的红蜡烛。在2003年春,"非典"疫情席卷大半个中国,人们闻"非"色变。可是广东省中医院护士长叶欣,在抗击"非典"的主战场中像一台永不疲倦的机器,连续工作了三天三夜,以身殉职,就在她生前所留下的一句刻骨铭心的话,"这里危险,让我来"等一系列名言,不都是利用自己那有限的生命,创造出了可贵的价值吗?他们都为自己的生命画上了一个圆满的句号。

虽然生命的价值展现是不易的,许多价值不能一下子就看到成果。我们需要耐心和坚韧。只有愿意付出坚持的代价,你才可以享受到成功的甘甜。我们应该好好学习,用知识和行动,去展现我们的生命价值,像伟人般付出汗水和辛劳,似钢铁般的意志,为自己的生命增添价值。

【阅读】

伟人谈生命的意义

一个人的价值,应该看他贡献什么,而不应当看他取得什么。

——爱因斯坦

人活着的目的和意义就在于全心全意为人民服务。

——毛泽东

为大多数人带来幸福的人是最幸福的人。

——马克思

如果一个人把自己的事业融入为大多数人谋幸福的行业,那他享受到的快乐就超过了普通意义的快乐,这种快乐的强度是普通快乐无法比拟的,它可以给人带来强大的意志力和克服困难的能力,带来特殊的高境界的精神享受。

——马克思

人生最终的价值在于觉醒和思考的能力,而不只在于生存。

——亚里士多德

如果我曾经或多或少地激励了一些人,我们的工作曾经或多或少地扩展了人类的理解范围,因而给这个世界增添了一分欢乐,那我也就感到满足了。

——爱迪生

宿命论是那些缺乏意志力的弱者的借口。

——罗曼·罗兰

(二)珍惜生命,预防自杀

自杀是现代社会人类的十大死亡原因之一,并已位列 15～35 岁间的青年人死因的前 3 位。据统计,全世界每年约有 100 万人死于自杀,平均每 40 秒左右就有 1 人死于自杀,每 3 秒就有 1 人自杀未遂。据资料统计,自杀已成为我国人群第五大死因,而我国每年约有 25 万人死于自杀,还有约 200 万人自杀未遂。也就是说,平均每两分钟就有 1 人死于自杀,有 8 人自杀未遂。为了唤起人们对生命的珍惜,2003 年起世界卫生组织将每年的 9 月 10 日定为世界预防自杀日。[①]

1. 自杀危机的预防

世卫组织的权威意见认为,虽然不是所有的自杀都可以预防,但由于大多数自杀者有表明其意图的明确征兆,因此是可以预防的。许多自杀行为发生在一个人将绝望思想转变为毁灭性行动的改善期,只要在这段时间让他们放弃绝望的念头,就可能让其重新具备继续活下去的勇气。因此,自杀预防至关重要。有精神障碍者、有夫妻矛盾者或经济困难者是最容易自杀的三大人群。所以,预防自杀的有效手段是精神疾病的早期诊断和及时治疗。

目前,世界上还没有找到预防自杀的"良药",但科学研究已证明,通过有针对性的危机干预,可以减少自杀行为的发生。

(1) 注意自杀行为前的警讯

自杀并非突然,自杀者在自杀前基本都处于想死和同时渴望被救助的矛盾心态中,从其行为和态度变化中可以看出蛛丝马迹。大约有 2/3 的自杀者在自杀前都有征兆,主要集中表现在情绪和行动方面的反常。比如向与自己关系亲近的人表达想死的念头、性格与情绪明显反常、陷入抑郁状态、回避与他人接触等行为都可能是自杀前的警讯。

(2) 保持冷静和耐心倾听

聆听和交流是释放自杀者情绪的有效手段。认可他表露出的情感,不要进行评判,也不试图说服他改变自己的感受。不要轻视,当他说要自杀时应认真对待,让他感受到自己被需要。认可他的成绩,帮助他恢复自信。如他要你对其想自杀的事情给予保密时,不要答应。让他相信可以获得所需要的帮助,并鼓励他寻求这些帮助。

---

① 中青报,http://qnck.cyol.com/content/2009-09/08/content_2843493.htm.

(3) 应陪伴在他身边

限制他存取大量药物,或其他自杀的工具。跟他讲述人生的快乐或者陪伴其享受人生趣味;帮助他进行人生规划,对自我重新适当定位。对于意志不坚定的人,可讲述各种常见自杀方式之痛苦。如果你认为他当时自杀的危险性很高,不要让其独处,要立即陪他去心理卫生服务机构或医院接受评估和治疗。

2. 自杀危机的识别

一般自杀前自杀者都会有一些先期表现,如流露出消极、悲观的情绪;表达过自杀意愿;遭受了难以弥补的严重丧失性事件;近期内有过自伤或自杀未遂行动,其再发自杀的可能性非常大;发生人格改变者,如易怒、悲观主义、抑郁和冷漠,内向、孤僻的行为,不与家人和朋友交往;出现自我憎恨、负疚感、无价值感和羞愧感,感到孤独、无助和无望;突然整理个人事物或写个人意愿;慢性难治性躯体疾病及抑郁症患者突然不愿接受医疗干预,或突然出现"反常性"情绪好转,与亲友交代家庭今后的安排和打算;精神疾病患者,特别是抑郁症、精神分裂症、酒精或药物依赖患者是公认的自杀高危人群。

因此,遇上心情不快时,要向亲戚朋友倾诉心里的痛苦,获取有效帮助。当你发现身边同学或家人有以上表现时,应耐心与其沟通交流,适当给予心理关怀、支持,并及时到医院接受专业的心理疏导和治疗,帮助其度过心理危机期。

在自杀危机的识别中,应该特别关注抑郁症。抑郁症是造成自杀的首要原因,大约有60%~70%的自杀者是由情绪抑郁或焦虑造成的,目前我国大约有2000万的抑郁症患者。①

从时间上讲,正常情况下抑郁状态不应该超过三个月,如若超过六个月,则应向专业人士求助。从某种程度上讲,抑郁情绪不应该影响正常工作和生活。早期预防这样的心理疾病非常重要,对于抑郁症的治疗,我们可以使发病率降低80%,也就是说大多数患抑郁症的人都可以摆脱这种困扰,进而也会减少自杀的发生率。

【阅读】

抑郁症 DSM-IV 的诊断标准②

1. 在连续两周内有5(或更多)项下述症状,并且是原有功能的改变,其中至少有一项症状是心境抑郁或对活动失去兴趣或者愉快感(注:不包括由躯体情况所致的症状,或与心境不协调的妄想或者幻觉)。

(1) 几乎每天大部分的时间心境抑郁,主观体验(例如,感到悲伤或空虚),或他人观察到(例如,流泪)。注意:儿童和青少年可以是易激惹。

---

① http://bluecross.163.com/08/0910/10/4LFMQJCM00012NUO.html.
② http://blog.sina.com.cn/s/blog_79a859c1010163kx.html.

(2) 几乎每天大部分时间对所有的或几乎所有活动的兴趣或者愉快感显著降低(主观体验或他人观察到)。

(3) 没有节食时体重明显下降,或体重明显增加(例如,一个月内体重变化超过5%),或几乎每天都有食欲减退或者增加。注:儿童要考虑体重没有得到预期增加。

(4) 几乎每天都有失眠或者睡眠过多的情况。

(5) 几乎每天都有精神运动性激越或者迟滞(不仅主观感到坐立不安或者迟滞,而且别人也能观察到)。

(6) 几乎每天都感到疲倦或者缺乏精力。

(7) 几乎每天都感到自己无用,或者有不恰当的过分的内疚(可以达到罪恶妄想的程度;不仅是为患病而自责或者内疚)。

(8) 几乎每天都有思维能力或注意集中能力减退,或者犹豫不决(主观体验或者他人观察到)。

(9) 反复出现死的想法(不只是怕死),反复出现自杀的意念但无特定的计划,或有自杀未遂,或有特定的自杀计划。

2. 症状不符合混合发作标准。

3. 症状引起具有临床意义的苦恼或者社交、职业或其他重要功能的损害。

4. 症状不是由于物质(如成瘾药物、处方药物)或者躯体情况(例如,甲状腺功能减退)的直接生理效应所致。

5. 症状不能用丧恸反应(即失去亲人的反应)来解释,症状持续两个月以上,或者症状的特征为显著的功能损害、病态地沉浸于自己的无用感、自杀意念、精神病性症状或精神运动性迟滞。

以上抑郁症的诊断标准阅读起来有一定困难。除了专业人士,很难根据这个标准来进行诊断,而同学们如果想了解自己或者身边的人是否抑郁,可以主要观察以下几个特点:

(1) 对日常生活的兴趣下降或缺乏。

(2) 精力明显减退,无明显原因的持续疲乏感。

(3) 精神运动型迟滞或激越。

(4) 自我评价过低,自责或有内疚感,甚至出现罪恶妄想。

(5) 思维困难,或自觉思考能力显著下降。

(6) 反复出现死亡的念头,或有自杀行为。

(7) 失眠,或早醒,或睡眠过多。

(8) 食欲不振或体重明显减轻。

(9) 性欲明显减退。[1]

---

[1] http://www.med66.com/new/1a31a2011/2011725dingru144812.shtml。

如果上述症状符合4项及以上,则需要考虑抑郁症的可能性。

3. 自杀危机的干预

一般来说,自杀的危机干预包括问题或诱因评估、制订治疗性干预计划、治疗技术的应用以及危机的解决。

(1) 问题的评估

鉴于自杀行为大多有一定的心理及社会诱因,因此全面了解和评估自杀的诱因及寻求帮助的动机(因为有些人的自杀是一种求助的信号)相当重要。

根据2002年的一份调查报告,中国人的八大自杀危险因素分别是抑郁程度重、有自杀未遂史、死亡当时急性应激强度大、生命质量低、慢性心理压力大、有严重的人际关系冲突、有血缘关系的人有过自杀行为、朋友或熟人有自杀行为。①

如果一个人总看到阴暗面、对将来没有任何打算,或没有家庭、朋友或工作之类的支持性动力源,他就会有较高的自杀风险。

(2) 制订治疗性干预计划

任何事情都可以预则立,对自杀的干预也一样,必须有一定的治疗计划和方案。因为自杀是一种紧急情况,因此十分强调时间的紧迫性和"立竿见影"的效果,尽可能在短时间内打消当事人的自杀念头,恢复他的心理平衡状态,干预的计划必须围绕以下几个方面:

- 肯定当事人的优点,因为大多数抑郁的人往往将自己看得一无是处;
- 尽可能地寻找社会支持,即让家人和同事、亲友来帮助和支持当事人,因为绝大多数想死的人感到自己是孤独的,没有人理解和帮助自己;
- 学会心理应对和防御,俗话说,"退一步海阔天空""船到桥头自然直""塞翁失马,焉知非福"。

抑郁、自杀的人往往将前途看成漆黑一片或悲观绝望,因此让他们学会多维或多角度地看问题,以及恰当的心理应对技能可以减轻当事人的失望程度。归纳起来一句话,抑郁自杀的人往往是对自我、周围环境和前途产生消极评价,干预就是围绕这三方面进行。

(3) 治疗技术的应用

这是自杀危机干预的重要阶段。首先是让企图自杀的人认识到自杀不过是一种解决问题的消极方法而已。因为绝大多数企图自杀者是因为面临生活挫折(如离婚、车祸等)而不能处理或解决时才选择自杀的,是希望"一了百了",但如果有解决目前挫折或处理目前危机的其他方法,大多数人会放弃"只有死路一条"的观点(如提示当事人其他解决问题的方法)。因此,围绕改变这一认知的前提,可以采取以下方法:

---

① 人民网,http://www.people.com.cn/GB/shehui/47/20021204/880647.html.

- 交谈、疏泄被压抑的情感(如悲伤、抑郁、愤怒等);
- 认识和理解目前的危机或境遇是暂时的,不可能是持续终身的;
- 学习问题解决技巧和心理应对方式;
- 建立新的社交天地,尤其是人际关系的维持和稳定。

还注意几个关键点:重视"此时此地";将消极情绪作为治疗的重点;问题解决和技巧训练必不可少;促使当事人参与到一种共情的、积极的、协作的治疗关系中,提高当事人改变现有状况的能力。

(4) 危机的解决

当事人打消自杀的念头后,重点是要强化他们的独立性,减少依赖性,注意巩固和发展新学到的应对技巧和解决问题的方法,学会"举一反三",积极面对现实和重视社会支持的作用。总之,通过危机干预,可以使绝大多数有自杀企图的当事人避免自杀的发生,更好地去适应生活。

【阅读】

《尊重生命》节选

一、生命是最基本的价值

讲人文精神,讲尊重人的价值,第一条就应该是尊重生命的价值。为什么呢? 因为生命是最基本的价值,是人生其他一切价值的前提和基础。对于每一个人来说,生命是最珍贵的,没有了生命什么都谈不上,这个道理应该说是不言而喻的。一个最简单的道理是,每个人只有一条命,在无限的时空中,在宇宙的永恒运动中,每个人只有一次机会活到这个世界上。

泰戈尔有一句诗:"我的主,你的世纪,一个接着一个,来完成一朵小小的野花。"他表达的就是生命神秘的感觉,无论多么微小的生命,它的来源都是神秘的。人的生命当然更是如此,我是我爸爸妈妈生的,但是单凭他们两人的能力能生出我来吗? 肯定不能,实际上大自然不知道运作了多少个世纪才产生了我这么一个人。当然不仅仅是我,每一个人,地球上的每一个生命,都是这样,都是我们不知道的某种神秘力量作用的结果。所以,我们对生命不但要珍惜,要关爱,而且要敬畏。这倒不一定是说,生命是上帝创造的,就算是大自然经过了无比漫长的时间,无比复杂的程序,终于把生命创造出来了,这也足以使我们对生命怀有敬畏之心了。

二、尊重自己的生命

尊重生命的价值,包括尊重自己的生命和尊重别人的生命。我认为一个人首先要尊重自己的生命,如果你不懂得尊重自己的生命,实际上你就不可能懂得尊重别人的生命。从尊重自己的生命来说,一个是要珍惜生命,另一个是要享受生命。

三、尊重他人的生命

尊重生命的价值,当然不但要尊重自己的生命,更要尊重他人的生命。在这方面,我要特别强调,人一定要有同情心,要有基本的善良品质。爱惜自己的生命,这可以说是本能,但人不只有这一个本能,人还应该有另一个本能,就是同情别人的生命,同情一切生命。如果只有前一个本能,没有后一个本能,那就和动物差不多。中国和西方的哲学家都非常重视同情这个本能,认为它是人性中固有的因素,是人区别于动物的起点,而且把同情看作是道德的基础。在中国的哲学家里,最强调同情心的是孟子,用他的话说叫恻隐之心、不忍人之心,他说同情心是人皆有之的,如果没有,就不是人。他明确地说,同情心是"仁之端",就是道德的开端,道德的萌芽,道德是从这里发展出来的。

这样看来,人有两类本能。一个是生命本能,爱自己的生命,对自己生命有利的东西,他就喜欢,就想得到,对自己生命有害的东西,他就厌恶,就想避开,这就是所谓的趋利避害。在这个意义上,可以说利己是人的本性。另一个是同情本能,就是看见别人的生命有了危险,遭到了威胁或损害,他会设身处地去感受,他也会不好受。

……

我认为教育也很重要,应该把生命教育作为公民教育的重要内容,从孩子开始,培育生命尊严的意识,一方面善待自己的生命;另一方面推己及人,善待一切生命。最近有一所学校开展生命教育,请我题词,我写了三句话,就是:热爱生命是幸福之本;同情生命是道德之本;敬畏生命是信仰之本。我确实觉得,人生中所有最重要的价值,包括幸福、道德、信仰,都是建立在尊重生命价值的基础之上的。我希望所有从事教育工作的人都能认识到这一点,都来重视生命教育。

资料来源:选自《周国平人文讲演录》。

本章小结

围绕生命主题,探讨生命与死亡的价值和意义,帮助大学生主动思考生命的意义与价值,从而逐步做到尊重生命、关爱生命并热爱生命。

思考题

1. 请你尝试分析一起社会热点事件,并从心理健康教育的角度来谈谈我们的教育应注意哪些方面?
2. 你如何看待"对自己的生命负责"这一命题?

【延伸阅读】

《直视骄阳——征服死亡恐惧》

作者：Irvin D Yalom

译者：张亚

出版社：中国轻工业出版社

作者 Yalom 是斯坦福大学终身教授、心理治疗界公认的大师、纽约时报畅销小说家，著有《爱情刽子手》《当尼采哭泣》等畅销心理小说，以及《给心理治疗师的礼物》《日益亲近》等心理治疗经典。

作者以75岁高龄探讨人们心中普遍存在却又被长期否认和压抑的死亡恐惧。书中除23个实际案例和许多文学名著、电影作品中的例子以外，作者还以一位普通老者的身份对内心的死亡恐惧进行了自我表露和深刻剖析，非常难得。

全书论述深入浅出，切中肯綮，书中介绍的应对死亡恐惧的各种观念生动具体，易懂易行。面对死亡的战栗经作者笔锋描过，顿时融为拂面春风，令读者不仅在文字上感受愉悦，在心灵上更是豁然开朗："死亡虽是终点，但人生的意义却不会因此湮灭；死亡虽是宿命，但看待死亡的视角却可以让人们获得拯救。"

资料来源：豆瓣读书。

【视频推荐】

《入殓师》

电影讲述了一位想要成为大提琴演奏者的小林大悟，在乐团解散失业后如何一步一步成为一位优秀的入殓师的过程。期间他经历了很多，也学会了很多，一方面要习惯对遗体的不适；另一方面又要适应妻友对自己工作的不理解。在这个过程中，小林大悟学会了温柔对待死者，懂得了去尊重生命的价值，做到了温柔对待每一个生命。

经典台词：

"让已经冰冷的人重新焕发生机，给他永恒的美丽。这要有冷静、准确，而且要怀着温柔的情感，在分别的时刻，送别故人。静谧，所有的举动都如此美丽。"

"死可能是一道门，逝去并不是终结，而是超越，走下一程，正如门一样。我作为看门人（火葬师），在这里送走了很多人。说着，路上小心，总会再见的。"

第十章 工作途径

名人名言

让学生体验到一种自己在亲身参与掌握知识的情感,乃是唤起少年特有的对知识的兴趣的重要条件。当一个人不仅在认识世界,也在认识自我的时候,就能形成兴趣,没有这种自我肯定的体验,就不可能对知识有真正的兴趣。

——苏霍姆林斯基

本章要点

课程教学;

心理咨询的概念与守则;

班级心理辅导原理与操作;

心理健康教育体验性活动实例。

【案例】

大四男生小刚最近心烦气躁,诸事不顺:女朋友闹分手,自己跟好友发生很大的矛盾;竞选学生会主席失利,保研过程一波三折,至今尚未确定。小刚跟朋友倾诉过,跟老师聊过天,跟学院领导谈过心,还跟父母抱怨过,但因为害怕父母担心,害怕老师批评,害怕朋友看低,始终无法对某一个人说出他所有的烦恼,表达所有的情绪,总觉得心中有一种不吐不快的憋闷无处宣泄。好友建议他去心理咨询中心试一试。小刚听从了朋友的建议,走进了心理咨询中心。在咨询师的陪伴与指导下,小刚终于解开了心中的苦闷,调整好了自己状态,迎接他的毕业时光。

提问:

1. 心理咨询的特点是什么?
2. 你体验过心理咨询吗?你的感受如何?

近年来,大学生的个别危机事件与极端事件引发了社会与学校对大学生心理健康及心理健康教育的思考。教育部颁发了关于加强普通高校大学生心理健康教育工作的意见等一系列重要文件，强调大学生心理健康教育工作要重在建设，立足教育，心理健康教育要以课堂教学、课外教育指导为主要渠道和基本环节，形成课内与课外、教育与指导、咨询与自助紧密结合的心理健康教育工作的网络和体系。目前，各高校主要通过课程教学、心理咨询、宣传教育等方式与途径来开展普及心理健康教育。

一、课程教学

心理健康教育课程是高校课程体系的重要组成部分，也是学校开展心理健康教育的重要途径。无论是学校还是学生，都已越来越意识到开设心理健康教育课程的重要性。

（一）我国高校心理健康教育课程的发展与现状

我国的心理健康教育课程发端于20世纪90年代初期。20世纪80年代中期至80年代末期我国高校的心理咨询和心理健康教育处于创业时期。清华大学、中国人民大学、北京大学(北京医科大学)、北京师范大学等学校开始在学生思想教育中尝试运用心理咨询和心理素质教育的方法，帮助学生正确处理学习、生活和人际关系问题。这一阶段的特点是开设心理卫生、心理健康和心理学选修课程，介绍境外青少年心理辅导理论与实践。少数学校还借助国内医学界、心理学界一些专家的帮助。心理咨询和心理素质教育作为一项新生事物在北京部分高校悄然出现。长期以来，以知识本位为特征的课程思想一度占主体和核心地位。这种思想过分强调学科体系的形式化，而忽视了对学生人文精神、文化素养的陶冶，没有把人格的完美发展作为课程建设的重要目标。

心理健康教育课程经过20余年的实践与发展，主要呈现以下特点：大部分高校开设了心理健康教育课程，并配有心理健康教育老师。从心理健康教育课程的教学方法看，其方式主要是有两种：一种是以活动为载体，以学生为中心，让学生在活动中接受知识；另一种是以讲授为主的教学模式，即在传播知识的过程中，以教师为主、知识为主，让学生直接获得必要的心理学知识，培养学生良好的心理品质。从课程的实施看，主要是依赖地区教育部门和学校自发开展，受到教育者的观念、硬件和软件环境的影响。心理健康教育课程没有国家统一规定的教材。各地根据心理健康教育的目标与大学生容易出现的心理问题，编制了相应的教材和参考书。对心理健康教育课程的评价没有统一的标准，很难开展实际操作。仅从学生的反馈来看，学生普遍认为心理健康教育课并没使自己有太大的收获，认为课堂上所讲授的知识不足以解决自己内心中的困惑，也无法直接有效地指导自己的行为，没有使自己的思维得到锻炼。

（二）高校心理健康教育课程建设的问题

我国高校心理健康教育课程作为一门新的课程，在我国历史短暂，经验不足，因而也

存在不少问题,主要表现为以下几个方面:

一是课程目标理想化。有些目标过于理想,有些目标过于原则、空泛,不太符合大学生的实际状况。如"培养学生健全的人格和良好的心理品质,对少数有心理困扰或心理障碍的学生,给予科学有效的心理咨询和辅导,使他们尽快摆脱障碍、提高心理健康水平、增强自我教育能力"等提法,作为心理健康教育的一般目标无可厚非,但没有体现出目标的行为化、具体化和操作化。

二是课程内容书本化。课程内容的选择是根据课程特定的教育价值观及相应的课程目标,从学科知识、当代社会生活经验或学习者的经验中选择课程要素的过程。目前高校心理健康教育的内容主要注重心理学学科知识。内容的选择拘泥于心理学学科知识的选择,而忽视了选择适应当代社会生活的经验和使大学生获得心理体验的各种文化。

三是课程评价缺乏系统理论。目前,高校心理健康教育课程评价缺乏理论指导,使评价在实际操作中比较混乱。心理健康教育课程实施对学生心理健康水平有无提高,用考试的定量方法来评价,难以反映学生心理健康水平。评价工作是一项艰苦而又长期的工作,要把评价工作做好,需要花人力、物力和时间。目前学校心理健康教育的教师奇缺,资金有限,时间也不够,给心理健康教育课程评价工作带来了困难,使评价工作仅仅停留在表面上,如设备、经费、辅导人员素质等的评价,或者学生自主作业的收集等。

四是课程教师人员与经验不足。一方面,各大高校大学生心理健康课程的专职教师比较短缺,无法将心理学作为选修或者必修课程覆盖到所有学生,而这种现象从本质上抑制了大学生心理健康教育课程的教学功能发挥;另一方面,心理健康教育专职教师相对年轻,理论知识丰富,教学经验相对不足,削弱了心理健康课程教学的针对性与实效性。

(三)高校心理健康教育课程建设的方向

针对目前高校心理健康教育课程的现状与问题,根据大学生的现实情况,建议从以下几个方面入手,以提高心理健康课程的针对性、实效性,从而帮助大学生提高心理素质、健全人格、增强受挫折能力和适应环境的能力。

1. 课程目标以学生为主体和出发点

心理健康教育的根本问题是人的心理问题。心理健康教育的功能理所当然应直指人的心理成长、发展与自我实现。因此,在课程目标上,应该以"促进学生的心理成长、发展与自我实现"为最终目标。学生也是课程的出发点。只有针对学生的心理特点与需求,以学生喜欢的形式开展心理健康课程教育,才能真正让学生感觉到收获与帮助。心理健康教育只有在深入了解大学生的成长特点、发展需要的基础上,才能通过总结以往工作,努力遵循大学生成长规律,设计与开发出符合大学生心理特征、满足他们心理需求的课程。

2. 课程内容坚持积极体验性

心理健康课程教育是以发展和提高学生的心理品质为目标,有别于传统的学科教学,是根据学生的心理发展规律和成长的需要,按照心理辅导的原理和技术设计组织的,是知识传授与活动体验相结合的课程。在课程内容选择上,要坚持以"实"为本,即联系实际、体现实用、突出实践、注重实效。在课程组织与设计上,还需注意主动性和导向性,具体原则如下:

(1)系统性。心理健康教育是一个系统工程,必须有明确的目标原则、适当的内容方法、一定的组织架构、基本的软硬件设施,并经整个学校教职人员的通力合作,才能彰显教育功能。心理健康课程的教学环境、教学组织、教学保障以及教学人员,均是可能激发大学生思考、探索、收获与成长的重要环节。

(2)主动性。高校学生人数众多,有各种心理问题的学生也有较大的比例,但由于对心理健康的认识误区,所以许多同学还不能主动求助,大量心理压力的存在,增添了心理的不稳定因素。心理健康教育课程教育的开展,让学生在学知识的同时,更多学会正确的认知和技能,通过课堂的主动达到自我调节的主动,培养良好的心理素质。防患于未然,从而达到事半而功倍的效果。

(3)实践性。心理健康课程教育具有鲜明的实践性与体验性。它强调的是知情意行的统一性,重视认知与行为改变。通过课堂内外的互动结合,把心理健康教育的内容和目标具体化为可以训练养成的行为特征,具体化为内部的心智操作活动,提升心理品质,完善人格结构,让学生在活动实践中亲身体验,获得成长与发展。

(4)导向性。心理健康课程作为一种素质教育,以"为学生终生发展和幸福"为导向,把开发潜能、助人成才作为终极目标,因此具有导向性。心理健康课程不仅可以有效地预防心理疾病的发生,起到心理保健的作用,还应更注重人格重塑,帮助学生把知识内化为素质和能力,培养优良的品格和完善的人格。例如,通过积极的体验性活动,使大学生能体验到快乐等情绪,在扩大宣传的同时更是直接有益于心理素质的提高;通过团体的合作,让大学生在团队合作中学习,从中获得滋养,收获成长。

【知识链接】

体验式教学

什么是体验式教学?体验式教学方法出现于20世纪40年代。区别于传统的讲授式教学,它是指教师创设合理的情境,有目的、有计划地引导学生感知、领悟、理解情境的丰富性,通过学生在活动中的充分参与来获得个人的体验,然后在教师的组织下,全体学生共同交流、分享个人体验、提升认识的一种教学方式。体验式教学强调在教学中设置情境或活动让学生参与体验,在真实或模拟的环境里获得感受,通过组织学生分享和交流,再反思、总结,最后积累为自己的认知理念,并把它运用到学习和生活中。这种教学思想非常符合心理学课程对提高心理素质的要求。

体验式教学的特点有:(1)以体验为中心。不仅关注认知,而且关注人的情感、动机、需要、兴趣以及人格的整体发展。学生在学习活动中,不仅要用脑思考,而且要用眼睛观看,用耳朵聆听,用嘴巴诉说,用手操作,即用自己的身体去亲自经历,用自己的心灵亲自感悟。(2)知情统一。在心理健康课的教学中,学生的认知、情感都参与到学习中来,不仅是对学生心理健康知识的积累和加工,而且通过体验与反省,进入学生的内心世界,从而与自己的生活境遇和人生经验融合,促进学生的全面成长。(3)师生双主体。教师不再是权威,而是"节目主持人""平等中的首席",教学就是教师与学生通过不断反思与对话而探索未知领域。这是对传统教学中教师作为权威传授知识极大的颠覆。师生在尊重、平等的基础上,通过教学中的对话、交流而达成互动关系,在活动过程中交互发挥主体的作用。(4)互动性。体验式教学的过程是一个动态发展的教与学相统一的交互影响的活动过程。在这个过程中,通过师生之间、生生之间的对话与交流、讨论与分享、启发与共鸣,产生教学共振,让学生在多元互动的学习活动中获得丰富真实的体验,从而达到"知识与技能、过程与方法、情感态度与价值观"三维目标的和谐统一。

3. 以新生为突破口与关键点,增强课程实效

大学是从学校到社会的重要过渡时期,也是从自我意识混乱中建立自我认同、确定人生起点的关键阶段。而大一是整个大学的起点。面对从中学到大学的巨大转折,新生常常会对大学生活有诸多的不适应。较短时间的不适,是正常且必须经历的;但若时间持续过长,则可能形成适应障碍,甚至导致更严重的疾病,给学习和生活带来消极影响。所以,抓住关键阶段开展新生心理健康教育至关重要。"好的开始是成功的一半",新生心理素质教育是一个重要的契机,是学生心理素质教育的关键环节和突破口,是帮助新生适应大学生活、健康成长的重要途径。

目前的大学新生都是"90后"。高校应根据新时代"90后"学生的心理变化以及社会的要求不断探索并创新大学新生适应教育的理念。他们普遍具有矛盾的性格特点:"90后"新生生活在一个信息化时代,思维方式的独特性、批判性和创造性都在增强,明显表现为有主见,不盲目服从,不人云亦云,具有国际视野和较强的创新意识,思维敏捷开放等。但是,独生子女的家庭结构和传统的"应试教育"模式使他们存在一些弱势群体特征:独立生活能力较弱,自我约束能力匮乏,认知选择能力不强,价值观容易模糊,道德意识不够坚定等。这是因为,"90后"的大学生基本上都是在高考重压之下成长起来的独生子女。这一双重身份必然使得当今的学生一方面得到过度的关注与爱护,物质需求得到充分的满足;另一方面在应试教育下,其他的各种需要被压抑到最低点。知识的增长伴随着的是人格塑造的缺陷与心理适应能力的欠缺。只有针对学生这些心理特点与需求,以他们喜欢的形式开展心理健康课程教育,才能真正让学生感觉到收获与帮助。

4. 组建具有功能优势的教学团队,实现课程教育全覆盖

要想有效实现新生心理健康课程全覆盖,必须依靠一支兼具专业性与经验性的教学

团队。可以动员专职教师、兼职咨询师、辅导员、有丰富学生工作经验的机关干部以及学生骨干等具有专业资质的人员,形成一支经验丰富、互补性强的教学团队和朋辈辅导团队。通过小组学习、集体培训、集体备课和教学督导等形式,充分交流与研讨,形成适合学生特点与需求的教学内容,并由团队人员负责教学实施。同时,部分辅导员可通过参与教学活动,增强危机发现意识,提高危机识别能力。另外提前半年招募和培训心理健康快车主持人,通过理论与实践相结合的培训,提高学生骨干对心理素质教育的理解,激发参与心理素质教育工作的热情,不仅保证了班级层面心理素质教育活动的质量和效果,同时增强其对自我的肯定和悦纳,相信自己、相信他人,促进个人成长的同时,为其他学生提供示范、榜样作用。

【案例】

北京科技大学根据学校实际情况与学生特点,规划与设计新生心理健康教育课程,按照新生会在不同阶段集中表现出一些问题,将心理健康教育分在两个学期进行,努力做到"对症下药":第一学期主要针对适应问题开展了解大学与心理咨询中心、自我认识、学习管理、班级建设等方面的课程教学与活动;第二学期主要针对情绪管理、学习恋爱、人际交往、理解家庭与珍爱生命等方面进行教学与团体活动。这样,根据新生大学适应周期的变化特点和心理特点,设定教学主题、内容与安排,保证了课程的理论性和系统性,同时注重实践,突出课程的体验性与参与性,有目的、有计划地引导学生感知、领悟、理解情境的丰富性,通过学生在活动中的充分参与来获得个人的体验,组织全体学生共同交流、分享个人体验、提升认识。

经过两年的实践,参与过新生心理健康教育课程的学生对于心理素质教育的态度明显转变。通过多次与心理咨询中心的亲密接触,新生增加了对中心的了解,认识和认同。很多新生班级将中心比作"快意生活馆",主动到中心开展班级活动。大部分新生认为心理咨询中心"有家的感觉"。新生心理健康课程的实施,也极大增强了学生的主动咨询意识。与实施全覆盖的新生心理健康教育课程之前相比,个体咨询总人次、团体咨询与活动总人次以及咨询约谈周接待时数等指标参数均出现大幅提高。同时,随着心理健康课程的普及,提高了学生发现问题、进行危机预判的能力,使部分潜在的危机事件能够早发现、早解决。通过调整课程内容,丰富教学手段,注重理论讲授与体验训练相结合,使学生对于心理健康课程的满意度大幅提高。

二、心理咨询

【案例】

有位美国心理专家问中国的心理学教授:"如果有一对恋人约会,小伙子迟到了,姑娘问他为什么迟到,小伙子回答去找心理医生所以才来晚了,此时的中国姑娘对这位小伙子会是什么态度?"教授不假思索地回答:"这个姑娘可能会和他分手。"

但如果在美国,姑娘却会因此而更加喜欢这位小伙子了。她认为一个懂得用心理咨询的方法来调整自我的人,一定不会把自己的消极情绪转嫁到别人头上,也不会把别人当成发泄的对象,与这样的人生活在一起肯定会很幸福。

正如上述案例中所述,心理咨询在发达国家已经是很普及的事情,但是在我国,心理咨询尚未被大多数人所了解和接受。大部分高校心理健康教育机构名称即为"心理咨询中心"。心理咨询是高校开展心理健康教育工作的主要途径之一。

(一) 心理咨询的概念

1. 心理咨询

心理咨询(counseling)是指运用心理学的方法,对心理适应方面出现问题并企求解决问题的求询者提供心理援助的过程。需要解决问题并前来寻求帮助者称为来访者或者咨客。提供帮助的咨询专家称为咨询者。来访者就自身存在的心理不适或心理障碍,通过语言文字等交流媒介,向咨询者进行述说、询问与商讨,在其支持和帮助下,通过共同的讨论找出引起心理问题的原因,分析问题的症结,进而寻求摆脱困境解决问题的条件和对策,以便恢复心理平衡、提高对环境的适应能力、增进身心健康。

对心理咨询的解释可以分为广义和狭义。广义的心理咨询包括心理咨询和心理治疗,有时心理检查、心理测验也被列为心理咨询的范围;狭义的心理咨询不包括心理治疗和心理检查、心理测验,只局限于咨访双方通过面谈、书信、网络和电话等手段向来访者提供心理救助和咨询帮助。

2. 心理咨询与心理治疗的区别

第一,工作的任务不同。心理咨询的任务主要在于促进成长,强调发展模式,帮助来访者发挥最大的潜能,为正常发展消除路障,重点在于预防;而心理治疗多在弥补病人过去已经形成的损害,解决和改变发展结构障碍。

第二,对象和情景不同。心理咨询遵循教育的模式,来访者多为正常对象,主要涉及日常生活问题,一般在学校、单位、心理咨询机构等情景中开展工作;心理治疗的对象是心理异常的病人,是在临床和医疗情景中开展工作。

第三,工作的方式不同。心理咨询应用更多的方式介入来访者的生活环境之中,如参与他的直接环境,与来访者的家庭、亲友取得联系,应用更多的日常生活设施(如电话咨询等),设计和组织学习班和各种团体活动;而心理治疗的形式则更多为成对会谈。

第四,解决问题的性质和内容不同。心理咨询具有现实指向的性质,涉及的是意识问题,如有关职业选择、培养教育、生活和工作指导、学习辅导等,因此多采用认知和论理的途径;心理治疗涉及内在的人格问题,更多的是与无意识打交道。

自2013年5月1日起,历时30年之久的《精神卫生法》终于出台。新的《精神卫生法》特别区分了心理咨询与心理治疗。其中,心理治疗定义为在医疗机构中实施的专门心理治疗,而心理咨询则是指在医疗机构以外的各种机构、组织、社区中对普通人(而非患者)开展的心理健康促进活动。法律规定,心理咨询人员不得从事心理治疗或者精神障碍的诊断、治疗。心理咨询人员发现接受咨询的人员可能患有精神障碍的,应当建议其到符合法律规定的医疗机构就诊。而心理诊疗活动应当在医疗机构内开展。专门从事心理治疗的人员不得从事精神障碍的诊断,也不得为精神障碍患者开具处方或者提供外科治疗。据此,学校心理咨询中心或心理健康教育中心等机构提供的均为心理咨询服务,而非心理治疗。

【延伸阅读】

《中华人民共和国精神卫生法》节选

(2012年10月26日第11届全国人民代表大会常委会第29次会议通过)

第二章 心理健康促进和精神障碍预防

第十六条 各级各类学校应当对学生进行精神卫生知识教育;配备或者聘请心理健康教育教师、辅导人员,并可以设立心理健康辅导室,对学生进行心理健康教育。学前教育机构应当对幼儿开展符合其特点的心理健康教育。

发生自然灾害、意外伤害、公共安全事件等可能影响学生心理健康的事件,学校应当及时组织专业人员对学生进行心理援助。

教师应当学习和了解相关的精神卫生知识,关注学生心理健康状况,正确引导、激励学生。地方各级人民政府教育行政部门和学校应当重视教师心理健康。

学校和教师应当与学生父母或者其他监护人、近亲属沟通学生心理健康情况。

第二十三条 心理咨询人员应当提高业务素质,遵守执业规范,为社会公众提供专业化的心理咨询服务。

心理咨询人员不得从事心理治疗或者精神障碍的诊断、治疗。

心理咨询人员发现接受咨询的人员可能患有精神障碍的,应当建议其到符合本法规定的医疗机构就诊。

心理咨询人员应当尊重接受咨询人员的隐私,并为其保守秘密。

【深度阅读】

心理咨询与心理治疗九大误区

误区一:心理咨询或心理治疗就是聊天。

心理咨询或心理治疗不同于一般意义上的聊天。尽管心理咨询或心理治疗的方式主要是谈话,但心理咨询或心理治疗是利用心理学的专业理论知识,还有社会学、医学等方面的知识,有严格科学的理论体系和操作规程,从而达到解决心理问题的目的,帮人解除心理危机,促进人格的发展。这完全不同于朋友聊天、亲友的劝解安慰、老师的教育、领导的思想政治工作等。

误区二:谁都能当心理咨询或心理治疗师。

如同谁都不能随便开汽车一样,心理咨询或心理治疗师应经过严格的训练与考核,取得管理部门的许可证才能上岗。按照发达国家的要求,一名合格的全职心理咨询或心理治疗师应基本具备心理学、医学博士学位,经过严格的实习训练,具有一定的实践经验,通过认证资格考试,在上级督导老师的指导下才能独自开业。由于众所周知的原因,我国目前尚没有达到发达国家的要求,差距非常大,只能降低标准启用一些热爱心理咨询或心理治疗并基本具备心理咨询或心理治疗素质的人才,逐步培养心理咨询或心理治疗高级专业人才,争取早日与国际标准接轨。

误区三:我的心理素质好,不需心理咨询或心理治疗。

心理咨询或心理治疗不仅仅是解决你的心理危机和一大宗的心理问题。无论你多么的坚强、聪明、正直、热情和博学多识,你都不可能十分了解自己。你需要从其他人那里了解自己。你不可能每时每刻反省自己,也不可能始终站在局外人的立场审视自己,从别人那里了解自己可能得到错误的暗示。心理咨询或心理治疗是一面比较标准的镜子,可以不变形地从各个角度正确了解自己,正确了解自己可以扬长避短,促进人生发展与成功。

误区四:心理咨询或心理治疗师能看透我的想法,知道我的过去和未来。

有人会犯把心理咨询或心理治疗简单化的错误,也有的人会犯把心理咨询或心理治疗过分复杂化和神秘化的错误。个别人把心理学等同于神秘学说,如同算命先生、占卜、特异功能等,例如现在市场上有人利用电子计算机打着心理测验的幌子进行骗人。有的人故意让心理医生去猜测自己的心理活动,并以此来衡量心理医生的水平高低等。心理医生除了心理学方面的专业知识与一般人不同外,并无其他特别之处。心理医生有经过训练的良好观察力,知道心理活动科学规律并有非常客观的逻辑分析能力,可以判断某些潜意识的心理活动,但这一切都必须来自真实、客观、全面的资料。心理医生自己不能,也不能借助高科技的仪器了解到具体的想法。最先进的测谎仪也无法测出具体的思维细节,人们对大脑的认识远远落后于对复杂电子计算机的认识。心理世界的复杂程度不是现代人所想象的。对待心理咨询或心理治疗必须有科学的思想。

误区五:去做心理咨询或心理治疗丢人。

由于历史的原因和许多客观因素的限制,人们对自己的心理世界还不太了解。许多人还分不清"神经"与"精神"、"精神"与"心理"以及"思想"区别。他们对心理咨询或心理治疗的惧怕与怀疑可能源于对"精神病"的无知。去心理咨询或心理治疗怕被当成"精神不正常"看待,心理问题当成"心理病态""思想问题"。有时轻微的心理问题不加以科学解决,造成最后发展成重型精神病。"捂"着、"瞒"着让心理问题任其发展,实在悲哀。心理咨询或心理治疗是促进人的成长与发展的最佳途径之一,是预防心理障碍的有效方法,是提高生活质量实现人生成功的必由之路。心理咨询或心理治疗的最基本原则里面包括"绝对保密"。你可以把内心世界坦诚给心理医生。心理医生会给予精心的维护保养。认为"看心理医生丢人"的人是软弱的人,是不敢接受自我与现实的人,其心理也不太健康。现代有进步思想的人已经毫无顾虑地走进心理咨询或心理治疗室,充满信心地走向成功的未来。

误区六:心理咨询或心理治疗不应该收费或少收费。

心理咨询或心理治疗是助人的事情,是为了帮助人们解除心灵的痛苦,是做善事,而且没有多大外在的成本,所以不少人认为应该是不收费的。现代人尽管理论上知道时间和知识是有价值的,但由于这些是无形的东西,加上内心深处传统思想影响,许多人需要心理咨询或心理治疗,但是却不愿付费。国外心理咨询或心理治疗是非常昂贵的消费。我国的收费却很低廉,以至于许多心理医生不能以此为生,成为影响我国的心理卫生事业发展的原因之一。

误区七:心理咨询或心理治疗应该一次解决问题。

许多初次心理咨询或心理治疗的人都幻想心理医生能够一次把自己长期的压抑与痛苦一扫而光,拨开心灵迷雾,远离烦恼与困惑,重见真我的蓝天,还我轻松心情与振奋的斗志。"解铃还须系铃人",心理咨询或心理治疗是帮助人自己解决自己的问题。心理医生不可能包办解决问题,只是提供一些正确的认识自己、分析问题、解决问题的具体方法。这些方法必须有求助者本人多次具体实践才能解决问题。除非是非常简单的心理问题,可以通过一次心理咨询或心理治疗能达到理想的效果。许多问题是"冰冻三尺非一日之寒",有性格方面的问题,有些现实问题还可能涉及方方面面。心理咨询或心理治疗也不可能一次解决。心理咨询或心理治疗是帮助求助者认识自己、接受现实从而超越自我。所以心理咨询或心理治疗需要一个了解的过程,一个经历讨论、分析、操作、反馈、修正、再实践的程序,一般不可能一次解决问题。并且心理咨询或心理治疗每次有时间的限制。过去心理咨询或心理治疗需要很长时间(几个月至几年)才能解决问题,现在由于理论和技术的改进大大缩短了疗程,但绝不可能都一次解决问题。

误区八:名头越多,心理医生越高明?年龄越大,心理医生越有经验?

在这里,引用中日友好医院心理专家李子勋(中央电视台《心理访谈》特约心理专家)的文章,作为说明。以下几方面是最不可靠的:

1. 职称:比如教授或主任医师,甚至博士的头衔也不能代表什么,这是说明他们在某些学识上有造就,但不能代表他作为心理专家就在行(心理治疗是实践性很强的工作,光有理论永远不够)。

2. 心理学会的领头人:如协会主席、理事、全国委员等,忙于事务工作的人,不可能静得下心来做个案。

3. 收费昂贵的人：收费贵的人不代表他水平高。自以为是的人总觉得别人欠他的，过高地估价自己。

4. 海外镀金的人：有海外求学的背景固然很好，但要搞清楚求的什么学，镀的什么金。

5. 出书的人：千万不要以为能写书的人咨询水平就高。

6. 年老的人：心理咨询或心理治疗是一个极具挑战性的工作，要求咨询师必须精神饱满，精力充沛，思想开放，灵活，超前，并有多元文化的价值取向。而一些老年人的思想比较僵化，自以为自己人生阅历丰富，很难克制住不去教育人。

误区九：**心理咨询与心理治疗以吃药为主，心理疏导为辅。**

目前，很多医院的心理科都是精神科医生兼任或转任，不知不觉之中，总以精神科的观点去看心理障碍，容易就给患者开药吃，每周费用达到二三百元，而极少进行心理疏导。

有部分经过医院诊断后需要吃药的精神障碍患者确实可以通过药物治疗有效地控制症状，但有些心理障碍可以通过心理咨询或心理治疗也能得到治愈。

资料来源：引自咨询中国，www.psyzg.com.

（二）心理咨询的对象、分类与形式

心理咨询最主要的对象，是健康人群或存在心理问题的人群，它有别于完全健康人群，也和心理治疗的主要对象有所不同。[①]

根据咨询的内容，心理咨询可以分为发展咨询和健康咨询；根据咨询的规模，可分为个体咨询与团体咨询；根据咨询采用的形式，可分为门诊咨询、电话咨询和互联网咨询。

为了适应现代化的工作和生活节奏，人们越来越重视自身的认识和关注，而发展性心理咨询，可以帮助人们挖掘心理潜力，提高自我认识的能力，当自我认识出现偏差或障碍时，可以通过心理咨询得以解决。

随着人类物质文明和精神文明水平的不断提高，人们渐渐关注如何全面提高生活质量，比如提高学习和工作能力、保持最佳工作状态、维护安宁的生活环境、协调家庭成员和社会成员的人际关系。心理咨询作为一种专业技能，可以帮助人们调整内心世界，提高生活质量。

发展性心理咨询常涉及以下内容：孕妇的心理状态、行为活动和生活环境对胎儿的影响；儿童早期智力开发；儿童发展中的心理问题；青春期身心发展的不平衡；社会适应问题；性心理知识咨询；男女社交与早恋等；青年独立性和依赖性的矛盾；友谊与恋爱；成就动机与自我实现性问题；择偶与新婚；人际关系；择业、失业与再就业；中年及更年期人际冲突、情绪失调、工作及家庭负荷的适应；家庭结构调整；更年期综合征等；老年社会角色

---

① 林崇德.咨询心理学.北京：人民教育出版社，1998：3-5.

再适应；夫妻、两代、祖孙等家庭关系；身体衰老与心理衰老等。

　　健康咨询的对象主要是因为心理受到社会刺激而引起心理状态紧张并明确体验到躯体或情绪上的困扰的人。因为心理社会刺激非常纷繁而复杂，在目前的社会广泛存在。因此凡是生活、工作、学习、家庭、疾病、康复、婚姻、育儿等方面所出现的心理问题，一旦求助者体验到不适或痛苦体验，都可属于健康心理咨询的工作范围。健康咨询的工作范围主要包括以下内容：

　　（1）各种情绪障碍，如焦虑恐惧、抑郁悲观等；

　　（2）各种不可控制性的思维、意向、行为、动作的解释；

　　（3）各类心身疾病，如冠心病、高血压病、支气管哮喘、溃疡病等，以及性功能障碍；

　　（4）长期慢性躯体疾病，久治不愈，既对治疗不满意又丧失信心，因而需进行心理上的指导者；

　　（5）精神病康复期求助者的心理指导；

　　（6）对家庭中的求助者，应如何进行处理、护理问题等。

　　高校心理咨询的问题主要集中在学习困难、生涯规划、自我探索、情绪管理、恋爱交友等方面，大部分都属于发展性咨询。

（三）心理咨询的过程与效果

1. 咨询过程

　　心理咨询作为一个完整的过程是由若干相互联系的步骤组成的，基本步骤一般分为开始阶段、指导与帮助阶段、巩固与结束阶段，具体可以分为以下5个步骤[①]：

　　（1）进入与定向阶段

　　进入与定向阶段，即开始阶段，主要工作有：建立辅导关系；搜集相关资料，以利初步界定问题，明确辅导需要；初步了解当事人的个人、环境资源；做出接案决定；做出辅导安排。

　　（2）问题—个人探索阶段

　　此阶段的主要目标包括：建立良好的关系；搜集有关资料，以进一步界定和理解问题；协助当事人进行自我探索，达到对当事人的深入了解等。

　　（3）目标与方案探讨阶段

　　这一阶段的主要工作是激发当事人改变的动机和处理好当事人的期望与目标的关系。在这一阶段，咨询师要明了现有的干预手段和自己能力的局限，并注意咨询目标的确定要以当事人为主，咨询师只起辅助作用。

　　（4）行动/转变阶段

---

① Gerald Corey. 心理咨询与治疗经典案例（第七版）. 谭晨，译. 北京：中国轻工业出版社，2010：4-6.

这是咨询中的突破阶段。咨询不是为了缅怀过去、抱怨控诉,而是为了改变现有来访者的不适应状态,因此转变是至关重要的。在这一阶段要保持灵活性,要注意治疗收获在实际生活中的迁移应用情况,并避免让当事人变成一种被动、接受、依赖的角色。行动/转变阶段要经常进行评估,即根据已确定的目标,考察咨询和治疗实际取得了多大进展。

(5) 评估/结束阶段

这一阶段意味着咨询的结束,在结束阶段不仅要评估目标收获,处理关系结束的问题,例如,分离焦虑等,还要为学习的迁移和自我依赖做准备。

2. 咨询效果

咨询效果是寻求心理咨询的大学生关心的要点之一。一般来说,咨询效果评定可以从以下几个维度来进行:

(1) 求助者对咨询效果的自我评估。例如,求助者认为自己原来害怕的事物现在不再害怕了,原来无法接受的现实现在开始正视了,对自己的满意程度上升了等。

(2) 求助者社会生活适应状况改变的客观现实。例如,开始能够正常上学,与人交往、相处状况得到改善,工作、学习效率提高等。

(3) 求助者周围人士特别是家人、朋友和同事对求助者改善状况的评定。例如,不再乱发脾气、摔东西,与父母或孩子的沟通加强。

(4) 求助者咨询前后心理测量结果的比较。例如,某些心理症状量表的分数得到改善。自我评价更积极,敢于面对困难等。

(5) 咨询师的评定。根据咨询师的观察,求助者在情绪、认知和独立性等方面有进步、自我评价更积极,敢于面对困难等。

当然,咨询效果也有其影响因素。心理咨询的效果是由多面因素参与构成,主要有三个方面:来访者、咨询师及来访者的社会支持。来访者作为主动前来寻求帮助的人,其主动程度、积极参与程度、配合程度是影响咨询效果的主要主观因素。心理咨询师经验积累的数量、是否擅长解决来访者求助的问题、是否与来访者匹配(性格、价值观)等是影响咨询效果的主要技术因素。而来访者的亲朋好友对其的支持程度、积极帮助和配合,为积极有效的改变创造了良好的社会环境。一般来说,这三个方面按顺序排列,其中,第一个和第二个最为重要。

(四) 心理咨询的相关守则

高校心理咨询中心的咨询师在从事心理咨询与治疗时,应遵纪守法、遵守心理咨询师职业道德准则,在其工作中建立并执行严格的道德标准。与大学生相关的守则主要有如下几条。

1. 保密原则

心理咨询师应尊重来访者的个人隐私权,无论是在个体治疗或是在集体治疗中都有责任采取适当的措施为来访者保守秘密。

（1）心理咨询师有责任向来访者说明心理咨询工作的保密原则以及这一原则在应用时的限制。在团体咨询时应首先在团体中确立保密原则。

（2）心理咨询师应清楚地了解保密原则的应用有其限制。下列情况为保密原则的例外：①心理咨询师发现来访者有伤害自身或伤害他人的严重危险时；②来访者有致命的传染性疾病且可能危及他人时；③未成年人在受到性侵犯或虐待时；④法律规定需要披露时。

（3）在遇到上述中的①、②和③的情况时，心理咨询师有向对方合法监护人预警的责任；在遇到④的情况时，心理咨询师有遵循法律规定的义务，但须要求法庭及相关人员出示合法的书面要求，并要求法庭及相关人员确保此披露不会对临床专业关系带来直接损害或潜在危害。

（4）心理咨询师只有在得到来访者书面同意的情况下，才能对心理咨询过程进行录音、录像或演示。

（5）心理咨询师咨询工作的有关信息（包括个案记录、测验资料、信件、录音、录像和其他资料）均属于专业信息，应在严格保密的情况下进行保存，仅经过授权的心理咨询师可以接触这类资料。

（6）在心理咨询工作中，一旦发现来访者有危害自身和他人的情况，必须启动危机干预方案，防止意外事件发生。如与其他心理咨询师进行磋商，应将有关保密信息的暴露程度限制在最低范围之内。

2. 知情同意原则

知情同意由三个基本要素组成，即告知、自愿以及能力。告知是指在来访者做出知情同意之前，心理咨询师有义务和责任告知来访者以下情况：咨询的特点、性质、预期疗程、费用、保密范围等，如果来访者在没有被充分告知的情况下做出知情同意，法律上被视为无效同意；自愿是指来访者做出知情同意的过程中，不受外界的利诱或胁迫，其决定是自愿自主的；能力是指来访者作为知情同意的法律主体，应当具有法律所要求的行为能力。

（1）心理咨询师需要在建立咨询关系的初期，向来访者告知咨询的特点、性质、预期疗程、费用、保密的范围等，并为来访者提供充分的机会询问并且对其问题给予回复；

（2）应与来访者对咨询目标进行讨论并达成一致意见，在使用尚未广泛认可的治疗技术时，心理咨询师需要告知对方有关该咨询技术的发展状况，可能的潜在风险等；

（3）当为来访者提供服务的咨询师正处于接受培训的阶段，而且由其督导承担相关的法律责任时，那么作为知情同意程序的其中一个部分，需要向来访者告知该咨询师正处于培训阶段，并且在其督导监督下进行操作的事实；

（4）任何时候来访者都有权终止咨询或更换咨询师；

（5）如果来访者的确没有法律责任能力做决定，但又必须进行心理咨询时，可以请监护人采用"替代同意"的形式。

3. 咨询师与来访者的关系

心理咨询师的工作目的是使来访者从其提供的专业服务中获益。心理咨询师应保障来访者的权利,努力使其得到适当的服务并避免伤害。

(1) 心理咨询师不得因为来访者的性别、民族、国籍、宗教信仰、价值观、性取向等任何方面的因素歧视来访者。

(2) 心理咨询师在咨询关系建立之前,应使来访者明确了解心理咨询工作的性质、工作特点、收费标准、这一工作可能的局限以及来访者的权利和义务。

(3) 心理咨询师在进行心理咨询工作时,应与来访者对咨询目标、方式等问题进行讨论并达成一致意见,必要时(如使用冲击疗法、催眠疗法、长期精神分析等技术)应与来访者达成书面协议。

(4) 心理咨询师应明确其工作的目的是促进来访者的成长、自强自立,而并非使来访者在其未来的生活中对心理咨询师产生依赖。

(5) 心理咨询师应清楚地认识自己在咨访关系中的职业角色对来访者构成的潜在影响,不得利用来访者对自己的信任或依赖谋取私利。

(6) 不允许心理咨询师以收受实物、获得劳务服务或其他方式作为其专业服务的回报,因为它们有引起冲突、剥削、破坏专业关系的潜在危险。

(7) 心理咨询师要清楚地了解双重(或多重)关系(例如,与来访者发展家庭的、社交的、经济的、商业的或者亲密的个人关系)对专业判断力的不利影响及其伤害寻求专业服务的潜在危险性,避免与来访者发生双重关系。在双重关系不可避免时,应采取一些专业上的预防措施,例如,签署正式的知情同意书、寻求专业督导、做好相关文件的记录等,以确保双重关系不会损害自己的判断,且不会对来访者造成危害。

(8) 心理咨询师不得与当前来访者发生任何形式的性和亲密关系,也不得给有过性和亲密关系的人做心理咨询。一旦业已建立的专业关系超越了专业界限(如发展了性关系或恋爱关系),应立即终止专业关系并采取适当措施(例如,寻求督导、转介等)。

(9) 心理咨询师在与某个来访者结束心理咨询关系之后,至少3年内不得与来访者发生任何亲密或性关系。在3年后如果发生此类关系,要仔细考察关系的性质,确保此关系不存在任何给来访者造成伤害的可能,同时要有合法的书面记录备案。

(10) 当心理咨询师认为自己不适合对某个来访者进行工作时,应对来访者明确说明,并且应本着对来访者负责的态度将其介绍给另一位合适的心理咨询师。

(五) 何时需要主动寻求心理帮助

在我国,心理咨询属于一个新兴的医疗专科,许多在感情、人际关系、工作或学业方面有了困惑的人常常问"我需要心理治疗吗""什么时候去看心理医生"等问题。

当你感到你的心理不适和精神困扰感受超过了个人可独立解决的程度时,便可寻求心理咨询。

(1) 感到孤独和寂寞,希望得到别人的关怀,却难以和他人建立亲密关系。

(2) 对生活中的事情无法决定,总是犹豫、怀疑和选择困难,如婚姻、家庭、情感困惑、职业选择,至爱亲朋的远离和过世,形成自我怨恨或罪恶感,难以解脱等。

(3) 难以面对现实,自己无法应付人际关系矛盾,如离婚、工作压力大,与同事、朋友、亲人发生纠纷,有自杀倾向、暴力倾向等。

(4) 亲子关系出现问题,如孩子不和父母说话,不肯上学或经常逃学,功课明显退步、性格孤僻或暴戾、学习困难、网瘾、早恋、口吃等。

(5) 神经征症状:抑郁、焦虑、强迫、疑病、恐惧、偏执、癔症等。

【知识链接】

寻求心理咨询的十条小常识

(1) 你不是要找一个心理学工作者,你要找的,是一个临床的心理咨询师。

因为大多数心理学家在做的事情,其实和我们老百姓们的日常生活隔了千山万水。他们研究动物,研究数字,他们的成果应用在无数的行业(当然也有无数的成果,还没有人知道)。而尽管心理学的研究者在做非常有价值、有意义的事情,但他们大多数并不是"心理咨询师",甚至也不一定了解心理咨询和"思想教育工作"有何差别。

你要找的,是一个接受过系统训练的、专门从事临床心理治疗的心理咨询师或者精神科大夫。

(2) 在开始接受治疗之前,主动挑选你的咨询师。

心理咨询的本质是人和人之间的关系。单从人的角度来说,你若是遇见一个不喜欢的人,而还要付钱逼迫自己向他打开心扉,这个过程一般人们无法接受。

尽管治疗的本质殊途同归,但是不同流派的心理咨询师们,也确实用着相互之间听不懂的语言,用着非常不同的方法,来帮助来访者解决问题。因此,你有权利,更有必要在开始咨询之前,认真地了解你的咨询师。

(3) 你要选择一个,让你觉得可以建立信任感的心理咨询师。

咨询师是最终那个使治疗发生作用的工具。来访者需要和咨询师一起建立一种关系,在这个关系里足够安全地去呈现你的隐私。而咨询师会通过这个特别的关系,让治疗发生作用。

倘若你一开始,无论什么原因,就觉得你不可能信任这个咨询师,那么,请不要理会你理智里面所想的"大家都说这是个好咨询师,我应该试试"诸如此类的念头。而是去找下一个你喜欢的咨询师。

（4）开始咨询之前，尽可能多地尝试了解这个咨询师，尤其是其本人。

了解咨询师的情况，包括年龄、性别、职业经历，对人和生活的态度，甚至长相。你可以去看他的微博、博客，尽可能多地了解他的相关信息。若能够见面，则更好。

还要看他在媒体上有怎样的影响力、拿过什么样的证书、有怎样的专业背景。若是一个行业内获得认可的咨询师，他这个人本身所带给你的感受，在咨询中对你的影响会更大一些。

当然，这绝不是要你去费尽心力去打探咨询师的个人隐私，和第3条表达的一样，目的仅在于，找一个你觉得易于建立信任关系的人。

（5）了解心理咨询有严格的设置。

一般的咨询设置是，每周一次见面，固定的时间地点，每次50~60分钟。关于时间和频率，以下几种情况有特例：

① 传统精神分析流派会每周四次，每次50~60分钟。如果感兴趣，推荐找接受长期训练（且被分析过的）精神分析师来做这样的见面。

② 有一些来访者的症状严重，开始的时候会一周见两次面，稳定后每周一次，咨询结束之前降低见面频率。

③ 家庭治疗的时间一般为60~90分钟。

因为心理咨询是要在一个非常特别的环境下，咨询师和来访者建立特殊的关系。每周一次的频率，既能够在咨询的环境下得到即时的支持，又能够保持现实生活的状态；而固定的时间地点，能够帮助形成治疗容器（therapeutic container）。

在咨询的过程里面，咨询师有责任保持稳定的咨询设置，并根据来访者的情况与来访者商议后调整时间和频率。

（6）咨询"疗程"的长短以及咨询的目标，是咨询师和来访者共同商定的。

咨询的前几次（甚至在更长一段时间里面），一般是做评估、收集资料的过程。咨询师会帮助来访者在前几次确定大体的咨询目标，而这个目标会跟随治疗的深入不断调整。

咨询的作用是帮助你去了解你自己。打个比方，你头痛去找医生。医生的任务是找出你头痛的原因，是心、肺还是脊髓，然后再对症下药。心理咨询也是一样的。所以咨询的目标，会随着咨询的深入，不断调整。

在没有足够了解你状况的时候（比如第一、第二次见面），倘若一个咨询师告诉你说，你是因为×××，所以患上了×××，7次一个疗程，交钱包治（精神科大夫的药物使用除外，因为药物确实是用来解决症状的）。这时，你应该果断地将之前交的咨询费要回来，然后拎包甩门离开。

（7）若你心底有诉求，要清楚一点咨询不是靠一次两次就能"解决问题"的。

这并不是给咨询师找借口。因为治疗不是给建议、讲道理、做理智的分析。

咨询真正开始发生作用的时候，是在你和咨询师之间，建立足够安全的咨访关系，你开始能够将自己（潜意识层面）打开，咨询师才有机会通过你们之间建立的关系，开始给你真正的陪伴、支持、疗愈。

因此,若你确实心底有求助的诉求,这个关系的建立总会需要一段时间。当然,咨询师也有责任,在咨询的过程中给来访者以治疗的信心。

(8) 你可以主动提出结束治疗。

好的咨询师会在适当的时候,开始和你谈论什么时候,如何结束治疗;他也会鼓励你,当你觉得想要停止治疗的时候,主动和他坦诚地谈论如何结束治疗。

不必担心被咨询师"绑架",你可以主动提出结束治疗。咨询师不是巫师,他没有能力操控你的思想和行为。当你觉得治疗对你产生"伤害"的话,你可以主动提出终止治疗。

但是请和你的咨询师坦诚地讨论你希望终止治疗的原因。因为咨询的过程并不总是温暖怡人的,在适当的时候,咨询师会向你发出一定的挑战。咨询师可以帮助你觉察,你希望结束治疗的原因是如下之一:

① 移情反应(例如,是因为在治疗中觉得被挑战,或者是你每次应对亲密关系的一个惯常模式),那么这就有可能是治疗深入的一个契机,或者提醒咨询师,他需要调整治疗的步伐;

② 你确实不再需要更多的帮助,共同商量结束咨询;

③ 这个咨询师本身并不适合你,好的咨询师会给你进一步求助的建议。

总之,和你的咨询师坦诚地谈论你希望终止治疗的原因,咨询师会有机会给你进一步的、更适合你的建议。

(9) 你可以放弃这个心理咨询师,但请不要放弃求助。

无论咨询师多优秀,都会有不适合他的来访者。更何况国内咨询师的状况鱼龙混杂,找咨询师的过程更像是盲人摸象。你可能遇见不靠谱的咨询师,亦有可能遇见好的但却不适合你的咨询师。请不要因此失去信心。就像恋爱一样,你可以放弃不合适你的对象,但请不要放弃爱情;你可以放弃不适合你的咨询师,但请不要放弃求助。请相信,在众多的咨询师中,总有适合你的那一个。

(10) 注意安全。

两人单独共处一室,安全问题,其实是双向的。无论是咨询师还是来访者,都要注意人身安全。如果咨询室不是设置在医院、学校、公共写字楼等地方的话,留心安全。一般咨询师为了保护自己,在接待室会安排人留着,以防突发事件。但是对于来访者,你若觉得例如咨询室"锁门"不安全,你可以提出希望只关门不要锁门,咨询师一般都能够理解你,并满足你的要求。若确实觉得自己的人身不安全,当即离开,保护自己最重要。

三、班级心理辅导

班级是大学生生活与学习的基本组织之一。在大学里以班级为单位开展心理健康教育活动,常常能取到事半功倍的效果。

(一) 班级心理辅导的内涵与特点

班级心理辅导是指以团体心理辅导及相关的理论与技术为指导,以解决学生成长中的问题为目标,以班级为单位的集体心理辅导活动。

班级心理辅导不同于一般的班级主题活动。这是因为,其一,班级主题活动的范围比较广泛,包括德育、智育、体育活动和社会实践活动等;而班级心理辅导的范围比较集中,主要围绕学生的心理健康。其二,设计班级心理辅导活动需要有系统的心理辅导理论框架和专门技术的支持,而设计班级主题活动不一定要有理论结构。如,班主任和同学设计一次迎国庆活动,事先不需要思考该依据什么理论。其三,班级心理辅导往往是以学生的成长需求为出发点,并以此作为活动主题,如学习困扰、人际交往问题、青春期问题等;班级主题活动则既可以围绕学生个人,也可以围绕社会。由于它是学校德育的一种形式,故往往更具有社会取向。

班级心理辅导不同于团体心理辅导。虽然班级心理辅导要以团体心理辅导理论为依据,但两者在形式上有很大的不同。团体心理辅导的规模比较小,一般在6~12人,团体成员的构成可以是同质的,也可以是异质的;班级心理辅导是以班级为单位,规模比较大,成员不可能是同质的。另外,从辅导目标来看,团体心理辅导可以是发展性的,也可以是矫治性的,一般需要专业人员来承担;班级心理辅导则主要是发展性的,可以由受过一定培训的教师来承担。

从内涵上讲,班级心理辅导同心理辅导课程更相近,所不同的是,心理辅导课程是以"课"的形式对全班进行心理辅导,而班级心理辅导可以在课堂上进行,也可以在课堂外进行,在时间和空间上更为灵活。

班级心理辅导不同于传统意义上的学校教育,它有如下几个鲜明的特点。

1. 班级心理辅导是学生进行自我探索的过程

一个比较完善的学校教育体系应该传授学生三个方面的知识:自然知识、社会知识和自我知识。在现行的学校课程中,前两项都得到了落实,唯独第三项知识很少体现。心理辅导就是让学生进行自我探索,认识自我、调节自我、完善自我,并解决自己成长中的各种问题,诸如学习、交往、情绪调适、理想抱负等。第三种知识的获得主要是帮助学生发现自己的问题,找到解决问题的办法。学生只有经过自我的探索才会获得经验,才能真正地成长起来。

2. 班级心理辅导强调体验和感悟

心理辅导活动主要解决个体自身的成长与发展问题,它需要以个体的经验为载体。按照杜威(J Dewey)的观点,儿童的成长就是个体的经验不断改组与改造的过程。这种经验既然是个人的,那么个人的自我体验就显得尤为重要。我们认为,对学生有意义的自我体验应该包括情感体验、价值体验和行动体验。这些自我体验可以通过在心理辅导活动中创设一定的情境,营造一定的氛围来实现。学生从体验中获得有意义的东西,这就是感悟。可见,班级心理辅导是一种自我教育活动,它没有说教和灌输等显性教育的痕迹,但它可以通过学生自己体验和感悟,潜移默化地影响他们的成长。

3. 班级心理辅导以互助、自助为机制

心理辅导既然是自我教育活动,就必须积极调动学生自身的教育资源。保守的教育观念总是把学生看作教育的对象,心理辅导则倡导学生是教育的主体。辅导活动是一种积极的人际互动过程,同龄伙伴有共同的爱好、价值观和文化背景,彼此之间容易理解和沟通,他们可以不加掩饰,坦诚直言,进行心与心的交流。班级心理辅导活动一般都有主题和目标,它是依据学生一定的心理需求制定的,容易为学生接受,形成共识。作为集体的一员,学生在辅导活动中既是受助者,又是助人者。这种互助可以增进学生对自信、自尊的体验,从而达到自助的效果。教师作为辅导者,应该创设良好的集体舆论、和谐的人际关系、民主自由的气氛,充分开发集体的教育资源,以利于这种良性机制的形成。

(二)班级心理辅导的价值

班级心理辅导的首要价值是,它可以体现促进形成全体学生心理健康的发展性目标。对此前面已做讨论,这里不再赘述。

其次,班级心理辅导可以落实心理辅导全员性策略。中国台湾中小学积40多年的经验,提出了心理辅导全员性原则。就是说,从培养学生健全人格的角度来看,每一位教师都是心理辅导工作者。当然,这不是要求教师承担专职心理辅导工作者的任务,诊断和矫治学生的心理障碍,而是要求教师关心学生心智的成熟。开展班级心理辅导活动可以帮助教师边实践、边学习,在不长的时间内,逐步理解、掌握心理辅导的理念、方法和技术,提高教师教育、教学的能力与效果。

最后,班级心理辅导可以体现"以人的发展为本"的教育理念,现行的学校教育存在许多压抑学生自主发展的弊端,例如,学科取向的课程体系,强调系统的学科知识体系,划一的教学目标,难以顾及个体发展的差异性和特殊需要;德育工作过分倚重灌输和说教,难以将道德规范内化为学生的信念和行为。班级心理辅导是以个体发展的取向为主,以个体的经验为载体,以活动为中介,通过学生的参与、体验和感悟,帮助学生认识自己,开发自己的潜能,获得自助能力。极大地调动学生的主动性。在课程改革的历史上,学科课程由于着眼于学科知识,较少顾及个体的情意因素,妨碍了个体完整人格的实现,早在20世纪70年代就受到批评,被称为"非人性教育"。于是,强调个体的情意发展与智力发展同等重要的人本主义教育课程应运而生。在人本主义课程中,有一种课程被称为"自我觉醒和自我发展的课程",它旨在唤起学生对于人生意义的探索,教师在教学过程中不仅传授

知识和技术,而且要为学生的人格发展提供建议,从而帮助学生成长。这种课程的基本情况同心理辅导活动是一致的。

(三) 班级心理辅导的活动形式

班级心理辅导的活动形式是多种多样的,简述如下。

1. 游戏辅导

游戏辅导是从游戏治疗发展而来的,它是以"游戏活动"为中介,将被辅导者的内心世界投射出来,并对其进行辅导的一种方法,尤其适用于年龄小的学生。儿童生性活泼好动,游戏不仅能满足儿童的身心需要,而且在轻轻松松的嬉玩中,他们可以观察和学习良好的行为,增进各项技能。近年来,班级心理辅导活动常采用游戏辅导。

【知识链接】

打开千千结

游戏目的:
团体合作,靠集体的力量解决困难,体会团队支持对个人的意义和重要性。

游戏内容:
所有成员手拉手成为一个圈,看清楚自己的左手和右手是谁,确认后松开,在圈内自由走动,指导者叫停,成员定格,位置不动,伸手互相拉左右手,从而形成许多结或扣,不能松手,但可以钻、跨、绕,要求成员设法解决难题,回复到起始状况。

注意事项:
要求成员有耐心、互相配合、齐心协力。

活动意义提示:

1. 没有解不开的结,交流沟通是解开所有结的法宝。

2. 可能有的同学开始认为这是一个解不开的结,但是请更多地信任我们的能力和潜力。信任就是相信你不能相信的。

3. 每一个人,每一个结在团队中都是很重要的,要达成一个共同的目标就得相互配合、相互协调。

2. 角色扮演

角色扮演是指运用戏剧表演的方法,通过学生对角色的模仿、想象、创造、感受、体验与讨论,达到团体辅导的目标。在班级心理辅导活动中,角色扮演有很多不同的表演形式,如角色游戏、小品表演、心理剧、情景剧等。它是班级心理辅导活动中常用的一种方法。

【知识链接】

进 化 论

游戏目的：

体会成长的意义。

游戏过程：

从鸡蛋→小鸡→母鸡→凤凰→人的一个转化过程，以剪刀、石头、布的方式来竞争，大家在初始状态的时候是鸡蛋，鸡蛋和鸡蛋竞争成为小鸡，小鸡和小鸡竞争成为母鸡，以此下去以最终成为人而结束，成为人的同学，退出竞争，静静地坐在一边。需要注意的是，平等状态之间才能竞争，双方有输有赢，赢得一方晋一级，输的一方无论你已经在哪个状态直接降为最原始的状态——鸡蛋。

分享环节（可拓展性问题）：

1. 我想问一下这位最终还是鸡蛋的同学，你现在有什么样的感受？引导性地去自我觉察，尽量少地去理性分析。

2. 我还想问一下第一个成为人的同学，你有什么样的感受，有什么想跟大家分享的？引导性他从自身出发，并与周围同学稍微做一下互动，比如，你愿不愿意去跟你旁边的同学相互做一下交流，成为第一个获胜者，你快乐吗？你觉得这个游戏给你最深的印象是什么？

3. 将第一个获胜的同学和最后一位同学联系起来，问：你们觉得从这个游戏中你们获得快乐的因素是一样的吗？

活动意义：

1. 进化等同于成长，成长不是一蹴而就的，需要循序渐进，可能还充满挫折。从小学到大学是一个鸡蛋变凤凰的过程，从大一到大四也是一个鸡蛋变凤凰的过程。

2. 信任是非常重要的。如果我们信任自己就等于自信，相信我能行，同时如果我们相信生活是美好的，就会不断地努力，成为凤凰。

3. 顺利地成长可能会失去很多体会酸甜苦辣的机会，太容易得到的可能不觉得珍惜；过程的体验可能比结果更重要。

4. 每个人对于成功的标准并不相同，找到适合自己的就是最好的，鸡蛋也有鸡蛋的快乐，小鸡也有小鸡的快乐，不一定都以达到一个更高的位置或形态为标准；学会正确定位，自我认可。

5. 活动中是否有人不遵守规则？恪守诚信的良好品质，遵守进化的规则，诚信是美德。

6. 战胜困难，打开思维、运用策略，也许可以更好更快地成长。太固执己见也许会失败连连，要学会变通，思维变得更有弹性。

3. 行为训练

行为训练是根据行为主义学习理论,通过强化、惩罚等手段,增加学生积极行为的发生,减少并逐步克服不良的行为。班级心理辅导中的行为训练是以集体为单位实施的,一般适用于外显行为的训练。如人际交往技能、注意力、发散性思维等的训练。

4. 理性情绪法

理性情绪法是心理辅导中用以调节情绪的一种方法。这种方法认为,决定人的情绪反应的不是事件本身,而是人对事件的态度和想法。不同的人对同一件事会有不同的想法,产生不同的情绪。因此,我们可以通过改变人的非理性想法,进而改变其情绪反应。

5. 音乐心理调适

音乐心理调适是指以音乐来调节、改善人的心理状态,使之趋于和谐、平衡和宁静,从而促进心理健康的一种辅导方法。音乐心理调适的理论与方法来源于音乐治疗。实践表明,将它运用于中小学的发展性辅导是很有效的。

(四)班级心理辅导的主要原理

1. 团体动力学原理

团体动力学是研究团体生活动力的学说,由心理学家勒温(K Lewin)建立。它是团体心理辅导的重要理论基石。勒温在1939年发表的《社会空间实验》一文中,首次提出"团体动力学"(group dynamics)这一术语。团体动力学的研究对象是以人与人的面对面直接接触关系为特征的小型团体;研究内容包括:团体气氛,团体成员之间的关系,领袖与领导方式,团体中成员间的凝聚力,团体决策过程等。团体动力学的主要思想包括以下几点:

(1)团体不是个体的简单相加

团体动力学的理论基础是勒温的场论。从场论的观点看,个体不是孤立的个别属性的机械相加,它是在一定的生活空间里的一个完整的系统。由此推论,团体绝不是各个互不相干的个体的集合,而是有着联系的个体间的一组关系;团体的特征不是由各个个体的特征决定的,而取决于团体成员相互依存的那种内在关系。每个成员的状况与行动都同其他成员的状况与行动密切相关。

(2)团体具有改变个体行为的力量

勒温认为,虽然团体的行动要由各个成员来执行,但是团体具有较强的整体性,对个体具有很大的支配力。要改变个体,应该先使其所属团体发生变化,这远比直接改变个体来得容易。勒温在1943年进行关于"饮食习惯"的研究完全证实了这种观点。当时,他发现通过组织家庭主妇集体讨论决定增加牛奶消耗,远比靠讲演、说服更为有效。类似的结果还见于动员母亲喂婴儿鱼肝油和橘子汁,也是通过小组讨论要比让母亲们听演讲、接收一般号召的效果更好。勒温指出,只要团体的价值观没有改变,就很难使个体放弃团体的标准来改变原有的主见;而一旦团体标准发生了变化,那么,由个体依附于该团体而产生的那种抵抗也会随之消失。

(3) 团体决策的动力作用

勒温进一步思考,是什么力量促使团体的价值和行为发生变化?他认为这是团体决策的力量。一般来说,变化总是从"非变化"开始的,并以"非变化"告终,从稳态动力论的基本观点出发,勒温把这种称为"准稳定平衡"。有两种方式可以引起这种"准稳定平衡"的变化:一种是增加团体行为的促动力;另一种是减少团体行为的对抗力。除此以外,团体本身还具有一种"内在的对变化的抵制",勒温称为"社会习惯",它隐藏于个体与团体标准的关系中,维系着团体生活的固有水平。因而,单有团体成员的变化动机还不能引起团体行为的变化,还必须要有足以打破社会习惯和解冻团体原有标准的力。团体决策就可以起到这种力的作用。勒温把团体决策看作是联系动机与行为的中介,是团体促进个体变化的一种动力。

由上可知,团体具有吸引各个成员的内聚力。这种凝聚来源于成员们对团体内部建立起来的一定的规范和价值遵从,它强有力地把个体的动机需求与团体目标结构联结在一起,使得团体行为深深地影响个体行为,团体内有个体所没有的动机特征。这为调动同伴群体的教育资源,开展班级心理辅导活动提供了理论依据。

2. 团体心理辅导及功能

班级心理辅导的第二个理论支柱是团体心理辅导的原理。所谓团体心理辅导,是指在团体领导者的带领下,团体成员围绕某一个共同关心的问题,通过一定的活动形式与人际互动,相互启发、诱导,形成团体的共识与目标,进而改变成员的观念、态度和行为。并不是所有的团体活动都能对成员产生积极的作用,只有团体活动本身具有成长性,才能促进成员的成长。因此,团体心理辅导应该具有以下功能:

(1) 在积极的互动中增进相互了解

在团体心理辅导中,由于成员间的人际互动,他人的存在就像自己的一面"镜子",有时自己不能清醒地认识自己,只因"不识庐山真面目,只缘身在此山中",而他人的意见可以使自己反省,帮助自己更好地了解自己。同时,成员之间互相倾诉、表露,也可以让别人更好地了解自己,自己对别人也有了进一步了解。这对培养自己的同情心,与他人建立良好的人际关系都是有益的。团体互动的效果是个别辅导情境所无法达到的。

(2) 成员之间分享经验与感受

个人遭遇到困难或情绪不佳时,常常会感到恐惧、无助和失望,并且常常认为自己是天下最不幸的人,是"倒霉鬼"。在个别辅导的情境中,这种消极情绪虽经辅导者努力处理,但有时未必能消除。而在团体心理辅导情境中,局面会有所不同。这些成员在团体中会有发现,和自己处境相同的人居然也不少,孤独感从而会降低,不再认为自己是天下最可怜的人了。例如,离婚家庭的子女、高考复读学生、学习困难学生、有人际交往困难的学生、有网络成瘾行为的学生等,他们会发现彼此"同是天涯沦落人",会产生"我们"的感觉。这种经验与感受的分担具有治疗性功能,可以消除个体自责、自卑、退缩等不良情绪,增强彼此的理解与支持。

(3) 多元价值观和信息的冲击

团体中的成员有不同的背景和经验,对问题有不同的观点与理解。不同视角、不同立场的多元信息无疑为团体成员提供了丰富的背景资料,开启了他们的思路。个体的经验和信息毕竟是有限的,若得不到这些观念的冲击,自我封闭,缺少启示,当然就无法解决自己成长中的问题。不过,多元观念的冲击也有一个适度的问题,过于开放,则难以形成共识,也达不到辅导的目的。

(4) 反馈的功效

团体心理辅导能提供成员丰富的接受反馈的机会。在团体心理辅导中,成员有很多机会了解别人对自己的看法、别人对自己的第一印象,团体中他人的建议、反应和观点往往是很有价值的。团体的反馈和个别情境的反馈完全不同,前者更具有冲击力。对个别一两个人提供反馈,接受者可能不理会或不在意,但当五六个人都对你有相同或相似的看法或反应时,你就很难予以否认或不理会了。团体的反馈能有效地改变个体的想法。

(5) 提高成员应对实际问题的能力

团体是社会的缩影,也是社会的真实反映。利富特(Lifton,1972)说过:"团体咨询提供成员在一个与真实生活类似的情境中,接收多元的刺激,来学习面对、处理自己的困难和问题。"团体并不是遭遇困难时的避难所,而是学习面对、处理困难的场所。因此,团体辅导者不惜刻意创造理想或虚幻的情境,以免成员在其间只是暂时的逃避,或憧憬不现实的情景,这不利于团体成员提高现实生活中的适应能力。

3. 影响团体的基本因素

团体是由人组成的,它也是一个有机体,团体也有一个从不成熟到成熟的发展过程。在这一个过程中,有三个因素发挥了重要作用,即规范、沟通和凝聚力。

(1) 团体的规范

在社会群体中,规范主要是指风俗、文化、语言、时尚、舆论和规则,以及各种不同的价值标准。规范是群体成员必须做到或遵循的行为准则,成员如果违反了群体规范,就会受到群体的排斥和拒绝,得不到其他成员的认同。规范对群体及其成员的作用是非常广泛的,小到衣着饮食、言行举止,大到成千上万人的统一行动。它深深地影响着社会群体中的每个成员,使他们在社会生活中遵守共同的行为准则,以沟通思想,交流感情,共同生活、工作和学习。

学校中的辅导团体也是社会群体的一个缩影,团体规范集中反映了团体期待的动力和团体的价值观。团体心理辅导中,规范作为社会控制的主要手段,强有力地控制着成员的行为，促进团体目标的达成。团体规范有维持团体、认知标准化及行为定向的作用。

团体存在形式的特点是它的整体性。这种整体性表现在团体成员的认知、情感和行为的一致性上。一方面，团体规范是这种一致性的标准，它统一团体成员的意见和看法，调节他们的行为。没有团体规范，团体也就失去了其整体性而不称其为团体。另一方面，团体是由多个个体组成的，要维持其整体性，就需要用一定的准则来约束其成员，而成员也正是依据这种对准则的认同形成一个整体。团体的规范能否建立，能否为绝大多数成员所接受，直接影响着团体的凝聚力，影响团体能否走向整合、稳定与成熟。

规范就像一把尺子，摆在每个成员面前，使他们对问题的认识和评价有一个统一的标准，从而形成共同的看法和意见。即使有个别人持有不同意见，但由于规范的压力和个人的从众性，也会使其与团体规范保持一致。这种统一成员的意见和看法的功能，就是认知的标准化作用。

规范不仅约束团体成员的认知和评价，而且还约束他们的行为。规范对行为的定向作用主要表现为制定成员活动范围，制定团体活动的行为方式。也就是告诉人们应该做什么，不应该做什么，如何去做等。规范可以是团体内部预先规定的，也可以是在团体形成过程中逐渐形成的。规范有积极的，也有消极的。作为团体心理辅导者，要运用他的影响力和辅导技能，建立具有治疗功能的规范。比如，根据人的模仿、暗示、遵从等社会心理特点，塑造适当的团体行为，以促成规范的建立。

（2）沟通

团体中成员之间的互动是以沟通为纽带的。沟通是人际之间的信息交流和传递。信息之所以能起到交流思想和感情的作用，主要在于它是具有意义的符号。因此，人与人的社会互动是在符号沟通的基础上实现的。团体中的沟通具有如下特点：

① 沟通双方互为主体。

② 沟通能调整双方的关系。沟通双方都是积极的主体，可以借助语言的、非语言的符号系统进行相互影响，制约或调整双方的认识、态度和行为。凯士莱（Kiesler,1978）认为，沟通的作用有：了解别人，并弄清自己与他人的关系；说服他人；获得或维护权利；自我防卫；激起别人的反应；给别人留下印象；获得或维护关系；在团体面前呈现一致的形象。

③ 沟通受到主观经验的制约。不论是发信者还是受信者，相互沟通信息时，都不可避免地受到个人主观经验的影响。发信者总是根据自己的主观理解与意图表达信息，而受信者也是根据自己的主观经验"翻译"这些信息。个人的主观经验包括生活经验、刻板印象、价值倾向、社会知觉等。尤其是个体的社会认知偏差，常常会歪曲他人发出的信息。对此，团体心理辅导者应予以重视，提高自己知觉的敏锐性和客观性，觉察、理解成员间信息沟通的真实含义，便于介入与协助。

(3) 凝聚力

团队凝聚力是以团队中的人际吸引为基础的,是指成员之间的相互吸引,以及团队对成员的吸引力。卡特瑞克(Cartmrigh,1968)认为,团队对成员的吸引力与下列因素有关:

① 亲和、安全需要;

② 团队的资源及诱因,如成员的名声、团体目标及活动内容;

③ 成员对团队有益及对重要成果的期待;

④ 比较此团体与其他团体的结果。

对成员有吸引力的团体通常能满足成员的需求。例如,有人想提高自己的外语交际能力,参加星期日英语角;一些丈夫在国外留学、工作的妻子为了排遣孤寂,参加留守妇女俱乐部;有人为了矫正口吃,参加口吃矫正训练班等。因此,团队目标是否与成员的期待和需求一致,是产生团队凝聚力的一个重要条件。另外,团队凝聚力还与领导者、成员的个人吸引力有关,诸如身份、地位、人格魅力、才能等。

凝聚力是团队发展的动力机制,没有凝聚力,团队是无法由初始的松散状态、冲突状态达到整合、和谐的。同时,凝聚力又是团体发展成熟的标志,凝聚力越强,成员遵循团队规范就越自觉,参与团体活动就越主动,成员之间的关系就越和谐、亲密,团体的效能也就越高。

(五) 班级心理辅导的设计与实施

1. 建立活动目标

目标是对班级心理辅导活动过程的预期,是集体活动的导向,班级心理辅导活动的内容和形式都是围绕目标制定的。同时,目标又对班级成员起到凝聚作用。团体目标与成员的主观需求密切相关,两者的一致性越高,目标的凝聚力就越强。因此,建立活动目标应该注意以下几点:

(1) 目标应与学生成长密切相关

如前所述,班级心理辅导活动比较适合帮助学生解决成长中的问题,诸如,自我意识(包括缺乏自尊、自信,过分依从,或者盲目自大等)、情绪困扰(包括情绪不稳,情绪调控力差,不善表达自己的喜怒哀乐,过于焦虑忧郁等)、人际关系(包括对人缺乏信任,多疑,不善与人合作,社交退缩,难以与人亲近等)、学习行为(包括不良的学习习惯和学习方法等)等。上述这些都是从具体问题出发,其解决属于矫治性目标。另外,班级心理辅导活动更多地应着眼于发展性目标,从积极的一面来提高大学生的心理品质。例如,"怎样增强记忆力""欣赏我自己""做个合格的听众"等。

(2) 目标应明确具体

活动目标切忌笼统抽象。如,"调试不良情绪",这一目标的表述太含糊,不如改为"认识不良情绪给自己的生活、学习带来的危害,寻找缓解和消除不良情绪的方法,增强对情绪的调控能力"。目标越具体,就越容易实践。

(3) 目标应得到学生的认同

设计活动方案时,首先要了解大学生的真实想法:大学生希望从集体活动中学到什么?想解决什么问题?在此基础上,与学生一起磋商可能形成和达到的目标。双方探讨出来的目标,更容易被学生看作是"自己的"目标。

2. 设计活动方案

设计活动方案时,要注意活动内容与目标保持一致性,了解学生实际,提高活动内容的适切性;在组合系列活动时,要注意设置活动情景,促进学生体验。心理辅导活动的宗旨是解决学生自己的问题,只要是以参与者自身的经验为载体,体验是改变、完善自身经验的重要环节。只有经过体验,参与者才会在内心产生碰撞,才会有更深切的感悟。可见,如何设置活动场景,促进学生体验,是提高活动设计的一个有效要素。

【案例】

理解家庭,珍爱生命工作坊方案

开场白:活动开始时,强调今天的活动主要是在体验中放松、学习。每个人的收获与自身的投入程度有很大的关系。强调保密,因为我们会涉及内心真实的感受和想法,每个人开放度不同,所以今天在这发生的都要保密。当走出教室,只可以与他人分享自己,不可以议论他人或主动询问。如果有的同学有所触动,希望对自己有更多了解,可以到咨询中心与咨询师探讨。

一、热身活动 圈里圈外(10 分钟)

指导语:在活动的开始,我希望了解一下大家,我们来进行一个小游戏,你也可以在这个游戏中更了解你的同学。首先,我邀请大家站成一个圆圈。这是圈外,请向前一大步。这是圈内,当我说出一个指令,符合这个指令的站到圈内,不符合的站到圈外。如我说"男生",那么男生向前一步进入圈内,女生则停留在圈外。

注意事项:速度可以逐渐加快,不要让现场大多数人总保持不动。

二、寻找搭档与分组(5 分钟)

活动规则:每个人要寻找一个自己喜欢的搭档,接下来有重要的工作要和他一起完成。活动带领者要强调寻找这位搭档的重要性,或者直接把班级分为 3~4 个小组。

如果多余一人,询问他为何没有找到搭档。邀请同学反观自己的心理活动。请主动找别人的举手;请找到了自己最开始想找的那个人的举手;请对结果百分百满意的举手;请留有遗憾的举手。与搭档分享自己的心理过程与感受(5 分钟)。在大组内请一两位同学分享。

注意事项:

1. 带领者要观察学生寻找搭档过程中的不同的行为模式倾向。在分享时启发学生思考他们寻找搭档的表现与平时的行事风格是否有相似之处。

2. 可以引申到面对机会的反应模式、对关系的主动—被动的态度、面对结果的心理活动和态度等。

三、生命曲线（40分钟）

活动规则：画一幅人生故事的画。横坐标为年龄，纵坐标为心情指数。培训师详细示范：先画好纵横坐标，然后在横坐标上标出自己有深刻印象的事件的年龄，在对应的年龄的纵坐标上标出心情指数的点，最后将这些点连成一条曲线。

画完后，与搭档分享这幅画中的故事和心情。互相反馈补充。两人搭档寻找另外的两人搭档，形成4人小组，在小组内分享。最后，在大团体内，自愿分享。

讨论参考提纲：

故事发生时的感受及看法？现在如何看待这个事件？在这个事件中你失去了什么？得到了什么？学会了什么？你想对那时候的自己说什么？如果再次发生，你有什么不一样的应对？

注意事项：

1. 如果讨论过于肤浅，可以通过不断地合并小组深入讨论来引发反思。如果讨论过于深入，则减少讨论时间，以免个别学生无意识地开放太多。

2. 讨论的过程中不评价，不攻击，仅仅谈自己的感受。

四、情景剧创作：我爸爸/妈妈 小时候（60分钟）

活动规则：5～6人一组，用20分钟时间创作一个题为《我爸爸（或妈妈）小时候》，5分钟以内的情景剧。可以用抽签或别的方法，决定一半组的题目为我爸爸……另一半组的题目为我妈妈……团体内分享感受。

注意事项：

1. 一开始就要不断激发团体创作热情，让学生发挥自身的想象力。在创作过程中到每个小组观察、鼓励。强调在表演中不是表演，而是体验角色。

2. 在分享中，如果有些同学能够意识到父母也曾经是小孩子，父母也是一个有自身局限性的作为个体的人，带领者可对这一点积极地回应。

五、冥想（30分钟）

指导语：请大家尽可能舒服地坐好；做三次深呼吸；在下一次呼吸时，感谢自己有能力呼吸，感谢你得自呼吸的能量，感谢你活着，感谢你自己选择来到这里；感谢你自己决定与他人分享自己的经历，并在分享中丰富自己；如果你感觉你的身体紧绷，请深呼吸，给自己一个爱的信息。现在我邀请你进入你的内心，你的资源，那属于你自己的神圣之地，请感谢这一部分的你。

现在请感谢你的父母，是他们带你来到这个世界，他们赋予你所有让你成长的资源；现在让我们开始一段时光之旅，让我们回到你出生的那一刻；你来到这个世界，你是一个如此美好的小宝贝,你带来了将陪伴你终身的生命价值;带着所有让你成为今日的你与未来的你的资源,你来到这个世界;此时,谁正在你的身边守护着你呢?是你的妈妈,那个生育了你的人和那些帮助你降临人世的人;现在你开始一点点地长大,你知道自己对妈妈的期待和自己对自己的期待;你也知道他人对你的期待;你很快就知道可以向谁要什么?你很快就学会了应付问题,就知道别人对你的看法,你很快就开始学习,开始了解自己的期待与渴望;你渴望被爱,渴望成为一名宝贝;你知道自己有多被看重吗?你努力尝试搞清自己究竟有多么重要;有多少时候你觉得自己被爱呢?你曾经有哪些挣扎呢?如果你经历了很艰难的过去,那你就有可能比别人有更多的力量与智慧;无论如何,你要感谢你所做的各种应付,感谢你所有的艰难和美好;然后你上学,认识了第一个小朋友,第一个肯定你并把你当朋友和模范的人;然后你到了青春期,那个艰难的时候,你艰难地找寻你是谁;后来你就有了梦想;你对明天的梦想,后年的梦想,5年以后的梦想;你发现了还有哪些资源让自己更多地成长;现在,我要邀请你回到更远的时光;你有没有想过你父母降临的时刻也是一个小小的婴儿?你的妈妈降生了,她也是充满了潜能、希望与梦想,她的第一步,她的挣扎,她的发现,请你来欣赏妈妈这一生的电影;你知道她有什么梦想和希望吗?然后,像你一样,她长大了;你知道她是怎样遇见那个后来成了你爸爸的那个男孩吗?你妈妈已经做到了她能够知道的最好了,因为她也是在她的家庭中长大,学习的;不管她有什么让你失望,接触你的感受,也许你也可以接受你妈妈她就是她现在的样子;现在让我们掀到爸爸这一页;当年,他也是个小宝贝,你的祖父母祝福他的出生了吗?他们欢迎他的降临了吗?你能否想象你的爸爸曾经是个小男孩?后来他遇见了你的妈妈,他们有着共同的梦想……请深呼吸,感谢那些赋予你生命的人,感谢自己的生命力,也感谢宇宙;请再次感谢你把自己带到这儿,感谢你愿意与他人分享彼此;感谢彼此将要进行的分享与开放、好奇和关怀;感谢大家将共同成长、探索,参与观察另一个生命。

冥想指导语的要点:

1. 激发察觉:接纳自己,欣赏自己,感谢自己;

2. 进入内心,探索自己,进行时光之旅,跟内在自己接触,认识他,看他的能量、渴望、期待与梦想;

3. 想象中连接父母的过去,与父母建立联系。

六、结束活动(20分钟)

活动目的: 总结分享此次活动的感受与体会。

结束活动推荐: "重生。"

活动规则: 所有成员排成两列纵队,中间留出可以让一个人通过的通道。每个人依次通过通道,在通过时,可以说话、做任何动作,表达自己期望……任何自己想做的事。通过后依次排在队列的这头。最后一位成员通过后,带领者总结并感谢全体成员。

后 记

课堂教学是大学生心理素质教育的主渠道。为了提高课堂教学的实际效果,我校按照教育部《普通高等学校学生心理健康教育课程教学基本要求》的规定,不断地总结经验、加强研究,对课程教学的目标、内容、体系、方法等内容进行了系统地探索和实践。同时,大力整合心理素质教育专职教师和兼职咨询师、优秀辅导员以及有丰富学生工作经验的机关干部,形成一支经验丰富、互补性强的教学团队,并通过教学督导、集体备课、专项培训、交流研讨等形式,不断提高教学团队的教学技能与授课水平。在总结多年课程教学实践经验和大学生心理健康教育实践经验的基础上,我们编写了这本书。

本书以实际应用为目的,从学生的实际需要出发,结合大学生身边的故事、案例,深入浅出地讲解心理健康知识、认识自我、人际交往、大学学习、情绪管理、恋爱、家庭、压力应对以及生命与死亡等成长课题,旨在帮助大学生学习并掌握心理健康的有关理论和心理调节的有关方法,提高心理素质,促进心理健康。

本书由于成文担任主编,秦涛、王艳担任副主编。各章的编写分工如下:第一章由温雅编写;第二章由臧伟伟编写;第三章由潘佳奇、张咏梅编写;第四章由牛珩编写;第五章由杜学敏编写;第六章由王晓晓、顾耘宇编写;第七章由王艳编写;第八章由王金蕊编写;第九章由肖丁宜编写;第十章由秦涛、王艳编写。全书由于成文、秦涛、王艳统稿和审阅。编者水平、经验有限,书中难免有疏漏之处,敬请谅解!

本书得到了教育部思政司、北京市委教育工委以及北京科技大学有关领导的关怀和鼓励。教育部思政司司长冯刚同志在百忙之中为本书撰写了序言,首都师范大学蔺桂瑞教授与清华大学李焰教授为本书提供了具体指导。本书被列入北京科技大学"十二五"规划教材建设项目,得到了北京科技大学教材建设基金的资助,还得到了清华大学出版社的大力支持,在此一并致以诚挚的谢意!

编　者

2015 年 12 月

参 考 文 献

[1] JaneMcGonigal. Why Games make us better and how they can change the world,2012.
[2] 樊富珉,王建中.当代大学生心理健康教程.武汉：武汉大学出版社,2006.
[3] 张玲.当代学校心理健康指导.北京：教育出版社,2010.
[4] 孙末.心理抚慰不越位.上海壹周,2007-07-11(D2).
[5] 文书锋,胡邓,俞国良.大学生心理健康通识.北京：中国人民大学出版社,2010.
[6] 刘峰,蔡迎春.大学生心理健康——心灵成长之旅.北京：清华大学出版社,2011.
[7] 聂振伟.大学生心理健康成长从心开始.北京：中国人民大学出版社,2014.
[8] 林崇德,杨治良,黄希庭.心理学大辞典.上海：上海教育出版社,2003.
[9] 戴维·迈尔斯.我们都是自己的陌生人.沈德灿,译.北京：人民邮电出版社,2012：66-81.
[10] 乔纳森·布朗.自我.陈浩莺,等译.彭凯平,审校.北京：人民邮电出版社,2011.
[11] 蔺桂瑞,杨芷英.大学生心理健康与人生发展.北京：高等教育出版社,2010.
[12] 中共北京市委教育工作委员会.大学生心理健康与自我成长.北京：北京出版集团公司,2011：43.
[13] 时蓉华.社会心理学.浙江：浙江教育出版社,2006：136.
[14] 理查德·格里格,菲利普·津巴多.心理学与生活.王垒,王甦,等译.北京：人民邮电出版社,2007：410.
[15] 彼得·巴菲特.做你自己.北京：新世界出版社,2011：156-157.
[16] 秦芳.大学生完美主义及其与自尊、情感的关系研究.中国电力教育,2013(23)：119-120.
[17] 张斌,谢静涛,蔡太生.不同完美主义类型大学生的心理特征.中国心理卫生杂志,2013,27(11)：868-872.
[18] 卡伦·达菲,伊斯特伍德·阿特沃特.心理学改变生活.北京：世界图书出版公司,2007.
[19] 萨提亚.新家庭如何塑造人.易春丽,等译.北京：世界图书出版公司,2006.
[20] Gerald corey, Marianne Schneider Corey.心理学与个人成长.胡佩诚,等译.苏彦皆,审校.北京：中国轻工业出版社,2007：323-324.
[21] Keirsey D.请理解我：气质、性格与智能.王晓静,译.北京：中国轻工业出版社,2001.
[22] 樊富珉.团体心理咨询.北京：高等教育出版社,2005.
[23] 冯刚.大学,梦起飞的地方.北京：清华大学出版社,2005.
[24] 高友德.青年交往心理学.长沙：湖南人民出版社,1988.
[25] 高校入学教育编写组.赢在校园：大学新生入学必读.北京：国家行政学院出版社,2007.
[26] 古畑和孝.人际关系社会心理学.王康乐,译.天津：南开大学出版社,1986.
[27] 贺淑曼.人际交往与人才发展.北京：世界图书出版公司,1999.
[28] 黄希庭.简明心理学辞典.合肥：安徽人民出版社,2004.
[29] 黄仁发,汤建南.人际关系社会心理学.合肥：中国科学技术大学出版社,1995.
[30] 金盛华,杨志芳.沟通人生：心理交往学.济南：山东教育出版社,1992.

[31] 金盛华.社会心理学.北京：高等教育出版社,2005.

[32] 金鸣.做人处事心理咨询手册.北京：华文出版社,2003.

[33] 史坦纳.别再闹情绪.桂林：广西师范大学出版社,2001.

[34] 科尔曼.社会理论的基础.北京：社会科学文献出版社,1999.

[35] 李元授.交际心理学.武汉：华中理工大学出版社,1997.

[36] 蔺桂瑞,杨凤池,贺淑曼,等.性心理与人才发展.北京：世界图书出版公司,2001.

[37] 陆卫明,李红.人际关系心理学.西安：西安交通大学出版社,2006.

[38] 吕秋芳,齐力.大学生心理健康与调适.北京：华文出版社,2002.

[39] 聂振伟,贺淑曼,蔺桂瑞.大学生心理健康必读.北京：高等教育出版社,2004.

[40] 乔建中.现代心理学基础.南京：南京师范大学出版社,2001.

[41] 申荷永.社会心理学应用与原理.广州：暨南大学出版社,1999.

[42] 孙奎贞.现代人际心理学.北京：中国广播电视出版社,1990.

[43] 王雷,董志凯,刘功.人际关系基础.沈阳：辽宁大学出版社,1987.

[44] 王雷.协调人际关系的艺术.太原：山西人民出版社,1989.

[45] 王登峰,崔红.心理卫生学.北京：高等教育出版社,2003.

[46] 魏星.开心钥匙：心理现象探幽.福州：福建科学技术出版社,2002.

[47] 吴汉德.大学生心理健康.南京：东南大学出版社,2003.

[48] 阿维拉.天生情人16种.沈阳：辽宁教育出版社,2003.

[49] 许又新.调节与适应.北京：北京出版社,2000.

[50] 张云.公关心理学.上海：复旦大学出版社,2003.

[51] 张岩松.公共交际艺术.北京：中国社会科学出版社,2006.

[52] 张进辅.青年心理概论.北京：高等教育出版社,2004.

[53] (美)张宝蕊.人际关系的艺术.台北：水牛图书出版事业有限公司,2003.

[54] 周玉.心理健康.北京：中国华侨出版社,2002.

[55] 佐斌.大学生心理发展.北京：高等教育出版社,2004.

[56] 郑全全,余国良.人际关系心理学.第2版.北京：人民教育出版社,2011.

[57] 汪凤炎,郑红.中国文化心理学.第3版.广州：暨南大学出版社,2008.

[58] 翟学伟.中国人际关系的特质：本土的概念及其模式.社会学研究,1993(4).

[59] 宋倩,廖昌荫.当代中国的人际关系特点分析.钦州学院学报,2007(1).

[60] 方克立.关于和谐文化研究的几点看法.高校理论战线,2007(5).

[61] 中共北京市委教育工作委员会组织编写.心理素质：成功人生的基础.北京：北京出版社,2005.

[62] 中共北京市委教育工作委员会组织编写.大学生心理素质教程.北京：北京出版社,2002.

[63] 孙时进,朱育红.多元文化背景下的心理健康理论与实践.上海：华东理工大学出版社,2011.

[64] 俞国良.现代心理健康教育.北京：人民教育出版社,2008.

[65] 王成彪.家庭心理学.北京：开明出版社,2012.

[66] (美)戴维·艾克曼.人生技巧：大学生心理健康普及教育.中共北京市委教育工作委员会印刷,2012.

[67] (美)莎朗·布雷姆.亲密关系.郭辉,肖斌,刘煜,译.北京：人民邮电大学出版社,2005.

[68] (美)杰弗里·阿内特.阿内特青少年心理学.段鑫星,等译.北京:中国人民大学出版社,2009.
[69] (美)弗吉尼亚·萨提亚.新家庭如何塑造人.易春丽,译.北京:世界图书出版公司,2006.
[70] (美)弗吉尼亚·萨提亚.萨提亚家庭治疗模式.聂晶,译.北京:世界图书出版公司,2007.
[71] (加)贝曼.萨提亚转化式系统治疗.钟谷兰,译.北京:中国轻工业出版社,2009.
[72] 张文新.儿童社会性发展.北京:北京师范大学出版社,2003.
[73] (美)弗洛姆.爱的艺术.李建鸣,译.上海:上海译文出版社,2008.
[74] 李焰,于文宏.压力管理实务.北京:机械工业出版社,2012.
[75] 段鑫星,易真龙.压力是生命的甜点.北京:科学出版社,2009.
[76] (美),沃特·谢弗尔.压力管理心理学.方双虎,译.北京:中国人民大学出版社,2009.
[77] 吴增强,沈之菲.班级心理辅导.上海:上海教育出版社,2001.
[78] Michael Nystul.心理咨询入门:艺术与科学的视角.张敏,等译.北京:高等教育出版社,2007.